ALEXANDRA DAVID-NEEL

# L'INDE OÙ J'AI VÉCU

AVANT ET APRÈS L'INDÉPENDANCE



PLON

# ŒUVRES D'ALEXANDRA DAVID-NEEL

*DANS PRESSES POCKET :*





ISBN : 2 - 266 - 01601 - 6

# PRÉFACE

Dans la maison de mes parents, menue fillette de six ans, je m'absorbais pendant de nombreuses heures dans la lecture des récits de voyages de Jules Verne. Leurs héros peuplaient de leurs exploits mes rêveries enfantines : Philéas Fogg, Passepartout, les enfants du capitaine Grant, le capitaine Hatteras et d'autres m'étaient devenus des compagnons familiers.

Ma résolution était prise... Comme eux, et mieux encore si possible, je voyagerais!...

Quand il m'arrivait, rarement, de faire part à des « Grandes personnes » de mon magnifique projet, elles riaient, se moquaient de moi, et cela parce qu'elles dépassaient en hauteur ma petite taille et qu'elles avaient de l'argent, tandis que les enfants, « les petits », n'en ont point. Ce dernier motif me révélait déjà, bien que je n'en fusse pas consciente, le caractère vénal du monde dans lequel j'allais entrer, et je méprisais l'opinion de ces « Grands ».

« Je voyagerai » : ai-je tenu parole?...

Plutôt que de rapides passages en avion, mes voyages ont consisté en des séjours plus ou moins longs en différents pays de l'Asie. De cette façon, j'ai principalement vécu en Inde, au Pakistan, au Tibet : à la suite d'un long voyage pédestre à travers des régions encore inexplorées, je suis entrée à Lhassa où aucune femme de race blanche n'avait pénétré avant moi. J'ai aussi habité dans les régions hîmalâyennes, le Sikkim, le Népal, en Chine, au Japon et, accessoirement, en Birmanie, à Ceylan, en Corée, etc.

« Mes voyages » ont aussi compris des régions d'Afrique du Nord : Maroc, Algérie, Tunisie, et les oasis du Sahara. En somme, mes « voyages » commencés avant 1900 ne se sont terminés qu'après la fin de la seconde guerre mondiale : la longueur de toute une vie...

Ai-je tenu parole?... La parole donnée quand j'étais fillette : « Je voyagerai! »

Mon premier « grand voyage » me conduisit dans l'Inde.

L'« Inde » est une création des Anglais. A sa place, nous ne trouvions qu'une série de petits Etats, plus ou moins indépendants, et souvent en guerre entre eux. C'est à cette situation qu'un parti politique, non négligeable, tend aujourd'hui à la ramener, ce qui cause les troubles qui se produisent dans l'Inde, depuis la fin de la domination anglaise.

Ce mouvement rétrograde pourra-t-il aboutir?... Ou bien les Indiens, suivant les exemples donnés par les Etats-Unis d'Amérique et la Suisse, arriveront-ils à créer une confédération stable?...

Ce sera à voir!

INTRODUCTION

# LA NAISSANCE D'UNE VOCATION

En ce temps-là, le musée Guimet était un temple. C'est ainsi qu'il se dresse, maintenant, au fond de ma mémoire.

Je vois un large escalier de pierre s'élevant entre des murs couverts de fresques (1). Tout en gravissant les degrés, l'on rencontre successivement un brahmine altier versant une offrande dans le feu sacré; des moines bouddhistes vêtus de toges jaunes s'en allant quêter, bol en main, leur nourriture quotidienne; un temple japonais posé sur un promontoire auquel conduit, par-delà un torii rouge, une allée bordée de cerisiers en fleur. D'autres figures, d'autres paysages de l'Asie sollicitent encore l'attention du pèlerin montant vers le mystère de l'Orient.

Au sommet de l'escalier, le « saint des saints » du lieu apparaît comme un antre sombre. A travers une lourde grille qui en défend l'accès, l'on entrevoit une rotonde dont les murs sont entièrement garnis de rayons chargés de livres. Dominant de haut la bibliothèque, un Bouddha géant trône, solitaire, abandonné à ses méditations.

A gauche, des salles très discrètement éclairées donnent asile à tout un peuple de déités et de sages

(1) Elles ont été effacées depuis lors. Pourquoi ?...

orientaux. Dans le silence solennel de cette demeure créée pour eux, les uns et les autres poursuivent une existence secrète, incarnée dans leurs effigies ou dans les ouvrages qui perpétuent leurs paroles.

A droite, est une toute petite salle de lecture où les fervents de l'orientalisme s'absorbent en de studieuses recherches, oublieux de Paris dont les bruits heurtent en vain les murs du musée-temple, sans parvenir à troubler l'atmosphère de quiétude et de rêve qu'ils enclosent.

Dans cette petite chambre, des appels muets s'échappent des pages que l'on feuillette. L'Inde, la Chine, le Japon, tous les points de ce monde qui commence au-delà de Suez sollicitent les lecteurs... Des vocations naissent... la mienne y est née.

Tel était le musée Guimet quand j'avais vingt ans.

## CHAPITRE PREMIER

# PREMIERS PAS VERS L'INDE

« Marseille, porte de l'Orient. » L'administration des Postes barre quelquefois, avec un timbre portant ces mots, les lettres expédiées de Marseille. Quant à moi, je me souciais peu d'une « porte ». De la fenêtre de ma chambre d'hôtel qui donnait sur le vieux port, je regardais distraitement le grouillement de la population composite. Une poussière dorée soulevée par un léger mistral enveloppait gens et choses, leur conférant une vague apparence de mirage; la touche de l'Orient s'affirmait déjà dans ce tableau, mais je ne m'y attardais pas. Je connaissais Marseille, mais, surtout, je devais m'embarquer le lendemain; en esprit, j'avais déjà franchi la « porte » et débarqué dans l'Inde... L'Inde, telle que je me l'imaginais à travers mes lectures et les figures énigmatiques des déités qui trônaient dans les galeries sombres du musée Guimet.

⁂

Je n'avais encore effectué que de courtes traversées allant de la Belgique ou de la Hollande en Angleterre sur de petits bateaux. Les dimensions de celui sur lequel je prenais passage me parurent imposantes. En vérité, c'était là un « véhicule » sérieux, digne de porter des pèlerins au pays des Grands Sages.

J'y avais retenu une cabine à une seule couchette, afin que nul voisinage ne troublât mon recueillement; j'ai, d'ailleurs, toujours eu horreur de la promiscuité.

Oh! temps heureux où l'on pouvait l'éviter dans les trains et dans les paquebots, offrant ample espace aux voyageurs. Depuis, est venu le régime de la cohue, du troupeau que l'on entasse pêle-mêle et qui s'y prête docilement.

Les passerelles furent enlevées, les amarres détachées, la sirène beugla, nous sortîmes du port, ce fut la pleine mer... La nuit tombait... des étoiles commençaient à poindre...

La cloche du bord tinta. Ce devait être l'heure du dîner, mais je n'allais pas commencer mon pèlerinage mystique par l'acte vulgaire de me mettre à table. Il ne s'agissait pas, là, d'une attitude voulue; tout simplement, l'idée et le besoin de manger ne me venaient pas.

J'avais déjà oublié que je me trouvais dans la cabine d'un paquebot. J'étais dans la forêt; de graves anachorètes, assis au seuil de cabanes construites en branchages, discouraient entre eux dans le langage des Oupanishads :

« Quand la vie abandonne ce corps, il meurt, mais la vie ne meurt pas. *Cela,* qui est l'âme de ce corps est Réalité : c'est l'Ame Universelle. Tu es *cela,* mon enfant. »

*Pour lui, il n'y a ni lever, ni coucher de soleil;*
*Pour lui est un éternel jour :*
*Pour lui, qui connaît le Brahman (l'Etre en Soi).*

– Mademoiselle, on a sonné pour le dîner, dit la femme de chambre, entrant après avoir, sans doute, frappé sans recevoir de réponse.

– Merci, je ne dînerai pas.

La forêt et les vénérables anachorètes s'étaient, soudain, évanouis. Devant moi je voyais une paroi blanche, luisante, peinte au Ripolin.

– Mademoiselle n'est pas malade? demanda la femme de chambre avec un ton de sollicitude professionnelle.

– Non, pas du tout. J'ai mangé avant de m'embarquer.

C'était vrai, je n'avais pas faim.

Mais, si j'avais eu véritablement faim, des ermites diserts et une forêt de rêve m'auraient-ils retenue loin de la table du bord?... L'exploratrice endurcie, pourvue d'une bonne dose de scepticisme, que je suis devenue se le demande, non sans quelque ironie, en évoquant les circonstances de ce premier départ.

Peu importe, du reste, ma raillerie tardive. Nul geste trivial ne gâta ce prologue de mon épopée asiatique : il fut, comme il convenait, un acte religieux au plus pur sens du terme.

Ma cabine ouvrait au-dehors. Dès que, l'heure s'avançant, les passagers eurent déserté le pont, je m'assis devant ma porte et restai là, toute la nuit, plongée dans une sorte d'extase. Une sensation de fraîcheur me fit revenir à moi; je frissonnais. A l'horizon, une lueur rose montait dans le ciel sombre, le jour se levait et, insensiblement, sur une mer sans vagues, le grand bateau glissait m'emportant vers l'aurore, vers l'Orient.

Aucun événement ne marqua la traversée. Je me cantonnai dans un isolement et un mutisme qui intriguaient les passagères – peut-être aussi les passagers. Des dames bienveillantes tentèrent d'entrer en conversation avec moi; elles n'obtinrent, comme réponse, que des monosyllabes décourageants.

– Allais-je rejoindre ma famille?

– Non.

– Est-ce que je ne m'ennuyais pas, voyageant toute seule?

– Non.

– Venez donc vous asseoir près de nous, pour prendre le thé!

– Merci. (Le ton du « merci » déclinait l'invitation.)

Les curieuses dépêchèrent vers moi une jeune fille, pensant probablement que la similitude d'âge pourrait aider un rapprochement entre nous.

L'ambassadrice rougissante, rassemblant tout son courage, me posa une question directe :

– Qu'allais-je faire dans l'Inde?

– Continuer l'étude du sanscrit, répondis-je avec le plus grand sérieux et, laissant l'aimable personne interloquée, je rentrai dans ma cabine pour y rire à mon aise. Peut-être mon interrogatrice ignorait-elle ce qu'est le sanscrit.

Cela découragea définitivement les questionneurs, on n'essaya plus de troubler ma solitude, on me laissa descendre seule aux trois escales que nous fîmes : Alexandrie, Port-Saïd et Aden; je devais être considérée comme un phénomène antipathique.

Le temps resta invariablement beau. Je m'absorbais dans la lecture des Oupanishads, de la Bhagavad Gîta et des Ecritures bouddhistes. Quand j'étais fatiguée de lire, je regardais la mer et je pensais... On n'est jamais fatigué de penser.

Ainsi passèrent les jours, une quinzaine (1); puis, un matin, l'on entrevit à l'horizon une ligne tracée au niveau de la mer. C'était la côte très basse de Ceylan. Peu à peu, l'on distingua les cocotiers qui

(1) A cette époque, la vitesse des paquebots était moindre qu'elle n'est aujourd'hui.

bordent les rives. J'arrivais... Ceylan n'est pas l'Inde, j'en suis tout à fait consciente aujourd'hui, mais alors... Ceylan, c'était l'Orient et cela me suffisait... Provisoirement.

Personne ne m'attendait; je ne connaissais personne à Colombo. L'hôtel le plus proche du débarcadère – *Oriental Hôtel* – me reçut.

Un de mes étonnements est que les hommes, après avoir goûté d'une large mesure de liberté, aient pu y renoncer; bien plus, qu'un grand nombre d'entre eux ignorent qu'il y a un peu plus de cinquante ans (2), chacun de nous pouvait parcourir la terre à son gré. Cinquante ans, cela ne nous fait pas remonter à une époque préhistorique; il serait naturel que l'on se souvînt des coutumes qui prévalaient alors ou, tout au moins, qu'on en eût connaissance.

Me faut-il donc réveiller les souvenirs endormis de certains de mes lecteurs et éclairer les autres? Au temps béni où j'abordai à Ceylan pour la première fois, les passeports étaient inconnus, comme l'étaient aussi les multiples vaccinations que l'on inflige maintenant aux hommes transformés en cobayes pour l'instruction – ou le simple amusement – de quelques expérimentateurs dilettantes (3).

Quelle sinistre farce que les Assemblées, les Congrès où, à grand renfort de discours, des politiciens prétendent préparer l'union des peuples! Nous y étions arrivés, en partie; il ne restait aux frontières que des barrières douanières peu gênantes. On se promenait à son gré de par le monde, emportant

(2) Exactement avant 1914.

(3) A propos de prophylaxie, je lis, dans un journal, qu'au Brésil l'on oblige les passagers descendant de l'avion, à se laisser mettre un thermomètre dans la bouche, le même thermomètre servant pour tous, après avoir été rapidement trempé dans un liquide supposé être désinfectant.

avec soi autant d'argent qu'on le pouvait pour subvenir à ses besoins.

Aujourd'hui, les peuples sont parqués en des cages distinctes en attendant le moment où ils franchiront de nouveau les clôtures qui les séparent pour se ruer les uns contre les autres et s'entre-détruire.

J'étais bien loin de songer à pareilles choses en débarquant à Colombo; j'étais bien loin d'imaginer que l'on pût un jour avoir à y penser.

Et voilà... J'étais en Orient, je m'en réjouissais; mais le plaisir, si grand qu'il puisse être, n'est pas vraiment une occupation. Je devais « faire quelque chose ». Or, je ne m'étais tracé aucun plan. Mon départ, rendu possible par un petit héritage dont la possession m'était advenue à ma majorité, avait été tout spontané... Heureuse insouciance de la jeunesse! L'âge ne devait, d'ailleurs, pas la subjuguer; ceux qui m'ont fait l'honneur de me lire ont pu s'en apercevoir, mes départs ont toujours été subits, déterminés par des circonstances inopinées.

A vrai dire, la nécessité de « faire quelque chose » ne me tourmentait pas trop, j'avais pleine confiance en mon ingéniosité; je ne manquerais pas de trouver à quoi m'occuper.

Tout d'abord, j'allai flâner par les rues. L'agrément de ces promenades était malheureusement gâté par les importunités des boutiquiers qui poursuivaient les étrangers : « Venez voir les beaux saphirs. » « Entrez, regardez les ivoires sculptés. » « Madame, des boîtes, des tabourets en bois de santal? » « Des colliers en pierres de lune? » « Regardez ces rideaux, ces tapis... »

Le malheureux étranger aurait désiré s'arrêter devant les étalages, mais le bavardage du commis le faisait fuir. Moi, du moins, il me faisait fuir. Je n'avais nulle hâte d'acheter quoi que ce soit.

Près du port se trouvait un pavillon, autour duquel des tables étaient disposées. On y prenait du thé, d'excellent thé, accompagné de toasts, de cakes ou d'autres produits de l'art culinaire anglais, que l'habitude seule permet à un Français d'apprécier. Une statue de la reine Victoria présidait aux collations des clients du pavillon.

Lecteurs qui irez à Colombo après avoir lu ceci, n'y cherchez ni l'effigie de la bonne souveraine, ni le pavillon. Il y a longtemps que tous deux ont disparu, l'espace qu'ils occupaient ayant été requis pour d'autres usages.

En ce même temps, il y avait à Colombo un vaste parc de canneliers. J'aimais à errer dans le dédale de ses allées tortueuses; le nom seul de l'endroit m'enchantait. Que pouvait-il y avoir de plus authentiquement oriental qu'un jardin de canneliers (*cinnamon garden,* disaient les Anglais)? Au milieu du jardin était un lac.

Paysages d'autrefois. Aujourd'hui, de larges allées traversent le parc dont les taillis ont été en grande partie abattus pour faire place à des habitations; le lac a été presque entièrement comblé et une usine occupe son emplacement. Le progrès de la civilisation, n'est-ce pas?...

Au cours de mes déambulations je découvris un hôtel, enfoui dans la verdure, au bout d'une longue allée partant à l'extrémité de l'esplanade qui s'étend en bordure de la mer. L'isolement apparent du lieu me plut. Il a été l'ancêtre du *Galle Face Hotel,* une sorte de semi-palace, le plus élégant des hôtels de Colombo.

Je n'avais pas l'intention de m'installer à Ceylan; mon but était l'Inde. Cependant, il me parut bon de consacrer quelque temps à parcourir l'île et, tout d'abord, j'y devais visiter les temples et les monastères bouddhistes qui, je le savais, sont nombreux.

L'indigène attelé à mon *rikshaw* (4) s'arrêta

(4) Léger véhicule à deux roues que les Français dénomment très improprement « pousse-pousse » et qui est, non point « poussé », mais tiré par un homme courant entre les brancards.

devant un sentier qui s'enfonçait entre des buissons. Quelques pas m'amenèrent devant le « temple ». C'était un petit bâtiment dénué de style : un rectangle de maçonnerie, badigeonné au lait de chaux, coiffé d'un toit de forme vaguement chinoise dont les boiseries apparentes étaient décorées de dessins rouges sur un fond jaune.

Vue de l'extérieur, cette maisonnette, blottie dans le feuillage, présentait l'aspect agréable d'un logis bien propre à abriter ce « penseur silencieux » dont le Bouddha disait :

« Il n'a pas de pensées vaines, il est inaccessible à « la crainte, il ne désire rien. Il a atteint le but de « l'ascétisme, qui n'est ni les honneurs, ni la renom- « mée attachés à l'état de religieux, ni les dons que « celui-ci attire, ni les vertus qu'il tend à dévelop- « per; le « penseur silencieux » est parvenu au but « final : l'inaltérable libération de l'esprit. »

Je m'attardais dans le jardinet, reculant instinctivement le moment où je me trouverais en face de la statue que me cachaient les barrières du temple.

Les Bouddhas du musée Guimet m'étaient familiers. J'aimais leurs yeux à demi clos qui ne s'attachaient pas aux objets extérieurs et regardaient « en dedans ». Pourtant, j'aurais préféré ne pas en rencontrer sur cette terre d'Orient où disait-on, la doctrine du Maître demeurait vivante. Les idoles ne pouvaient qu'y être superflues, hors de place, choquantes...

Mais j'étais là pour voir. J'entrai... et je vis.

Comment exprimer ma stupéfaction! Sur une estrade étroite surmontée par un baldaquin, reposait la statue, de grandeur plus que naturelle, d'un homme couché qui était censé représenter le Bouddha mourant.

Ce Bouddha géant était jaune. Le barbouilleur qui s'était exercé à ses dépens avait enduit, du même jaune canari, le vêtement, le corps, le visage et jusqu'aux cheveux de son sujet. Près de la tête du Sage expirant, à portée de sa main, un fidèle attentionné avait placé un paquet de cure-dents et un mouchoir de poche suspendu par un fil au cadre du baldaquin. Non loin de là, en guise d'offrande, d'ornement ou, qui sait, de provisions, j'aperçus un bocal en verre contenant des légumes en conserve : carottes et petits pois adroitement disposés, le vert et le rouge alternés produisant le plus appétissant effet.

La tête me tournait, je suffoquais.

Je connaissais le bric-à-brac des églises de l'Occident; les Madones espagnoles, munies d'une canne à pommeau d'or, d'un éventail, ou parées de bijoux destinés à une toilette de bal ne m'étaient pas étrangères, mais je ne m'attendais guère à en trouver l'équivalent en un pays qui se disait bouddhiste.

Comme je me remettais un peu du choc que je venais de subir, je discernai, à l'angle de l'estrade opposé à celui près duquel je me tenais, une autre statue jaune, debout, que je n'avais pas encore remarquée. Une minute d'attention me montra que seule la toge qui l'enveloppait était jaune; il en émergeait un visage et des mains d'un brun sombre, puis, si la « statue » demeurait parfaitement immobile, ses yeux remuaient pourtant légèrement. Il ne s'agissait pas d'une statue, mais d'un moine bouddhiste comme on en voyait représentés sur les fresques ornant l'escalier du musée Guimet.

Sans grand espoir d'être comprise, je demandai :

– Parlez-vous anglais?

L'homme jaune ne répondit pas, ne manifesta par aucun signe qu'il m'avait entendue.

Je me rappelai ce précepte de la règle monastique :

« Si le *bhikkhou* (5) rencontre une femme, il ne doit pas la voir. »

(5) Bhikkhou : moine bouddhiste.

Ce moine n'avait peut-être pas perçu ma présence.

Cependant, le Bouddha n'ordonnait pas précisément à ses disciples-ascètes de ne jamais « voir » les femmes. Il leur conseillait de les considérer respectivement, selon leur âge, comme leurs filles, leurs sœurs ou leurs mères. Mais, bien évidemment, d'autres après lui ont cru pouvoir perfectionner sa règle. Pareille malchance advint à tous les Maîtres religieux, d'où les Vierges à éventail et les Bouddhas munis de cure-dents.

– Retourne à l'hôtel, commandai-je à l'indigène qui m'attendait avec le *rikshaw*.

Je jugeais en avoir assez vu pour la journée.

Une bonne nuit de sommeil suffit à apaiser mes nerfs irrités. Après tout, je n'avais vu qu'une chapelle campagnarde; il devait y avoir mieux... de vrais temples.

Sans lui faire part de mon impression désagréable, je m'informai auprès du gérant de l'hôtel au sujet des temples dignes d'être visités.

– Allez à Kélaniya, me conseilla-t-il.

Kélaniya est situé à quelques kilomètres de Colombo, et la promenade en voiture est agréable.

Je trouvai là un ensemble assez important de bâtiments : logis des religieux, hall pour abriter les pèlerins, etc. Le tout, séparé par de vastes cours, présentait une belle apparence. Un grand silence régnait et l'atmosphère du lieu incitait au recueillement, à la sérénité.

On accédait par un escalier en pierre à la porte du temple, située sur un petit palier d'où l'on dominait les constructions voisines.

Cette porte franchie, l'on pénétrait dans une salle longue et sombre. Là, dans une immense vitrine, se trouvait un gigantesque Bouddha couché représentant, comme celui que j'avais vu la veille, le Maître à ses derniers moments. De même que la statue qui m'avait si fortement choquée la veille, celle-ci était badigeonnée en jaune cru de la tête aux pieds. A part sa dimension, environ cinq mètres de long, à vue d'œil, elle n'offrait rien de remarquable.

Il semble pourtant que les récits, si émouvants dans leur simplicité, qui relatent les dernières heures du Sage des Sakyas et ses ultimes paroles, soient bien propres à inspirer un artiste et à l'amener à créer une belle œuvre. Or la grosse tête jaune, que je contemplais dans sa vitrine, n'avait certainement rien d'une œuvre d'art.

Il m'est arrivé plus tard de discuter avec des artistes indigènes de l'insignifiance des énormes poupées qui représentent le Bouddha. En règle générale, j'ai pu constater que peintres et sculpteurs confondaient l'impassibilité, la sérénité avec l'absence complète d'expression. Il en résultait qu'ils nous montraient des formes sans vie, des êtres pires que morts : des êtres qui n'avaient jamais vécu. Certains artistes chinois ou japonais, et plus rarement tibétains, constituent cependant de brillantes exceptions; nous leur devons d'émouvantes figures du Bouddha et de ses disciples.

Je n'ignore pas, d'autre part, que l'art gréco-bouddhique a suscité l'admiration d'éminents esthètes; mais les statues que l'on rencontre d'ordinaire dans les temples n'ont rien de commun avec lui.

Les fresques, couvrant les murs du hall contenant le grand Bouddha, représentaient une multitude de personnages vêtus de costumes rappelant ceux du moyen âge. La tonalité des peintures était sombre : du rouge brun sur fond vert foncé. On me dit que les artistes auteurs de ces fresques s'étaient inspirés de scènes vues à l'époque où les Portugais occupaient Ceylan.

Une partie des bâtiments faisant actuellement

partie du temple de Kélaniya datent du XIII^e^ siècle et du commencement du XIV^e^ mais, d'après certaines traditions, ceux-ci occupent la place d'un temple bien plus ancien qui aurait été érigé par le prince Yatalatissa, environ 300 ans avant Jésus-Christ. De nouveaux agrandissements ont été effectués récemment.

Evidemment, j'espérais autre chose des monuments érigés à la mémoire du Bouddha; cependant, Kélaniya ne me causa pas le choc que j'avais éprouvé la veille. L'ombre qui régnait dans le temple atténuait la précision des images regrettables, elle inclinait aussi à un engourdissement des sensations préludant à l'indulgence bonasse. Le Bouddha couché dans la demi-obscurité de sa cage vitrée invitait à ce désintéressement fait de lassitude, d'indifférence :

« A quoi bon t'agiter, te révolter, vouloir régenter, réformer? susurrait-il au visiteur. Rien n'en vaut la peine... Regarde-moi, j'ai prêché jadis; j'ai tenté de réveiller ceux qui dormaient, plongés dans la torpeur de l'ignorance, et maintenant, de moi et des vérités que je leur ai montrées, ils ont fait ce fétiche inerte! »

A l'extrémité de la vitrine, une petite case contenait des offrandes. Je remarquai des bols minuscules de la grandeur de ceux des « ménages » de poupées. Le sacristain disert qui me pilotait m'expliqua que ces bols contenaient du lait. Il arrivait, me dit-il, qu'un fidèle promît au Bouddha de lui offrir cinquante ou cent bols de lait et il s'acquittait économiquement de son vœu en utilisant ces bols miniatures. Très malin, n'est-ce pas?... Mais cette malice n'amenait pas un sourire sur les lèvres de mon guide, la chose allait de soi, il n'y trouvait aucun élément comique.

Pour l'édification de ce simple d'esprit, je saluai de la prosternation rituelle le grand Bouddha endormi, tandis que je pensais à l'autre : celui dont la pensée reste vivante dans l'esprit d'une petite élite, et je m'en allai.

Porter un jugement sur Ceylan, sur ses religieux et sur sa population laïque, parce que deux vilaines statues jaunes avaient choqué mon sens artistique aurait été absurde de ma part; je ne commis pas cette erreur. Je savais qu'il existait, dans l'île, des moines érudits et déjà, à Paris, j'avais entendu des orientalistes parler avec respect de Souryagoda Soumangala, le défunt chef des bhikkhous cinghalais. Je savais aussi que Ceylan comptait parmi les siens des laïques distingués. Enfin, je n'ignorais pas qu'il ne manquait pas, à Ceylan, de paysages pittoresques, de ruines de cités historiques et de monuments anciens. Je me proposai donc de revenir pour voir, à loisir, gens et choses au cours d'un nouveau et plus long séjour. Quand? – Je n'en savais rien. Mon voyage n'avait aucune durée limitée; je l'envisageais, plutôt, comme devant se prolonger pendant longtemps : rien ne m'empêchait donc de remettre à plus tard ce qui concernait Ceylan et de partir pour l'Inde.

***

Passer de la grande île à la pointe méridionale de l'Inde est devenu un voyage agréable et, par la suite, je l'ai effectué plusieurs fois avec plaisir, mais lors de mon premier contact avec l'Orient la grande chaussée appuyée sur les îlots du Pont d'Adam n'avait pas encore été construite. Les voyageurs qui, depuis déjà longtemps, n'ont plus qu'à traverser sur un bac le seul bras de mer qui coupe leur route, devaient alors faire tout le trajet par mer en longeant la côte cinghalaise.

Je m'embarquai dans la soirée à Colombo pour Tuticorin.

Entre toutes les nombreuses traversées que j'ai

effectuées, celle-là est demeurée à jamais gravée dans ma mémoire.

Le bateau, une coque de noix, offrait à ses passagers de première classe une étroite salle à manger autour de laquelle s'ouvraient six cabines minuscules. Le pont, encombré par les cordages, les chaînes et autres articles nécessaires aux manœuvres, ne laissait point d'espace où l'on pût aisément poser une chaise. Quatre des six cabines étaient occupées par trois missionnaires et par moi-même. Dans la partie avant du bateau que, faute de connaissances techniques, j'appellerai – peut-être improprement – l'entrepont, une cohue d'indigènes était empilée.

Dès la sortie du port la mer devint très houleuse, les petits hublots des cabines furent vissés – la salle à manger n'était aérée que par eux –, bientôt la chaleur devint étouffante.

Le steward nous annonça que le gros temps ne permettrait pas au cuisinier de préparer un dîner; nous devrions nous contenter de thé et de plats froids.

Les effets des secousses que nous subissions ne tardèrent d'ailleurs pas à se faire sentir : tout dîner s'avérait superflu. Les trois prêtres s'étaient retirés dans leurs cabines et l'un d'eux commençait à gémir de façon significative.

Je tins bon pendant un long bout de temps en face d'une tasse de thé et d'un toast beurré, puis, mes compagnons de voyage ayant, derrière leurs rideaux, mêlé leurs voix à celle de leur confrère, je quittai la place et, m'agrippant aux sièges rivés au plancher, je regagnai ma cabine.

La nuit était venue. La tempête se déchaînait, des paquets de mer s'abattaient violemment sur nous, tandis que nous roulions bord sur bord ou bien tanguions invraisemblablement, nous élevant verticalement pour redescendre à pic. Je commençais à me demander si notre bateau, d'apparence vétuste, pourrait supporter un aussi effroyable bourlingage.

L'horreur vint quand la population animale des cales, chassée de ses abris peut-être par de l'eau qui s'y infiltrait, envahit le salon et les cabines. Ce furent des courses de rats affolés et le glissement lent de véritables couches de cancrelats, de cloportes et autres insectes que mon ignorance ne me permet pas de nommer. Tout en fut bientôt couvert : le tapis, la couchette; ils grimpaient le long des rideaux et débordaient du lavabo qu'ils avaient empli. Cette scène d'enfer dantesque était éclairée par une grosse bougie, enfermée dans l'ustensile que l'on appelle aux colonies un photophore. Le photophore était suspendu et se balançait à chaque coup de roulis, promenant de droite à gauche la maigre lueur de la bougie... Nous n'étions pas encore au temps de l'éclairage électrique et maints paquebots n'en étaient point munis. Il ne pouvait en être question sur notre « rafiot ».

Dès le début de la tempête, l'indigène faisant fonction de steward, voyant que je ne voulais pas m'étendre sur la couchette, m'avait apporté un fauteuil pliant. Celui-ci, glissant sur le tapis à chaque mouvement du bateau, me jetait, alternativement, les pieds ou la tête en bas ou me projetait contre l'une ou l'autre des parois de la cabine. Ballottée de-ci de-là, me heurtant aux angles du mobilier, j'avais fini par tomber dans un tel état d'hébétement douloureux que la force me manquait pour me débarrasser des insectes qui excursionnaient sur moi et de quelques rats curieux qui grimpaient le long de mon fauteuil pour m'examiner de près.

Jamais, au long de ma longue vie de voyageuse, je n'ai vécu un plus dégoûtant cauchemar.

C'est alors que des hurlements forcenés m'éveillèrent de ma torpeur. Qu'arrivait-il encore?... Est-ce que nous coulions?... Il fallait m'en informer. Je me traînai hors de la cabine. Dans la petite salle à manger il n'y avait, naturellement, aucun passager.

Le steward, affalé dans un recoin, s'aperçut de ma présence au moment où je me cognais contre un angle de la table, la douleur m'arrachant une exclamation. Il se leva.

– Voulez-vous une banane? me demanda-t-il et, avant que j'aie pu lui répondre, il étendit le bras et d'un placard, à sa portée, je le vis extraire une petite corbeille contenant quelques fruits.

Des bananes! Je songeais bien à cela dans l'état présent de mon estomac. Leur vue seule redoublait mes nausées.

Quelque part dans le bateau, des gens hurlaient toujours.

– Que se passe-t-il? demandai-je.

– Rien, répondit le steward. Ce sont les passagers de pont qu'on a enfermés parce que la mer les aurait balayés. Ils ont essayé de soulever les panneaux qui les protégeaient, alors on y a enfoncé quelques clous pour les maintenir. Mais, en entendant clouer, ces gens ont pris peur. Ils crient maintenant que le bateau sombre, qu'on va sauver les passagers de cabine et les marins, et qu'eux, on les abandonnera.

Il y avait bien de quoi porter ces malheureux à hurler.

– Nous ne sombrons pas, ajouta le steward d'un air rassuré. Mangez donc une banane... et il avança de nouveau vers moi la petite corbeille.

Je l'aurais volontiers battu, tant il m'exaspérait mais, accrochée d'une main à la portière de ma cabine et me retenant de l'autre au dossier d'un siège vissé au plancher, je n'en avais pas la possibilité. En trébuchant, je regagnai mon fauteuil et le cauchemar, parmi les insectes répugnants et les rats furtifs accompagnés par les hurlements désespérés des prisonniers et le tam-tam assourdissant des vagues qui nous martelaient, dura jusqu'au matin, lorsque nous jetâmes l'ancre devant Tuticorin.

Notre misérable bateau, tout ruisselant, vomit alors une centaine d'indigènes chancelants et hagards, qui se laissèrent immédiatement choir sur le sol. Les missionnaires s'efforçaient de faire bonne contenance, mais leur mine blafarde décelait les tourments qu'ils avaient endurés.

Pour moi, les pénibles heures que je venais de vivre s'étaient déjà reculées dans un passé suffisamment lointain pour ne plus m'affecter. Dès que j'avais posé les pieds sur un terrain solide, je m'étais sentie de nouveau gaillarde et pleine d'enthousiasme.

Cette plage de sable, ce paysage quasi désertique baignant dans la clarté rosée du matin, c'était l'Inde de mes rêves que je venais d'atteindre.

Un train attendait les voyageurs; je m'installai dans un compartiment vide et, tout à coup, surgi de je ne sais où, un Indien se montra près de la fenêtre et baragouina en anglais :

– Breakfast, lady, breakfast?...

Il paraît qu'il y avait un restaurant à proximité.

– Breakfast?... Oui. Mais combien de temps reste-t-on ici?...

– Pleinement de temps. Et vous mangez à votre aise pendant que le train marche. Vous laissez seulement les plats dans la voiture quand vous descendez.

C'était bien commode.

– A-t-on le temps de me préparer du riz et un curry? Curry sans viande; je ne mange pas de viande.

– Pleinement de temps.

Et l'homme s'en alla rapidement.

Quelques instants plus tard, un prêtre en soutane de toile blanche entra dans mon compartiment, salua et s'assit, sans rien dire.

Deux minutes s'étaient écoulées lorsque deux garçons arrivèrent, portant des plateaux : riz et curry, comme je l'avais demandé, puis aussi un pot de thé, du lait, du sucre, du beurre et des tranches de pain grillé que j'avais omis de commander, mais à quoi l'intelligence des boys avait pourvu.

Le prêtre qui, jusque-là, avait tenu les yeux fermés, l'air éreinté, sursauta en sentant l'odeur du curry.

– Vous mangez! s'exclama-t-il sur un ton de stupéfaction comique.

– Mais oui, répondis-je. Il y a un restaurant ici, vous pouvez commander quelque chose.

– Manger! s'exclama de nouveau mon compagnon de voyage. Ah!... Ne venez-vous pas de débarquer?

– Sans doute. Et vous aussi, probablement.

– Oui. Quelle nuit!... et vous n'êtes pas malade, vous pouvez manger!...

– J'ai *été* malade pendant la nuit, mais c'est fini et j'ai faim. Vous devriez manger aussi, cela vous remettrait.

– Je ne pourrais pas...

La prononciation anglaise de mon interlocuteur me révélait clairement sa nationalité.

– Nous sommes compatriotes, je crois, monsieur l'abbé, dis-je. Nous pourrions parler français, je suis Parisienne.

– Est-il possible!...

L'apparition d'un Indien d'apparence assez minable qui monta sur le marchepied de la voiture interrompit ce commencement de conversation. Sans dire un mot, l'Indien se mit à faire des signes de croix répétés en regardant le prêtre.

Ce dernier ne lui accorda guère d'attention.

– Ce doit être un chrétien, me dit-il simplement.

L'autre, cependant, multipliait ses signes de croix. Le train se mit en marche, il descendit et, pendant un instant, je pus encore le voir, debout près de la petite gare, continuant à se signer.

J'avais envie de demander à mon révérend compatriote pourquoi il n'avait pas dit quelques mots aimables à son humble coreligionnaire, mais il avait de nouveau fermé les yeux et paraissait somnoler.

Le train avançait à la vitesse de nos trains omnibus sur les lignes secondaires; j'avais tout le temps d'examiner le pays plat et monotone que nous traversions. Nous avions déjà roulé depuis longtemps, avec des arrêts prolongés dans diverses petites gares, lorsque mon taciturne compagnon s'éveilla.

– Allez-vous à Madras? me demanda-t-il.

– Non, pas pour le moment; je descendrai à Madoura.

– Vous allez voir le temple?

– Oui.

– Les touristes l'admirent beaucoup, bien qu'il soit loin d'égaler d'autres temples des environs. D'ailleurs, les étrangers n'en peuvent visiter qu'une petite partie. Les brahmines sont seuls admis à entrer dans toutes les salles où les idoles sont logées et surtout dans le bâtiment central, là où réside le grand diable.

L'expression « le grand diable » me fit rire; j'imaginai que mon compatriote plaisantait. Certainement pas plus que moi, il ne croyait à l'existence d'un diable dans les temples. Cependant, sa physionomie n'exprimait pas la raillerie, il paraissait plutôt sombre et soucieux. Il hocha la tête en murmurant quelques : hum! hum! puis redevint silencieux.

Je doutais que la politesse me permît de l'interroger quant à son opinion concernant le « grand diable » et ne répliquai rien.

Je descendis à Madoura; le missionnaire continuait son voyage.

*
**

Le bungalow à l'usage des voyageurs où je logeai quelque dix ans plus tard existait-il à cette époque, je n'en sais rien. Je fus conduite dans une sorte de dortoir réservé aux dames, qui occupait une partie de l'étage au-dessus de la gare. Une femme de chambre y était de service.

Je noterai ici que, parmi les commodités que le développement du « progrès » a fait disparaître de l'Inde, étaient les salles d'attente pour dames seules avec salle de bains attenante et service d'une femme de chambre. Dans l'intervalle d'un changement de train, une voyageuse pouvait, par les chaleurs torrides de l'été, se plonger dans l'eau fraîche et même être massée, car la plupart des femmes de chambre indiennes étaient d'expertes masseuses. La salle de bains consistait en une pièce nue au dallage de pierre et de simples baquets en bois servaient de baignoires, mais la propreté était parfaite.

Je me trouvai être seule dans le dortoir, je m'y fis apporter un dîner par le restaurateur établi au rez-de-chaussée et je me couchai immédiatement : la nuit précédente n'avait été rien moins que reposante.

Cependant, les paroles du missionnaire concernant le « grand diable » et la façon sérieuse dont il les avait prononcées continuaient à m'intriguer.

Ce n'est que nombre d'années plus tard, après des séjours prolongés dans l'Inde, en Chine et en d'autres pays de l'Orient, que j'ai nettement perçu qu'une grande partie des missionnaires, à quelque nationalité qu'ils appartiennent, croient véritablement à l'existence des déités des divers paganismes qu'ils se sont donné la tâche de combattre et qu'ils les considèrent comme des démons (6).

Diableries à part et en nous plaçant au point de vue hindou, la croyance en l'existence de Shiva, de Vishnou et des autres déités peut être fondée. Il s'agit seulement de définir le « genre d'existence » dont ces dieux jouissent et l'origine de celle-ci.

(6) Voir, aussi, à ce sujet, mon livre *A l'Ouest barbare de la vaste Chine*.

CHAPITRE II

# LES DIEUX
# TELS QUE LES INDIENS LES CONÇOIVENT ET LES VOIENT

Je ne me propose pas de rédiger un journal de voyage dans lequel mes mouvements à travers l'Inde et les divers épisodes qui les ont accompagnés se succéderaient par ordre chronologique. Ce que je désire offrir ici, c'est plutôt une série de tableaux présentant la vie mentale, encore plus que la vie matérielle de l'Inde; il convient donc de ne point morceler ces tableaux et de grouper en un tout les informations obtenues à divers moments sur un même sujet.

Ainsi, la mention du « grand diable » résidant dans l'endroit le plus secret du temple de Madoura me paraît propre à nous amener, tout naturellement, à examiner les théories hindoues concernant les idoles, les dieux et le culte qui leur est rendu.

Il est évident que, lorsque les hindous (1) se prosternent devant les statues de leurs dieux, ils entendent non point adorer une idole matérielle, mais s'adresser au dieu ou à la déesse que la statue

(1) Au cours de tout ce livre, le terme *hindou* est employé pour désigner un adepte de la religion hindoue ou tout ce qui se rapporte à celle-ci. *Indien* s'applique aux nationaux de l'Inde.

représente. Il en est ainsi des adeptes de toutes les religions qui admettent le culte des images.

Toutefois, dans l'Inde, ce culte est basé sur des conceptions très différentes de celles qui ont cours dans les pays occidentaux.

Tout d'abord, avant que l'idole soit considérée comme propre à être l'objet d'un culte, il est essentiel qu'elle ait été « animée », c'est-à-dire qu'elle soit devenue *vivante*. Avant ce moment la statue, quelle qu'elle soit, n'est qu'un morceau de bois ou un bloc de pierre sculpté auquel nul respect n'est dû.

N'importe quel objet peut être rendu *vivant* et, à lui, peuvent s'attacher des propriétés, des facultés et des vertus propres aux êtres vivants. Si les effigies des déités sont plus particulièrement choisies pour être douées de vie, c'est que leur forme, évoquant celle d'un dieu ou d'une déesse, est plus susceptible de capter l'attention des dévots et de les amener, consciemment ou non, au degré de concentration de pensée nécessaire pour infuser de la vie à la matière inerte. Cependant, nous rencontrons aussi, dans l'Inde, de simples pierres adorées comme des déités et les plus vénérées des idoles de l'Inde sont trois blocs de bois à peu près informes. J'entends : Jaganath, « le Seigneur du monde », son frère Balabhadra et sa sœur Subhadra, adorés dans le célèbre temple de Pouri, au sud de l'Inde.

La communication de la « vie » se fait au moyen du rite dénommé *prâna pratishtâ,* c'est-à-dire transmission du souffle vital.

Ce souffle vital est, au cours du rite, emprunté au célébrant et aux assistants. Ceux-ci concentrant fortement leur volonté opèrent, à un moment donné, une transfusion de l'énergie qui est en eux et l'incorporent dans l'effigie jusque-là inerte. D'après cette théorie, la statue ou l'objet quelconque ayant subi l'influence du rite devient un individu digne de vénération et possédant une somme de forces actives.

Il est curieux et impressionnant d'assister à la célébration du *prâna pratishtâ,* d'observer l'état d'extrême tension nerveuse d'une assemblée de fidèles, tous concentrés dans un effort de volonté tendant à transmettre à une statue une part de leur vitalité. Le mot *pratishtâ* est constamment répété par l'officiant et par les assistants qui, souvent, miment le geste d'arracher quelque chose hors d'eux et de le projeter vers la statue placée sur l'autel. Leur attitude paraît démontrer qu'ils savent que ce n'est pas un dieu ou une déesse résidant dans un séjour céleste qui en descendra pour s'incorporer dans son image, mais que c'est eux-mêmes qui habiteront cette image et que, lorsqu'ils s'adresseront à elle, ce sera à eux-mêmes, à l'énergie issue d'eux, qu'ils auront recours. Néanmoins, on a sujet de craindre qu'ils ne saisissent pas toujours, ou ne saisissent qu'incomplètement la signification du rite qu'ils accomplissent.

Cette ardente concentration d'esprit de tout un groupe d'individus est bien propre à produire des hallucinations. Lors d'une cérémonie à laquelle j'assistais, certains des adorateurs déclarèrent qu'ils voyaient la statue de la déesse Dourga pencher la tête vers eux en leur souriant.

Une autre fois, la même déesse, violemment éclairée par des projecteurs qui faisaient rutiler les ornements de clinquant et de verre dont elle était parée, me parut ouvrir et fermer les yeux, je frottai les miens, pensant que la clarté trop vive m'éblouissait, mais une femme placée près de moi fut victime de la même illusion. Elle murmura : « Voyez-vous... elle ouvre et ferme les yeux. »

Chez les sectateurs de l'hindouisme, les phénomènes de vision sont fréquents (2). Non seulement il

(2) Nombre d'autres religions, notamment le catholicisme, relatent également des faits de ce genre.

nous est raconté que Vishnou – le plus souvent sous la forme d'un de ses avatars : Râma ou Krishna – est brièvement apparu à certains de ses adorateurs, mais des histoires de relations prolongées entre le fidèle et son dieu nous sont aussi rapportées.

Sans aller chercher celles-ci dans la mythologie, en voici une à peu près moderne – les « faits » sont dits s'être produits en 1864 :

Tandis que Râmakrishna résidait dans le temple de Dakshineswar sur le bord du Gange, près de Calcutta, il y vint un sannyâsin pèlerin (ascète) nommé Jatadhâri qui, depuis des années, portait avec lui dans ses voyages une petite statuette représentant Râm enfant (Râmbâla) (3). Il lui rendait cette sorte de culte particulier dans lequel le dévot considère l'image du dieu comme une personne vivante (4). Dans ce cas, il s'agissait d'un dieu-enfant : Jatadhâri prodiguait donc à la statuette tous les soins que l'on donne à un véritable enfant, le baignant, le berçant dans ses bras, etc.

D'autre part, l'idole servait aussi à Jatadhâri d'instrument destiné à fixer son attention alors qu'il méditait sur Râm enfant, c'est-à-dire quand il s'efforçait de se le rendre visible.

Lorsque Jatadhâri quitta le temple pour reprendre ses voyages, il laissa la statuette à Râmakrishna, déclarant qu'elle lui était devenue inutile car il était parvenu à voir Râmbâla continuellement et partout. Néanmoins Râmakrishna, lorsqu'il racontait cette histoire à ses disciples, disait que le sannyâsin avait pleuré en se séparant de la statuette, devenue, pour lui, à la fois son dieu et son fils chéri.

Râmakrishna prit la suite du culte bizarre que Jatadhâri rendait à la petite idole, mais il s'agissait de tout autre chose que d'une idole immobile sur un autel. Râmbâla vivait. Râmakrishna le voyait

(3) Ou Râmlala, le folâtre, juvénile Râm.

(4) Nous verrons plus loin que ce culte est habituel dans les temples hindous.

distinctement, sous la forme d'un gamin espiègle qui le suivait, dansait devant lui ou sautait sur son dos. Râmakrishna lui donnait des jouets, le prenait sur ses genoux, le berçait (5). Le bambin courait à travers le jardin, cueillait des fleurs, il se baignait dans le Gange qui coule devant le temple. Râmakrishna, complètement hypnotisé par sa *création*, traitait le fantôme comme un véritable enfant; il l'admonestait : « Ne demeure pas en plein soleil. – Ne reste pas si longtemps dans l'eau, tu prendras la fièvre. »

Le gosse se moquait de lui, il lui faisait des grimaces. Alors Râmakrishna se fâchait, il menaçait le petit drôle, il allait même jusqu'à le frapper et Râmbâla pleurait, ce qui causait une peine extrême au repentant Râmakrishna.

Les disciples de Râmakrishna affirment que les faits que je viens de narrer en abrégé sont réels. Leur Maître leur en a donné l'assurance formelle et, naturellement, ils ne doutent point de leur véracité.

Je n'en doute pas non plus. Râmakrishna a dû voir Râmbâla comme il l'a raconté. J'ai eu l'occasion d'observer, au Tibet, les résultats étonnants des exercices systématiques visant à la production de créations mentales revêtant des formes matérielles (6). La différence entre les hallucinations du genre de celle que constituait le Râmbâla de Râmakrishna et celles que les gourous (7) tibétains entraînent leurs disciples à provoquer, est que ces derniers ont pour but d'amener ceux des disciples qui en sont capables, à comprendre que toutes ces apparitions sont l'œuvre de ceux qui les contem-

(5) On entend raconter des histoires analogues au sujet d'autres dévots qui vont jusqu'à mimer le geste d'allaiter des statuettes représentant Krishna enfant. Des dévots mâles le font aussi bien que des dévotes. L'idée de sexe est abolie dans ce cas, il ne subsiste qu'un sentiment de tendre amour maternel.

(6) Voir à ce sujet mon livre : *Parmi les mystiques et les magiciens du Tibet* (PLON, *Paris*).

(7) Gourou : Maître et directeur spirituel.

plent et que dieux et démons n'ont pas d'autre existence que celle que nous leur prêtons.

Je n'ai pas connu Râmakrishna et, chez ceux de ses disciples directs avec qui j'ai été en relations amicales, la vénération excessive qu'ils entretenaient pour leur défunt Maître ne laissait pas de place pour les investigations critiques. Il aurait été intéressant de savoir ce que devenait la petite statuette représentant Râmbâla tandis que Râmbâla lui-même, sous les traits d'un enfant réel, gambadait dans les jardins de Dakshineswar. Plus intéressant encore aurait été de savoir si d'autres personnes que Râmakrishna voyaient Râmbâla.

Je n'ai pas entendu dire dans l'Inde que, dans les visions prolongées formant une suite d'événements, les personnages fantômes qui constituent la vision, sont vus par d'autres que le visionnaire. Il en est évidemment différemment des visions collectives, généralement bornées à une brève apparition.

Quant aux Tibétains, ils croient que les formes créées par notre esprit sont susceptibles d'être vues et touchées par d'autres que par le créateur. Ils croient même à la possibilité de créer des êtres fantômes – des *tulpas* – capables de se comporter en tout comme des individus ordinaires. Cela sort de mon sujet et je ne puis que signaler le fait en passant.

J'ai d'autre part raconté une expérience que j'ai faite à ce propos (8).

Le fantôme (un moine tibétain) qu'après une longue série d'efforts j'avais réussi à me rendre nettement visible et qui en était graduellement venu à vivre, autour de moi, d'une existence apparemment indépendante – comme Râmbâla – fut distinctement vu, dans ma tente, par un visiteur qui le prit pour un homme réel et le salua comme il convenait.

Faute de meilleure explication, j'ai cru qu'il y

(8) Dans *Parmi les Mystiques et les Magiciens du Tibet* (PLON, *Paris*).

avait eu là un phénomène de transmission de pensée. Mon visiteur avait vu l'image qui existait dans mon esprit. D'autres explications m'ont pourtant été offertes.

Parmi celles que j'ai recueillies dans l'Inde à propos des idoles « animées » et des hallucinations auxquelles celles-ci donnent parfois lieu, il en est qui peuvent également s'appliquer aux visions telles que celle de Râmbâla ou aux fantômes de déités créées par des Tibétains.

Le terme « hallucination » que j'emploie comme étant familier aux Occidentaux est, néanmoins, rejeté par ceux qui proposent ces explications. Hallucination, disent-ils, évoque l'idée d'irréalité. Selon la définition habituelle, l'hallucination est une sensation visuelle ou autre, dont la cause n'est pas un « objet réel ». Il y a lieu de s'entendre sur la signification du terme « objet réel ». L'on peut aisément admettre que, lorsque le dévot voit Dourga ou Krishna ou n'importe quelle déité, au cours de la célébration d'un rite, aucun de ces personnages n'est matériellement présent, mais autre chose peut tenir leur place.

L'énergie que les participants au rite du *prâna pratishtâ* ont projetée n'est pas absolument immatérielle. On peut approximativement l'assimiler à une substance subtile qui, à ce moment, est imprégnée de pensées et d'images conformes aux pensées et aux désirs des officiants.

Il en est de même de l'énergie engendrée dans les rites de *sâdhana* (9), du genre de ceux qui conduisent les Tibétains à obtenir la compagnie d'une déité de leur choix.

Quant à l'idole « animée », elle est non seulement jugée digne de recevoir un culte mais elle est aussi considérée comme étant capable de répondre effi-

(9) Rites visant à l'obtention de quelque chose de nature matérielle ou spirituelle par la propitiation des déités ou par des moyens dérivés de la magie.

cacement aux prières qui lui sont adressées et, en général, d'exercer une influence réelle sur l'esprit et sur le corps de ses dévots. Enfin, par l'intermédiaire conscient ou non de ces derniers, l'effigie du dieu est estimée capable d'action sur le milieu où ceux-ci se meuvent.

L'existence réelle ou non de la déité représentée n'a aucune importance, ce qui agit c'est l'accumulation des forces psychiques contenues dans son effigie. D'après cette théorie, les images des dieux remplissent un rôle analogue à celui d'un accumulateur électrique. L'accumulateur ayant été chargé, on peut en soutirer du courant. Il ne se déchargera pas si l'on continue à y emmagasiner de l'électricité. Cette continuation « d'emmagasinage » d'énergie, dans l'idole, s'opère par l'effet du culte qui lui est rendu, et par la concentration sur elle des pensées des fidèles.

Qu'est-ce donc, en définitive, que *cela* qui répond aux prières des dévots, qui les terrifie ou qui les rend joyeux, qui les guérit, qui leur ouvre parfois les portes de l'extase?... Ce n'est, ai-je entendu déclarer par certains penseurs indiens, ni Vishnou, ni Shiva, ni aucune autre déité trônant dans un monde céleste. C'est une force subtile engendrée par les sentiments et par les pensées des fidèles eux-mêmes. Non point, précisément, la force produite par un adorateur isolé, mais celle qui est engendrée par la collectivité de ceux-ci.

Telle idole qui a été adorée depuis des siècles, par des millions de dévots, est maintenant « chargée » d'une somme considérable d'énergie due à la répétition d'innombrables actes de dévotion pendant lesquels la foi, l'imagination, les aspirations, les désirs de ces nombreuses foules de fidèles ont convergé vers l'image du dieu. Ainsi, cette image s'est-elle vue douée d'une puissance d'ordre psychique – et peut-être d'ordre matériel – qui dépasse de beaucoup le pouvoir individuel de chaque fidèle en particulier.

Il ne paraît point que des théories de ce genre aient cours en Occident, tout au moins qu'elles y soient ouvertement répandues. Cependant, nous en constatons clairement les traces dans les religions qui comportent le culte des images.

Pourquoi telle statue de la Vierge, d'un saint ou d'une sainte, est-elle estimée être particulièrement miraculeuse?... Si elle n'est que l'effigie d'une personnalité vivant actuellement dans le séjour des Bienheureux et si les miracles qui lui sont attribués sont uniquement l'œuvre de la haute personnalité céleste qu'elle représente, toute autre image devrait produire les mêmes effets merveilleux. Pourtant, l'opinion des fidèles est différente. Je me souviens d'un brave curé de campagne, en Belgique, à qui l'on avait proposé d'échanger une ancienne Vierge en bois sculpté passablement endommagée par les vers, contre une statue neuve. Le curé s'y refusait. « Vous comprenez, me disait-il, la vieille statuette est miraculeuse. L'autre ne serait qu'une « bonne femme », respectable parce qu'elle représente la sainte Vierge, mais rien de plus. »

Il en est de même quant aux lieux de pèlerinages qui existent dans tous les pays. Pourquoi le même dieu, le même saint personnage, manifeste-t-il plus particulièrement son pouvoir à tel lieu précis plutôt qu'ailleurs?...

Je viens de mentionner l'explication de ces faits tels que certains hindous les comprennent. Je n'affirmerai pas que leurs théories sont clairement comprises par les masses populaires indiennes, cependant un bon nombre d'hindous se rendent compte que le pouvoir des images des dieux, et la « vie » même de celles-ci, dépendent de nous. En voici un exemple pris entre beaucoup d'autres :

Tandis que je résidais à Bénarès, un de mes amis hindous, obligé de partir en voyage, me pria de prendre chez moi une statuette de Krishna et de l'honorer en son absence. Il vivait seul et il ne trouvait à sa portée personne qui lui paraissait mériter sa confiance. En fait, ce qui m'était demandé, c'était « d'alimenter » la statuette pour l'empêcher de dépérir ou, comme je dirai prosaïquement, en reprenant la comparaison de l'accumulateur, pour l'empêcher de se « décharger ».

Je ne pouvais pas refuser de rendre ce menu service à mon ami. Le Krishna fut installé sur une tablette, mon boy acheta chaque matin quelques fleurs qu'il lui offrit et, le soir, je fis brûler des bâtons d'encens devant lui. En même temps, je lui disais familièrement quelques paroles aimables. Krishna est un dieu enjoué et charmant, il n'exige pas qu'on le traite avec solennité.

Des croyances analogues à celles que je viens de mentionner, et encore plus dignes de notre attention, concernent les dieux eux-mêmes.

Les intellectuels hindous sont portés à leur assigner une existence dépendant entièrement de la place qu'ils occupent dans la pensée de leurs adorateurs. Les dieux aussi sont *créés* par l'énergie que dégage la foi en leur existence, par les sentiments de crainte ou d'amour qu'ils inspirent et par le culte matériel qui donne expression à cette foi, à cette crainte ou à cet amour.

Le dieu à l'existence de qui nul ne croirait plus, que nul n'adorerait plus, cesserait d'exister. Il serait mort comme le sont beaucoup de dieux que des peuples anciens, ou disparus, ont adorés jadis.

Ceux des hindous qui m'ont exposé ces théories, tout en attribuant aux déités une existence purement subjective, déclaraient, en même temps, que cette existence était réelle. La concentration de pensée de millions d'adorateurs pendant de nombreux siècles avait eu des effets analogues à ceux qui ont trait aux idoles; elle avait fait des dieux de véritables entités, des centres de forces et il ne suffisait pas à un individu isolé de nier leur existence pour échapper complètement à leur influence.

Les dieux, comme nous qui leur avons donné la

vie, nous appartenons à cet éternel et incompréhensible « jeu » – ce *lila,* comme disent les philosophes hindous – que l'Etre en Soi : le Brahman, joue avec *lui-même* et qui, dans tous les cas, est la seule vision que nous soyons capables d'avoir de lui.

## CHAPITRE III

# LES SANCTUAIRES PRESTIGIEUX ET LEURS HÔTES – CHORÉGRAPHIE SACRÉE ET LUBRICITÉ PROFANE

Lorsque, après une nuit reposante, je m'éveillai dans le dortoir de la gare de Madoura, j'étais encore loin d'avoir recueilli des renseignements aussi précis que ceux que je viens de donner sur l'attitude intellectuelle des hindous, quant à leurs idoles et à leurs dieux. Les informations que je possédais suffisaient cependant, pour qu'en me rappelant ma conversation de la veille avec mon compatriote missionnaire, je me dise qu'après tout, il ne se trompait peut-être pas tant en parlant du « grand diable » résidant dans le plus secret des sanctuaires de Madoura. Toutefois, je me gardai bien d'appliquer à cette mystérieuse présence la dénomination vulgaire de « diable ». Je savais que ce Seigneur mystique de Madoura s'appelait Sundareswar, un des noms de Shiva créateur et destructeur, et que proche de lui résidait son épouse Mînakshi (1) un des noms aussi de Shakti, l'universelle Energie, inséparable de Shiva.

Et sur ce, je partis pour m'approcher d'eux aussi près qu'il me le serait permis.

En le comparant aux édifices religieux des pays

(1) Mînakshi la déesse aux yeux de poisson.

occidentaux, l'étranger ne peut manquer d'être impressionné par les proportions du temple de Madoura. Cependant, celui-ci est loin de faire figure de géant parmi ses nombreux voisins de l'Inde méridionale. Nul dans nos pays n'a conçu l'idée d'ériger, pour y loger ses dieux, des demeures protégées par autant d'enceintes, de portiques et de tours monumentales que le sont les temples de Tanjore, de Shri Rangam, de Chindambaram, de Tirouvalour et beaucoup d'autres. En fait, ceux-ci sont de véritables villes divisées en quartiers séparés, rangés autour de l'enclos sacré dans lequel se trouve l'habitation du dieu en l'honneur de qui le temple à été construit. En d'autres enclos sont les demeures des déités apparentées au divin Seigneur du temple et parfois celle de son épouse, tandis que dans les quartiers proches de l'enceinte extérieure, résident, avec leurs familles, les brahmines attachés au service des dieux.

L'accès de la plus grande partie – souvent même de la totalité – du terrain circonscrit par l'enceinte extérieure est généralement interdit aux non-hindous et aux hindous de basse caste. C'est seulement un bon nombre d'années après que j'eus, pour la première fois, touché le sol de l'Inde, alors que je m'y étais déjà fait des amis, que la complicité bienveillante de brahmines cordiaux et éclairés me facilita la visite complète de plusieurs sanctuaires célèbres et l'approche de leurs hôtes divins. La coutume qui voulait que les femmes de bonne famille ne montrent pas leur visage, facilitait beaucoup les incursions en terrain interdit. Il suffisait d'être accompagnée d'un brahmine authentique, pouvant jouer le rôle de frère ou d'époux, et de tenir son sâri à peu près fermé sur sa figure pour passer sans attirer l'attention. En quelques occasions je me risquai même seule, déguisée de cette manière, dans des temples où j'avais déjà été auparavant et dont je connaissais la disposition.

De nos jours où les femmes ne ramènent plus

leur sâri sur la tête, courir cette aventure serait plus difficile.

Malgré tout, il m'arriva pourtant d'être reconnue ou, du moins, d'inspirer des doutes. Un jour, à Bénarès, un jeune homme m'aborda dans la rue :

– Vous avez été au temple de Vishveshvara, me dit-il. Comment se fait-il que les stewards vous aient laissé entrer?

Comme j'en avais l'habitude à Bénarès, je portais ce jour-là la robe couleur orange des *sannyâsins.* Je ne répondis rien au questionneur; je le regardai avec gravité, élevai légèrement la main droite et prononçai : *âshîrvada,* la formule consacrée de bénédiction et de bons souhaits que les sannyâsins adressent aux laïques; puis je continuai imperturbablement mon chemin, laissant le curieux interloqué, figé au bord de la route.

Ce n'était pas une simple curiosité de touriste qui m'incitait à pénétrer dans les temples. Ce qui m'attirait, c'était l'extraordinaire atmosphère psychique dans laquelle on s'y trouvait plongé.

Tout un monde d'idées, de perceptions insolites y sollicitaient impérieusement l'attention; il en émanait de la terreur et, par-delà celle-ci, une sorte de béatitude narquoise, indicible, qui ensorcelait. Je subissais le charme, je le savourais sans pourtant laisser entamer ma lucidité; plus d'un étranger a perdu la sienne au contact de la magie de l'Inde.

*
**

On pénètre dans le temple de Madoura en passant sous un *gopouram,* une tour en forme de pyramide couverte de sculptures. L'on se trouve ensuite dans un hall occupé par un bazar. Des marchands y étalent par terre divers objets de piété, de coquetterie ou d'inutilité. J'ai encore chez moi certains de ceux-ci achetés lors de ma première visite : boucles d'oreilles, bracelets de verre colorié et petites images de déités que les Indiens portent attachées à leur cou comme talismans protecteurs.

L'impression de puérilité que donnait cet étalage se dissipait subitement lorsque l'on avait franchi un second portique.

Dès ses premiers pas le visiteur se voyait entouré par une foule de géants de pierre : héros des légendes hindoues, dieux et animaux. Certains de ceux-ci se tenaient rigides, le long des murailles, d'autres projetaient en avant leurs corps énormes et leurs faces grimaçantes, esquissant des gestes menaçants avec des bras de deux mètres de long. Ces êtres fantastiques emplissaient de multiples corridors ténébreux sur lesquels, de-ci de-là, s'ouvraient d'autres corridors servant d'antichambres aux sanctuaires où les dieux vivaient leurs vies étranges.

Dans l'ombre de ce labyrinthe de pierre noirâtre, l'on pouvait bien dénier l'existence d'un Shiva ou d'une Parvatî trônant dans un paradis quelconque, l'on pouvait bien dénier celle de tous les dieux, mais l'on ne pouvait dénier les « présences » qui hantaient le temple obscur et silencieux. Elles étaient là, enveloppantes, impérieuses, vous pénétrant jusqu'aux moelles de cette horreur sacrée dont ont parlé les Grecs mais dont rien, chez eux, n'a peut-être pu donner un sentiment aussi intense que les repaires ténébreux où sont tapies les énigmatiques déités que l'Inde a engendrées.

A la tombée de la nuit, le culte vespéral : l'*ârati*, emplissait le temple d'un tintamarre de gongs et de cloches parmi lequel perçait le son rauque des conques que l'écho répercutait, en l'amplifiant, sous les voûtes des multiples galeries. Des lueurs émergeaient des longues antichambres au bout desquelles se discernait vaguement la forme d'un prêtre, le torse nu, le bas du corps enroulé dans un long drap blanc, qui balançait devant une idole une lampe aux multiples et menues flammes.

Puis le silence retombait, profond, pesant; les ténèbres semblaient devenir palpables, trouées çà et là par les faibles clignotements de quelques rares petites lampes de terre posées à même le sol. Les fidèles s'étaient retirés; parfois seulement, un brahmine attardé par quelque besogne rituelle surgissait brusquement de l'ombre; le glissement presque imperceptible de ses pieds nus sur les dalles marquait à peine son passage et il s'enfonçait de nouveau dans l'obscurité.

Les dieux reposaient. Ils avaient été cérémonieusement dévêtus et couchés. Dormaient-ils véritablement?... Des histoires circulent, rapportant que nuitamment les déités vont et viennent de par les temples, s'entre-rendant des visites, de sanctuaire à sanctuaire...

Quoi qu'il en puisse être de ces promenades mystérieuses, certains jours les dieux sortent véritablement de leurs retraites; parfois il ne s'agit que d'un bref circuit dans l'intérieur du temple, mais en d'autres occasions les personnalités divines peuvent jouir du grand jour ensoleillé. En jouissent-elles vraiment?... Je n'ai pas reçu leurs confidences à ce sujet, mais, à ce qu'il m'a paru, la pleine lumière ne leur sied guère. Formidables dans leur voile d'ombre, elles paraissent bien misérables sous les oripeaux luxueux dont leurs images et leurs chars sont enveloppés. Les dieux ont toujours tort de se montrer.

A Madoura, l'on promenait les dieux dans le temple une fois par semaine, au début de la nuit. Il ne s'agissait pas d'une véritable procession, aucun clinquant, rien de pittoresque. Quatre brahmines supportaient sur leurs épaules un brancard miniature sur lequel étaient posées deux images lilliputiennes.

Il ne manque pas d'idoles géantes dans l'Inde. L'une des plus remarquables, à mon avis, est celle de Nateshwar, le Shiva dansant dans un cercle de flammes, à Chindambaram. Néanmoins, beaucoup d'hindous aiment les petites statuettes. Un jour où je m'étonnais, devant l'un d'entre eux, de voir dans un temple un Râma et son épouse Sîtâ de la dimension de petits jouets, celui-ci me répondit : « De petits dieux sont plus jolis ».

Je ne puis émettre aucune opinion concernant les idoles naines que l'on promenait à Madoura. A part leur taille menue, je n'ai rien pu distinguer d'elles à cause de l'obscurité et, aussi, de la marche rapide de leurs porteurs. Ceux-ci avançaient à grandes enjambées, majestueusement, avec quelque chose d'agressif et de provocateur dans leur maintien. Ils étaient précédés par deux musiciens portant des trompettes au tube droit qui sonnaient deux notes en quarte : *la ré,* puis *la* et *ré,* en quinte, à l'octave inférieur et les répétaient sur un rythme réglant les pas du petit cortège. Ces deux notes brèves, violentes et impérieuses que les échos reprenaient comme pour un acquiescement, produisaient un effet indescriptible... oserai-je dire *magique,* c'est peut-être le terme qui convient.

⁂

Mon troisième séjour à Madoura coïncida avec la promenade annuelle des déités sur le lac. La barque, dans laquelle on les emmenait, servait de fondation à un léger palais bâti en bambous, en papier, en étoffes de soie, profusément décoré d'ornements rutilants, de feuillage et de fleurs. Les idoles y furent conduites en cortège, précédées et suivies par les éléphants sacrés somptueusement caparaçonnés.

La nuit venue, les fidèles allumèrent des milliers de petites lampes qui dessinaient, en lignes de feu, les contours du temple et des escaliers de pierre descendant vers le lac. La barque aussi était brillamment illuminée et cette fête vénitienne, à la mode de l'Inde, eût été charmante si l'on n'avait pas eu la malencontreuse idée de vouloir renforcer l'effet des illuminations en y ajoutant des projecteurs. Les violents faisceaux de lumière, avec lesquels ceux-ci balayaient l'espace, faisaient pâlir les cordons doucement lumineux tracés par les petites lampes et, s'arrêtant sur le palais flottant des dieux, le montraient, dépouillé de toute apparence illusoire, ce qu'il était en réalité : un paquet de guenilles bariolées oscillant par l'effet des secousses qu'imprimait à la barque la multitude des haleurs dévots attelés aux cordages.

Cependant, cachée sous cet édifice de foire, se trouvait une fortune en joyaux d'or et en pierreries dont les poupées divines étaient couvertes. L'Orient présente de ces contrastes qui choquent notre sens de l'harmonie, mais qu'un Indien trouverait moyen d'expliquer d'après ses propres conceptions et ses réactions évidemment différentes des nôtres.

Les clameurs assourdissantes de la populace accompagnaient la promenade des dieux sur le petit lac. La dévotion silencieuse est un luxe, une pratique de croyants raffinés; les masses hurlent leur foi grossière non seulement en Orient, mais aussi en Occident. En ce qui concerne le tapage, certaines processions espagnoles peuvent en remontrer à n'importe quelle manifestation indienne. Je me souviens d'avoir vu défiler à Valence (Espagne) des chars portant des statues de grandeur naturelle représentant des scènes de la Passion. Des hommes armés de revolvers les escortaient en tirant sans répit. Les chars étaient nombreux et chacun d'eux avait sa garde d'honneur composée d'une centaine de tireurs; soutenu par cet accompagnement guerrier le chœur de la foule poussait des cris divers. Fermant les yeux, on aurait pu se croire dans une ville envahie dont on massacrait la population.

La plupart des dieux jouissant de quelque importance sont périodiquement emmenés en promenade mais, souvent, au lieu du palais éphémère qui flottait sur le lac de Madoura, leurs véhicules sont de pesants chars de bois sculpté comportant plusieurs étages dont le dernier imite la forme de tours de temples. La traction est opérée par les fidèles mâles tirant sur de longs câbles attachés au char. Des centaines d'hommes s'y attellent, hurlant, se bousculant, avides de trouver sur les traits une place où s'agripper, pour contribuer par leur effort au progrès du véhicule sacré le long des routes. C'est là, croient-ils, un acte éminemment méritoire et qui leur apportera de nombreux bénéfices dans leur vie présente et dans celles qui la suivront.

Où conduit-on les dieux que l'on promène?... Le plus souvent, ils n'effectuent qu'un court trajet autour de leur temple. D'autre fois, pourtant, on les transporte dans un autre temple, une dépendance de leur domicile principal, où ils vont « en villégiature », tout comme nous le faisons nous-mêmes.

Les points de ressemblance entre les soins donnés aux images des dieux et ceux que nous prenons de nous, ou pour lesquels nous recourons à l'aide de serviteurs, offrent également beaucoup de ressemblance. De grand matin, le dieu est éveillé par une aubade, il est ensuite baigné, fardé et habillé. Le bain se borne généralement à un simulacre, une légère aspersion ou même, un bassin contenant de l'eau est simplement placé devant la statue pour que sa forme s'y reflète et ceci lui tient lieu de bain. Le dieu est aussi nourri : à plusieurs reprises, des aliments sont placés devant lui. Enfin, à la nuit tombante, le dieu est dévêtu et couché, tandis que les musiciens du temple lui donnent une sérénade.

Ce service compliqué nécessite, naturellement, un personnel suffisamment nombreux de « valets de chambre » et de « cuisiniers », tous de caste brahmanique. Les déesses n'ont pas, que je sache, d'objection pudique à être assistées par des hommes dans leur toilette, je n'ai pas entendu dire qu'elles aient des « femmes de chambre ».

L'eau qui a servi aux ablutions des dieux et la nourriture qui leur a été offerte sont sacrées. Sous le nom de *prasâd* (faveur), les fruits ou les pâtisseries que l'on emporte des autels sont distribués aux fidèles ou même à des non-hindous, amis des desservants du temple.

Une particularité, que connaissent bien peu d'étrangers résidant dans l'Inde, est que tout le monde peut manger les restes de Vishnou, mais non point ceux de Shiva. Ceux-ci ne peuvent être impunément consommés que par les sannyâsins (ceux qui appartiennent à l'ordre des ascètes). Pourquoi? Parce que Shiva est le dieu du renoncement et de la destruction. Il entraîne ses fidèles et, par extension, ceux qui ont commerce avec lui sur la *nirvritti marga*, la voie qui mène à la suppression de tout ce qui constitue le monde, c'est-à-dire à la suprême libération. Il s'ensuit que les hommes, attachés à ce monde et aux plaisirs qu'ils y trouvent, ne doivent point courir le risque d'un contact avec une influence qui, automatiquement, les priverait de richesse et de postérité.

Les repas rituels tiennent une place importante dans le culte hindou; on en sert non seulement aux dieux, mais aussi aux Maîtres religieux défunts tels que le célèbre philosophe Shankarâcharya.

Des offrandes d'aliments sont, de nos jours, présentées à Râmakrishna dans le temple qui a été érigé en son honneur à Belour, près de Calcutta, sur la rive du Gange opposée à celle où se dresse le temple de Dakshineswar dans lequel Râmakrishna a passé la plus grande partie de sa vie. Des visiteurs étrangers, ayant manifesté le désir d'entrer dans le sanctuaire dédié à Râmakrishna, reçurent la réponse : « Pas maintenant; le Maître mange ». Ce qui signifiait que des plats contenant des aliments se trouvaient placés devant la statue.

Les bouddhistes, infidèles à l'enseignement hautement rationnel du Bouddha, ont aussi adopté ce genre grossier de culte et j'ai pu voir des pyramides de pâtisseries et de fruits entourer la statue de celui qui prohibait formellement toutes les formes de rites.

*
**

J'aurai beaucoup d'autres occasions de reparler des dieux car l'Inde est véritablement le pays des dieux. Quel que soit le côté de la vie sociale vers lequel on se tourne, on les y trouve présents, mêlés à tout, présidant à tout, même à la chorégraphie, même à une sorte de prostitution pratiquée à l'ombre de leurs temples.

Danses et prostitution sacrées ne sont d'ailleurs point particulières à l'Inde. Nous les rencontrons dans diverses anciennes civilisations. Le contact de l'Inde avec le monde occidental et la pénétration des conceptions morales propres à ce dernier dans les milieux hindous ont sensiblement modifié le caractère et l'importance de toutes deux. Du moins est-ce là, ce que des Indiens paraissant bien informés m'ont déclaré.

De tout temps, dans l'Inde, musiciens, chanteurs et danseuses ont figuré dans les fêtes données par les princes ou par les riches particuliers. Les danseuses apprenaient leur art dans des écoles spéciales auxquelles elles demeuraient attachées, leur condition étant une sorte de demi-servage, sinon de complet esclavage.

De nos jours, la situation des artistes de la chorégraphie s'est notablement modifiée; celle des chefs d'écoles de danse et de leurs élèves, femmes ou hommes, les plus éminents, est analogue à celle des artistes de nos pays. Plusieurs d'entre eux, seuls ou à la tête d'une troupe, ont effectué des tournées en

Europe et en Amérique et y ont remporté d'appréciables et profitables succès.

Toutefois, les anciennes coutumes ont, jusqu'à présent, prévalu dans le sud de l'Inde où les corps de ballet demeurent attachés à certains temples. Les filles qui en font partie, les *dévadâsîs,* c'est-à-dire les « servantes des dieux », sont ces danseuses que les étrangers dénomment « bayadères ». Il semble que jadis elles étaient gardées captives et se prostituaient au profit du temple auquel elles appartenaient comme esclaves. La liberté ne leur était donnée que lorsque leur jeunesse était passée. Quoi qu'il en ait été, ce qui demeure de leur ancienne sujétion ne peut manquer d'être bientôt aboli par le nouveau gouvernement de l'Inde. D'ailleurs, même sous l'ancien régime, certaines *dévadâsîs,* grâce aux libéralités d'amants riches, réussissaient à s'affranchir des obligations qu'elles avaient envers le temple dont elles étaient la propriété. Elles devenaient alors indépendantes et, souvent, possédaient une grosse fortune.

J'avais été informée qu'il ne convenait pas à une femme respectable d'aller voir danser des bayadères. Ceux qui me renseignaient de la sorte exagéraient-ils la prudence? Je n'en sais rien. Je dus me contenter d'assister à des représentations théâtrales.

Lors de mon premier séjour dans l'Inde, et même dans ceux qui le suivirent de près, la mise en scène et le jeu des acteurs n'avaient pas encore subi l'influence de l'Occident. En les comparant à ce que j'ai pu voir récemment sur la scène et au cinéma, je constate une énorme différence, un réel progrès me semble-t-il. Mais je ne dois pas oublier que mon opinion est celle d'une étrangère et je sais maints Indiens qui pensent que le théâtre indien a perdu de sa beauté en s'écartant des anciennes traditions.

Enfin, il m'arriva d'être invitée par un maître de maison à assister à une fête qu'il donnait à ses amis : des bayadères devaient y danser. Bien entendu, je ne me mêlerais pas aux invités; ceux-ci ignoreraient même ma présence. Un siège avait été placé pour moi derrière un lattis renforcé par un rideau de tulle, et la pièce où le siège se trouvait était complètement obscure. Nul ne pouvait donc m'apercevoir, tandis qu'à travers mon double écran il m'était possible de distinguer très suffisamment ce qui se passait dans la salle où la fête aurait lieu.

Cinq femmes dansèrent, tantôt séparément tantôt en groupe. Un « orchestre » les accompagnait. Orchestre composé d'un instrument à cordes, d'une sorte de flûte et d'un tambour, de forme allongée, que le musicien portait suspendu à son cou et sur lequel il frappait avec les mains. Les musiciens se déplaçaient suivant les mouvements des danseuses, jouant tout près d'elles, dans leur dos, presque à les toucher, et le tambourinaire gesticulait du torse et de la tête, harmonisant sa mimique au sens de ce qui était chanté par lui, par son confrère le guitariste et par celles des filles dont ce n'était pas le tour de danser.

D'après ce que mon hôte m'expliqua, les danseuses mimaient diverses aventures advenues à des *Apsaras* (des fées célestes) qui étaient malicieusement descendues sur la terre pour inciter de jeunes et beaux princes aux jeux de l'amour. Il y avait aussi, au programme, une *Tentation de saint Antoine,* version indienne, l'histoire de la tentation d'un vieux sage vivant dans la forêt.

J'imagine que le texte des chansons que nasillaient les choristes devait être épicé et, quant à la mimique des ballerines, on pouvait la supposer excitante tout au moins selon la mode indienne qui, si l'on en juge par les diverses gymnastiques décrites dans le code classique de la science de l'amour : le *Kâma sûtra,* est passablement bizarre. Les ébats des danseuses ne me parurent pas spécialement choquants. Peut-être discernais-je mal le sens de leur gesticulation : celle-ci me semblait plutôt prêter à rire.

Néanmoins, l'impression produite sur les invités différait visiblement de la mienne; l'agitation, qu'ils parvenaient difficilement à maîtriser pour demeurer correctement assis sur leurs coussins, en témoignait.

Une autre fois, je fus témoin d'un fait analogue mais d'un caractère plus marqué.

C'était au cours d'une brillante réception donnée à l'occasion d'un mariage parsi. Pour accueillir plus de trois mille invités, les parents de la mariée avaient loué le palais servant de pied-à-terre à un rajah pendant ses séjours à Calcutta.

Il s'agissait d'une véritable fête orientale : le palais illuminé de haut en bas, des feux de Bengale allumés dans les cours, des projecteurs balayant de leurs rayons la cohue des hôtes aux costumes chatoyants, parés de bijoux extraordinaires, de rubis, de diamants de grosseur anormale.

Plusieurs orchestres placés en divers endroits jouaient en même temps des airs différents, produisant une assourdissante cacophonie, et les parfums variés et violents, avec lesquels les invités étaient fréquemment et libéralement aspergés, répandaient des effluves mélangés aussi pénibles pour l'odorat que l'était pour l'oreille le tapage discordant des orchestres.

Des chanteuses avaient été réparties en différents salons aux trois étages du palais. Les invités se promenaient à leur gré, entrant écouter celles-ci aussi longtemps qu'il leur convenait et s'en allant lorsqu'ils cessaient d'y prendre plaisir.

Dans le salon où j'étais entrée se trouvaient une douzaine de personnes : hommes et femmes, dont trois hommes d'âge moyen assis sur une banquette près de l'endroit réservé à la chanteuse.

Regardant celle-ci, je n'avais donné qu'un coup d'œil distrait aux gens qui m'entouraient, quand le manège singulier de deux des hommes assis sur la banquette attira mon attention. Tous deux se trémoussaient, agitaient la tête, tendaient le cou vers la chanteuse en roulant des yeux, en se pourléchant : l'un d'eux qui, chose étrange, était venu à la soirée, muni d'une belle canne à pommeau d'or, frappait le plancher avec celle-ci; son voisin trépignait.

Je m'attendais à les voir se jeter sur la chanteuse, quand le troisième homme assis sur la banquette se leva, parla pendant un court moment aux deux autres et les emmena. Sortant après eux, je les vis se diriger vers un buffet à l'usage des hôtes étrangers, où l'on buvait du whisky.

Cela n'était que burlesque. Il appartenait à Madoura, où je retournais à chacun de mes séjours dans l'Inde, de m'offrir un spectacle terrifiant de lubricité tel qu'il serait difficile de l'imaginer dans nos pays. C'était dans ce même temple où j'avais, pour la première fois, frôlé le mystère troublant des divinités hindoues.

Ce soir-là, une quarantaine de *dévadâsîs* dansaient sur une large estrade avant d'aller adorer la déesse Mînakshî.

Que représentait cette danse, je ne le sais pas. C'étaient toujours les mêmes contorsions des bras, des doigts et des orteils, les mêmes déhanchements, le ventre et les seins projetés en avant : offerts... Les filles ne me paraissaient ni très jolies, ni particulièrement gracieuses. Ce qui retenait l'attention, c'était le cercle de mâles, une bonne centaine, pressés autour de l'estrade, les yeux dilatés, la physionomie férocement bestiale.

Les mystiques hindous parlent de *samâdhi,* l'extase, dans laquelle l'esprit n'est plus conscient que d'un unique objet, toutes autres choses étant annihilées pour lui. Ces hommes, hypnotisés autour de cette estrade, avaient véritablement atteint un genre d'extase parfaite : la *samâdhi* du rut.

Les *dévadâsîs* descendirent de l'estrade et s'engouffrèrent hâtivement dans les corridors sombres conduisant au sanctuaire de la déesse. Ce fut une ruée. La foule des hommes affolés les suivait, vaguement retenue par les gestes d'une vieille femme, la gardienne des danseuses, sans doute une bayadère retraitée.

La terreur qui se lisait sur le visage des filles – pourtant des prostituées – serrées en troupeau, se bousculant pour gagner plus vite le sanctuaire protecteur, était aussi bouleversante que l'avidité immonde de leurs poursuivants.

Je m'aplatis entre les jambes cabrées d'un cheval de pierre géant émergeant de la muraille, pour laisser passer la vague infernale, puis je gagnai la sortie. Je venais de découvrir un nouvel aspect intime de la demeure des dieux.

## CHAPITRE IV

# L'ANTIQUE SYSTÈME RELIGIEUX DES CASTES – AUDACIEUSE INITIATIVE DU GOUVERNEMENT INDIEN (1) – ABOLITION DE L' « INTOUCHABILITÉ » DES PARIAS.

J'étais loin de me douter, lors de mes premiers séjours dans l'Inde, que l'avenir me réservait d'être témoin d'un véritable bouleversement dans le code social du pays.

L'un des premiers actes du gouvernement de l'Inde devenue indépendante a été de porter un coup direct au système des castes en décrétant l'abolition de l' «intouchabilité ». D'après la nouvelle législation, tout acte basé sur le principe de l'impureté native de certaines catégories d'Indiens que nul ne peut toucher sans se souiller, sera dorénavant considéré comme un délit punissable par la justice.

Il n'est pas un de nous qui n'ait applaudi à cette initiative hardie des gouvernants indiens, mais faute d'une connaissance approfondie du milieu auquel elle doit être appliquée, il est difficile à la plupart des étrangers d'en mesurer la portée et, d'autre part, l'absence de portée.

Il appartient aux années qui viendront de nous montrer les réactions que la nouvelle loi provo-

(1) Le terme *indien* doit être employé lorsqu'il s'agit de l'Inde et ses nationaux. Hindou signifie un adepte de la religion hindoue ou s'applique à ce qui la concerne.

quera parmi les Indiens conservateurs. Des lettres que j'ai reçues me prouvent déjà que l'opposition ne fait pas défaut. Quelle forme prendra-t-elle? Conflit violent ou résistance passive? Probablement cette dernière attitude sera-t-elle la plus généralement adoptée.

Il y a longtemps que l'administration britannique, de même que les firmes étrangères, n'accordait aucune attention à la caste des Indiens qu'elle employait. L'administration devenue indienne fera naturellement de même.

Depuis longtemps aussi, les brahmines pauvres et les autres membres besogneux des hautes castes s'étaient résignés à coudoyer dans les compartiments de troisième et quatrième classe (2), les *soudras* et les *parias* voyageant dans le même train qu'eux.

La question des puits réservés aux différentes castes amènera peut-être des bagarres, mais des sanctions judiciaires pourront punir les agresseurs du paria audacieux qui puisera de l'eau dans le puits des Indiens de castes pures. Et le même paria, « intouchable » selon le code religieux, ne risquera plus d'être battu ou de se voir extorquer une amende si, en passant dans la rue, son ombre couvre, pendant un instant, le plat d'un brahmine prenant son repas.

Quant aux rapports privés des Indiens entre eux, il n'est pas de législation qui puisse forcer les gens à dîner avec ceux qui leur déplaisent ou à épouser quelqu'un qu'ils n'en estiment pas digne. Les distinctions de caste subsistent donc pour ceux qui tiennent à s'y conformer dans leur vie privée.

L'on peut d'ailleurs être certain que, sauf dans les grands centres et parmi les Indiens cultivés, la masse de la population ignorera pendant longtemps qu'un changement est survenu en ce qui concerne

(2) Le système des classes de voiture dans les trains a été modifié depuis la proclamation de l'Indépendance.

le régime des « intouchables » et le nouveau décret n'aura guère d'effet sur le train de vie habituel.

Néanmoins, il ne convient pas d'être trop pessimiste. C'est déjà beaucoup que l'égalité civique des Indiens ait été proclamée en principe. Le temps fera son œuvre, les Indiens s'accoutumeront à une nouvelle manière de penser et les exigences de la vie moderne les forceront de plus en plus à se mêler les uns aux autres.

Ceux des Occidentaux qui, apprenant l'abolition de l'intouchabilité dans l'Inde, ont considéré ce fait comme un simple acte politique, se méprennent complètement sur son caractère. En réalité, il s'agit là d'un audacieux attentat perpétré par le pouvoir laïque contre la religion nationale traditionnelle des hindous, celle que les étrangers dénomment hindouisme ou brahmanisme, deux termes qui ne sont point employés par les hindous eux-mêmes. Ceux-ci appellent leur religion *Sanatana Dharma,* c'est-à-dire : « Loi antique ». Cette religion sans dogme précis ne demande à ses adeptes que d'adhérer à quatre principes qui sont :

Le caractère sacré des Védas et des vaches.

La distinction des castes; plus la distinction, en dehors de celles-ci, des hors-castes impurs et intouchables.

La suprématie des brahmines.

La loi du Karman (action), c'est-à-dire l'enchaînement des causes et des effets, d'après laquelle le « moi » individuel (le *jîva*) se réincarne selon ses œuvres, au cours de vies successives.

A part ces quatre principes, un hindou est libre de croire ce qu'il veut, mais le rejet de n'importe lequel de ceux-ci l'exclut automatiquement du giron du Sanatana Dharma. Par analogie, on peut assimiler son attitude à celle d'un catholique romain qui nierait la suprématie spirituelle du pape, le dogme de la Trinité ou la divinité de Jésus.

Je n'ignore pas que, depuis plus de quarante ans,

des Indiens cultivés et progressistes se sont efforcés de prouver à leurs compatriotes que, dans l'Inde antique, les castes correspondaient simplement à des différences d'occupations ou de race, mais l'antiquité à laquelle ils se réfèrent est une antiquité si haute que seuls les grands érudits en ont connaissance. Quant à la manière dont le système des castes a été compris jusqu'à nos jours, elle s'appuie elle-même sur des coutumes vieilles de nombreux siècles.

Un bref résumé des informations que nous pouvons glaner dans les anciens ouvrages indiens, concernant l'évolution du système des castes, illuminera notre sujet.

Jadis, parmi les tribus des cinq peuplades aryennes *(panch janah)* l'on distinguait – d'après ce que nous apprennent les Védas – des nobles, des chefs et des rois, des conseillers, des prêtres, des prophètes, des juges et des travailleurs manuels construisant des routes, labourant les champs et élevant du bétail. En somme, la population comprenait des individus occupant des situations différentes, mais celles-ci, comme il en est chez nous, ne constituaient point des castes.

C'est seulement dans le *Pourousha Soukta* (3) que nous rencontrons pour la première fois la déclaration qui, depuis lors, a fait loi parmi les hindous :

« Les Brahmines sont issus de la bouche du
« *Pourousha* (4), les Rajanyas (Kshatriyas) de ses
« deux bras, les Vaishyas de ses deux cuisses et les
« Soudras de ses pieds. »

(3) *Rig Véda*, livre X, hymne 90.
(4) L'individu, le mâle primordial en mythologie et en symbologie.

Les réformistes hindous n'avaient pas manqué de s'élever contre l'usage que leurs coreligionnaires faisaient de ce texte. Celui-ci représentait – disaient-ils – une création symbolique et non matérielle du monde par le principe primordial.

Il fallait comprendre que les brahmines qui s'adressaient aux dieux étaient la bouche, organe de la parole du *Pourousha*; les kshatriyas portant les armes pour la défense du peuple étaient ses bras; les vaishyas qui édifiaient la richesse nationale étaient les piliers du corps social comme les cuisses sont ceux du corps humain; et les soudras, ouvriers et serviteurs étaient les pieds qui vont et viennent pour le service d'autrui.

Les réformistes ajoutaient encore : A l'origine il était question des cinq tribus aryennes : les Tourvasas, les Anous, les Drouhoyous, les Yadous et les Pourous, mais la nature de la caste telle qu'elle a prévalu par la suite était inconnue.

Il est à remarquer que le terme *varna* (couleur) est plus généralement employé dans les textes religieux hindous que celui de *jati* (naissance). Les anciens Aryens se décrivaient comme les « Blancs amis des dieux » et attribuaient aux aborigènes conquis, les Dasyous, la dénomination méprisante « d'esclaves à la peau noire ». De ce nom de tribu, *Dasyou*, le langage moderne a fait *das*, signifiant « esclave » (5) et applique l'épithète à tous les soudras (6).

C'est à partir de Manou que le système des castes s'est définitivement implanté dans l'Inde, avec une

(5) Le mot *das* entre maintenant dans la composition d'un grand nombre de noms propres avec un sens de dévotion, comme esclave du dieu qui est nommé. Par exemple : Krishnadas « esclave de Krishna », Kâlidas « esclave de Kâli », Râmdas « esclave de Râma », etc.

(6) Les soudras sont considérés comme étant de naissance inférieure, mais ils ne sont ni impurs ni « intouchables ».

rigueur féroce dont il a été forcé de se départir par la suite. Sans parler des hors-castes, la foule vile et impure des « intouchables », le soudra était non seulement jugé indigne de lire les textes sacrés mais, s'il lui advenait d'entendre par hasard la voix d'un brahmine récitant les Védas, la loi ordonnait qu'on lui versât du plomb fondu dans les oreilles.

Sans en venir à une telle extrémité, la défense faite aux soudras de lire tout ce qui se rattache à la littérature védique, comme les Brahmanas, les Aranyakas, les Oupanishads, se retrouve en maints ouvrages modernes, mais les sanctions pénales n'existant plus, cette défense n'arrête plus aucun de ceux qui éprouvent le désir de lire les Védas ou leurs appendices. La défense s'appliquait aussi aux femmes et, cela va sans dire, aux non-hindous comme aux étrangers.

Un pandit, que j'avais fait venir pour lire avec moi certaines portions des Oupanishads et pour me les expliquer, eut grand-peine à s'habituer à sa tâche. Lors de notre première séance, il devint subitement pâle, presque défaillant. Je croyais que la chaleur l'incommodait, lorsqu'il m'avoua, non sans gêne : « Je n'ai jamais lu les Védas devant un étranger ». Le bonhomme, déjà âgé, était réellement malade; ne pouvant lui faire accepter aucune boisson à cause des règles de sa caste, j'envoyai mon boy musulman alerter le cuisinier brahmine d'une maison voisine qui apporta un rafraîchissement que le pauvre pandit put absorber. Encore, ce pandit était-il déjà quelque peu affranchi de certains préjugés de caste; d'autres auraient pu considérer comme illicite de boire devant moi ou même d'aller boire, hors de ma présence, un breuvage sur lequel mon boy et moi avions jeté les yeux.

L'indianiste J. Herbert raconte à ce sujet un incident typique. Le voici (7) :

« En 1939, à Ourangabad, ma femme et moi

(7) Jean Herbert, *Spiritualité hindoue*, p. 122.

avions voulu loger dans une auberge hindoue; après de longues et laborieuses recherches, nous en avions trouvé une où l'on nous avait autorisés à habiter une chambre ouvrant directement sur l'extérieur; ainsi, notre présence ne risquait pas de souiller les passages allant aux autres chambres habitées par des hindous de caste. Mais, tout à coup, le propriétaire s'avisa que pour aller aux latrines nous devrions passer devant la cuisine; aucun brahmine n'aurait consenti à manger de la nourriture que nous aurions risqué de voir : il nous fallut déménager. »

La plupart des étrangers voyageant ou résidant dans l'Inde, se tenaient très à l'écart des indigènes et pareille mésaventure ne leur arrivait pas. Ils témoignaient d'ailleurs aux Indiens un mépris égal à celui que ces derniers montraient à leur égard. En nombre d'endroits fréquentés par les Blancs, les Indiens même de haut rang social n'étaient pas admis (8).

Quant à ce qui me concerne, j'ai réussi à jouir de la société d'Indiens érudits ou philosophes et à observer les mœurs populaires tout en évitant de me trouver en opposition avec les préjugés de caste et, pour cela, je me maintenais strictement dans les observances que l'hygiène et mes habitudes héréditaires me dictaient. Cela ne froissait personne et, bien au contraire, m'attirait du respect.

Je ne me gênais jamais pour refuser des friandises ou autres mets que l'on m'offrait. « Vous m'excuserez, disais-je, votre façon de faire la cuisine me paraît malpropre; toucher les aliments avec les doigts est répugnant. Laver le sol avec de l'urine de

(8) Malgré le nouveau régime de l'Inde indépendante, les étrangers en nombre restreint qui y résident encore continuent à ne pas admettre les Indiens dans leurs clubs.

vache, ou enduire le fourneau avec de la bouse de vache rend impur tout ce qui y cuit. »

Quant à mon lit de camp que j'emportais en voyage, seul mon premier boy, qui n'était jamais un hindou, avait la permission de le déplier et, le lendemain matin, de l'enfermer dans un double sac, avant que les coolies le transportent.

Je m'astreignais, sous prétexte de ne pas me souiller, à maintes règles gênantes : je ne buvais jamais un verre d'eau que celle-ci n'eût été préalablement bouillie dans un ustensile m'appartenant.

Contrairement à l'habitude générale, surtout parmi les brahmines, qui est de faire la cuisine et de prendre ses repas le torse nu, ruisselant de sueur pendant la saison chaude, j'exigeais que mon cuisinier fût couvert de façon à ne montrer de son corps que sa figure et ses mains.

« Il n'est pas nécessaire de manger ensemble pour entretenir des relations amicales », me dit un jour un Indien répondant aux observations que je lui faisais sur les idées bizarres entretenues par ses compatriotes, quant aux « souillures » contractées du fait des aliments que l'on ingère en compagnie de gens d'une caste inférieure à la sienne ou de non-hindous.

Evidemment, on peut éprouver des sentiments cordiaux pour quelqu'un avec qui l'on n'a pas l'occasion de dîner, mais nulle part, sauf dans l'Inde, on ne verrait de scène aussi grotesque que celle dont j'ai été témoin à Bénarès au siège de la mission Râmakrishna.

A l'occasion d'une fête, un repas avait été offert dans le jardin à une quarantaine d'invités. J'étais là, causant à l'écart avec un des sannyâsins membres de la mission quand, soudainement, un bruit de voix irritées s'entendit de l'endroit où les convives étaient attablés. L'un de ceux-ci s'était levé et apostrophait son voisin en gesticulant. L'autre répondait mollement quand le premier, s'excitant lui-même par ses vociférations, bouscula violemment celui qu'il invectivait. On s'empressa de les séparer, mais les cris et les menaces ne cessaient pas. Qu'était-il arrivé? L'explication vint :

Des deux hommes qui avaient mangé côte à côte, l'un venait d'apprendre que son voisin appartenait à une caste inférieure à la sienne, avec les membres de laquelle il ne lui était point permis de prendre son repas. De ce fait il était souillé, de là sa rage.

Mon ami le sannyâsin qui n'admettait guère les observances de castes et qui, en tant que sannyâsin, était au-dessus d'elles, haussait les épaules. Moi, je trouvais la scène comique. Le bonhomme avait avalé son repas, à cela nul remède ou plutôt, j'en découvrais un. La mission comprenait un hôpital. Je suggérai au *swâmi* (9) que l'on conduisît le mécontent au docteur : celui-ci lui ferait avaler un vomitif qui le débarrasserait de ce qui le souillait. Ma solution ne parut pas sérieuse, bien qu'elle fût logique. Mon ami, tout en riant, m'empêcha d'aller la proposer au plaignant.

Me haussant donc au plan philosophique et spirituel, je m'adressai aux assistants que je savais professer plus ou moins la doctrine de l'*Advaita Védanta* – selon laquelle tout ce qui existe sous n'importe quelle forme, et par conséquent chacun de nous, n'est autre que le Brahman, l'Etre en Soi, sans second, hors duquel il n'y a rien – et je leur dis :

– Quel mal y a-t-il?... N'est-ce pas le Brahman qui a dîné avec le Brahman? Tous deux, n'êtes-vous pas Lui?

Cela est sans réplique, pourrait-on croire. Que non pas! Les Indiens répliquent toujours lorsqu'on leur sert un argument de ce genre. C'est qu'il existe

(9) *Swâmi* : seigneur. C'est le titre que l'on donne aux sannyâsins en leur parlant et dont ils font aussi, souvent, précéder leur nom comme on le fait chez nous en disant: le Révérend un tel.

deux sortes de vérité : la vérité absolue *(paramârtha)* et une vérité relative *(viâvahârika drishti* ou *samvriti satya)* et c'est cette dernière qui doit être de règle en tout ce qui concerne notre monde, c'est-à-dire le monde de « l'illusion ».

C'est en vertu de cette deuxième espèce de vérité que nous disons : « Le soleil se couche, il se lève, il tourne autour de la maison ». En fait, ces déclarations ne correspondent à aucune réalité, c'est la maison qui tourne autour du soleil; mais ces erreurs sont adaptées aux besoins de notre vie quotidienne et en règlent utilement le programme.

La vérité absolue appartient au domaine de la philosophie, de la métaphysique; seuls de grands sages, ayant atteint des états de conscience très différents de ceux qui nous sont habituels, peuvent saisir cette vérité. Si d'autres répètent : « Tout est Brahman », ce sont là mots vides de sens pour eux. Ce qui est réel à l'étage de la vérité concernant le monde dans lequel nous nous mouvons, ce sont des choses analogues au système des castes, d'après lequel les deux invités à la mission Râmakrishna n'auraient pas dû s'asseoir côte à côte pour manger un bol de riz.

J'ai été témoin de multiples incidents analogues; en voici un encore.

Un de mes amis brahmines vint me rejoindre à Sarnath où je séjournais; il devait y passer la journée et visiter les ruines mises à jour par des fouilles récentes. Je prenais mes repas parmi les bouddhistes. Bien entendu, mon brahmine ne pouvait pas manger avec eux, il s'était donc fait accompagner par un domestique de même caste que lui qui portait une collation. Mais où déballer le panier qui contenait celle-ci? Partout allaient et venaient des gens susceptibles de jeter un regard sur les aliments et, ce faisant, de les rendre impurs. L'infortuné brahmine et son serviteur errèrent longtemps à la recherche d'un endroit où ils pourraient se cacher et ils finirent par s'accroupir sous un ponceau traversant un fossé, à sec en cette saison, qui servait en d'autres mois à l'écoulement des eaux.

Tandis que les réformistes s'évertuaient à prouver, textes à l'appui, que le système des castes n'était point partie essentielle de l'orthodoxie religieuse hindoue, leurs adversaires ne manquaient pas de textes à leur opposer, tel le suivant où la suprématie des brahmines est affirmée d'une manière qui ne laisse pas de paraître grotesque :

« Qu'il soit docte quant aux Védas ou qu'il en soit ignorant, que sa conduite soit pure ou qu'elle soit impure, le brahmine doit toujours être honoré. Il en est de lui comme du feu qui, bien que recouvert de cendre, est toujours du feu. De même que le feu, même celui d'un bûcher funéraire, n'est jamais impur, ainsi le brahmine, qu'il soit sage ou qu'il soit le contraire, est toujours un dieu du plus haut rang (10). »

L'on sait que le Bouddha n'a jamais reconnu les distinctions de caste basées sur la naissance. Il déclarait :

« Je n'appelle pas brahmine celui qui est issu de telle origine ou de telle mère. J'appelle brahmine celui qui, inaccessible à la crainte, est libre de toute servitude et inébranlable; celui dont la science est profonde, qui possède la sagesse, qui discerne la voie droite de la voie fausse; celui qui est tolérant, doux, sans cupidité, en qui ne sont ni l'envie, ni la haine, ni l'orgueil, ni l'hypocrisie; celui qui ne convoite plus rien, ni en ce monde, ni en un autre, qui a atteint la profondeur où la mort n'est plus. » (Dhammapada.)

(10) *Vana Parva*. Chap. CC, versets 88-89.

C'était demander beaucoup au brahmine, c'était exiger trop peut-être. Dans la suite, les adversaires du bouddhisme ont déclaré que c'est à cette attitude qu'il faut attribuer le déclin et la presque entière disparition du bouddhisme dans l'Inde. On est fondé à les attribuer à d'autres causes, mais peut-être verra-t-on de nos jours les conservateurs acharnés reprendre cette opinion et prédire la ruine de l'Inde comme suite à l'atteinte portée à l'antique division des castes.

D'autre part j'ai entendu exprimer, concernant les brahmines, une opinion peu courante mais qui m'a frappée comme étant parfaitement rationnelle.

« Qu'ont-ils donc, disait mon interlocuteur, à discuter des qualifications requises pour être un authentique brahmine? L'est-on par droit de naissance ou parce qu'on se livre à une occupation particulière ou que l'on possède certaines qualités?... Tout cela est absurde. Shri Krishna ne déclara-t-il pas dans la *Bhagavad Gîta* : « Tout homme, malgré lui, est contraint à agir par les énergies issues de la nature (11)? » Ces énergies comprennent trois types : *sattva,* l'énergie aux effets bienfaisants : sérénité, bonté, haute spiritualité; *rajas,* l'énergie turbulente : passion, activité pour le bien comme pour le mal; et *tamas,* l'énergie affaiblie, qui se traduit en torpeur physique et mentale.

Tour à tour, celles-ci entrent en jeu dans l'individu et, bien que l'une d'elles puisse habituellement prédominer en lui, il n'est jamais indemne des manifestations subites des deux autres. Ainsi, chacun peut être tour à tour brahmine, kshatriya, vaishya ou soudra selon les phases actives ou passives par lesquelles passent les éléments qui constituent son être. »

Celui qui parlait ainsi frisait « l'hérésie boud-

(11) *Bhagavad Gîtâ,* III, 5.

dhiste », la doctrine de l'instantanéité et de la diversité de l'agrégat des phénomènes mentaux et physiques que nous tenons pour un individu.

Combien j'aime l'Inde raisonneuse, avide de ses discussions quintessenciées que l'on tient sous un parasol de paille, au bord du Gange ou à l'ombre d'un banian et qui, commencées sous le soleil brûlant, se continuent pendant la nuit entière dans la fraîcheur embaumée des jardins!

Jeu que tout cela, jeu à l'usage d'esprits raffinés et dont les joueurs connaissent la futilité.

Cependant, la partie s'annonçait comme perdue pour ceux qui s'efforçaient de faire du titre de brahmine non point une dignité héréditaire mais une désignation s'appliquant aux membres d'une élite intellectuelle et spirituelie. Des textes comme le suivant obtenaient les suffrages de la majorité :

« En ce qui concerne toutes les castes, la distinction entre les individus qui les composent est due à leur naissance comme l'espèce à laquelle un animal appartient est déterminée par le fait de sa naissance (12). »

Cela ramenait les castes à être des espèces zoologiques. Des êtres appartenant à une espèce zoologique particulière, c'est bien ainsi qu'apparaissaient les brahmines que je rencontrai tout d'abord dans l'Inde méridionale.

Ensuite, pendant les années bienheureuses que j'ai passées dans l'Inde, la fréquentation de ceux-ci m'est devenue quotidienne comme elle l'est, inévitablement, à quiconque réside dans le pays, car les membres de la haute caste sont dispersés sur tous les échelons de l'échelle sociale. J'ai connu des brahmines érudits, mystiques, politiciens, hommes d'affaires et humbles cuisiniers. J'ai eu des brahmines comme professeurs, comme serviteurs et

(12) « Suta Samhita » dans le *Skanda Purâna*, chap. XII, vers 51.

même, j'en suis heureuse, comme amis et, chacun d'eux à sa place, ne différait en rien d'autres Indiens, non-brahmines, occupant des situations analogues.

Il en allait autrement dans l'Inde méridionale. Les brahmines qui circulaient dans les temples immenses, le torse nu barré du cordon rituel, un drap blanc tombant de leur ceinture jusqu'à leurs pieds, la chevelure d'ébène nouée en gerbe, le signe distinctif de leur secte peint sur leur front, ces brahmines-là étaient exclusivement brahmines, rien que brahmines. Etre brahmine constituait leur unique raison d'être. Tout ce qu'ils pouvaient être ou faire dans leur vie privée demeurait sans importance, s'inscrivait en marge de leur vocation essentielle de « brahmanicité ».

La plupart d'entre eux étaient de beaux hommes, plutôt grands, souvent avec une tendance à la corpulence et d'un teint généralement blanc qui contrastait avec les visages sombres de la majorité de la population. Ils rappelaient à la mémoire le qualificatif de « blancs amis des dieux » que leurs ancêtres s'octroyaient aux temps védiques.

Ils marchaient à pas comptés, imbus de leur supériorité, assez semblables dans leur comportement aux vaches sacrées qui, elles aussi, erraient lentement de par les temples, l'air souverainement indifférent et détaché. Tous deux n'étaient-ils pas d'ailleurs des objets de vénération?

A Madoura, sur le bord du lac du « lis d'or », une pièce d'eau artificielle enclose dans le temple et entourée de galeries, des brahmines assis à l'ombre psalmodiaient des poèmes mystiques. Déjà à cette époque, un affreux instrument avait conquis la faveur des Indiens. C'était une sorte d'accordéon, pourvu d'un clavier, sur lequel le musicien jouait avec une main tandis que de l'autre il manœuvrait le soufflet. La vogue, dont cet outil jouissait, était énorme; son nasillement vulgaire s'entendait partout, accompagnant les chants religieux comme les chants profanes. Nulle part il n'eût pu étonner davantage que parmi cette assemblée de brahmines, au seuil des corridors terrifiants où passait le souffle des divinités.

Un bon nombre d'années plus tard, me trouvant de nouveau sur le bord du lac du « lis d'or », il m'arriva d'y prophétiser avec un succès qui frisait le miracle.

Ce jour-là encore, des brahmines étaient réunis sous la galerie qui borde le bassin, mais il ne s'agissait pas de la simple récitation de louanges d'un dieu, la chose était plus sérieuse. Une sécheresse anormale désolait le pays, la terre calcinée ne laissait espérer aucune récolte, la famine se faisait déjà sentir. Il fallait de la pluie, de la pluie à brève échéance et le ciel la refusait. Les brahmines imploraient donc les dieux et, sans doute pour être plus sûrement compris d'eux, ils leur montraient ce qu'ils désiraient, faisant couler de l'eau d'un vase à un autre (13).

A cette époque je portais déjà la robe couleur d'aurore qui est, dans l'Inde, le signe distinctif de ceux qui ont embrassé la vie religieuse, à quelque secte qu'ils appartiennent. Mon vêtement m'attirait du respect et me donnait de l'assurance. Poussée par je ne sais quelle impulsion, je déclarai aux brahmines : « La pluie tombera. » Le soir même un violent orage éclata, des trombes d'eau s'abattirent sur toute la région et les jours suivants furent marqués par de fréquentes pluies. Y en eut-il trop ou pas assez?... Comme je quittai Madoura peu après, je n'eus pas le temps de l'apprendre.

(13) Consciemment ou inconciemment, ces brahmines imitaient des procédés semi-magiques remontant aux temps védiques, alors que le sacrifice du *soma* en était venu à être accessoirement considéré comme propre à amener la pluie : on pressurait les tiges des plantes et on en laissait tomber les gouttes de jus à travers une étoffe, simulant ainsi la pluie que l'on souhaitait.

A part les brahmines fréquentant les temples à titre privé pour accomplir leurs dévotions, d'autres y étaient attachés au service des dieux. Certains, en tant que sacristains, faisaient le ménage des appartements de ceux-ci, d'autres comme valets de chambre les habillaient, les baignaient, les couchaient, ainsi qu'il a été dit précédemment. D'autres encore officiaient, célébrant les rites d'hommage et de propitiation en l'honneur des déités.

L'étranger profane serait sans doute porté à croire que ces fonctions sacerdotales conféraient une dignité spéciale à ceux qui en étaient investis. Il n'en est rien. Les hindous estiment fort peu le brahmine qui exerce le métier de prêtre : tout brahmine est qualifié pour célébrer le culte des dieux et nombre de brahmines pieux le font quotidiennement chez eux, dans un oratoire privé; mais c'est là affaire personnelle du maître de maison qui, dans la vie civile, sera professeur, fonctionnaire, propriétaire terrien, magistrat ou n'importe quoi.

Celui qui s'attire la mésestime des hindous, c'est le *poudjari* professionnel (14), l'homme qui gagne sa subsistance en célébrant le culte pour le compte d'autrui, surtout, comme maints brahmines pauvres y sont contraints, s'il doit consentir à officier dans la demeure de gens de caste inférieure : des soudras.

Un jour, j'eus l'occasion d'entendre exprimer ce sentiment de façon passablement amusante. J'avais été invitée à aller assister au *Dourga poudja*, l'adoration de la déesse, lors de la grande fête annuelle du Dasahara. Mes hôtes étaient des négociants à la tête d'affaires considérables, extrêmement riches et habitant un véritable palais; ils appartenaient néanmoins à la dernière des castes, celle des soudras. Je ne sais trop si leurs convictions religieuses étaient

(14) Le Dévâjîvin.

particulièrement profondes; j'en doutais. Avant de prendre place dans les rouages de la firme, les jeunes gens de la famille allaient étudier à l'étranger, les jeunes filles elles-mêmes recevaient une instruction occidentale. Cependant, le *Dourga poudja* est tout autant, sinon plus, qu'une manifestation de piété, un prétexte permettant, à ceux qui le peuvent, d'étaler les signes de leur opulence et, je l'ai dit, les grands négociants soudras étaient riches, puissamment riches.

L'autel temporaire érigé à la déesse dans un vaste hall à colonnades était un véritable parterre de fleurs au milieu duquel se dressait, haute de plus de trois mètres, l'effigie de la déesse, aveuglante sous un vêtement lamé d'or et une profusion de parures rutilantes.

Les cérémonies du culte étant terminées, le brahmine salarié, sa besogne achevée, s'en allait tandis que les dames de la maison m'invitaient à les suivre dans leur appartement. Il s'agissait d'y faire un léger repas de pâtisseries. Comme Européenne et – j'insistais toujours sur ce point avec les hindous – en tant que bouddhiste, je n'étais assujettie à aucune règle de caste et pouvais manger avec qui bon me semblait. Quant à l'un de mes amis hindous qui m'avait accompagnée, il ne jouissait pas de la même liberté. Sa caste était celle des « médecins » (bien qu'il fût avocat), une caste qui, au Bengale, est tenue comme venant peu après celle des brahmines par ordre de préséance. Bien que nous fussions demeurés pendant plusieurs heures dans des salles très chaudes, mon pauvre ami, esclave de sa loi religieuse, ne pouvait pas se permettre le réconfort d'une boisson rafraîchissante chez des soudras.

Quant au *poudjari* brahmine, il allait de soi qu'il pouvait encore moins manger ou boire chez des soudras. Je dis donc simplement à mes hôtesses en le désignant :

« Evidemment, vous ne pouvez pas l'inviter à venir manger des pâtisseries avec nous.

– Non, bien sûr, répondit l'une des dames. Puis, d'un ton de supériorité dédaigneuse, elle ajouta : C'est d'ailleurs un pauvre homme, sans éducation. Il vit dans une bicoque que le banquier X... lui permet d'habiter dans son jardin. Il n'est pas du tout de notre cercle. »

Si elle avait parlé français, elle aurait dit : « Il n'est pas de notre monde »; en anglais, *circle*, signifie la même chose.

Et voilà tout le cas que ces soudras, parce que riches et cultivés, faisaient du pauvre et rustique brahmine, qualifié pour avoir commerce avec les dieux, qu'il leur était interdit, à eux, d'approcher.

Je ne sais si l'attitude des Indiens envers le brahmine professionnel est toujours justifiée, j'incline à croire à trop de sévérité dans leurs jugements; cependant, l'on ne peut nier que le personnel des temples ne fasse souvent montre d'une rapacité trop marquée. Les dévots hindous ne cessent de citer, à ce propos, des faits peu édifiants. Comme étrangère, il ne m'a pas été possible de connaître, par expérience, les exactions auxquelles les pèlerins se plaignent d'être en butte dans les lieux saints; je conserve pourtant le souvenir de quelques incidents amusants touchant de près à ce sujet.

C'était à Trichinopoly, je montais le raide escalier de pierre qui conduit au sommet de « Roc ». Le long de cet escalier, on rencontre à gauche l'entrée d'un temple dédié à Shiva. Je savais qu'il ne me serait point permis d'y entrer, je ne fis donc qu'un seul pas et avançai la tête pour regarder à l'intérieur. Un brahmine, gardien du lieu, qui se tenait devant une table couverte de fleurs, arrachées sans leurs queues et posées à plat suivant la très vilaine mode indienne, leva les deux bras pour me commander de ne pas avancer davantage. Son geste ne me surprit pas, je m'y attendais, mais le gardien n'en resta pas là. Comme je me disposais à m'en aller et à continuer mon ascension, il se leva vivement, contourna la table et se plaça devant moi la main tendue.

– Bakhchich! dit-il, employant l'expression commune à tout l'Orient – sauf à l'Orient jaune – pour signifier une gratification en monnaie.

– Comment, répliquai-je, tu m'empêches d'entrer et tu veux que je te donne de l'argent pour cela!

– Les étrangers ne doivent pas entrer, mais il peuvent donner un bakhchich, répondit candidement le bonhomme.

La simplicité de l'idée qui dictait une telle réponse était désarmante et j'allais entendre mieux encore.

– Tiens! dis-je au gardien et, sortant de mon sac quelques bonbons en chocolat, je les lui présentai.

Je ne voulais que m'amuser, je savais bien qu'il les refuserait.

– Non, fit-il en reculant, je ne puis manger cela.

– Pourquoi?

– C'est impur.

– Ah! (Je croquai un bonbon, remis les autres dans mon sac et en tirai deux roupies.)

Le visage du gardien s'illumina en les voyant et il s'avança de nouveau la main tendue.

– Tu les prendrais? demandai-je. Mais puisque le chocolat est impur et que je ne puis pas, à cause de mon impureté, entrer dans le temple, sûrement l'argent que j'ai touché est également impur et tu ne dois pas le prendre.

– L'argent n'est jamais impur, déclara mon brahmine avec l'accent d'une sérieuse et profonde conviction.

Cela ne rappelait-il pas le mot attribué à l'empereur Vespasien : « l'argent n'a pas d'odeur »? Je restai pétrifiée d'admiration : une telle naïveté cynique confinait au sublime.

Par la suite, à Bénarès, à Calcutta et ailleurs, j'entendis plus d'une fois des variantes de cette conception : « Il nous est défendu d'accepter de la nourriture préparée par des Etrangers, mais notre religion ne nous défend nullement d'accepter d'eux de l'argent. L'argent ne souille point. »

⁂

A quoi ont abouti les nombreux débats auxquels la question des castes a donné lieu? Quel est l'état actuel de celles-ci?

Je ne manque ni de renseignements ni d'expérience concernant la multiplicité des castes et leurs singularités. J'ai eu affaire aux boys qui veulent bien apporter les mets sur la table mais qui refusent de desservir ensuite, car toucher de la vaisselle salie est contraire aux règles de leur caste; j'en ai aussi connus qui consentent à épousseter les murs, mais s'indignent à l'idée qu'on pourrait leur faire balayer le plancher, et bien d'autres « phénomènes », comme le garçon intelligent à qui je conseillais de suivre les cours d'une école du soir et qui me répondit : « Dans ma caste on n'étudie pas. »

Pourtant, au lieu de leur présenter mes propres informations, je préfère fournir à mes lecteurs celles qu'a publiées un magistrat hindou de mes amis, à qui ils pourront accorder toute confiance.

« Dans l'Inde moderne, nous avons un nombre infini de groupes qui se dénomment « castes ». Les brahmines ne sont pas seulement divisés en Panch Gouras et Panch Dravidas, selon qu'ils vivent au nord ou au sud des monts Vindhya, mais ils sont aussi subdivisés en environ mille huit cent quatre-vingt-six différentes catégories. Rien qu'au Punjab il existe quatre cent soixante-neuf de celles-ci. Dans les provinces unies (une des divisions administratives de l'Inde avant son indépendance) les castes supérieures des brahmines incluent neuf subdivisions et les castes inférieures huit subdivisions. Les rajpouts (qui se tiennent pour kshatriyas) comptent quarante-deux subdivisions et les vaishyas en comptent dix.

« Néanmoins, ces subdivisions sont seulement les principales catégories qui existent parmi ceux qui prétendent être brahmines, kshatriyas ou vaishyas et qui sont reconnus comme tels. Chacune de ces subdivisions est, à son tour, subdivisée jusqu'à ne plus comprendre comme membres que quelques familles, dont chacune prétend former une caste particulière.

« En dehors de ceux qui sont ainsi catalogués, il existe une vaste multitude de gens qui revendiquent soit la qualité de brahmine, soit celle de kshatriya, soit celle de vaishya, mais qui ne sont pas reconnus.

« Quant aux soudras, leurs différentes catégories sont encore beaucoup plus nombreuses. Souvent, la profession a pris le rang de caste et, même alors, la profession comprend différentes castes (15). »

Tout au bas de la hiérarchie sociale hindoue, nous trouvons ces hors-castes qui ont été officiellement relevés de leur indignité et incorporés à titre égal parmi les citoyens indiens. Cependant, cette horde tenue pour vile et « intouchable », qui comprend des millions d'individus, est, en majorité, entichée du système des castes et en a créé un grand nombre parmi ses membres.

Quant à déterminer les degrés de préséance dans cette cohue d'ilotes, les hindous des castes pures y renoncent. Seuls ces misérables établissent entre eux des règles imaginaires et, comme celles-ci ne sont basées sur rien, elles font l'objet de continuelles récriminations, de manifestations injurieuses et de rixes.

(15) Rai Bahadur Lala Baij Nath : *Hinduism, Ancient and Modern.*

Un jour, alors que je résidais dans les environs de Madras, je demandai à un brahmine de mes amis : « Quelle est la plus basse des castes? » Il me répondit : « C'est là une chose impossible à dire. Vous ne trouverez jamais un homme, si vile que sa caste soit tenue par nous, qui n'en désigne pas une autre qu'il considère comme plus vile encore et avec les membres de laquelle il refusera de manger ou de s'unir par mariage. »

Et le brahmine me proposa d'aller avec lui jusqu'à l'entrée d'une ruelle habitée par des « intouchables ».

– Il ne m'est pas permis d'y entrer, me dit-il, le faire me rendrait impur, mais vous qui n'êtes pas hindoue, vous n'êtes pas assujettie à ce genre de lois. Allez voir les gens qui vivent là. Ce sont les corroyeurs, ils écorchent les bêtes mortes et en préparent le cuir. Nul d'après nous n'est plus immonde qu'eux, pourtant ils interdisent aux individus d'une certaine autre caste de traverser leur rue, prétendant que l'ombre de ces derniers en passant sur leur nourriture et sur leurs taudis les souilleraient.

J'ai souvent entendu demander par des étrangers :

– Pourquoi donc ces gens que l'hindouisme place dans une situation ignominieuse ne changent-ils pas de religion?...

Cette question décèle une ignorance profonde de la mentalité hindoue. La réponse est – je l'ai entendue des centaines de fois – que les « parias » croient en leurs dieux et qu'ils craindraient les effets de leur colère s'ils les abandonnaient.

Un converti disait à un missionnaire chrétien : « Nous avons abandonné notre dieu parce qu'il ne voulait plus nous écouter. Mais, maintenant, ne va-t-il pas se retourner contre nous? »

Les hindous croient que leur naissance, dans l'une ou dans l'autre des différentes castes, est due aux actions bonnes ou mauvaises qu'ils ont commises dans leurs vies précédentes. Les conditions où cette naissance les place sont donc aisément considérées par eux, non comme une inexplicable injustice ou comme une ironie du hasard, ainsi qu'elles pourraient l'être par des Occidentaux qui croient naître « tout neufs » sans aucun précédent personnel, mais comme une récompense ou un châtiment équitable.

D'ailleurs, puisque d'autres vies doivent succéder à leur vie actuelle, leur condition n'est pas définitive. Tel qui est aujourd'hui un vil « intouchable » pourra renaître comme un brahmine s'il l'a mérité par sa dévotion et par ses vertus; mais cette possibilité, il la perdrait s'il reniait ses dieux.

Il est donc sage de prendre patience. Qu'est-ce d'ailleurs que la durée d'une vie humaine, pour des gens persuadés qu'ils en ont déjà vécu des milliers précédemment et qu'ils en vivront encore des milliers d'autres dans l'avenir!

Si la perspective de ces continuels recommencements produit de la lassitude chez les penseurs hindous, s'ils aspirent à mettre un terme à ce jeu pénible des morts et des renaissances successives, les masses, au contraire, s'en accommodent joyeusement.

L'attitude des parias concernant un changement de religion se manifesta clairement, il y a quelques années, lorsque le Dr Ambhekar, chef politique des « intouchables », menaça le Congrès d'un abandon en masse de l'hindouisme par les « intouchables » si l'on ne faisait pas droit à certaines de leurs revendications. Il fut véhémentement désavoué par les parias dont il plaidait la cause. Ces derniers entendaient demeurer fidèles à l'hindouisme.

Cependant, depuis lors, l'attitude de ceux-ci s'est notablement modifiée et un grand nombre d'entre eux se sont nominalement convertis au bouddhisme qui n'admet point de castes.

Du reste, ce que l'on ne soupçonne guère à

l'étranger, c'est le fait qu'adopter une autre religion, le christianisme par exemple, n'efface presque jamais le stigmate humiliant que le converti doit à sa naissance comme paria.

Il est à noter que cette abolition de la distinction de caste que les gouvernants de l'Inde tentent d'imposer à leurs compatriotes, les missionnaires chrétiens n'ont pas été capables de la faire prévaloir parmi leurs convertis.

« Quand on voyage notamment dans le sud de l'Inde, écrit un missionnaire, il ne faut pas longtemps pour reconnaître que les « frères en la foi » n'ont entre eux aucune relation sociale, vivant en des agglomérations distinctes et refusant même de se mêler dans les églises. »

Dans les églises, on continue à réserver aux différentes castes des nefs séparées ou des places marquées par des clôtures, et les fidèles pénètrent dans l'église par des portes différentes. Ces mêmes fidèles, de castes plus hautes, protestent avec véhémence si, sans y songer, le prêtre à l'autel se tourne vers le côté où se trouvent des parias « intouchables ».

L'auteur à qui j'emprunte ces détails, le R.P. Pierre Lhande (16), rapporte qu'un jour, à Trichinopoly, il a été pris à partie pour avoir, par ignorance, commencé à distribuer la communion par le côté des parias. Et il ajoute : « Les disputes, les rixes même, auxquelles cet état de chose a donné lieu ne sauraient se compter. »

Il relate encore que des fidèles protestèrent parce qu'un frère convers indigène, que l'on croyait être de basse caste, avait reçu la communion le premier et que l'on fut, dès lors, obligé de le faire communier à un autel latéral.

Dans les couvents, il était impossible de recevoir,

(16) Dans son intéressant ouvrage : *l'Inde sacrée.*

même comme sœurs converses, des filles de basses castes.

Tout ce que l'auteur raconte, en témoin oculaire de nombreux faits analogues, est rigoureusement exact. J'ai moi-même souvenir d'un procès qui fut intenté par des chrétiens indigènes qui, se basant sur une supériorité de caste, revendiquaient le droit d'avoir des places proches de l'autel. Comme il y avait eu troubles et, disait-on, échange de coups, les autorités civiles anglaises avaient été saisies de l'affaire.

Il faut remarquer que les individus qui donnent lieu à ces débats ridicules n'appartiennent pas aux véritables hautes castes hindoues, car il n'existe guère de brahmines ou membres de castes immédiatement inférieures à celles des brahmines, parmi les convertis. Les plus élevés de ces derniers, dans la hiérarchie sociale, ne sont en général que des soudras; la majorité est composée de parias de diverses catégories.

Mais pourquoi, me demandais-je, les missionnaires ne déclarent-ils pas catégoriquement à leurs ouailles que tous les hommes sont enfants de Dieu au même titre et que leur religion, qui n'admet point de distinctions de caste, n'en peut tolérer les marques dans les églises?

Un Indien, devant qui je faisais cette réflexion, me répondit : « S'ils s'avisaient de vouloir mettre un tel principe en pratique leurs convertis les quitteraient; leurs églises seraient désertes. »

C'était bien ce que pensait aussi le R.P. Gaston Lecouage, S.J., qui écrivait :

« Le missionnaire, s'il veut des chrétiens, doit bien passer par les caprices de la caste, bâtir ses églises en forme de croix, du moins les couper de barrières pour que le *vellaye* n'y coudoie pas le *paria* (17). »

– Est-il donc nécessaire d'attirer une foule de

(17) R.P.G. Lecouage : *Dans l'Inde de Saint François Xavier.*

pseudo-chrétiens? Faut-il, pour recruter des prosélytes, trahir les doctrines religieuses que l'on est censé leur apporter? rétorquai-je à mon interlocuteur.

Celui-ci était un homme instruit, il avait fait ses études en Angleterre. Il ne me répondit pas directement et se contenta de citer avec un demi-sourire :

– « Il y a plusieurs demeures dans la maison de mon Père (18). » Alors...

Je demeurai interdite. Je ne m'attendais pas à la malicieuse repartie de ce « païen » lettré. Encore ignorait-il, vraisemblablement, les descriptions que Swedenborg donne du ciel où les élus vivent « chacun dans *son* ciel propre » :

« Il est de cela, dit-il, comme des gouverneurs, des officiers et des serviteurs habitant le même palais d'un roi. Ils y logent séparément dans leurs appartements ou dans leurs chambres, l'un en haut, l'autre en bas, chacun remplissant sa fonction (19). »

Evidemment, s'il y a plusieurs « demeures » au Paradis, pourquoi pas plusieurs compartiments dans les églises?...

S'il y a plusieurs « demeures » ou logements quelconques, les missionnaires sont aussi pleinement autorisés à rassurer les chrétiens indigènes quant aux contacts qu'ils pourraient avoir à subir dans l'autre monde avec les Bienheureux parias « intouchables ». Je doute qu'ils se soient jamais avisés de le faire. Pourtant, sait-on jamais...

*
**

Les étrangers se sont généralement mépris quant aux sentiments des réformistes hindous au sujet de la question des castes. Peu d'entre eux préconi-

(18) Evangile selon saint Jean, XIV, 2.
(19) Emmanuel Swedenborg : *Du Ciel et de ses Merveilles, 51.*

saient vraiment leur abolition complète. La plupart souhaitaient, simplement, une modification de l'état actuel des castes que je viens de décrire sommairement. Le ton de leurs revendications était modéré. En voici un exemple :

« Les changements que l'éducation occidentale ont effectués dans notre pays sont trop évidents pour être ignorés. Les gens ne se sentent plus disposés à admettre que certains réclament des prérogatives du fait qu'ils appartiennent à une haute caste. Les brahmines ne sont plus respectés comme ils l'étaient autrefois. L'instruction, la position et la richesse attirent plus de considération que la naissance. Les Indiens commencent à donner des signes d'impatience devant la rigidité des restrictions imposées par le système des castes.

« Une réforme mais non une révolution est, néanmoins, la seule chose possible. Il faut supprimer sinon immédiatement, du moins graduellement, ce qui dans le système des castes n'est pas compatible avec l'époque actuelle. Il est pourtant inutile de rêver le retour d'un âge d'or où les castes n'existaient pas. Il n'est pas possible, non plus, de balayer d'un coup l'œuvre de nombreux siècles et de déclarer qu'il n'y aura plus de castes dans l'Inde. Ceux qui l'ont essayé ont échoué, dans le passé comme dans le présent. La base du système doit être élargie, mais les principales lignes de démarcation doivent être conservées (20). »

Râmakrishna, le saint moderne dont le succès a été considérable dans l'Inde, déclarait, qu'à part ceux qui sont parvenus à la perfection, tous doivent observer les distinctions de caste.

Son très véhément et célèbre disciple, Vivekananda, proclamait de son côté que « les castes

(20) Rai Bahadur Lala Baij Nath, juge de sessions, dans *Hinduism Ancient and Modern.*

étaient l'une des plus grandes institutions sociales que Dieu ait données aux hommes; que la caste est le seul moyen naturel de résoudre les problèmes de la vie. » Et, en patriote fanatique, il s'écriait : *il n'y a pas dans le monde un seul pays dont les institutions soient meilleures que les nôtres, dans leur but et dans leur objet* (21).

Prenons maintenant l'avis d'une personnalité toute moderne, universellement connue : Gandhi. Les étrangers qui l'imaginaient comme un adversaire déterminé du système des castes se sont fortement trompés à son égard.

Gandhi était un fervent – dirais-je un fanatique – de l'hindouisme, bien que les vrais orthodoxes hindous le tinssent pour un dangereux hérétique (ils lui ont prouvé leur haine en l'assassinant).

Gandhi n'entendait rejeter aucun des principes de l'hindouisme, pas même celui de la vénération des vaches. Non seulement il ne combattait pas la distinction des castes, mais il la défendait ouvertement.

« Le système des castes est inhérent à la nature humaine, écrivait-il, et l'hindouisme en a fait une science... Je considère le système des quatre castes comme une saine répartition du travail, d'après la naissance... Vouloir permettre le passage d'une caste dans une autre au cours d'une même incarnation (c'est-à-dire au cours de la vie présente de l'individu) aurait pour inévitable résultat une vaste fraude. »

Cette déclaration de Gandhi dans les articles publiés par le journal *Young India* (la Jeune Inde) correspond bien à l'opinion du Mahâtma, je puis m'en rendre garante, car ayant abordé le sujet des

(21) Extrait des œuvres complètes de Vivekananda, cité par Jean Herbert.

castes au cours d'un entretien avec lui, j'obtins des réponses analogues.

N'y avait-il donc pas dans l'Inde, des Indiens qui désiraient la suppression des castes? Il y en avait, mais leur nombre était infime comparé à celui des conservateurs opposés à la suppression.

C'est cette multitude attachée à une coutume archiséculaire, devenue un dogme religieux, que le gouvernement du Pandit Nehru a eu l'audace de braver. Les dirigeants de l'Inde indépendante n'ont certainement pas manqué de mesurer la part de danger que leur acte comportait et il faut les louer grandement de n'avoir pas craint d'y faire face. Tous les esprits éclairés, tous les cœurs généreux souhaiteront bonne chance à leur initiative.

## CHAPITRE V

# EXTRAVAGANCES RELIGIEUSES
# J'ASSISTE AUX NOCES DU DIVIN RÂMA

Il n'est pas de religion qui n'ait fourni prétexte à des excentricités et le mysticisme est sujet à affecter des formes bien bizarres. Cette remarque n'est pas déplacée en tête d'un chapitre où l'on trouvera la description de certaines pratiques singulières des dévots hindous; elle doit engager le lecteur à ne pas se hâter de railler ceux-ci, car nos pays occidentaux peuvent offrir le spectacle d'agissements aussi irrationnels que ceux que nous contemplons dans l'Inde.

N'avons-nous pas, en Occident, les « Holy Rollers » qui se roulent sur le sol dans leurs crises de dévotion, et les manifestations hystériques : pleurs et hurlements, qui accompagnent certaines réunions des salutistes ou les prédications de « Réveil »? Les « Flagellants » qui se déchirent publiquement la peau à coups de fouet n'existent-ils pas encore de nos jours dans plusieurs pays catholiques comme, aussi, ces « pénitents » de l'Amérique du Sud qui se font crucifier le vendredi saint, une pratique amenant parfois la mort, bien que les confrères de la victime veillent à la détacher dès que l'évanouissement survient? D'étranges conceptions de l'amour divin n'incitent-elles pas, au fond des cloîtres, à un masochisme analogue, et à ce débordement de sensualité déguisée sous des apparences mystiques que nous allons rencontrer chez les dévots de Krishna?

J'aime trop l'Inde, grande en dépit de ses égarements, pour ne pas dresser en face de ceux-ci l'image des nôtres, bien propres à nous inspirer la réserve qui convient dans nos jugements.

Me voici à Bombay, dans la maison d'un riche industriel. Celle-ci, construite par son propriétaire dans le plus massif des styles modernes, est vaste et respire la solidité d'une sérieuse opulence.

Le salon où j'entre est démesurément grand et immodérément meublé. L'on a peine à s'y frayer un passage parmi une cohue de tables et de guéridons, de canapés, de fauteuils, de chaises et de tabourets de toutes formes et de toutes grandeurs. De styles hétéroclites et imprécis, tous ces articles d'ameublement sont uniformément somptueux. Tapis moelleux et rideaux en épais brocart d'or complètent le décor.

Un petit détail : fauteuils et canapés ne paraissent point destinés à servir de sièges à des visiteurs; tous sont occupés par de grands cadres dorés dans lesquels sont insérées, sous vitre, des images coloriées de déités hindoues. Dans cette assemblée multicolore de personnages divins, tranchent quelques portraits en photographie des ancêtres du maître du logis.

En repoussant les meubles encore un peu plus près les uns des autres, un espace est rendu libre pour la réunion vespérale quotidienne de la famille et de quelques intimes. Je suis l'hôte du pieux industriel et, bien qu'il ne m'en impose point l'obligation, il tient à ma présence à ces réunions. Il espère que j'en retirerai un bénéfice spirituel, qu'elles amolliront ce qu'il appelle « mon cœur sec d'intellectuelle ».

Une rangée de fauteuils borde la place où nous allons nous installer. Nous installer... non pas sur les fauteuils évidemment, puisque des dieux, une gracieuse déité féminine, une autre d'aspect redoutable et un monsieur barbu les occupent. Mes hôtes s'asseoient, les jambes croisées, sur le tapis au pied de leurs beaux fauteuils. Leur geste ne m'étonne pas, je le connais. Une de mes amies à Ceylan – où je suis retournée comme je me l'étais promis – reçoit ainsi à son « jour ».

Chez elle, les sièges ne servent pas d'autels; néanmoins, nul ne s'en sert. Maîtresse de maison et visiteuses s'assoient toujours devant eux sur le tapis, dans le salon du plus correct style anglais.

Tandis que les fidèles du culte prennent place, je m'établis dans l'encoignure d'une fenêtre, d'où, à demi cachée par les plis d'un rideau, je pourrai contempler à mon aise la représentation sans y participer. Elle n'est guère variée, chaque jour Mr. M... la répète, identique. (Mon digne hôte tient à l'appellation de « Mister », il a été étudiant en Amérique.)

Mr. M..., un homme d'une soixantaine d'années, grand, robuste, les cheveux grisonnants, entre, tenant en main un instrument de musique indien pareil à une grande guitare. Il le porte un peu de la façon dont les dieux, siégeant sur les fauteuils, tiennent leurs attributs symboliques dont ils ne savent que faire, car Mr. M... n'est pas musicien. Ce à quoi il doit se borner consiste à pincer ou à gratter de temps en temps une ou deux cordes. Cela fait *dran, dran,* et c'est par là que le pseudo-guitariste indique l'ouverture du pieux exercice. Il y préside assis « en tailleur » – dans l'Inde on dit « en lotus » – à la tête de deux rangées de fidèles formant un rectangle devant lui. Le silence est complet.

*Dran! dran!* et notre président exhale en un soupir le nom de Hari. Hari est l'un des mille noms de Vishnou (mon hôte appartient à la secte des vaishnavas).

Ce « Hari! » murmuré avec une onction infinie, donne le signal. L'un ou l'autre des dévots le répète : « Hari! »... puis un autre, et après celui-là parfois plusieurs voix ensemble. Les « Hari!... Hari! »... se succèdent, coupés par de longs silences et accompagnés de temps en temps par les *dran, dran* de la guitare. Les fidèles gardent les yeux clos ou bien les ouvrent exagérément grands, regardant avec une expression extatique vers les lustres de cristal suspendus au plafond.

Le visage de quelques-unes des femmes présentes s'empreint alors d'une beauté presque surnaturelle.

Hari! Hari!... Le ton des voix se renforce sans cesser d'être suave. Les répétitions du nom sacré se font plus nombreuses et plus rapides. Hari! Hari!... *dran, dran.* L'émotion monte, des larmes coulent sur le visage de Mr. M..., l'ex-étudiant des universités américaines, le grand industriel dont l'habileté dans les transactions commerciales est vantée par ses pairs à Bombay. Pour le moment, il n'est plus qu'un dévot ravi hors de son monde habituel, un *bakta* selon le terme indien. Plusieurs des assistants pleurent aussi, lentement, savourant la sensation causée par ce que d'autres, jouissant du « don des larmes », ont, en notre Occident, dénommé « la rosée de l'âme ».

Hari! Hari!... cela devient un cri d'amoureuse, de sensuelle – dois-je dire de sexuelle – angoisse, l'appel éperdu à un Bien-Aimé qui se dérobe. *Dran, dran* fait en trémolo la guitare effleurée par les doigts tremblants de mon hôte...

Cependant, tandis que, amusée mais pleine de sympathie, j'observe les dévots, un autre observateur animé de moins bons sentiments, les épie. C'est un Indien appartenant à la police secrète britannique.

Que peut-on suspecter chez Mr. M...? Il ne

s'occupe pas de politique, mais seulement de ses importantes affaires; le souci de gagner encore plus d'argent qu'il n'en possède et celui de s'asseoir après sa mort, aux pieds de Vishnou-Hari, dans son Paradis de Vaikunta, ne laissent place à aucune autre préoccupation dans son esprit. Il appartient à cette classe nombreuse d'hommes d'affaires modernisés qui s'accommodent très bien du régime britannique. Pourtant, l'on a jugé utile d'introduire un espion chez lui et ce dernier a cru habile de se déguiser en dévot. Je dois dire qu'il joue parfaitement son rôle. Il est impayable, assis « en lotus » devant un fauteuil, éjaculant des Hari! Hari! à fendre l'âme. Il parvient même à faire couler quelques larmes sur ses joues.

Combien est-il payé pour faire ce métier?... Je me le demande.

Ayant eu l'occasion de découvrir la profession de cet individu alors qu'il s'était mis à m'espionner, j'ai pensé qu'il convenait d'avertir Mr. M... Celui-ci m'a simplement répondu : « Si cet homme est véritablement ce que vous croyez, le fait d'entendre prononcer, avec amour, le nom de Hari et de le prononcer lui-même, bien que par feinte, le détournera de ses mauvais desseins et le conduira au repentir et à la dévotion. »

Je doute fort que cet heureux résultat ait été atteint. Le cœur de l'espion devait être plus dur qu'un « cœur d'intellectuelle ».

Les adorateurs de Vishnou adressent généralement leur culte à l'un ou à l'autre de ses avatars dont les plus populaires sont Râma et Krishna.

La geste de Râma Tchandra nous est offerte sous le nom de Râmayâna par trois auteurs différents : par Valmiki en un poème sanscrit, par Tulsidas en hindi, le langage courant, et par un auteur anonyme qui a écrit un *Adyatma Râmayâna* ou Râmayâna ésotérique.

Râma est présenté comme un prince que son père exile afin de lui substituer un de ses frères cadets comme héritier du trône. Se soumettant à l'ordre paternel, Râma avec sa femme Sîtâ et un de ses frères : Lakshman qui se refuse à l'abandonner, s'en ira vivre dans la forêt. Sa femme est enlevée par Râvana, un roi démon, qui l'emmène à Ceylan. Pour la délivrer, Râma attaque Râvana à la tête d'une armée de singes. Râvana est tué, Sîtâ est libérée et le père de Râma étant mort, Râma règne à sa place et se montre le plus vertueux des monarques.

Ce bref résumé ne peut guère donner une idée de la très longue histoire fourmillant d'épisodes, que constitue le Râmayâna. Celui-ci, dans la version hindie de Tulsidas, plus accessible au grand nombre, tient dans l'Inde une place identique à celle que l'Evangile occupe en Occident.

Tout est-il mythique dans le personnage de Râma? ou bien un prince a-t-il existé autour de qui une légende s'est formée? Je ne discuterai pas la question.

Le *Râmayâna* n'est pas seulement un poème et un livre de dévotion qui, dans certaines maisons pieuses, est récité quotidiennement chapitre par chapitre, tout au long de l'année, les épisodes qu'il décrit sont aussi joués en représentations théâtrales qui ont lieu généralement en automne, sous le nom de Râmlila (la geste de Râma), dans le centre et le nord de l'Inde. La pièce comprend, en plus des acteurs, un chœur de récitants qui chantent, en suivant le texte du poème, tout ce qui se rapporte à la description des lieux ou à des épisodes, en relation avec ceux joués par les acteurs, mais qui ne sont pas représentés. Le chœur chante également, d'après le poème, les réflexions que les héros du drame font à part eux, dépeignant leurs divers états d'esprit et émettant de hautes théories philosophiques que nul n'entend dans le brouhaha qui accompagne la représentation.

A des intervalles de plusieurs années, une représentation extraordinaire comprenant tout le Râmayâna a lieu à Bénarès, sur la rive du Gange opposée à la ville. Les revenus d'un fonds constitué par l'un des anciens mahârajahs de Bénarès couvrent les frais du spectacle. Celui-ci dure pendant un mois, les divers épisodes de l'histoire du héros étant joués successivement (1).

La particularité la plus marquante de la mise en scène est qu'il n'y a point de « théâtre ». Les décors représentant les lieux où l'action se déroule sont disséminés à plusieurs kilomètres les uns des autres, dans une immense plaine. Ces décors ne consistent pas en toiles peintes, en effets de trompe-l'œil, comme ceux de nos scènes occidentales, ce sont de véritables constructions légères, du genre de celles que l'on érige chez nous pour les expositions.

Tel endroit figure la cité d'Ayodha où s'élève le palais du rajah Dasratha, père de Râma. A une bonne distance de là, se trouve la ville de Mithila avec la somptueuse résidence de son roi Janaka, le beau-père de Râma. Très à l'écart se dresse la forteresse de l'ogre à dix têtes : Râvana, où l'on pourra le voir, au moment voulu, entouré de sa cour démoniaque, et ainsi de suite; il y a des ermitages, en chacune des montagnes qui sont de vraies buttes de terres, et des forêts, figurées par des bosquets de vrais arbres plantés là pour la circonstance.

Au lieu de voir les épisodes du drame représentés successivement sur une scène devant eux, les spectateurs ont donc à se déplacer pour suivre les acteurs aux lieux où l'action se déroule. Aux jours

(1) La pénurie de fonds et les changements que le nouveau régime de l'Inde a amenés, ont rendu précaire la continuation de ces représentations.

où les scènes jouées offrent un intérêt particulier, le nombre des assistants se chiffre par dizaines de milliers et cette multitude, voyageant d'étape en étape à la suite de Râma, constitue elle-même un spectacle.

L'attitude de la foule n'est pas celle de gens venus pour se divertir, mais celle de dévots célébrant un culte, ce qui dans l'Inde n'implique nullement le silence, au contraire.

Le rôle de Râma est toujours dévolu à un jeune garçon de caste brahmanique; son costume comporte la très haute tiare qui est la coiffure distinctive de Vishnou et, tant qu'il la garde sur la tête, il est considéré comme étant le dieu lui-même. Sur son passage les fidèles se prosternent, se bousculent pour l'approcher, s'efforcent de toucher le bas de son vêtement ou de « prendre la poussière de ses pieds ».

Toucher légèrement la plante des pieds de quelqu'un ou en faire le simulacre, si la personne est chaussée, et porter ensuite ses doigts à son front pour y déposer symboliquement la poussière ainsi recueillie est la marque d'un profond respect confinant à l'adoration ou exprimant l'adoration elle-même...

Les exclamations Râm! Râm!... jaillissent de toutes parts. Sîtâ, l'épouse de Râma et personnalité divine elle aussi, est associée au culte. Râm! Râm! Sîtâ Râm!... crient les fidèles.

Toutefois, bien qu'une intense ferveur anime ceux-ci, ils ne se livrent point aux manifestations outrancières auxquelles s'abandonnent certains adorateurs de Krishna. Le culte de Râma demeure généralement sobre.

Je vivais à Bénarès au moment où eut lieu une de ces grandes représentations du Râmayâna. Le mahârajah par l'ordre de qui elle était donnée m'y invita. Me rendre au spectacle constituait chaque soir pour moi un véritable petit voyage. D'abord, il me fallait près d'une bonne heure pour gagner de chez moi l'endroit où m'attendait une barque pour traverser le Gange. Sur l'autre rive, je montais un éléphant et m'en allais aux diverses places où Râma accomplissait ses exploits. Ceux-ci m'amenèrent à rencontrer de curieux personnages, telle cette dame infortunée qui depuis plusieurs siècles demeurait scellée à un rocher, ne se nourrissant que d'air. L'origine de son étrange situation rappelle l'histoire d'Amphitryon. La dame était l'épouse d'un ermite. Un jour, le roi des dieux : Indra, ayant pris la forme de l'ermite, s'en vint trouver la dame en l'absence de ce dernier et celle-ci, trompée par les apparences, lui accorda des faveurs auxquelles seul un époux a droit. Cependant l'ermite vint à apprendre ce qui s'était passé et, ne pouvant atteindre le divin imposteur, le vilain homme s'en prit à son innocente épouse et la scella à un rocher. Je ne doute pas qu'il ait subi, dans une autre de ses vies, le châtiment que méritait son injustice et j'ai eu le plaisir de *voir* sa victime descendre de son rocher sur l'ordre de Râma qui venait, précédemment, d'occire plusieurs démons fort laids qui, de leur état habituel, étaient des soldats de la garde du mahârajah.

Un détail à noter est que tous les rôles, y compris ceux de femmes, sont tenus par des jeunes garçons. Aux hommes adultes ne sont dévolus que quelques rôles de vieux sages, ceux de démons et ceux des singes formant l'armée de Râma conduite par le singe divin Hanouman. Tous les acteurs sont brahmines, à l'exception de certains démons et des « simples soldats » de l'armée des singes.

La soirée la plus sensationnelle est celle où est célébré le mariage de Râma avec Sîtâ.

Montée comme d'ordinaire sur un éléphant, je me rendis d'abord au palais du roi Janaka, père de la fiancée. Je n'étais pas seule à dominer la foule du haut de ma puissante monture. D'autres invités privilégiés se trouvaient pareillement juchés. Quelques rajahs et des seigneurs de marque siégeaient sur des éléphants richement caparaçonnés et maquillés : la marque distinctive des adorateurs de Vishnou était peinte sur leur front, et leurs yeux minuscules, entourés de fard ainsi que ceux des femmes, semblaient allongés en amande comme ceux des Japonaises. Le *howda,* la caisse spacieuse qui sur leur dos reçoit plusieurs personnes, était couvert de tapis et enguirlandé de fleurs, et ses nobles occupants, vêtus de satin de couleurs claires et parés de multiples colliers de diamants, de rubis et d'émeraudes, scintillaient comme des étoiles dans la nuit chaque fois qu'un rayon de lumière émanant des projecteurs venait à les toucher.

D'autres éléphants se tenaient à distance, sans se mêler à la troupe de ceux parmi lesquels se trouvait le mien. Ces autres éléphants constituaient les « coulisses » de la scène. Des acteurs costumés en dieux et en déesses les montaient. Ils étaient censés venir du ciel pour assister aux noces de Râma et, faute de pouvoir opérer des prodiges, ils le simulaient en descendant de leurs éléphants au moment de jouer leur rôle. On voyait là Brahmâ portant un masque à trois visages, Shiva les reins ceints d'une peau de tigre et tenant en main un trident; Vishnou, coiffé de sa tiare géante et porteur d'une massue, voisinait avec lui... Plus loin se trouvait Ganesha à la tête d'éléphant et maints êtres divins, puis aussi de nombreuses déesses : Saraswati, chevauchant un coussin blanc en forme de cygne, et Lakshmi debout sur un lotus en satin rouge. Dieux et déesses, couverts de pierreries, formaient une constellation rivalisant d'éclat avec celle des princes.

Bientôt Râma arrivait au palais, accompagné de son jeune frère Lakshman et du sage Vishvamitra. La cérémonie du mariage, célébré avec tous les rites d'un véritable mariage, allait commencer.

Pour apparaître dans le palais – c'est-à-dire dans notre monde – les dieux devaient prendre une apparence humaine. Alors, très rapidement, sur leurs éléphants représentant les demeures célestes, des assistants les dépouillaient de leurs beaux habits, de leurs joyaux et de leurs masques et, simplement vêtus d'un drap blanc tombant jusqu'à leurs pieds, le torse nu barré du cordon sacré, les déités entraient dans le palais sous la forme des brahmines.

A ce moment, le grand hall de la demeure royale était déjà encombré par une foule de figurants représentant la Cour du roi Janaka et celle du roi Dasratha.

Les reines épouses de Janaka et les dames amenaient la fiancée, formant une troupe encore plus rutilante que celle des seigneurs.

Il serait exagéré de dire que l'attitude et la physionomie des jouvenceaux tenant les rôles de femmes correspondaient aux descriptions dithyrambiques que le poème fait de la beauté et de la grâce des princesses et de leurs suivantes. Les pauvres garçons, gênés par les atours féminins qu'ils n'avaient pas l'habitude de porter, par le maquillage qui leur collait au visage, par les anneaux accrochés à leurs oreilles et à leur nez, et embarrassés dans leur marche par les lourds cercles d'argent pesant à leurs chevilles, avaient l'air affreusement gauches et piteux.

Le public ne songeait pas à le remarquer. Dans tout l'Orient, les rôles de femmes sont souvent interprétés par des hommes. J'ai entendu dire, au Japon, que l'effet produit par ces derniers est plus artistique que celui auquel atteignent les actrices.

Et cela me rappelle qu'inversement, j'ai paru en empereur romain dans une pièce jouée à mon pensionnat où, bien entendu, les interprètes des rôles masculins étaient toujours des jeunes filles.

Râma et Sîtâ accomplirent les rites du mariage, tournèrent autour d'un foyer et reçurent les exhortations et la bénédiction du brahmine officiant.

Un pandit de mes amis, assis à côté de moi sur

l'éléphant, me glissa à l'oreille : « Il faut bien que le rôle de Sîtâ soit tenu par un garçon, sans cela, ces deux-là seraient mariés maintenant. »

Le plus beau vint quand le cortège nuptial se mit en marche escortant les nouveaux époux au palais du père de Râma.

Les palanquins des mariés, celui du rajah Dasratha, des rânis et de leur cour étaient encadrés par les gardes du corps du mahârajah de Bénarès, vêtus d'uniformes européens et armés de fusils modernes.

D'après le poème, un bruit qui ébranla la terre salua l'union de Râma et de Sîtâ. Les régisseurs chargés de la mise en scène s'étaient ingéniés à l'imiter.

Les gardes du corps tiraient des salves répétées, des gongs et des cloches sonnaient, plusieurs orchestres donnaient ensemble à plein rendement, les dévots vociféraient des « Râmdji djai! (vive Râma) » et certains d'entre eux, les yeux extasiés, manifestaient leur enthousiasme en jouant, chacun pour son compte, des airs différents sur la flûte, l'accordéon ou sur d'autres instruments.

Les dieux ayant repris leurs costumes divins étaient remontés sur leurs éléphants. A la lueur des projecteurs et des feux de Bengale on apercevait, de nouveau, Brahmâ aux trois visages, Saraswati sur son cygne de satin blanc et tous les autres êtres divins. Tous jetaient des fleurs parce qu'il est dit dans le poème qu'une pluie de fleurs tomba du ciel.

Une de ces fleurs célestes s'égara sur moi. Mon compagnon le pandit joignit les mains avec respect et m'assura que c'était là un heureux présage pour moi.

J'admirais les éléphants qui, en une troupe nombreuse, avançaient avec calme, indifférents au tapage, parmi la foule compacte, sans heurter personne.

Le palais du père de Râma se trouvait à environ

deux kilomètres de celui du roi Janaka. La procession se mouvait lentement; personne n'avait hâte d'arriver et une marche rapide eût été impossible à travers la cohue.

Chez Dasratha, un festin attendait les époux et leur suite. Adhérant strictement à la vérité, les acteurs mangeaient réellement. Un des régisseurs que je connaissais eut l'amabilité de penser à moi et de faire hisser sur mon éléphant un panier contenant des gâteaux et des fruits.

Avoir participé au banquet nuptial du divin Râma Tchandra n'a, je crois bien, été donné à aucun étranger et je conserve quelque fierté de mon heureuse chance.

La fête continuait; des fusées multicolores traversaient le ciel, orchestres et musiciens isolés persistaient à emplir l'espace de sonorités discordantes et les dévots, inlassablement, clamaient leur « Râmdji djai! » La nuit s'avançait, il me fallait pas mal de temps pour rentrer chez moi; je regagnai donc le Gange où je trouvai la barque et, sur l'autre rive, la voiture qui m'attendait.

Toutes les soirées du Râmlila ne comportaient pas la grande mise en scène qui servait de cadre aux noces de Râma, mais toutes étaient intéressantes, et cela, parfois, à cause de tableaux imprévus n'appartenant pas au scénario.

Pour représenter Sîtâ demeurée dans le palais de son beau-père tandis que Râma poursuivait ailleurs le cours de ses aventures, le gamin qui la représentait restait seul assis dans un fauteuil.

Profitant de l'absence d'autres acteurs, de nombreuses spectatrices formaient autour de lui un cercle d'adoratrices. Les paumes des mains jointes, répétant inlassablement le nom de Sîtâ, elles passaient là des heures, savourant une sorte d'extase.

Aucune d'elles ne s'avisait de remarquer que devant elle n'était qu'une figure de carnaval, un gosse déguisé et fardé à qui son immobilité devait peser et à qui il tardait certainement de sauter à bas de son fauteuil pour aller souper avec ses petits camarades.

Sîtâ! Sîtâ!... Ces Indiennes en adoration constituaient un spectacle par lui-même, en marge du programme officiel des représentations. De tels « à-côtés » étaient nombreux pendant le Râmlila.

Un des épisodes les plus pittoresques était la guerre soutenue par l'armée des singes, conduite par le singe divin Hanouman, contre les troupes de démons de l'ogre-roi Râvana.

Ces singes devaient se livrer à maints exploits acrobatiques; leurs rôles étaient tenus par des soldats de la garde personnelle du mahârajah, jeunes gaillards fort enclins à porter leurs cabrioles guerrières en dehors de la représentation. Un jour, encore tout animés par leurs prouesses contre les démons de Râvana, ils se répandirent, toujours vêtus de leur déguisement simiesque, dans un village voisin et, avec force cris et gambades, ils en pillèrent les boutiques puis se sauvèrent avec leur butin.

Le lendemain matin, redevenus calmes, ils commencèrent à réfléchir aux conséquences de leur escapade. Les boutiquiers volés s'étaient plaints au mahârajah, un châtiment sévère serait infligé aux coupables. Comment l'éviter? L'idée leur vint d'aller trouver le jeune brahmine qui remplissait le rôle de Râma et de lui demander bon conseil et protection.

Le garçon ne manquait ni d'esprit ni d'audace. Il commanda aux soldats de mettre leurs costumes de singes, se revêtit lui-même des habits de Râma, se coiffa de la tiare de Vishnou et, ainsi travesti, suivi par la troupe des singes, il se rendit au palais. Là, sans attendre aucune question, il dit simplement au mahârajah :

« Le village est à moi et ces singes sont miens. »

On ne réplique pas à Vishnou, maître de l'univers et, tiare en tête, le jeune homme, à ce moment était Vishnou lui-même.

Le rajah joignit les mains et se prosterna. Il ne punit pas les soldats et, dit-on, paya aux marchands ce qui leur avait été dérobé. Ce dernier trait peut nous laisser des doutes. Ce n'était guère l'habitude des mahârajahs de payer leurs sujets.

Ce « bon vieux temps » est passé. Passé avec la protection étrangère qui couvrait les princes indiens. L'Inde indépendante s'est quelque peu débarrassée des Etats indigènes et de leurs opulents et souvent despotiques seigneurs; espérons qu'elle ne les remplacera point par un autre genre de despotisme, la chose est plus d'une fois advenue dans le monde.

*
**

Avatar de Vishnou, comme Râma, Krishna compte un nombre encore plus grand d'adorateurs que ce dernier et le culte que ceux-ci lui rendent présente des particularités pittoresques dont est exempt le culte de Râma.

Krishna est le plus éminent des héros du grand poème épique indien : le *Mahâbhârata,* qui est tenu pour dater de dix siècles avant Jésus-Christ. Il y est représenté comme un roi juste et bienveillant qui, en temps de guerre, se montre un habile et puissant adversaire. Toutefois, ce n'est point ce modèle parfait du chevalier indien qui attire la grande masse des fidèles vaishnavas (2), c'est le Krishna dépeint dans le Shrimat Bhagavata et autres livres de tendances analogues. Ceux-ci, en des contes dont quelques-uns peuvent rivaliser avec ceux de Boccace, nous montrent un garçon d'une beauté et d'une

(2) Vaishnavas : adorateurs de Vishnou.

attraction sexuelle exceptionnelles qui, à l'âge de onze ans, est l'amant d'une centaine de maîtresses. Ces débuts prometteurs ne mentiront point car, par la suite, un nombre de dix-huit mille concubines est attribué à Krishna devenu prince souverain.

Je n'ai pas à narrer ici, même en la résumant brièvement, toute l'histoire de Krishna – ses deux histoires faut-il dire : l'héroïque et chaste et la toute fantaisiste et liencieuse. Une relation succincte de quelques épisodes de cette dernière suffira pour expliquer l'origine des pratiques qui vont être décrites.

Vishnou s'est incarné en Dévaki, l'épouse de Vasudéva. Or le jour du mariage de celle-ci, une voix céleste a prédit à son frère, le roi Kangsha, qu'il serait tué par un des fils de sa sœur. Kangsha a donc fait mettre à mort les enfants à qui elle a donné le jour. Cependant, lors de la naissance de Krishna, Vasudéva, aidé par un concours de circonstances miraculeuses, parvient à le sauver en le faisant passer pour le fils d'un ménage de pasteurs. Krishna est élevé parmi les gardeurs de troupeaux et c'est dans ce milieu rustique, près de la forêt de Brindaban, qu'il vit ses précoces aventures amoureuses.

Mieux vaut ici recourir au récit du texte lui-même :

Krishna enfant est « d'une beauté incomparable, il a le teint bleu (sic) et lumineux. Nul ne peut résister à son charme, les pasteurs et ses petits camarades les gardeurs de vaches lui portent une affection sans bornes. Il s'est fabriqué une flûte avec un roseau et quand il en joue, tous les animaux, les bêtes féroces elles-mêmes, accourent et se couchent à ses pieds. Les oiseaux se mettent à chanter dès qu'il l'aperçoivent et s'il s'arrête sous un arbre, celui-ci se couvre immédiatement de fleurs. »

Le dieu incarné ne laisse pourtant pas que de se comporter comme un garçon ordinaire, il joue avec les autres gamins tandis que les vaches paissent, il lutte avec eux et parfois il a le dessous. Il se livre même à des plaisanteries inconvenantes. Ayant vu des *gôpis* (gardeuses de vaches) entrer dans la rivière pour s'y baigner, il s'empare des vêtements qu'elles ont laissés suspendus aux arbres de la rive et s'en va les cacher au loin, obligeant ainsi les pauvres femmes à courir nues, de-ci de-là, à la recherche de leurs habits.

Cela n'est qu'un innocent prélude à la geste érotique de Krishna. Notre héros venait d'avoir onze ans, il avait déjà affolé toutes les femmes du pays. Un jour, Radha, en se baignant dans la Jamuna, l'entrevit à travers le feuillage, Krishna était appuyé contre un arbre et regardait Radha. La vue de Krishna produisit sur Radha son effet habituel : elle fut ensorcelée et eut peine à regagner sa demeure, se retournant à chaque pas pour jeter encore un coup d'œil sur celui « qui avait volé son cœur ».

Radha était mariée, mais le poème nous révèle très indiscrètement que son mari « était affligé d'une difformité physique qui lui rendait impossible l'accomplissement du devoir conjugal ». Est-ce une façon de plaider les circonstances atténuantes pour Radha infidèle ou bien veut-on nous faire savoir que Krishna l'a eue vierge – ou à peu près?

Les fidèles de Krishna se préoccupent peu de ce détail; ce qui leur paraît admirable c'est le mépris de toutes les conventions sociales et de toutes les lois religieuses que Radha montra en s'abandonnant à sa passion pour Krishna. Elle est devenue pour eux le type parfait du mystique que l'amour de Dieu possède et qui fait litière de tout ce qui peut s'opposer aux manifestations de sa folie d'amour.

Krishna ne se séparait jamais de sa flûte, « quand il en jouait, ceux-là seuls l'entendaient de qui il voulait être entendu, mais ceux-là perdaient tout usage de leur liberté et étaient invinciblement attirés vers l'endroit où la flûte résonnait ».

Depuis qu'elle avait aperçu Krishna, Radha vivait

dans un état d'abstraction qui lui faisait négliger les soins de la vie journalière; elle ne cessait de pleurer et si quelqu'un prononçait le nom de Krishna devant elle, elle s'évanouissait (3).

« Pendant la nuit elle entendit la flûte; il lui semblait que celle-ci répétait son nom en sons mélodieux comme si celui qui en jouait l'appelait à lui et l'implorait. Alors, oubliant tout : fidélité conjugale, devoirs de bienséance envers sa parenté et souci de son propre honneur, elle courut vers Krishna. Elle le trouva au bord de la Jamuna, parmi les fleurs sauvages, dans un endroit solitaire et secret, loin de toute habitation et, là, tous deux s'enlacèrent amoureusement sur des coussins de fleurs, tandis que les paons dansaient devant eux, que les oiseaux chantaient et que la lune se reflétait en des milliers d'images brillantes dans les rides de l'eau cristalline effleurée par une brise légère qui balançait les lotus épanouis. »

Radha ne pouvait suffire à cet amoureux de onze ans qui n'en était pas à ses premières armes. Le poème, décidément licencieux, nous le montre dans les bois, admirant le clair de lune et se mettant, soudain, à jouer un de ses airs à effets magiques.

En l'entendant, les femmes des environs cessent immédiatement les travaux auxquels elles étaient occupées, « abandonnent la marmite où cuisait le riz du souper ou laissent sans l'achever le repas qu'elles prenaient; celles qui allaitaient leurs enfants les jettent de côté comme l'on fait d'un fardeau désagréable ». Elles s'habillent avec tant de hâte qu'elles « mettent leurs anneaux d'oreilles à leur nez et les anneaux de nez à leurs oreilles (4),

(3) C'est l'état que les dévots de ce culte appellent *Pourva Raga*, attraction vers le bien-aimé avant que l'union ait été consommée.

(4) On sait que les Indiennes se percent le nez pour y suspendre ou pour y insérer des bijoux. Cette coutume tend à disparaître et les femmes d'éducation moderne, dans les classes sociales supérieures, l'ont complètement rejetée.

elles s'enveloppent la tête dans leur veste et entourent leur poitrine avec leur voile ».

Accoutrées de la sorte, elles se mettent en route. En vain leurs époux, leurs parents et leurs enfants tentent-ils de leur barrer le passage, elles ne se possèdent plus. « Quelques hommes s'avisent d'attacher leur femme à un poteau, l'excès du désir chez celles-ci les fait tomber mortes tandis que leur âme s'envole vers Krishna. »

A travers les bois, elles joignent Krishna « gracieusement appuyé contre un arbre et illuminant toute la forêt de son éblouissante beauté ».

Krishna demande aux *gôpis* pourquoi elles ont effectué cette imprudente marche nocturne à travers les bois où rôdent les fauves carnassiers.

Elles répondent sans ambages : « Après nous avoir attirées à toi par ta beauté et par ta flûte irrésistible, pourquoi demandes-tu le motif qui nous a amenées? Nous sommes venues pour nous donner à toi sans réserve. »

Krishna les morigène tièdement : « Une femme doit demeurer fidèle à son mari. Imitez les épouses vertueuses, gardez-vous de pécher et d'attirer la honte sur vous en désirant l'amour d'un homme autre que votre légitime époux. »

Ce à quoi les gôpis répondent : « Il est vain de parler de devoir à des femmes que tu as ensorcelées par ta beauté et par ta flûte. Nous avons perdu tout sens du devoir et toute crainte du scandale et de ses conséquences. Si nous donner à toi est un péché, nous sommes prêtes à en subir le châtiment. Mieux vaut l'enfer avec toi que le plus haut des Cieux sans toi. Si tu refuses de satisfaire la soif irrésistible que nous avons de toi, nous mourrons à tes pieds. »

Ces multiples amantes du héros – trois cents d'après une version, huit cents d'après une autre – demeurent anonymes, à l'arrière-plan; seule, Radha joue un rôle dans la légende.

Radha fut délaissée quand Krishna partit pour

Mathura où, selon la prophétie, il tua son oncle dans un tournoi.

« L'inconsolable Radha se rendait dans les bois de Brindaban et, l'esprit égaré, elle prenait un arbre pour son amant absent et lui tenait des discours amoureux; d'autres fois elle croyait découvrir, sur le sol, l'empreinte des pieds de Krishna : alors elle déposait des fleurs sur ces empreintes illusoires, s'asseyait auprès d'elles et les adorait en pleurant. Quelquefois, elle s'imaginait que Krishna venait, alors elle suspendait des guirlandes de fleurs au bosquet secret où elle avait coutume de le rencontrer. Au moindre bruit elle tressaillait, croyant que c'était le bruit des pas de son amant. Elle veillait, l'attendant pendant toute la nuit et quand elle comprenait enfin qu'il ne viendrait pas, elle tombait évanouie. »

Ce roman passionné se termina brusquement par une scène de jalousie. Krishna revenait, il devait joindre Radha nuitamment dans leur « bosquet secret » et, une fois de plus Radha fit « décorer celui-ci de guirlandes de fleurs, joncher le sol de fleurs et de jeunes feuilles, et répandre des parfums nouvellement distillés ».

Krishna ne vint point. Tandis que Radha l'attendait, il avait, en cours de route, rencontré la belle Chandrabali et celle-ci, presque par force, l'avait entraîné vers un bosquet. Krishna, dit le poème, n'était pas désireux de la suivre « mais il ne put se forcer à manquer de courtoisie et il consentit à passer la nuit avec elle ».

Krishna sollicita son pardon, qui lui fut refusé. L'histoire rapporte que, plus tard, une réconciliation eut lieu, mais la partie du cycle qui intéresse les dévots se borne aux alternances de joie et de douleur que la présence ou l'absence de Krishna causait à Radha.

Cependant, bien que cela sorte de mon sujet, si le lecteur désire quelques détails concernant les centaines de maîtresses anonymes du divin Krishna, je dirai qu'il se montrait chez toutes en même temps et que chacune d'elles était convaincue qu'il avait passé la nuit avec elle. Quand elles quittaient leur maison pour rejoindre Krishna dans les bois, leurs maris ne le remarquaient pas. Chacun d'eux croyait que sa femme était étendue auprès de lui sur leur couche. Et, même, si Krishna rendait une visite nocturne à ses maîtresses, leurs maris couchés près d'elles, ne s'en apercevaient pas.

A ceux qui ne croient pas à la matérialité de ces faits, les Indiens sont prêts à fournir des explications d'ordre psychique, mais elles n'ont que faire dans le présent livre.

*
**

C'est à cause des amours pathétiques de Radha et de Krishna que je suis assise sur une natte dans le très vaste hall d'une demeure palatiale, à Calcutta. La compagnie est nombreuse, au jugé trois cents personnes, peut-être davantage. Nous devons entendre un artiste en renom qui donne, soir après soir, pendant un mois, une série de récitals relatant l'histoire de Krishna.

Il n'y a aucune mise en scène ni aucun artifice de costume, l'artiste monté sur une estrade peu élevée est en costume de ville élégant : dhoti et veste de soie blanche. Il ne déclame point, comme le font nos comédiens, mais donne à sa voix des accents différents s'accordant avec les scènes qu'il décrit ou avec les sentiments qu'il exprime et son débit, une mélopée monotone, coule sans arrêt, uniforme comme l'eau d'une rivière, et finit par agir à la manière d'un hypnotique oblitérant, dans l'esprit d'un sujet, la conscience du milieu où il se trouve pour lui substituer un décor de fantaisie.

Le récitant est un homme, mais peu importe, c'est Radha éplorée exhalant ses plaintes amoureuses que les assistants voient en lui. Voici même que la figure de Radha s'évanouit, chacun de ceux présents – hommes comme femmes – s'est identifié avec la pathétique maîtresse du dieu incarné, vit ses sentiments, se sent devenu elle et, avec une frénésie d'amante sexuellement exaspérée, va appeler le bien-aimé dont les baisers l'ont pour jamais ensorcelée.

Pour ma part, prosaïque spectatrice, la diction incolore du récitant aurait, à la longue, exercé sur moi un effet soporifique si ce n'avait été le spectacle offert par les fidèles qui me gardait yeux et oreilles alertes.

Beaucoup pleuraient silencieusement ou sanglotaient bruyamment, certains clamaient des appels désespérés à Krishna, d'autres se frappaient le front contre le plancher en hurlant de désespoir ou se roulaient sur les nattes, en proie à des attaques de nerfs.

Le récitant continuait imperturbablement à dévider son récit... C'était un professionnel, il gagnait son cachet.

Cette réunion n'était point publique, on n'y était admis que sur invitation et tous les assistants appartenaient aux classes sociales élevées de la société indienne. Tel qui venait de se tordre en vociférant sur le plancher, serait, le lendemain, assis dans une chaire professorale, siégerait comme magistrat, traiterait d'importantes affaires commerciales ou occuperait une haute fonction administrative... et rien ne resterait visible sur lui du dément qu'il avait été la veille.

Telle est l'Inde, à la mentalité insondable.

***

En grande majorité, les hommes désirent des dieux proches d'eux, des dieux qui leur ressemblent; ce fait m'est rappelé par un aimable lettré indien, avocat par profession et vaishnava par religion.

« Dieu, me dit-il, est inconcevable, inaccessible; nous ne pouvons avoir aucune relation avec lui. Ses avatars : Râma ou Krishna nous sont plus compréhensibles; ils sont plus près de nous sous leur forme humaine, ils accomplissent des actes humains. Mais quand vécurent-ils? Parmis nous, beaucoup d'érudits doutent de leur existence historique. Au contraire, Chaitanya est une personnalité bien réelle, il est un objet possible à atteindre, sur lequel nous pouvons concentrer notre dévotion et notre amour. »

Qui est ce Chaitanya, qui nous est présenté comme propre à tenir la place d'un dieu trop lointain ou d'avatars d'une existence historique douteuse?

En 1486 naquit à Nadia, comme second fils d'un ménage de brahmines, un enfant qui allait être tenu par des millions de fidèles pour Krishna revenu sur la terre et comme Dieu éternel et tout-puissant incarné.

Etait-il une incarnation directe et complète de Vishnou ou une incarnation au second degré? Cette question peut paraître bizarre, mais elle ne l'est point pour les membres de la branche particulière de la secte des vaishnavas par qui je l'ai entendu discuter. Cette sous-secte des vaishnavas est celle qui se réclame de Chaitanya comme fondateur et, naturellement, la personnalité de celui-ci est de grande importance pour ses adeptes.

Vishnou, c'est-à-dire le Dieu suprême conçu sous son aspect d'Etre ayant forme et qualités (5), mais non humain, peut s'incarner et vivre d'une vie

(5) *Saguna*, distinct de l'Etre absolu, inconcevable, auquel ni forme ni qualités, qui sont des limitations, ne peuvent être attribuées et qui est dénommé *nirguna*.

humaine parmi nous. Il est alors Râma ou Krishna (6). A son tour, un avatar, tel Krishna, n'est pas un pur fantôme qui, son rôle terminé, se dissipe sans laisser de traces. Krishna, mort dans notre monde, continue à exister d'un autre genre d'existence; désincarné mais toujours animé de conscience et de volonté il peut, soit se réincarner complètement en un individu choisi par lui, soit habiter ce dernier par intervalles.

Les biographes de Chaitanya nous le dépeignent, généralement, sous ce dernier aspect. Au début de sa carrière, ses familiers distinguaient les périodes pendant lesquelles il était Nimaï, un érudit brahmine professeur de grammaire sanscrite, et celles où ils le voyaient, hors de son état naturel, se comporter comme une déité, s'asseyant sur le trône réservé à Vishnou dans l'oratoire de ses amis, se laissant adorer, accomplissant des miracles – jusqu'à la résurrection d'un mort – et apparaissant sous des formes divines : celle de Vishnou à quatre bras coiffé de la tiare, ou celle de l'enfant Krishna au teint bleu (sic). Les biographes ajoutent que les périodes d'activité divine de Chaitanya se terminaient presque invariablement par un évanouissement prolongé et qu'en reprenant ses sens, Chaitanya ne se souvenait plus de ce qu'il avait fait en tant que Krishna ou que Vishnou.

Pour qui n'appartient pas au troupeau de ses fidèles, le pandit Nimaï, qui prit le nom de Chaitanya en entrant dans l'ordre des sannyâsins, apparaît comme un mystique dont l'exaltation confine au dérangement mental. Cette opinion était, d'ailleurs, celle de nombre de gens vivant dans son voisinage. Possédant au degré maximum ce « don des larmes » apprécié aussi par les mystiques d'Occident, Chaitanya était, de plus, sujet à de fréquents évanouissements et à des crises présentant tous les

(6) Pour les adeptes les plus fervents de Chaitanya, celui-ci aurait été un avatar analogue à ceux de Râma et de Krishna.

symptômes de l'épilepsise, au cours desquelles il écumait (7).

Ayant perdu connaissance tandis qu'il se baignait dans la mer, il périt noyé à l'âge de quarante-huit ans.

Si je me suis attardée sur la personnalité de Chaitanya, c'est à cause de la singularité des pratiques religieuses auxquelles ses disciples se livrent.

Leur culte est basé sur la légende de Krishna telle que je l'ai rapportée ci-dessus, il inclut naturellement les lamentations de Radha appelant le bien-aimé Krishna qui s'est séparé d'elle. Nous avons déjà vu comment la récitation du poème, qui décrit la douleur de l'amante abandonnée, peut donner lieu à des manifestations morbides chez les assistants. Nous retrouverons celles-ci chez les adeptes de Chaitanya qui, lui-même, s'y était abandonné de façon immodérée durant sa vie, mais, de plus, nous ferons connaissance avec un autre genre de délire religieux, délire joyeux celui-ci, provoqué par un débordement d'amour de Dieu.

Spontanément, en entendant prononcer le nom de Hari (Vishnou), Chaitanya se mettait à danser pour donner cours à sa joie amoureuse. Son exubérance était paraît-il contagieuse et des gens – même âgés et de caractère grave – cédaient à l'influence qui émanait de lui et imitaient ses évolutions chorégraphiques.

Cependant, bientôt les familiers de Chaitanya en vinrent à organiser des réunions où l'on se rendait dans le dessein *exprès* de clamer bruyamment le nom de Hari en battant des mains. Un perfection-

(7) D'après les adeptes de Chaitanya, l'extase ou le ravissement causé par l'amour de Dieu s'accompagne de signes extérieurs tels que : *pulak*, les cheveux et les poils du corps se hérissant; une sueur très abondante, parfois sanguinolente; crises pareilles à celles de l'épilepsie, de l'écume s'échappant des lèvres; syncopes prolongées et répétées.

nement du rite amena l'emploi de cymbales et d'un tambour pour accompagner les *Hari bole!* (dites Hari!) des dévots. Un nouveau perfectionnement consista, pour ceux-ci, à s'attacher aux chevilles des jarretières auxquelles de menues sonnettes étaient cousues de sorte que leur tintement s'ajoutât aux « sonorités suaves » (8) du chœur et des instruments.

Ce genre d'assemblée religieuse est dénommé *kirtan,* c'est-à-dire « célébrer les louanges ». Tous les kirtans ne consistent pas en démonstrations excentriques, beaucoup d'entre eux ressemblent à ce que l'on appelle dans nos pays des « réunions de prières ». Nous avons vu d'autre part que le kirtan pratiqué chez mes amis de Bombay n'avait rien de bruyant.

J'avais déjà eut un avant-goût d'un kirtan krishnaïte, celui décrit ci-dessus, lorsque à quelque temps de là je fus invitée à assister à une autre assemblée de fidèles de Krishna; l'on m'annonçait que ce kirtan serait célébré selon la plus orthodoxe des traditions chaitanyistes et serait un kirtan secret.

Il y a deux sortes de kirtan : les uns sont publics, tous peuvent y participer; les autres ne réunissent que les initiés ou, pour employer un terme moins ambitieux, l'on peut dire que les assistants y sont membres d'une même confrérie. C'était donc me faire une faveur que de m'inviter.

L'endroit où le kirtan allait avoir lieu était une maison très ordinaire, ni luxueuse, ni pauvre. On y accédait par une porte massive s'ouvrant, dans une rue étroite, sur une cour encadrée par des bâtiments blanchis au lait de chaux. En vue de la

(8) Cette appréciation de ce tintamarre est d'un fidèle de la secte.

réunion, cette cour avait été décorée; des guirlandes de fleurs disposées en festons étaient accrochées aux murs et d'autres, attachées aux fenêtres des habitations, descendaient jusqu'au sol qui était jonché de pétales et de jeunes feuilles.

Une cinquantaine d'hommes, tous vêtus de blanc, étaient déjà dans la cour lorsque j'arrivai et je fus immédiatement conduite – je dirais volontiers, escamotée – dans l'appartement des dames de la maison, situé au premier étage. De là, à travers les persiennes closes, le regard embrassait toute la cour.

La séance débuta par une longue récitation de poésies mystiques. Les récitants étaient tous des membres du kirtan, il n'y avait point là de professionnel payé.

Alternant avec les poésies vinrent de courtes exhortations, des sermons prêchés avec feu, des prières et des chants aux accents passionnés. Les instruments habituels : tambour sur lequel on frappe avec les mains et cymbales, accompagnaient les chanteurs. Les musiciens n'étaient pas non plus des artistes payés et, comme participants au kirtan, ils partageaient l'émotion qui s'en dégageait. Celle-ci troublait un peu leur présence d'esprit : leurs mains continuaient à frapper leurs instruments sans qu'ils s'en rendissent bien compte; ainsi *boum boum* et *dzing dzing* en vinrent-ils à accompagner indifféremment les improvisations des poètes, les chanteurs, les prédicateurs et les effusions des adorateurs. Le bruit ne paraissait gêner personne, au contraire, il infusait à tous un surcroît de véhémence.

Les participants à ce culte n'agissaient point en coopération, par mouvements réglés et coordonnés; chacun était là « pour son propre compte », s'abandonnant à ses sentiments personnels.

L'excitation croissant, certains se mirent à clamer le nom de Hari (Vishnou) puis à s'exhorter l'un l'autre à vociférer *Hari bole!* c'est-à-dire « dites

Hari » car prononcer le nom de Hari passe pour avoir un effet magique sur l'esprit de celui qui le prononce, pour amener le pécheur au repentir et faire naître en lui l'amour de Dieu : la *bakti* ou son superlatif, *prem.*

Sur leur tambour et leurs cymbales, les deux dévots musiciens tapaient de plus en plus vite, de plus en plus fort.

Hari bole!... Hari bole!... Quelques-uns, saisis par une frénésie de dévotion, se mirent à danser, les bras levés, et les clochettes attachées à leurs chevilles mêlèrent leur tintement au vacarme. La contagion faisait son œuvre, celle dont parlent les biographes de Chaitanya. Et tous entrèrent en action, se heurtant, se bousculant sans s'en apercevoir dans la cour trop étroite pour leurs violents ébats.

Il ne s'agissait pas de lamentations, Radha ne pleurait pas l'absence de son bien-aimé; le Bien-Aimé suprême était là, chacun le sentait présent et vociférait la joie démesurée qui emplissait sa poitrine à la faire éclater. Hari bole!... quelques-uns tombèrent agités de convulsions, l'écume à la bouche, les autres ne les virent même pas.

Les murs qui les entouraient étouffaient les mystiques en délire; le nom de Hari! Harinam, devait être porté au-dehors, porté à tous. Tous devaient partager le salut, la béatitude infinie dispensée par Hari.

Hari bole!... la porte fut violemment ouverte et le flot des dévots éperdus se précipita en vociférant dans les ruelles étroites de la ville indigène.

Je saluai en hâte les dames qui m'avaient accueillie et, malgré leurs bienveillants efforts pour me retenir, je me hâtai de sortir, désirant suivre à distance la bande qui poursuivait son chemin en chantant et en dansant.

Des passants subissaient l'attraction de la trombe qui tournoyait devant eux allant, qui savait où?... J'en voyais qui se joignaient à elle, gesticulant, éjaculant des Hari bole!...

A un carrefour, un minable marchand était assis, quelques fruits disposés devant lui sur un tréteau. Lui aussi fut frappé par la vague de folie qui déferlait. De loin je le vis se lever d'un bond, les bras tendus vers le ciel, hurlant des Hari bole! Son brusque mouvement renversa son étalage, les fruits roulèrent à terre tandis que leur propriétaire, sans y prendre garde, disparaissait au tournant d'une allée avec la horde hallucinée.

*
**

Mon thermomètre marquait 45 degrés centigrades sous ma véranda, protégée par un double toit contre les rayons ardents du soleil d'été. J'étais à Bénarès et je réfléchissais à une théorie passablement sinistre, attribuée au célèbre philosophe Madhwa (né vers 1199), qui offre des points de ressemblance avec la doctrine de la prédestination proclamée par saint Paul, saint Augustin et d'autres (9). La ressemblance consiste en ce que les deux théories déclarent qu'il existe des âmes qui sont irrévocablement et sans remède possible emprisonnées dans la sphère infernale. La différence apparaît dans ce que, chez saint Paul, Dieu a créé ces âmes pour la damnation tout comme, dit l'apôtre, « le potier fabrique à son gré des pots pour différents usages (10) », tandis que, selon Madhwa, ces âmes ou plus exactement ces *jîvas* (11) existent par eux-mêmes, tels qu'ils sont, avec leur substance propre et les qualités inhérentes à celle-ci, et n'ont point été fabriqués par un dieu.

Le reste de la théorie suit. L'être foncièrement mauvais se place naturellement dans un milieu en

(9) Saint Paul n'était d'ailleurs pas l'inventeur de cette doctrine. On en trouve des traces de beaucoup antérieures à lui dans l'Ancien Testament.

(10) Cette comparaison avait déjà été faite avant saint Paul.

(11) Le terme âme n'est pas une traduction exacte du terme sanscrit *jîva*. Plus correctement, le *jîva* est l'ego.

harmonie avec sa nature, c'est-à-dire dans un milieu où le mal domine. L'influence de ce milieu contribue à accentuer le caractère mauvais de l'individu qui s'y est placé. Etant devenu pire qu'il n'était, ce dernier va se trouver enclin à se diriger vers un habitat où la puissance du mal sera encore plus forte, et l'effet de cette puissance mauvaise sera ressenti par l'individu qui s'y sera soumis et dont les qualités mauvaises seront de nouveau renforcées... et ainsi de suite.

Mais nul ne commande ce voyage effroyable, il s'effectue mécaniquement peut-on dire, le *jîva* se place de lui-même dans le milieu qui correspond à la composition de son être. Il en est de cela comme du fait de l'huile qui surnage sur l'eau : l'huile se tient au-dessus, l'eau en dessous, personne n'y est pour rien, les natures différentes de l'huile et de l'eau en sont seules la cause.

45 degrés centigrades à l'ombre ne me disposaient point à m'appesantir sur le sort inquiétant mais très logique des infortunés *jîvas*; pourtant, je souhaitais recueillir un supplément d'information concernant les interprétations données à la doctrine de Madhwa à leur sujet. Je souhaitais aussi sortir et il se trouvait que mes deux désirs s'accordaient. J'irais chez le Révérend J... un missionnaire anglais, érudit indianiste, qui connaissait tous les pandits de Bénarès; il m'en indiquerait certainement un ou deux que je pourrais consulter avec profit.

Je trouvai le Révérend J... dans son vaste cabinet de travail; il lisait, un verre de citronnade glacée à portée de la main. Comme d'usage dans l'Inde, où les hommes seuls, – j'entends les étrangers – demeuraient à leurs tâches respectives pendant l'été torride, la femme et les enfants du missionnaire s'étaient établis pour plusieurs mois dans une station des Himâlayas. Je crois que le Révérend J... se consolait aisément de leur absence. Tous les maris anglais étaient habitués à des périodes de célibat prolongé; leurs femmes redoutaient la chaleur, et la santé des enfants fournissait toujours un prétexte afin de partir pour la montagne à Darjiling, à Simla, à Naini Tall, à Almora ou ailleurs, où non seulement la température était fraîche, mais où les clubs offraient des distractions variées. D'autres ménages demeuraient séparés pendant des années; l'éducation des enfants exigeait leur séjour en Angleterre et, bien que souvent ils fussent pensionnaires dans un collège, la maman jugeait bon d'être à portée d'eux et de jouir, en même temps, des agréments de la vie mondaine.

Passablement frivoles, un peu étranges, étaient les mœurs de cette société anglaise de l'Inde avant l'avènement de l'Indépendance qui força tous ces *Bara sahibs* et *Bara mém sahibs* (12) à quitter le paradis que depuis plusieurs générations l'Inde avait été pour eux. Il ne m'appartient pas de les juger et, si j'avais à le faire, ce ne pourrait être qu'avec une bienveillante indulgence du point de vue d'une étrangère comme eux, étrangère très « asiatisée » peut-être, mais qui restait sensible au charme de relations amicales avec d'affables maîtresses de maison et de causeries intéressantes avec leurs maris, souvent lettrés.

Le Révérend J... profitait de son célibat momentané pour travailler à la traduction d'un ancien manuscrit sanscrit qu'il avait découvert quelque part dans le sud de l'Inde.

Il connaissait parfaitement la théorie attribuée à Madhwa, mais croyait qu'on n'en parlait guère parmi les adeptes de ce dernier.

(12) *Sahib* : seigneur. *Mém sahib* : femme de seigneur. C'étaient les titres donnés aux étrangers par leurs serviteurs ou leurs subordonnés indiens. *Bara* : grand. On ajoutait ce qualificatif lorsqu'il s'agissait d'un haut fonctionnaire ou autre personnage important.

– Nous irons voir le pandit Hariprasad, me dit-il, c'est un homme aimable et érudit, vous pourrez l'interroger.

Le missionnaire appela un boy.

– Toujours pas de glace, du thé chaud, n'est-ce pas? me demanda-t-il.

– Toujours; j'ai horreur des boissons froides. Les Théosophes, mes voisins, s'imaginent que je pratique une sorte de pénitence d'un genre secret en buvant du thé brûlant par cette température.

Tandis que nous faisions honneur à un confortable goûter, le Révérend J... m'instruisit d'une particularité qui devait ajouter un grand intérêt à ma visite au pandit Hariprasad.

– Vous connaissez, n'est-ce pas, l'histoire de Mira Bai, me demanda Mr. J..., et sa réponse à Roup Goswami?

Je connaissais l'histoire.

« Eh bien! continua mon interlocuteur, Hariprasad est un de ces mystiques qui, dans leur dévotion à Krishna, se considèrent comme étant des femmes et les épouses de Krishna. »

C'est là en effet, avec les genres de *kirtans* déjà décrits, une singularité du culte de Krishna. Mais voyons d'abord ce que la tradition rapporte concernant Mira Bai, la poétesse.

Mira Bai était la femme du rajah Kumbha Korana de Chittore, qui régnait vers 1420. Sa dévotion outrée à Krishna déplaisait à son mari et à sa famille; ils tentèrent en vain de l'y faire renoncer. Probablement, les épanchements poétiques amoureux de Mira en l'honneur de son bien-aimé Krishna finirent-ils par exciter la colère de son époux humain le rajah : celui-ci la condamna à boire une coupe de breuvage empoisonné.

La poétesse mystique était supprimée, mais ses poésies sont encore chantées de nos jours par un grand nombre de vaishnavas. En voici quelques lignes :

J'ai rejeté toute crainte du monde ou de la [famille
Mon cœur a été percé par la flèche de l'amour de [Krishna
Mira danse devant son Seigneur...
Elle s'attache à ses pieds

Je suis folle de Krishna, nul ne connaît mon mal
Seul, le blessé connaît la souffrance du blessé
Comment pourrai-je atteindre la chambre de mon [bien-aimé
Lui seul peut être le médecin qui me guérira

Gopal (*un nom de Krishna*) est véritablement [à moi
Celui qui est coiffé de la tiare
Qui tient dans ses mains la conque, le disque, [la massue et le lotus
Qui porte une guirlande autour de son cou
Celui-là est mon unique Seigneur

Pour moi, il n'est plus ni père, ni mère, ni frères, [ni parents
Rien ne me cause plus de crainte
Maintenant tous le savent
J'ai nourri la liane de l'amour avec mes pleurs
Mira est l'esclave de son bien-aimé Krishna
Advienne que pourra!

Quant à l'histoire à laquelle le Révérend J... faisait allusion la voici :

Mira Bai était allée en pèlerinage à Brindaban, le lieu où, d'après la tradition, Krishna a passé sa jeunesse et vécu avec les *gôpis* (13). A Brindaban résidait un ascète de grand renom, très dévot à Krishna, nommé Roup Goswami (14); Mira Bai désirait s'entre-

(13) *Gôpis* : gardeuses de vaches, voir p. 102 et 104.
(14) *Goswami* : est plutôt un nom de secte ou de caste, joint à celui de Roup.

tenir avec lui, mais il refusa de l'accueillir, déclarant que voué à une vie de strict ascétisme il ne devait point voir de femmes.

Lorsque l'on rapporta cette réponse à la princesse, elle s'écria, indignée : « Eh, quoi! Roup est-il donc un mâle? S'il en est ainsi, que fait-il à Brindaban?... Aucun mâle n'a le droit d'y habiter; si les déesses gardiennes de Brindaban s'aperçoivent de sa présence, elles le châtieront et le chasseront. Le célèbre Goswami ne sait-il pas qu'il n'existe qu'un seul mâle dans le monde : mon bien-aimé Krishna, et que tous les autres sont des femmes! »

L'histoire est aussi racontée d'une autre manière.

Lors de son pèlerinage, Mira Bai ne baissait pas les rideaux de son logis et sortait sans être voilée. Son mari lui en ayant fait le reproche, elle lui répondit : « Pourquoi devrais-je me voiler? Il n'y a ici que des femmes; tous les adorateurs du Seigneur Krishna sont ses épouses. »

Mirai Bai n'est pas la seule qui ait professé cette croyance bizarre; de nombreux vaishnavas la partagent, du moins avec quelques restrictions, et leur attitude religieuse consiste à affecter la condition féminine. Les adeptes masculins de certaines de leurs sectes s'adressent les uns aux autres en se donnant le titre de « sœurs ».

Il m'a été rapporté que certains autres vont jusqu'à se vêtir d'habits féminins et je ne puis pas douter que le rapport soit véridique, car les disciples de Râmakrishna relatent la même chose à son sujet. Dans un livre de date récente (15) Swâmi Nikhilânanda écrit :

« Tandis qu'il adorait Râmbâla (16) comme l'enfant divin, le cœur de Râmakrishna fut rempli de tendresse maternelle et il en vint à se considérer comme étant une femme. Ses paroles et ses manières changèrent. Il imaginait qu'il était une gôpi (17) de Brindaban. Sur sa

(15) « *Râmakrishna prophet of New India* » by Nikhilânanda (HARPER, *New York* 1948).
(16) *Alias* Râmlala, voir p. 34.
(17) Voir p. 102.

demande, Mathur lui procura des vêtements et des bijoux de femme. »

Hariprasad chez qui j'allais être conduite par le Révérend J... serait-il donc vêtu d'un sâri, comme une femme? Je m'apprêtais déjà à l'épreuve de le regarder sans rire, mais l'aimable missionnaire dissipa mes craintes.

– Non, me dit-il; Hariprasad ne se déguise pas en femme, seulement il donne à son costume masculin une touche d'élégance et de raffinement qui le féminise. D'ailleurs, vous verrez...

Le jour était venu où j'allais « voir ».

Naturellement, Hariprasad ignorait les révélations qui m'avaient été faites quant à son attitude mystique. Je désirais, lui avait-on dit, connaître son opinion quant à la damnation inévitable et perpétuelle de certains *jîvas*, comme enseignée par Madhwa.

Je fus aimablement accueillie par un homme aux proportions de bel athlète, drapé dans une étoffe rayée de soie blanche. Il portait les cheveux longs, artistiquement disposés en un chignon dans lequel une touffe de jasmin était piquée; quelques autres fleurs blanches apparaissaient derrière une de ses oreilles, il avait les pieds nus dans des babouches de satin rouge, ornées de broderies de fil d'or. Plusieurs colliers en pierres précieuses s'étalaient sur sa poitrine et des bagues de grand prix brillaient à ses doigts minces. Il était violemment parfumé.

D'ailleurs, toute la maison embaumait. Un mélange d'odeurs de jasmin et d'encens rendait l'atmosphère presque suffocante. Toutes les pièces que je pouvais apercevoir étaient luxueusement garnies de divans couverts d'étoffes de soie; des plantes fleuries, disposées les unes contre les autres, donnaient l'illusion de parterres dans un jardin. De nombreux lustres de cristal pendaient des poutres coloriées du plafond; des glaces et de nombreux miroirs couvraient les murs.

Ce décor inattendu me laissait quelque peu ahurie. Le moyen de parler, dans cette sorte de paradis, des pauvres jîvas irrémédiablement confinés dans les enfers... Il le fallait pourtant, c'était là l'objet de ma visite. Mais aux premiers mots que je prononçai, Hariprasad se récria. Qui pouvait imaginer une telle horreur! On interprétait faussement le sens de la doctrine de Madhwa, jamais l'idée d'une chose aussi atroce ne lui serait venue. Hari (Vishnou) était tout amour, il regardait tous les êtres avec une bienveillance infinie et, tôt ou tard, il les accueillerait tous dans la béatitude de sa demeure...

Il eût été inconvenant de maintenir et d'essayer de prouver, textes à l'appui, que Madhwa avait bien énoncé cette sinistre doctrine, en présence de cet homme paré comme une idole, qui, à chacun de ses mouvements, libérait des effluves suaves émanant des draperies soyeuses qui l'enveloppaient, et dont les mains s'entouraient de la lumière multicolore des gemmes passées à ses doigts.

L'on alluma des lampes et, immédiatement, toutes les glaces, les miroirs à facettes, les pendeloques en cristal des lustres et les bijoux portés par Hariprasad se mirent à scintiller d'extravagante façon, troublant la vue comme les parfums violents qui saturaient l'air troublaient l'odorat.

Puis, d'une autre pièce invisible, nous parvinrent des mélopées langoureuses célébrant l'amour de Krishna. Ce devait être l'heure du culte vespéral dans l'oratoire de la maison.

Hariprasad, qui jusque-là avait soutenu la conversation très lucidement, se tut soudain. Sa figure prit une expression extatique et, après quelques instants d'immobilité complète, il se leva lentement et se mit à danser.

Sa danse ne ressemblait en rien aux gesticulations frénétiques auxquelles j'avais vu certains vaishnavas se livrer. Ses gestes demeuraient mesurés et harmonieux. Bien loin d'être grotesque, son grand corps souple de bel athlète se ployait avec grâce tandis qu'il enroulait et déroulait successivement les amples draperies de soie blanches qui l'enveloppaient.

La passion amoureuse qu'il mimait ne décelait aucun sentiment bassement lascif, mais seulement une exaltation mystique tendant éperdument à une union spirituelle avec un bien-aimé de rêve.

Comment Hariprasad conciliait-il son rôle d'amante de Krishna avec l'accomplissement normal de ses devoirs de mari? Ce problème m'intriguait un peu et je le proposai discrètement au Révérend J... dans la voiture qui allait me déposer chez moi.

– La femme du pandit est elle-même une grande dévote de Krishna, me répondit le missionnaire. Elle aussi doit le considérer comme son amant.

Le Révérend J... n'avait jamais vu la dame, qui vivait selon la règle stricte du *purdah*, mais Mrs. J... la connaissait et c'était d'elle qu'il tenait ces renseignements.

Quoi qu'il en pût être, la bizarrerie de leurs sentiments religieux ne paraissait pas avoir gêné les époux dans leur vie conjugale : trois fils robustes, nés de leur mariage, en témoignaient.

***

Il va sans dire que je suis allée à Brindaban. J'y suis même allée plusieurs fois.

Je ne m'attendais évidemment pas à trouver, à Brindaban, la forêt où Krishna est dit avoir vécu ses aventures amoureuses, je tenais seulement à voir ce que ses adorateurs avaient fait de ce site sacré pour eux. Là, comme ailleurs, les fidèles n'avaient pas su respecter le caractère original de la légende sur laquelle leur foi repose. A Brindaban comme à Mouttra – l'ancienne Mathoura – rien ne rappelait les lieux champêtres où les *gôpis* s'ébattaient parmi leurs troupeaux. Des temples, de grands temples que l'on devinait richement dotés, étaient dédiés à Krishna sous ses divers titres; à la naïve idylle, un tantinet grivoise, un sacerdotalisme guindé avait succédé.

Hors des périodes de pèlerinage, ces localités sont peu fréquentées et l'atmosphère psychique particulière, dans laquelle baignent nombre de lieux sacrés de l'Inde, m'y parut, sinon totalement absente, du moins très ténue.

Pourtant, en se promenant à la tombée du soir sur le quai dallé qui, à Mouttra, longe la Jumna (18), il était difficile de rester insensible à la poésie mystique du décor.

Sur les escaliers de marbre descendant vers la rivière, des hommes étroitement enroulés dans un drap blanc demeuraient assis immobiles, en méditation. La forme d'un torse nu, rigide, surmonté d'une chevelure noire embroussaillée, s'entrevoyait vaguement dans quelques-uns des pavillons, aux murs ajourés, surplombant la Jumna, y décelant la présence d'un ascète isolé.

Rien ne bougeait, sauf d'énormes tortues familières qui se bousculaient, allongeant la tête hors de l'eau, mendiant de la nourriture dès que s'entendait le faible bruit du glissement, sur les dalles, des pieds nus d'un passant.

Un silence, un calme infinis enveloppaient les objets environnants et semblaient s'étendre, au-delà d'eux, sur l'univers tout entier.

Des fidèles apparaissaient comme des ombres furtives, disposaient des cordons de lampes allumées le long des escaliers, illuminaient faiblement les pavillons où les yoguins veillaient, puis disparaissaient soudainement, comme ils étaient venus.

(18) Anciennement dénommée Jamuna.

En quels rêves ces hommes immobiles s'abîmaient-ils?... Dans les brumes légères qui montaient de l'eau sombre, peut-être voyaient-ils Krishna leur sourire et entendaient-ils l'appel de sa flûte enjôleuse?

Cédant à l'ambiance, je m'assis sur l'un des gradins, le regard fixé sur la rivière sacrée; mais, au lieu de Krishna dispensateur de rêves, je vis surgir l'image austère de Shiva, impitoyable destructeur des mirages et des mondes, qui ne sont que mirages. Machinalement, j'élevai mes mains, les paumes jointes en un salut rituel hindou et murmurai la formule consacrée : *Namo Shivayé*! (Hommage à Shiva.) Quelqu'un, qui m'avait sans doute entendue, remua près de moi et je me hâtai de m'éloigner, car il peut être dangereux de saluer Shiva devant certains fanatiques adorateurs de Vishnou, ignorants de ce que les différents dieux ne sont que des aspects de l'Etre inconcevable... ou de leur imagination, comme l'enseignent les sages de leur pays. La proximité de la Jumna léchant insidieusement le bas des escaliers du quai invitait à la prudence une étrangère solitaire.

Lors de ma première visite au pays de Krishna, on me montra diverses reliques datant de l'enfance de ce héros divin, entre autres son *berceau*. La crédulité des dévots est pareille en tous pays; inutile de rappeler les reliques invraisemblables qui sont vénérées en Occident, tout le monde les connaît.

Je ne vis pas grand-chose du berceau, il était recouvert de multiples housses; autant qu'on pouvait l'imaginer, l'objet qu'elles cachaient devait être un petit meuble en bois.

Dans une chapelle où je fus admise, le gardien qui me conduisait me fit remarquer une petite balançoire de la taille d'un jouet, en cuivre doré, placée sur une table garnie de fleurs. Elle avait la forme d'une nacelle pourvue d'un siège comme les véritables balançoires que nous suspendons dans les jardins à l'usage des enfants; sur le siège était placée une minuscule idole représentant le jeune Krishna. Une mince cordelette attachée à la nacelle permettait de la faire osciller pour amuser bébé Krishna que l'on jugeait, probablement, prendre plaisir à ce jeu.

Avant que le brahmine sacristain ait eu le temps de m'en empêcher, je tirai légèrement la ficelle et Krishna se balança. Mon guide eut un sursaut, marquant son inquiétude, et s'empressa de m'escorter au-dehors.

L'on trouve souvent ces petites balançoires dans les oratoires privés des adorateurs de Krishna et le jour de la *Janam Ahstami,* qui est la Noël des vaishnavas des sectes krishnaïtes, l'enfant Krishna (Bâl Krishna) dans sa balançoire, figure sur l'autel décoré de fleurs et de feuillage de *tulsi* (une espèce de basilic). En plus des rites habituels avec lesquels les dieux sont adorés, les dévots balancent alors la petite idole.

Je fus un jour invitée par les soldats d'un détachement stationné dans les Himâlayas, qui célébraient la *Janam Ahstami* par diverses réjouissances. Il y eut plusieurs concours sportifs, du genre de ceux importés par les Anglais, que les Indiens ont adoptés avec enthousiasme. Puis, tandis que la demi-douzaine de fonctionnaires britanniques présents et leurs femmes étaient conduits à un buffet préparé pour eux, un officier indigène me fit discrètement signe de le suivre et m'emmena dans une partie séparée des baraquements, servant de temple primitif. Cette faveur m'était accordée parce que je vivais à l'écart, ne me mêlant point aux quelques familles étrangères que les fonctions de leur chef avaient exilées dans ces montagnes, et parce que les bavardages de mes domestiques me dépeignaient comme étant végétarienne et ne buvant pas de boissons alcoolisées.

Mais, mieux que cela, le brahmine qui célébrait le culte pour les soldats m'avait plusieurs fois surprise lisant des textes sanscrits ou assise en méditation dans les bois voisins et en avait probablement conclu que je n'étais pas une étrangère « comme les autres ». Enfin, et je crois volontiers que ce dernier fait devait avoir eu le plus de poids sur l'opinion que le brahmine *pûjari* (19) avait conçue de mes titres à approcher des dieux, je lui avais fréquemment offert de petits cadeaux.

Dans le temple rustique – une bicoque en planches – un autel improvisé supportait un petit trône en cuivre doré réservé à l'idole principale et, un peu de côté, la mignonne balançoire de Bâl Krishna.

Quand j'entrai, m'étant préalablement déchaussée, plusieurs soldats entouraient l'autel et l'un deux tirait la ficelle de la balançoire d'un air recueilli. Le contraste entre ce grand, robuste gaillard, au teint sombre, et le jeu puéril auquel il se livrait ne laissait pas que d'être comique, mais ses camarades, qui le regardaient, ne s'en apercevaient nullement. Eux aussi, après lui, berceraient sans doute le Divin Enfant et leur esprit, généralement occupé de soucis très vulgaires, goûterait quelques instants la joie du ravissement mystique.

Oh! Inde absurde et merveilleuse!...

Je ne pouvais mieux répondre à la courtoisie que l'on me témoignait qu'en montrant moi-même quelque déférence envers le Krishna minuscule qui siégeait sur sa balançoire. Je lui fis donc la révérence, une belle révérence de cour, comme on m'avait appris à les faire dans mon pensionnat vieux style. Puis, avec gravité, j'étendis la main vers la ficelle que le soldat m'abandonna et, pendant une minute, je balançai *Bâl Krishna*...

(19) Qui célèbre les cérémonies en l'honneur des dieux : les *pûjas*.

Temps aimables où il pouvait y avoir de la douceur dans les relations entre les Indiens et ceux des étrangers qui savaient les comprendre... Temps à jamais révolus, je le crains.

Au cours de quarante années, j'ai graduellement vu s'accentuer les sentiments de xénophobie, non seulement dans l'Inde, mais partout en Asie.

Lors de ma seconde visite au pays de Krishna, l'accès des temples était devenu strictement interdit. L'on ne me montra plus le berceau de l'Enfant Divin, ni sa petite balançoire...

J'aurai, dans ce livre ou dans un autre, l'occasion de revenir sur des faits analogues, je ne m'y arrêterai donc pas pour le moment. Je relaterai seulement un incident qui marqua une de mes visites à Mouttra : il me paraît propre à montrer les sentiments qui prévalaient dans l'Inde dès avant la seconde guerre mondiale.

Une dame américaine d'origine juive m'avait rejointe, tandis que je séjournais dans la région, et demandé de la conduire à Mouttra.

Elle avait noué sur son chapeau un foulard de soie jaune qui accentuait le caractère vraiment oriental de sa physionomie; le lama Yongden et moi portions des robes chinoises.

Comme nous remontions en voiture pour nous en aller, des gens qui nous suivaient, intrigués par notre apparence exotique nous demandèrent : « De quel pays êtes-vous? »

Le lama qui aime à plaisanter leur cria : « Nous sommes japonais. »

L'effet de ses paroles fut immédiat et inattendu. Les assistants jetèrent de la menue monnaie aux vendeurs de fleurs assis près du temple, s'emparèrent des fleurs destinées à Krishna-Vishnou et les lancèrent à poignées dans notre voiture en poussant des exclamations enthousiastes.

Les sentiments qui existaient alors sont loin d'être morts. Les Japonais, longtemps vainqueurs des Blancs pendant la dernière guerre, ont été écrasés par un engin nouveau mais non pas réellement vaincus, pensent nombre d'Asiatiques, dans l'Inde comme ailleurs. Ils ont montré un exemple qui n'est pas oublié, qui ne s'oubliera pas... Il est bon que nous le sachions.

CHAPITRE VI

# FAMINE. – ÉPIDÉMIES. – SUPERSTITIONS.

Je suis assise dans un petit pavillon qui domine la Narbada encaissée entre des falaises de rocs blancs. J'ai fait une courte promenade en bateau, au fond de la gorge étroite, et regardé les nombreux nids d'abeilles accrochés aux rochers. Les bateliers n'ont pas manqué de me prévenir que fumer ou faire du bruit irrite les abeilles et les porte à se jeter par milliers sur ceux qui troublent leur quiétude. Une inscription, peinte sur les rochers, avertit d'ailleurs les voyageurs du danger qu'ils courent et la preuve de celui-ci leur est fournie par une stèle, commémorant la mort d'un ingénieur anglais qui s'est noyé à cet endroit en tentant d'échapper aux abeilles furieuses qui l'avaient attaqué.

J'ai aussi vu une cascade et les restes d'un temple qui, d'après certaines statues mutilées, paraît avoir été consacré à un culte tantrique. Et puis... je me suis assise à l'ombre et j'ai fait signifier au gardien d'un bungalow voisin, réservé aux voyageurs, que j'y demeurerais pendant quelques jours.

Nous sommes en plein été, ce n'est pas la saison que les touristes choisissent pour se promener dans l'Inde et je puis compter que nul ne troublera ma solitude.

La chaleur est torride mais ce n'est pas elle qui m'accable... Je viens d'effectuer un voyage dantesque parmi des scènes de cauchemar, à travers une région infernale.

Je suis venue chercher l'Inde des méditations sereines, l'Inde des sages anachorètes vivant dans l'ombre fraîche et parfumée des forêts, et j'ai rencontré l'Inde desséchée, brûlante, tragique de la famine.

Pendant des jours, les trains que j'ai pris ont roulé sur des plaines dont la terre calcinée ne montrait, aussi loin que la vue pouvait s'étendre, aucune trace de verdure. De-ci de-là, autour des villages, les arbres dénudés, allongeant des branches racornies et grotesquement contournées, avaient pris l'aspect de personnages démoniaques, à la fois malfaisants et torturés.

A chaque arrêt du convoi, à travers la poussière soulevée par des brises pareilles à l'haleine d'une fournaise, j'entrevoyais des groupes plus ou moins nombreux se pressant contre les barrières, quémandant de la nourriture, tous avec le même geste primitif : se tapant le ventre, portant la main à leur bouche.

Et quels groupes!... des squelettes vêtus d'une peau brune devenue trop large, qui pendait en plis au ventre, aux genoux et sur la poitrine, en bourses flasques, ridées, ballottantes qui avaient été des seins.

Certains enfants, dont les os paraissaient près de trouer la chair, étaient tout abdomen. Leur petit corps ratatiné ne présentait que ce ventre absurdement proéminent, qui leur donnait l'apparence caricaturale de gnomes.

Quelqu'un qui *savait* me dit : « Ils mangent de la terre! »

Eux aussi, les pauvres gosses, tapaient sur leur ventre monstrueux, ouvraient la bouche, implorant de quoi manger. Jusqu'aux tout-petits portés par leurs mères, qui imitaient gauchement le geste misérable de désigner leur estomac vide, tous, presque silencieusement, manifestaient la faim qui les tenaillait... Presque silencieusement... peut-être n'avaient-ils plus la force de crier. L'idée m'en venait en voyant la lenteur de leurs mouvements, la difficulté évidente que certains avaient à se tenir debout, les mains agrippées à la barrière. Et leurs yeux!... Leurs yeux anormalement dilatés chez les uns, et qui avaient de la peine à demeurer ouverts chez les autres. Quand on les avait vus, on ne pouvait oublier ces regards de désespérés, ils vous poursuivaient inexorablement... et malgré les raisonnements que je pouvais logiquement échafauder pour me disculper, un obscur et tenace sentiment de culpabilité m'étreignait chaque fois que je prenais un repas.

Le train se remettait en marche, des voyageurs avaient distribué les provisions de route qu'ils emportaient, d'autres avaient jeté à la volée de la menue monnaie. Geste de commisération qui montrait la bonté de ceux qui l'avaient fait, mais geste inutile. Les affamés étaient une centaine contre la barrière aux petites haltes, des milliers autour des grandes gares et l'on en comptait des millions sur toute l'étendue des territoires où la famine régnait.

Ce que j'avais pu voir du train, je l'avais aussi vu le long des routes parcourues en *tonga* (1). De petits groupes isolés, des familles, clamaient leur requête sur mon passage, se tapaient sur le ventre ou sur la bouche, les enfants poursuivaient mon véhicule en courant... quand ils pouvaient encore courir. Et puis, je distançais ces misérables vagabonds pour en trouver d'autres plus loin, tout pareils aux précédents, les hommes chargés de quelques hardes minables, les femmes portant les bébés.

(1) *Tonga* : un petit véhicule à deux roues dans lequel on s'asseoit en tailleur, jambes croisées, à même le plancher couvert d'un mince matelas. Un petit dais abrite le voyageur.

Où allaient-ils?... Généralement vers les villes, surtout vers les grandes villes, où ils croyaient que l'on distribuait des vivres. Ou bien, ayant entendu parler de l'un ou l'autre des camps installés d'urgence pour y héberger les affamés, ils s'efforçaient de l'atteindre.

Il advenait que l'entrée des villes leur fût interdite; ils s'entassaient alors dans la campagne environnante et, même si on leur y distribuait du riz, la quantité n'en était pas suffisante pour les rassasier tous et ceux qui mouraient lentement d'inanition étaient nombreux.

Les mendiants qui avaient réussi à s'introduire dans les villes n'étaient guère plus heureux; j'en vis étendus dans les rues près d'expirer, et en fait, des charrettes passaient quotidiennement qui ramassaient les cadavres que l'on allait brûler en dehors des quartiers habités. Ceux qui pouvaient encore se traîner, les mères surtout, portant de pauvres bébés déjà presque insensibles, s'arrêtaient devant les boutiques où l'on débitait des aliments. Parfois, mais très rarement, l'homme debout près de son fourneau lui jetait une *ehopatti* (sorte de galette) ou un fruit. Les plus jeunes enfants s'arrêtaient longuement devant des piles de *mitaïes* (pâtisseries) ou de fruits, ils restaient là perdus dans une douloureuse extase jusqu'à ce qu'on les chassât brutalement. Leurs frères plus âgés se contentaient souvent de jeter des regards de convoitise sur les étalages ou, tout au plus, d'élever une plainte timide en montrant leur ventre, ils avaient déjà compris qu'ils n'avaient rien à espérer et ils se hâtaient de se remettre à la suite de leurs parents, mais beaucoup étaient orphelins. Parfois, leurs parents étaient morts au cours de longs voyages ou bien les enfants, en s'écartant pour mendier, avaient perdu la trace de leur famille avec qui ils s'étaient mis en route.

Des secours?... Les seuls secours quelque peu efficaces étaient ceux fournis par certaines associations religieuses hindoues ou musulmanes et par des missions chrétiennes, mais surtout par le gouvernement britannique. Toutefois, les affamés étaient beaucoup trop nombreux pour que ces diverses œuvres charitables puissent satisfaire les besoins de tous.

Quelques chiffres empruntés à des rapports officiels donneront une idée de l'ampleur que prennent les famines dans l'Inde.

Pendant la famine de 1896-97 des secours en nourriture furent distribués à 4 250 000 nécessiteux.

En 1899-1900 des secours furent distribués à 6 500 000 affamés.

Je n'ai pas de chiffres exacts concernant les famines de 1907-1908 et de 1919-1921. Dans un discours prononcé à Calcutta, le pandit Nehru estima à 3 millions le nombre des affamés qui périrent pendant la grande famine du Bengale en 1943. En 1946, tandis que je résidais à Calcutta, on y ramassait journellement dans les rues les cadavres de réfugiés morts d'inanition, qui n'avaient point trouvé de place dans les camps de secours organisés à leur intention, ou qui refusaient de s'y rendre, obéissant à l'une ou l'autre des superstitions qui les dominaient.

En 1950, plus de 6 millions d'Indiens souffrirent de la famine dans les districts de Chittour, d'Arcot, de Chinglepout, de Salem, de Coïmbatour et de Ramned.

Une nouvelle famine était prévue pour 1951 (2).

La famine, de même que le choléra, est endémique dans l'Inde, elle s'y manifeste, plus ou moins fortement, tantôt ici tantôt là, mais jamais ne cesse de faire des victimes et lorsque la calamité prend des proportions dont les chiffres cités ci-dessus

(2) Elle avait désolé le Bihar et s'étendait à la région de Madras au moment où ce livre paraissait.

peuvent donner une idée, il n'existe aucun moyen d'en conjurer complètement les effets.

Lorsqu'il nous est dit que des secours ont été distribués à tant ou tant de millions d'individus, ces chiffres ne nous renseignent pas sur le nombre, sans doute encore bien plus grand, de ceux qui, pour une raison ou pour une autre, n'ont pas bénéficié de secours.

Les chiffres officiels peuvent aussi être basés sur la quantité de grain ou de riz allouée pour être distribuée, et qui, théoriquement, doit constituer un nombre donné de rations. Mais il faut n'avoir jamais vécu en Orient pour croire que les faits réels correspondent à de tels calculs. Qu'il s'agisse de l'Inde, de la Chine ou d'un autre pays, la quantité de vivres, qui demeure entre les mains de la longue file d'agents de rangs divers chargés de la manutention, tend toujours à excéder celle des vivres réellement distribués. Il ne manque pas de gens qui se sont enrichis au cours des famines en Asie (3).

Cette sorte de gens, est-elle totalement inconnue en Occident?... Qui oserait l'assurer?

Il faut aussi tenir compte des obstacles que les individus à secourir élèvent eux-mêmes, et qui entravent les efforts, faits dans leur intérêt. Dans l'Inde, la question des castes joue un grand rôle à ce sujet.

Tandis que j'étais à Bénarès, au cours d'une famine, un pandit me témoigna sa réprobation concernant une cuisine, ouverte par une mission chrétienne, dans laquelle on distribuait journellement un repas aux pauvres.

– Ces étrangers, disait le pandit, nous veulent du mal. Ils profitent de la misère de nos villageois pour les induire à manger tous ensemble du riz cuit par n'importe qui. Ceux qui auront apaisé leur faim avec cet aliment impur seront souillés et déchus de leur caste. Les missionnaires ne se font pas faute de

(3) Voir Chapitre XI.

leur rappeler cyniquement : « Eh bien! qu'en est-il de ta caste maintenant? » leur disent-ils. Ils l'ont dit à une brahmine qui avait mangé chez eux avec son jeune fils. Pourquoi ne distribuent-ils pas du riz cru?

La raison, je la connaissais. Le réfugié, étranger à la ville, sans bagage, sans gîte, n'avait ni endroit où il pouvait faire cuire son riz, ni aucun ustensile de cuisine pour l'y bouillir. Sachant l'embarras dans lequel il se trouvait, des individus sans scrupules le guettaient, ils lui proposaient, en échange du riz cru qu'il venait de recevoir, une bolée de soupe aqueuse qui n'était guère que de l'eau dans laquelle du riz avait été bouilli. Le pauvre hère, torturé par un long jeûne et pressé de se mettre quelque chose dans l'estomac, acceptait et le gredin emportait le riz.

Bien d'autres stratagèmes malhonnêtes étaient pratiqués pour frustrer les affamés, généralement des campagnards, arrivés à la ville rompus de fatigue après un long voyage pédestre et dépaysés dans un environnement tout nouveau pour eux.

Ailleurs, se dressait l'obstination stupide de ceux qui ne voulaient pas essayer de changer leur régime alimentaire. Ils étaient mangeurs de riz, certains, me disait-on, n'avaient jamais vu un grain de blé ou d'orge et ils refusaient d'en faire des bouillies. Nul des leurs, déclaraient-ils, n'avait jamais mangé de ces grains singuliers, peut-être en les leur donnant voulait-on les faire mourir. Des rumeurs circulaient en effet : dans les camps de secours, disait-on, on distribuait des aliments empoisonnés. La mortalité considérable qui s'y produisait parmi les malheureux, qui y arrivaient exténués, prêtait une apparence de vérité à cette fable.

J'ai entendu accuser les Anglais d'avoir causé les famines, bien que l'Inde en ait connu avant qu'ils s'y soient établis. L'administration britannique, disaient certains, encourage et même impose la culture de la jute et du coton aux dépens de celle du riz et des céréales. A cela d'autres ajoutaient que les grands propriétaires terriens indiens, eux aussi, se souciaient souvent beaucoup plus des cultures d'un intérêt commercial profitable que des besoins de leurs compatriotes.

Il ne m'appartient pas de discuter des questions de ce genre et, quoi qu'il ait pu en être dans le passé, les récriminations seraient dénuées de sens aujourd'hui. L'Inde est devenue maîtresse de ses destinées, c'est à son gouvernement qu'il appartient de prendre les mesures nécessaires pour éviter le retour des épouvantables famines dont j'ai été le témoin horrifié.

Des irrigations dans certaines parties du pays, des drainages dans d'autres – m'ont déclaré des experts en la matière – peuvent accroître dans des proportions considérables l'étendue des terres fertiles. Cela semble tout à fait probable.

Il ressort aussi de nouvelles récentes, que le gouvernement procède à des répartitions de grain entre les régions où il abonde et celles qui en manquent. Des réserves seraient aussi accumulées pour parer aux effets des récoltes déficitaires.

La constitution de réserves de grain n'est pas une innovation dans l'Inde, elle est mentionnée dans des textes très anciens; quant à la répartition qui, par décret officiel, fait exporter des grains d'une région à une autre, elle présente plus de nouveauté. Comment les paysans indiens l'accueilleront-elle? Il est à craindre qu'ils ne se rebellent. Des gens qui appréhendent la famine se résolvent difficilement à se démunir des stocks capables d'assurer leur subsistance pendant une période de détresse. Certains de mes amis brahmines et propriétaires terriens m'ont expliqué leur indignation au sujet des collectes de grain qu'ils considèrent comme une spoliation.

Des émeutes ont déjà eu lieu à ce propos.

Vers le milieu de mai 1949, à Souwana près de Jeypour, quinze personnes furent tuées quand la police tira sur une foule de paysans qui avaient attaqué des fonctionnaires de la collecte du grain.

La région où ce fait se produisit est précisément une de celles que je parcourus à l'époque d'une terrible famine. Le souvenir de celle-ci et celui d'autres famines qui l'ont suivie doit peser fortement sur l'esprit de la population; des faits tels que celui que je viens de citer en apportent la preuve, comme ils font aussi pressentir la possibilité de troubles plus sérieux.

Il est vraisemblable que des techniciens agronomes, s'ils sont soutenus par la bonne volonté des paysans, pourront accroître dans des proportions notables la quantité de riz, de céréales et de plantes alimentaires à mettre à la disposition de la population. Celle-ci est estimée, actuellement, à 317696000(4). Toutefois, si elle continue à augmenter démesurément, si, comme certains le prévoient, les Indiens doivent être 1700 millions à la fin de ce siècle, peut-on espérer que le rendement des récoltes augmentera dans la même proportion?

Déjà de nos jours, beaucoup déclarent que les Indiens sont trop nombreux pour pouvoir se nourrir suffisamment avec le produit de leur sol. Si, disent-ils, des épidémies répétées n'opéraient pas de larges coupes parmi eux, les famines seraient encore plus fréquentes.

Quoi qu'il en soit, il est évident qu'un grand nombre d'Indiens des classes populaires sont sous-alimentés de façon permanente.

(4) D'après les statistiques de 1950.

Le remède, c'est celui qui s'impose à tous les pays si l'on veut éviter que les hommes en viennent à recommencer encore et encore les tueries dénommées guerres, dont le motif dissimulé mais véritable est la lutte pour l'existence, c'est-à-dire, en dernier ressort, pour la nourriture; le remède, c'est la diminution du nombre d'hommes qui ont à vivre sur la terre ou, tout au moins, c'est le frein mis à leur multiplication.

Restreignant ce raisonnement à la mesure de leur conduite personnelle, nombre d'Occidentaux clairvoyants ont compris le danger qui existe à procréer plus d'enfants qu'ils ne sont capables d'en élever dans des conditions de bien-être matériel et moral satisfaisant.

Chinois et Indiens ont fait la même remarque et, chez eux, nuls préjugés religieux ou autres ne s'opposent à la réduction volontaire des naissances.

Dans l'Inde, j'ai été frappée par la franchise complète avec laquelle s'affirme la volonté de ne point procréer contre son gré. Tandis qu'en Occident les appareils destinés à servir ce dessein se vendent plus ou moins discrètement, il était curieux de noter que, dans une grande ville comme Calcutta, l'on voyait aux vitrines des boutiquiers des écriteaux annonçant « articles en caoutchouc ». Dans une rue transversale aboutissant à Dhurumtollah, j'en ai compté une douzaine. Le libellé était souvent en anglais : *rubber goods* et cela amenait à penser que ces articles avaient été manufacturés en Angleterre. Pour le bénéfice des masses indigènes qui ne savent pas lire l'anglais, certains commerçants avaient ingénument traduit, en hindi : « Articles d'Angleterre ».

Il ne faudrait pas déduire de ce fait que les Indiens sont redevables aux Anglais de l'*idée* de la procréation volontaire. Bien longtemps avant que les Anglais existassent, quelque mille ans avant notre ère, les Maîtres qui instruisaient les jeunes brahmines leur indiquaient, au terme de leur période d'étude, les procédés qui leur permettraient d'obtenir le genre de postérité qu'ils souhaiteraient; procédés bizarres d'ailleurs, qui relèvent plutôt de la magie que de la physiologie. Dans cet ordre d'idée, qu'il s'agisse de graves relations conjugales ou de frivoles jeux érotiques, les inventions de l'esprit indien nous laissent stupéfaits.

Ses études terminées, le jeune brahmine se mariait, car le mariage est obligatoire pour les Indiens. Dès lors, s'il avait bien compris les instructions qui lui avaient été communiquées à cet effet, il ne dépendait que de lui d'avoir un fils « au teint clair, doué d'une longue vie », ou bien un fils « intelligent, éloquent qui deviendrait célèbre » ou, s'il le préférait : une fille « à l'esprit vif, instruite » etc., et, ultime leçon, le Maître ne manquait pas d'apprendre au futur époux le moyen d'empêcher la conception (5).

Si j'ose me permettre cette réflexion, il semble qu'à ce sujet, les Indiens modernes placent plus de foi dans les « articles d'Angleterre » que dans la science de leurs anciens et très sévères sages.

*
**

Râm! Râm!... Dans la nuit, des gens passent sur la route, clamant le nom divin; les torches qu'ils portent font courir une lueur parmi le feuillage des arbres du jardin. Râm! Râm! Les voix s'éloignent, mais d'autres déjà s'entendent faiblement, se rapprochant. Râm! Râm!... Ce sont des morts que l'on

(5) Extrait du Brihadaranyaka Oupanishad, une des plus anciennes Oupanishads. D'après les orientalistes occidentaux, celles-ci datent du VIIe siècle avant Jésus-Christ environ. Mais les Indiens leur assignent une antiquité bien plus reculée, qui les porterait entre 1 000 et 1 500 ans avant Jésus-Christ. Il existe un nombre considérable d'Oupanishads, comme il a existé beaucoup d'évangiles en dehors des quatre généralement connus. Certaines Oupanishads tardives se placent vers le Ve et le VIe siècles de notre ère.

emporte aux champs de crémation sur la rive du Gange.

Voilà, je suis réveillée. Il en est ainsi chaque nuit; pourrai-je me rendormir? C'est douteux, la chaleur – 40 degrés centigrades dans ma chambre – m'en empêchera. J'étouffe sous ma moustiquaire et, si je la relevais, les quelques moustiques qui subsistent chez moi m'en empêcheraient. Il faut qu'ils soient bien tenaces ces moustiques, pour supporter l'affreuse odeur de phénol dans laquelle baigne mon petit appartement. Je me suis accoutumée à cette atmosphère d'hôpital, mais elle n'a rien d'agréable.

Le pandit qui vient chaque matin lire avec moi des textes sanscrits s'en trouve incommodé.

– Comment pouvez-vous aimer cette puanteur? me demande-t-il.

– Je ne l'aime certes pas. C'est une précaution hygiénique.

Tous les jours, mon boy lave les dalles des chambres avec de l'eau additionnée de désinfectant et il en verse un peu dans les jarres où se trouve l'eau qui sert à ma toilette. La prudence s'impose pendant une épidémie combinée de peste et de choléra aussi forte que celle que nous subissons.

Mon pandit hausse les épaules d'un air méprisant.

– Les Etrangers sont absurdes, déclare-t-il. La peste, le choléra sont apportés par l'air.

Inutile de lui parler de contagion par les microbes, j'ai tenté de le faire, il m'a ri au nez. « Les Etrangers sont stupides de croire pareilles fables », réplique-t-il. Piquée par l'air de supériorité qu'il prenait, j'ai rétorqué :

– Tout stupides qu'ils soient, par l'effet des précautions qu'ils prennent, il n'y a guère de morts parmi eux; ici à Bénarès, jusqu'à présent il n'y en a pas eu un seul tandis que les Indiens meurent par milliers.

« Râm! Râm!... Vous les entendez allant porter au

Gange les cadavres des leurs et toute la journée, toute la nuit ces funèbres processions se succèdent...

Il faut savoir tenir sa langue. Le pandit me jeta un regard fielleux.

– Qui dit que les Etrangers ne soufflent pas le mauvais air de notre côté pour nous faire mourir? marmotta-t-il entre ses dents.

En Orient, il est dangereux d'éveiller de pareilles idées, elles sont susceptibles de conséquences fâcheuses. Je voulus en détourner l'esprit de mon interlocuteur.

– Je vais vous raconter, repris-je, ce qui s'est passé à Tunis, en Afrique, un pays où les Français gouvernent :

« Un chargement de crin provenant du Proche-Orient avait été livré à un fabricant de meubles qui devait s'en servir pour rembourrer des chaises, des canapés, des matelas, etc.

« Or, la peste sévissait dans le pays d'où le crin provenait, des rats s'étaient logés dans les balles de ce crin. Bref, des cas de peste se déclarèrent parmi les ouvriers qui avaient manipulé le crin et parmi ceux qu'ils fréquentaient. L'enquête, qui fut immédiatement ouverte, révéla la provenance du crin et le danger qu'il faisait courir aux habitants de la ville. Les malades furent transportés dans un fort isolé, où des médecins et des infirmières s'enfermèrent avec eux. Des sentinelles gardaient les issues et empêchaient tout contact avec le dehors.

« Quant aux ateliers remplis de meubles où le crin se trouvait entreposé, la municipalité y fit mettre le feu, il n'en resta que des cendres.

« Au lieu que la maladie s'étendît et fît des centaines de victimes, on n'eut à déplorer que trois morts sur une population de plus de deux cent mille habitants (6). L'initiative rapidement prise par les autorités locales avait sauvé la ville.

(6) C'était environ le chiffre de la population de Tunis à cette époque.

Le pandit m'avait écoutée avec attention.

– Que c'est injuste! s'exclama-t-il quand j'eus achevé mon récit. Ces Français sont encore pires que les Anglais. Détruire des marchandises utiles qui représentaient une grosse somme d'argent, quelle stupidité, quelle méchanceté! Nous nous révolterions si on osait faire pareille chose chez nous!...

C'était, en effet, ce qui aurait pu arriver et c'est probablement « ce qui pourrait arriver » à propos de maintes mesures et réformes bienfaisantes, ce qui explique que les Anglais ont si faiblement contribué à éclairer les masses indiennes et à détruire leurs préjugés et leurs coutumes néfastes.

Livrés à eux-mêmes, les gouvernants indiens seront-ils plus hardis? Ceux qui parmi eux sont des savants, des hommes de progrès, et il n'en manque point, parviendront-ils « sans que rien n'arrive » à guider la multitude de leurs ignorants compatriotes hors de leurs voies routinières? C'est douteux. Ce ne sont pas seulement des communistes qui peuplent les prisons de l'Inde. Il y a peu de temps, un Indien très orthodoxe et très dévot me confiait qu'environ cinq mille personnes avaient été emprisonnées pour de pieuses révoltes contre des décrets opposés aux coutumes établies ou aux prescriptions religieuses de l'hindouisme.

***

Râm! Râm!... Ce chantonnement accompagnant le défilé des cadavres ne cessait ni de nuit ni de jour, le long de tous les chemins conduisant à un champ de crémation, et ces champs avaient été multipliés non seulement sur les rives du Gange mais aussi dans les campagnes. Et il en était de même sur une étendue de territoire grande comme plusieurs Etats de notre petite Europe.

Plusieurs de mes amis m'avaient écrit en me conseillant de m'en aller. Ils ne se rendaient pas compte que dans mon appartement quotidiennement désinfecté, servie par des domestiques désinfectés eux aussi, lorsqu'ils rentraient de la ville, je courais beaucoup moins de risques que dans les trains que j'aurais dû prendre pour m'en aller, et dans les hôtels où j'aurais dû m'arrêter en cours de route, car il fallait aller loin pour sortir de la zone infestée.

Je sortais peu, mais assez pourtant pour observer la conduite des Indiens, surtout celle des pauvres dont la vie s'écoule en grande partie au-dehors. Et ces pauvres ne pouvaient pas imaginer que l'on pût brûler, avec les morts, les vêtements qu'ils portaient ou le lit sur lequel ils avaient expiré. C'étaient des choses coûteuses dont les vivants pouvaient faire bon usage. Aussi, dans le *sâri* ou le *dhoti* (7) devenu inutile au mort enroulé nu dans un vieux drap servant de linceul, une femme ou un homme de sa famille s'enveloppait immédiatement. Le cadavre venait à peine d'être enlevé de son lit que quelqu'un s'y étendait. Des familles entières disparaissaient en quelques jours et d'autres s'installaient immédiatement à leur place pour être plus à l'aise que dans leur logis surpeuplé.

La contagion, nul n'y croyait dans le bas peuple. Comment ces misérables auraient-ils pu être instruits des causes de la propagation du fléau, mon pandit, un brahmine lettré, professeur et appartenant à cette classe sociale que nous appelons chez nous la bourgeoisie, ne proclamait-il pas : « Les microbes sont pure invention de ces stupides et malfaisants Etrangers, le choléra, la peste provien-

(7) *Sâri* : longue pièce d'étoffe dans laquelle les femmes se drapent et qui leur sert de vêtement de dessus.
*Dhoti* : une pièce d'étoffe que les hommes serrent à leur ceinture et passent entre leurs jambes en guise de pantalon.

nent de l'air! » Sans doute, dans son for intérieur pensait-il en plus : les fléaux qui s'abattent sur les humains sont l'œuvre des démons ou des dieux. D'autres que lui, en Occident, ont entretenu des croyances analogues... les entretiennent encore.

⁂

Râm! Râm!... ouvre dans un autre monde un bienheureux asile à ceux dont les membres noircissent et se recroquevillent dans les flammes des bûchers.

Voir incinérer un cadavre est un spectacle que peu d'Occidentaux ont contemplé. Les fours crématoires de nos cités dérobent à la vue des familles, les contorsions auxquelles se livre le défunt avant d'être consumé. En Orient, au contraire, et tout spécialement à Bénarès, c'est là un tableau quotidien et banal qui n'émeut aucun des passants.

A part quelques yoguins enduits de cendres et coiffés de leur tignasse embroussaillée comme d'un volumineux turban, dont on trouve toujours quelques exemplaires assis en contemplation à proximité des bûchers ou de parents venus accompagner un mort, les gens traversent le *ghât* (8) funèbre avec une complète indifférence, sans jamais s'arrêter pour donner un coup d'œil aux ultimes gesticulations des bras et des jambes qui, vivants, ont été actifs pour le travail ou pour le plaisir, sans que le bruit sec des crânes qui éclatent, les amènent à se demander quelles pensées ont pu engendrer et nourrir les cervelles qui s'en échappent et s'écoulent bouillantes comme du lait répandu.

Les solides gaillards préposés au service de la crémation, qui travaillent le torse nu, un court *doti* couvrant le haut de leurs cuisses, contribuent à

(8) *Ghât* : quai.

donner à leur opération macabre un vague et banal air de cuisine. Armés de longues gaules, ils tournent et retournent dans le feu les morceaux déjà disjoints des corps, le bassin surtout dont les os résistent les derniers.

Souvent, les familles pauvres n'ont pas les moyens d'acheter une quantité de bois suffisante pour amener une prompte et complète combustion. Alors, quoi ? Il faut pousser dans le Gange les restes à demi carbonisés.

Du reste, en période d'épidémie plus qu'en tout autre temps, il faut se hâter. Couchés sur des civières, enveloppés dans un linceul, les pieds ou la moitié du corps baignant dans le fleuve sacré pour assurer leur salut, d'autres « clients » attendent leur tour. Actuellement, ils font « queue ».

Tout près d'eux, écartant parfois une civière, des hommes nus, à part un minuscule cache-sexe, fouillent avec les mains dans la vase, s'aventurent dans l'eau plus profonde, y plongent parfois, toujours fouillant et examinant les poignées de vase qu'ils retirent. Ces misérables cherchent de menus morceaux des bijoux qu'on a laissés aux corps des défunts riches et qui se sont mêlés aux cendres et aux débris d'ossements qui ont été jetés au fleuve.

Jadis, de l'or, des perles et d'autres substances précieuses étaient placés sur les bûchers des grands personnages ou des morts très riches. La part de reliques du bûcher du Bouddha – fragments de bois et d'os calcinés – qui fut renfermée dans le *stûpa* de Kousinara et découverte dans les temps modernes par le service archéologique britannique dans l'Inde, contenait de ces perles minuscules que nous dénommons « semences ». Il s'en trouve dans la quantité infinitésimale de ces reliques que j'ai obtenue sur place à l'époque de leur découverte (9).

(9) Je ne veux pas laisser mes lecteurs sur l'impression que je vénère des reliques. Cela serait en contradiction formelle avec l'enseignement du Bouddha. Un sage est grand par les idées qu'il a exprimées; ses os sont composés de la même matière que ceux de tous les mammifères et n'ont rien de particulièrement vénérable.

De nos jours, le nombre de gens disposés à laisser se perdre, avec les morts, des objets de valeur, se fait de plus en plus petit. Les parias qui fouillaient dans la vase au pied du *ghât* de crémation, ne paraissent pas s'enrichir.

Ce n'est pas uniquement aux cadavres qu'est réservé le rite ultime d'un bain partiel dans une rivière sacrée; des mourants encore conscients le subissent parfois et il est jugé comme étant plus efficace pour leur félicité *post mortem* qu'il ne l'est s'il s'agit d'un corps dont l'esprit s'est déjà séparé. La croyance que mourir en étant à demi immergé dans le Gange ou dans une autre rivière sacrée (10) assure au défunt l'entrée dans un paradis, est une des plus terribles superstitions hindoues. Elle induit certains dévots à arracher leurs parents du lit où ils agonisent pour les transporter sur le bord d'une rivière et à les y plonger dans l'eau ou bien, en attendant ce dernier rite, à les laisser couchés à proximité du champ de crémation où bientôt leur bûcher sera dressé.

J'ai vu de ces malheureux abandonnés là pour mourir et dont les regards montraient une pleine lucidité, une entière conscience de leur situation. Je sais que les Orientaux n'éprouvent pas en face de la mort l'effroi que ressentent la plupart des Occidentaux, n'empêche...

Il y a peut-être beaucoup de résignés, beaucoup qui se soumettent volontairement à la pratique sinistre parce qu'ils partagent la superstition de leurs bourreaux, mais il y en a, aussi, qui se révoltent et dont on n'écoute pas les protestations.

De plus de poids que mon témoignage sera celui que j'emprunte à un Indien qui portait un nom qu'un des siens, le poète Rabindranath, devait ren-

(10) Voir le récit de ma visite à Pashupatinath dans : *Au cœur des Himâlayas. Le Népal.*

dre célèbre. Voici ce que relate dans son autobiographie Devendranath Tagore, qui a été glorifié par le titre de Mahârshi (grand Sage) :

« Alors que ma grand-mère était sur son lit de mort, mon père était absent, s'étant rendu à Allahabad. Le médecin vint déclarer que la malade ne devait pas être gardée plus longtemps dans la maison. On emporta donc ma grand-mère au-dehors afin de l'emmener au bord du Gange. Mais la grand-mère voulait encore vivre; elle ne voulait pas aller au Gange. « Si mon fils Dwarkanath avait « été à la maison, il n'aurait jamais permis que vous « m'emportiez hors de la maison » disait-elle. Mais on ne l'écoutait pas et on l'emporta au bord de la rivière. Là elle dit encore : « Puisque vous m'avez « amenée au Gange contre ma volonté, je vous « donnerai beaucoup d'ennui. Je ne mourrai pas « tout de suite. »

« Elle fut déposée sous un hangar couvert par un toit en tuiles, sur le bord du Gange, et là elle vécut encore pendant trois jours et trois nuits...

« Au lever du jour elle était à ses derniers moments. On la porta alors au milieu du Gange et tous clamaient bruyamment les noms de Ganga, Narayan (11) et Brahmâ. A la fin, elle expira (12). »

Des Indiens qui paraissaient être dignes de foi m'ont assuré qu'en certains cas, quand le malade ne se décidait pas à mourir, ses pieux parents l'étouffaient en lui enfonçant dans la bouche de la boue sacrée du Gange ou d'une autre rivière sainte. Ceux de qui je tiens ces informations protestaient que l'intention formelle de ceux qui agissaient de la

(11) *Ganga*, le Gange est considéré comme une déesse; *Narayan* est le dieu *Vishnou*.

(12) Autobiographie du Mahârshi Devendranath Tagore, traduite de l'original bengali, en anglais, par Satyendranath Tagore. La traduction française est mienne.

sorte n'était pas, précisément, de tuer le mourant. Ils voulaient seulement l'aider à mourir pieusement.

Il est aussi à noter qu'une autre superstition s'oppose à ce qu'un malade, qui a été conduit au bord d'une rivière pour y mourir, soit rapporté chez lui s'il ne meurt pas, et qu'il reprenne sa vie normale s'il guérit. Dans ce cas il devrait se retirer ailleurs et vivre seul, en ascète, abandonnant tout ce qu'il possède à ses fils.

De telles coutumes semblent être plus ou moins tombées en désuétude. Je dis : « Plus ou moins... » et l'avenir peut nous réserver maintes surprises quant au sort des superstitions hindoues.

Incinérer les morts est la coutume générale dans l'Inde et il faut en féliciter les Indiens car c'est là une mesure capable d'atténuer, dans une mesure si faible que ce soit, les effets des épidémies fréquentes.

Toutefois, exception est faite pour les *sannyâsins* (ascètes) (13) qui sont enterrés et, généralement, enterrés en posture de méditation les jambes croisées. Exception aussi pour les tout jeunes enfants qui peuvent être jetés dans une rivière. Et, troisièmement – exception singulière – pour ceux qui, plus que tous autres devraient être incinérés : pour les lépreux et autres gens atteints de maladies analogues.

Je me rappelle l'étonnement et le dégoût que me causa la vue du cadavre déjà mutilé et le ventre ouvert, d'un tout jeune bébé dont un chien dévorait tranquillement les entrailles. Le flot avait poussé le petit corps contre la rive, ou peut-être n'avait-on pas pris la peine de l'immerger au milieu du fleuve, et il était là, collé dans la vase parmi la foule des baigneurs procédant à leurs ablutions rituelles. Tout à côté de lui, des adorateurs en esquissant des

(13) Voir chapitre IX.

*moudras* (14) répandaient, en offrande à la sainte Mère-Gange, des jasmins et des soucis qui flottaient sur l'eau pendant un moment puis s'y enfonçaient, allant ajouter au lit de pourriture végétale et animale qui, mêlée au limon du fleuve, en rend, aux eaux basses, les rives visqueuses et malodorantes.

Cette lugubre rencontre avait eu lieu, lors de ma première visite à Bénarès, bien des années avant le temps de la grande épidémie que je décris.

Mais j'en avais fait d'autres plus tard, dont la suivante : je remontais le Gange en barque, me rendant au temple de Dakshineshwar. Nous avancions lentement à la perche le long de la rive, ayant le courant contre nous. Je regardais les baigneurs, les femmes astiquant leurs pots de cuivre sur la rive, et, tout à coup, j'aperçus une chose étroite et longue qu'un chien tirait à lui. Comme j'hésitais à nommer ce que je croyais reconnaître, mon boy me sortit d'incertitude en déclarant tranquillement : « C'est un homme. »

C'était vraiment un cadavre : un cadavre devenu rose, de ce rose violacé qui rappelait la couleur de certaines poupées dont le corps est en peau. La tête était méconnaissable, les lèvres qui avaient été rongées laissaient les dents à nu. Comme nous approchions de l'épave macabre, je remarquai que ses pieds étaient liés ensemble; malgré son séjour dans l'eau la chair paraissait être dure, car le chien avait de la peine à l'entamer, il tirait de toutes ses forces sur les membres, soulevait tour à tour les jambes ou les bras, traînait le corps dans la vase et ne paraissait pas manger grand-chose.

Nous n'étions pas à Bénarès, mais dans le voisinage de Calcutta et il y est défendu de jeter des cadavres dans les fleuves... Mais, après tout, ces pieds attachés ensemble donnaient à réfléchir : l'homme était peut-être vivant quand il avait été précipité dans l'eau quelque part, qui pouvait savoir

(14) *Moudras*, gestes symboliques.

où, peut-être très loin en amont du lieu où le courant l'avait fait échouer? Qui se soucie de ces choses dans l'Inde aux foules innombrables?

En revenant du temple, comme la marée descendait, nous avions pris le milieu du fleuve, il suffisait de se laisser filer avec le courant. Passant à distance, devant l'endroit où nous avions vu le mort, mon boy me dit : « Il est déjà fini ». En effet, à la place de la sinistre poupée rose, on n'apercevait plus qu'un tas grouillant de vautours. Ils avaient chassé le chien et je les vis qui s'envolaient : la place était nette.

A mesure que les années s'écoulaient, de telles rencontres devenaient de plus en plus rares dans la proximité des grands centres. A Bénarès même, le Gange ne charriait plus guère que des chiens crevés et leur nombre n'était pas considérable. Les égouts de la ville, qui se déversaient dans l'eau sainte du fleuve, et les détritus humains, qu'y précipitaient les préposés aux crémations, suffisaient à rendre cette eau suspecte. Mais les Indiens pensaient autrement. Triomphalement, ils déclaraient : « L'eau du Gange demeure toujours pure, rien ne peut la contaminer, des analyses ont été faites, elles ont démontré que l'eau du Gange ne contient aucun microbe. » A quoi des étrangers, méchantes langues, ripostaient en disant entre eux : « L'eau du Gange est si sale que les microbes eux-mêmes ne peuvent y vivre. »

Cependant, c'était là une de ces reparties qu'il convenait de ne pas proférer devant les indigènes.

*
**

Peste et choléra allaient toujours leur train. Râm!... Râm!... les morts continuaient à défiler nuit et jour devant le jardin qui entourait mon pavillon et je continuais à y étouffer dans la chaleur et les senteurs peu suaves du phénol.

Une école située dans ce même jardin n'avait pas cru devoir licencier ses élèves; il s'agissait de fillettes. Elles n'étaient pas plus en danger dans leurs classes que chez elles. Pourtant, à quelques jours d'intervalle, deux d'entre elles arrivées le matin, semblant en bonne santé, s'affaissèrent soudain et moururent en moins d'une heure dans l'école même, avant qu'il fût midi.

La curiosité me poussait parfois jusqu'au quai de la crémation, c'était une façon de me renseigner sur l'intensité de l'épidémie ou sur son déclin. Et puis les attitudes pittoresques des « spectateurs » m'intéressaient. *Yoguins* convaincus ou imposteurs, tous étaient bien propres à tenter le pinceau d'un peintre. Je ne suis point peintre et je me bornais à m'asseoir quelques fois près de l'un d'eux, essayant de le faire causer.

« Pourquoi donc contemplez-vous avec tant d'attention ces corps qui se transforment en cendre? disais-je. Le spectacle de la destruction n'est-il pas continuel, présent partout, en tout? Vous pouvez le voir dans chaque brin d'herbe, dans chaque caillou si vous en êtes capable. »

Certains hochaient la tête d'un air approbatif, d'autres se fâchaient, criaient des injures, et n'eût été la foule qui grouillait sur les quais, je n'aurais peut-être pas été très en sûreté.

Des stèles naïves, de petits monuments hauts de cinquante centimètres donnent aussi à rêver sur ce *ghât* funèbre. Ils rappellent que ce ne sont pas seulement des morts qui y ont été brûlés, mais que des femmes vivantes ont été couchées là, sur le bûcher de leur défunt époux. Les stèles montrent, grossièrement sculptée, l'image d'un homme et d'une femme debout l'un près de l'autre, elles sont d'ancienne date... La sinistre superstition dont elles commémorent les effets tragiques est-elle bien définitivement morte?...

Les Anglais sont partis, qui avaient édicté des lois punissant les meurtres rituels... A-t-on lieu d'être parfaitement rassuré pour l'avenir?... Faudrait-il en douter?...

La « poésie » de ce genre de suicide n'a pas cessé de hanter les cerveaux de certains intellectuels indiens. A propos d'un tableau intitulé *Satî* (15), représentant une veuve agenouillée parmi les flammes d'un bûcher, une femme éminente, poète et militante de la lutte pour l'indépendance de l'Inde : Sarojini Naidu, a écrit :

Life of my life. Death's bitter sword
Hath severed us like a broken word
Rent us in twain, who are but one...
Shall the flesh survive when the soul is [gone (16)...

(Vie de ma vie, le glaive amer de la mort Nous a désunis comme un mot brisé. A déchiré en deux ce qui n'est qu'un... La chair survivra-t-elle quand l'âme sera partie...)

Au sujet de ce même tableau, un artiste et intellectuel très distingué : Coomaraswamy (mort en 1947), a exprimé son opinion comme suit :

« L'idéal qui trouve son expression dans *satî* a été si mal compris et si mal interprété que quelques mots d'explications peuvent être utiles. La coutume de *satî* rendue obligatoire en tant que loi sociale serait infiniment injuste et mauvaise, cela va de soi. Elle ne peut s'appliquer qu'à des cas exceptionnels, dans des conditions particulières. C'est un idéal qui attire plutôt les femmes que les hommes.

« C'est ainsi qu'en dépit de notre civilisation et

(15) *Satî* est le nom de l'épouse de Shiva dans une des légendes relatées dans les *Pouranas* (ancienne histoire des déités). Shiva ayant été offensé, Satî meurt de la douleur qu'elle ressent de l'insulte faite à son bien-aimé mari. D'après une des versions de cette légende, Satî mourut de la façon suivante : elle se retira à l'écart, pratiqua une méditation yoguique particulière qui engendra du feu dans le corps du yoguin et ce feu la consuma. De là vient que, par extension, le nom de Satî a été donné aux veuves qui témoignent leur amour pour leur époux en se brûlant vives pour ne pas lui survivre.

Le tableau en question avait été exhibé dans une exposition des beaux-arts où je l'ai vu. Il appartenait, alors, à M. Samarendro Nath Tagore. J'en ai une reproduction chez moi.

(16) Extrait de *The Golden Threshold* (le Seuil d'Or).

de notre bon sens, l'Infini élève des protestations contre les revendications du fini...

« Certains peuvent supposer que dans l'Inde, *satî* en est venue à être considérée comme une coutume barbare et cruelle du temps passé. Il est possible que les Indiens ne soient point capables de continuer à la supporter, mais ils ne la considèrent pas, néanmoins, avec horreur. Les familles qui peuvent nommer une de leurs ancêtres qui est devenue *satî* sont fières de leur descendance héroïque et, du moins au Bengale, beaucoup de femmes – peut-être la plupart des femmes – chérissent cet idéal et souhaiteraient qu'il puisse encore être réalisé...

« Le tableau incarne la tragédie éternelle de l'amour, qui est la vie même pour une femme et une partie seulement de la vie pour un homme. L'expression ultime de ce fait réel choque les sentiments de quiétude et de confort d'une bourgeoisie prospère. Nous avons perdu la foi qui rendait de telles choses possibles. Sommes-nous plus grands ou moindres parce que nous ne pouvons plus supporter la pensée d'un tel amour, ou bien un tel amour existe-t-il encore?... »

Comme référence, je donne, ci-dessous, le texte original anglais (17).

(17) The ideal that finds expression in satî has been so misunderstood and misrepresented that some word of explanation may be useful. That *satî* as a social custom enforced by men would be infinitely wrong is very obvious. This, however, can only have been the case under exceptional and special conditions. It is an ideal upheld rather by women than by men. It is thus that the Infinite, despite our civilisation and common sense, makes recurring protest against the claims of the finite...

Some may suppose that *satî* has come to be regarded in India as a barberic and cruel custom of the past. It may be indeed that the moderns could not endure its continuance, but they do not therefore think of it with horror. Families who can point to ancestors who « became *satî* » are proud of such heroic descent and in Bengal at least, many, perhaps most women cherish this ideal and wish that it could still be realised...

... the picture embodies the eternal tragedy of love that is life itself to a woman and only part of life to a man. The ultimate expression of this real thing in human psychology cuts across all the quiet and comfortable sentiment of a prosperous bourgeoisie. We have lost the faith that made such things possible. Are we greater, or less, because we cannot bear the thought of love like that?... or is there still, perhaps, such love?...

Beaucoup de veuves indiennes regrettent de ne pouvoir se brûler avec la dépouille de leur mari, nous dit Coomaraswamy. Je doute fortement qu'il y en ait *beaucoup,* mais que l'idée de cet atroce suicide hante encore les cerveaux malades de certaines malheureuses, voilà ce qu'il m'est impossible de nier.

Je tiens le récit suivant d'un avocat indien appartenant à l'une des hautes castes brahmines (18) : feu S.C. Mookerjee, un militant du parti qui luttait pour l'indépendance de l'Inde.

« Mon beau-frère, me disait-il, était mourant. Ma sœur, très agitée, ne faisait qu'aller et venir, entrant de minute en minute dans la chambre de son mari pour voir quel était son état.

« Le malade expira, tandis que je me trouvais auprès de lui avec quelques personnes. Ma sœur sortit précipitamment. Comme elle n'avait cessé d'entrer et de sortir, aucun de nous ne fit attention à elle. Soudain une vive lueur s'éleva de la cour, j'y courus; ma sœur brûlait comme une torche. Elle avait renversé sur elle le contenu d'un bidon de pétrole et mis le feu à ses vêtements. On jeta des couvertures sur elle; je fus grièvement brûlé en étouffant les flammes, mais celles-ci avaient déjà trop profondément détruit la chair en différentes places pour que les blessures puissent guérir. Ma sœur mourut.

« Je ne savais comment apprendre cette terrible nouvelle à notre vieille mère, je craignais qu'elle n'en reçoive un choc fatal. Enfin, je la pris dans mes bras, posai ma tête sur sa poitrine et tout doucement lui racontai ce qui était arrivé. A ma grande stupéfaction, ma mère me repoussa brusquement, se leva toute droite en s'écriant joyeusement : « je suis heureuse, ma fille ne sera pas veuve!... »

(18) Les étrangers ignorent généralement que les castes contiennent des degrés hiérarchiques. Tous les brahmines n'occupent pas le même rang social. Il en est de même dans les autres castes.

Tout commentaire est superflu, l'état d'esprit de ces deux femmes apparaît clairement. Il me suffira de remarquer que la mère, qui se réjouissait de ce que sa fille fût devenue *satî*, n'avait pas jugé cette conduite convenable pour elle. Elle était veuve. Des considérations de famille, ses enfants, avaient pu la détourner de ce sacrifice.

Saturer ses vêtements de pétrole et y mettre le feu est d'ailleurs, tout horrible qu'il soit, un mode de suicide qu'adoptent volontiers celles des Indiennes qui, pour une raison ou une autre, veulent quitter notre monde.

Quant à *satî*, j'en ai dit assez pour faire comprendre que le souvenir auréolé de sentimentalité morbide de cette coutume sauvage hante encore dangereusement l'esprit de certains Indiens. Deux exemples pris dans les classes populaires compléteront ce bref exposé.

Un homme venait d'être incinéré dans un village à la frontière indo-népalaise, le défunt était célibataire. Je demandai à une paysanne, sa voisine : « S'il avait été marié, est-ce que sa femme aurait été brûlée avec lui? » Et j'ajoutai : « Cela ne se fait plus maintenant, n'est-ce pas; c'est défendu?... »

– Oui, c'est défendu... répondit vaguement la femme, mais pourtant si la veuve a des parents dévoués, ils peuvent l'aider...

Le cas s'était produit, à quelque temps de là, dans un village indien. Une veuve y avait « de son plein gré », disait-on, exprimé sa volonté de se brûler avec le corps de son mari. Au vu et au su de tout le monde, elle avait suivi le cortège funèbre, était montée sur le bûcher, et, à deux reprises, avait demandé du *ghî* pour le répandre sur elle (19). Puis,

(19) Le *Ghî* est du beurre fondu, les Indiens l'emploient pour faire la cuisine. Dans les sacrifices d'origine védique, du *ghî* est versé dans le feu comme oblation. Ici, la victime songeait peut-être à lui faire jouer le rôle du pétrole que d'autres *satî* versent sur elles.

des parents « dévoués » avaient mis le feu au tas de bois. Circonstance bizarre, l'agent de police stationné dans le village assistait au sacrifice. Que celui-ci ait été volontaire ou non, la justice anglaise n'admettait pas qu'on l'eût laissé s'accomplir, et elle avait sévi contre les trop « dévoués » parents de la victime (20).

Détournons-nous de ces spectacles qui, quoiqu'en puissent penser certains Indiens, nous remplissent d'horreur et souhaitons que les Indiens, s'étant libérés du joug politique de l'étranger, se libèrent aussi du joug, plus pesant et plus néfaste, des anciennes superstitions qui s'attardent encore parmi eux.

De nombreux mois s'étaient écoulés pendant le nouveau séjour que j'avais fait à Bénarès. Obéissant à l'une de ces mystérieuses invites qui dirigent mes mouvements, je quittai la ville et, quelques jours plus tard, je chevauchais une fois de plus à travers les forêts des Himâlayas, retournant vers le Tibet.

(20) J'ai mentionné succinctement ces deux épisodes dans mon livre : *Au cœur des Himâlayas.*

## CHAPITRE VII

# SHAKTI, MÈRE UNIVERSELLE. – LA DÉESSE ÉNERGIE, CRÉATRICE DES MONDES. – SES DÉVOTS. – DIFFÉRENTS ASPECTS DE SON CULTE SECRET.

Dominant les innombrables dieux qui, aux dires de ceux qui « savent », représentent les différents aspects du même Dieu ou, plutôt, les différentes manières dont les hommes le conçoivent, se dresse l'image terrible ou ironiquement souriante de la Mère.

La Mère, c'est Dieu au féminin, ce qui est propre à troubler nos notions héréditaires occidentales de Dieu, imaginé comme mâle : le Père.

La Mère est non pas *une* déesse – celles-ci sont légion dans l'Inde, comme le sont les dieux – elle est *la* Déesse à l'absolu : Shakti.

Shakti, son nom l'indique – et ceux qui sont initiés à ses mystères le savent – c'est l'*Energie.* Il n'est point question de demander : l'Energie de qui, de quoi? émanant de quoi? produite comment?... C'est l'inconnaissable cause, à la fois génératrice et destructrice des mondes et des êtres, de la matière et de l'esprit; c'est elle qui existe antérieurement à la formation des atomes et qui demeure après leur dissolution (le *pralaya*).

D'énormes traités contiennent des milliers d'allégories, par le moyen desquelles les penseurs indiens se sont efforcés de faire connaître les théories élaborées à son sujet, ou de les déguiser afin de les soustraire aux profanes.

Citons en passant un de ces contes :

Nârada, le grand sage, est pris de curiosité. Nous adorons les dieux, pense-t-il : Brahmâ – Vishnou – Shiva, mais qui donc les dieux adorent-ils? Rien n'est impossible à Nârada, il va interviewer les dieux. Ceux-ci se montrent réticents. Ils répliquent au questionneur :

« Grand Sage, quel besoin avez-vous de connaître cela? Nous sommes vos dieux et en nous adorant vous atteindrez la plus excellente des conditions d'existence.

« Il n'est nullement nécessaire pour vous de savoir quelle est la déité que, nous-mêmes, nous honorons. D'ailleurs, ô grand Sage, ce que vous demandez à connaître est la plus haute et la plus abstruse des vérités; comment pourrions-nous vous exposer cette « réalité » (1) impossible à révéler? »

Nârada est tenace, il se fait insinuant, flatteur et, finalement, il obtient la réponse qu'il souhaite.

« La déité que nous révérons, ô Sage, c'est l'éternelle racine de la matière, qui est l'Etre lui-même. L'univers entier a été créé par cette grande Déesse; par elle il subsiste, par elle il sera détruit et tant qu'il existe, le monde est dominé par son enchantement.

« Sache, ô Sage, que nous les dieux, nous dépendons de Shakti, que nous n'existons que par elle, qu'elle est la cause de tous les phénomènes, qu'elle revêt toutes les formes comme par jeu.

« C'est par Shakti que Brahmâ est créateur. Vishnou conservateur et Shiva destructeur : ils sont aussi inertes que des cadavres. Seule l'Energie (Shakti) est agissante (2). »

(1) Le terme sanscrit *tattva* est employé ici dans le sens de « réalité en soi ».

(2) D'après le Mahâbhâgavata. La même idée se retrouve dans le Koubjikâ Tantra : « Sans leurs Shaktis les époux (les dieux qui sont symboliquement unis aux Shaktis) ne sont que des corps inertes. » Ou encore, dans le Jnanâtnava : « Shiva sans Shakti est inerte comme un cadavre, sans Shakti il ne peut rien faire. »

Qu'est devenu le riche panthéon indien devant cette déclaration, de forme très orientale, d'athéisme transcendant?...

En termes plus concis, la même déclaration m'a été faite par des védantins contemporains : « Parabrahman (l'Etre en soi au sens panthéiste) n'est rien, m'ont-ils dit, c'est Shakti (l'Energie) qui est tout. »

Nous aurions tort de déduire de ce qui précède que Shakti-Energie est une conception scientifiquement matérialiste. Il n'en est rien. Shakti-Energie serait plutôt une conception mystique. Mais nous pouvons nous dispenser de ratiociner sur ce sujet, puisque nous sommes informés que la nature de Shakti est inconnaissable et que toutes les théories que nous pouvons élaborer à son sujet sont des produits de son activité moqueuse, tissant le voile d'illusions éternellement suspendu devant le Grand Vide (Sûnyâta).

Il va sans dire que cette notion de Shakti, l'Energie personnifiée, est étrangère à la masse des fidèles hindous. Pour ceux-ci, la Déesse est une Dame puissante qui revêt de multiples formes et à qui l'on s'adresse en l'appelant de centaines de noms différents.

A un degré encore inférieur de compréhension, chacune des formes de la Déesse est tenue pour être une Dame particulière.

Qu'il s'exprime d'une façon ou d'une autre, le culte de la Déesse domine tous les autres dans l'Inde.

Dans le cadre de l'orthodoxie très large de l'hindouisme, les fidèles sont, en ce qui concerne le culte, vaishnavas, shivaïtes ou ganopatis (adorateurs de Ganesha, le dieu à la tête d'éléphant, protecteur des érudits et dispensateur de la prospérité). Une des dernières traces de la religion védique subsiste dans le culte du soleil, presque exclusivement pratiqué par les brahmines qui récitent le *mantra* sacré par excellence, dont le sens est expliqué de nombre de façons différentes. Ces explications, du moins celles qui sont tenues pour être les plus profondes, ne sont données que par certains *gourous* à certains disciples reconnus aptes à les comprendre.

Tous les brahmines reçoivent quelques éclaircissements à ce sujet au cours de la cérémonie de *l'oupânyana,* alors qu'on leur remet le cordon insigne de leur caste. Cependant, des brahmines eux-mêmes confessent que les explications qui leur sont données alors sont très rudimentaires (3). Le récipendiaire, un garçon de sept ou huit ans n'est, d'ailleurs, guère apte à les comprendre.

La *gayâtri* qui a pu, originairement, être une formule d'adoration au soleil matériel, le « vivifiant » qui fait croître les moissons et, par là, entretient la vie, a pris, par la suite, un sens mystique et c'est celui-ci qui lui est donné de nos jours.

La traduction la plus courante est :

« Méditons sur la lumière resplendissante de l'Etre vivificateur. Puisse-t-il éclairer notre intelligence (4). »

(3) En passant, j'indiquerai qu'une certaine méditation yoguique sur le soleil est pratiquée au Tibet.

(4) Les paraphrases sont nombreuses, ainsi que les interprétations différentes que les grammairiens peuvent tirer du texte sanscrit. En voici trois, dues à Sâyânâcharya qui les donne dans son commentaire sur le Rig Véda. D'après lui, une des interprétations se rapporte aux brahmines (ou à ceux des deux autres castes pures à qui il est permis de réciter la *gâyatri*). Elle signifie :

« Méditons, comme sur nous-mêmes, sur le resplendissant et omniprésent créateur; cette lumière divine qui détruit l'ignorance et ses effets. Puisse ce soleil éclairer notre entendement. »

Seconde interprétation : « Méditons, comme sur un objet d'adoration, sur la resplendissante lumière de ce soleil que tous désirent. Puisse ce soleil illuminer notre entendement. »

Troisième interprétation : « Puissions-nous obtenir du soleil la nourriture que chacun désire. Puisse ce soleil éclairer notre intelligence. »

Tous les rites religieux hindous comportent obligatoirement aussi l'adoration de neuf planètes : le soleil (Sûrya) déjà mentionné, la lune (Chandra), Mars (Bhûma-suta), Mercure (Budh), Jupiter (Guru), Vénus (Sukra), Saturne (Sani) et les planètes Rahu et Ketu.

De l'eau claire, des fleurs, de l'encens, des pâtisseries sucrées, des simulacres de vêtements et de l'argent leur sont offerts.

Le Gange, considéré comme une déesse, a, depuis une haute antiquité, été vénéré par les Indiens. Voici ce qu'en dit un Indien lettré :

« L'eau du Gange est considérée comme capable de procurer le salut à ceux qui s'y baignent ou, même, la touchent seulement. De nos jours encore, le plus ardent désir de tout hindou est de mourir sur la rive du Gange. Venant de très loin, les os des morts (qui ont été incinérés) sont quotidiennement apportés à Hardwar et à d'autres endroits pour y être jetés (5) dans le fleuve, cela dans la croyance que les défunts seront ainsi pourvus d'une place dans un séjour céleste. Quand un hindou est sur le point de mourir, de l'eau du Gange est versée dans sa gorge (6).

« Il n'existe aucune rivière au monde dont l'eau possède des propriétés aussi salubres. Si un endroit est devenu impur, l'eau du Gange le purifie. Aucune rivière n'a d'aussi puissantes qualités fertilisantes. Les chimistes européens déclarent que c'est la seule eau qui ne permet pas la multiplication des microbes malsains (7). »

Cette dernière affirmation, fondée sur je ne sais quoi, marque un enthousiasme passablement exagé-

(5) Ce qui a été fait pour les cendres de Ghandi.
(6) Voir ce qui a été dit précédemment sur l'immersion dans le Gange, p. 144.
(7) Voir p. 150 ce qui a été dit à ce sujet.

ré. A Bénarès, où l'alimentation de la ville en eau provient du Gange, l'eau est décantée et désinfectée dans un grand établissement spécial comprenant nombre de bassins par lesquels l'eau passe avant d'être distribuée. Mais les « croyants » ne se font pas faute de boire à même le fleuve en prenant leur bain rituel au bas des quais.

Aux déités énumérées ci-dessus, s'en ajoutent d'innombrables autres qui, véritablement, ne sont guère que les précédentes sous des noms différents. Chaque dieu, chaque déesse est adoré sous un nom particulier dans presque chacun des temples qui lui sont dédiés et ce fait entraîne des conséquences bizarres. Les moins intelligents, parmi la plèbe des dévots, ignorent que cette multitude de noms se rapporte à quelques personnalités divines seulement et en viennent à détester férocement le dieu X... s'ils sont adorateurs du dieu Z... sans se douter que X et Z sont le même individu.

Il y a là plus qu'une erreur prêtant à rire. La haine portée au dieu s'étend, naturellement, à ses adorateurs et, si le dieu peut rester impassible quelles que soient les injures qu'on lui adresse, il n'en est pas de même de ses fidèles, quand ils sont victimes de voies de fait.

L'histoire nous fournit plus d'un exemple de procédés cruels employés par les adorateurs de tel dieu pour faire reconnaître la prééminence de celui-ci par les adorateurs d'un autre dieu, les deux déités étant foncièrement le même personnage.

Je ne citerai qu'un cas qui se rapporte à Râmanuja, l'un des philosophes les plus célèbres de l'Inde (né vers 1017) :

« Le roi de la dynastie des Chola, Kulathunga, poussé par les shivaïtes de sa Cour, voulut obtenir de Râmanuja une déclaration publique par laquelle il reconnaîtrait que Shiva est supérieur à Vishnou.

« Râmanuja était vaishnava, c'est-à-dire adorateur de Vishnou. Il était en voyage, quand l'ordre du roi le mandant devant lui parvint à sa résidence; un de ses disciples, nommé Kurathalvan, et son vieux précepteur, Périyanambi, s'offrirent à le remplacer.

« Ils tentèrent d'engager une controverse portant sur les mérites respectifs des deux déités. Une tradition veut que Kurathalvan se permit une plaisanterie en jouant sur un des sens du terme Shiva. On lui demandait de confesser qu'il n'existait rien de supérieur à Shiva (Shiva parataram nasti). Prenant Shiva comme étant le nom d'une mesure en usage à cette époque, Kuruthalvan répliqua qu'une autre mesure de capacité : *dronâ* était supérieure à *Shiva*. Mal lui en prit d'avoir voulu se montrer spirituel, il fut condamné à avoir les yeux arrachés. Son vieux compagnon Périyanambi eut le même sort et les deux aveugles furent jetés sur la route après le supplice. Périyanambi mourut de ses blessures et Kurathalvan, plus robuste, parvint à regagner la ville de Srirangam où il fut recueilli par ses coreligionnaires. »

Il s'agit là d'une très vieille histoire mais, avec des variantes, elle s'est répétée plus d'une fois au cours des siècles.

Dans les temps modernes, il a été commun de voir, à l'occasion des *mélas* (grandes assemblées religieuses) à Hardwar et en d'autres lieux saints, les fidèles des différentes sectes boxant et jouant du bâton avec ardeur en l'honneur de leurs déités respectives. Dans ces bagarres qui mettent aux prises plusieurs centaines d'individus, contusions et fractures ne se comptent pas et il est rare que le bilan de ces pieuses réunions ne présente pas quelques têtes irrémédiablement cassées.

Au-dessus de ces débats concernant la préséance et les mérites des dieux, la Déesse plane sereinement. Nul ne conteste son éminence et son pouvoir et les adorateurs de tous les dieux ne manquent pas de l'adorer aussi, sous l'un ou l'autre de ses multiples noms.

En fait, les hindous – qu'ils soient vaishnavas, shivaïtes ou adorateurs d'autres déités – quelle que soit la secte ou la caste à laquelle ils appartiennent, sont tous au fond du cœur shaktas, c'est-à-dire adorateurs de la Déesse.

Mais il s'en faut qu'il y ait uniformité dans les pratiques rituelles qui constituent son culte et dans les sentiments qu'elle inspire à ses dévots. Un gros livre serait nécessaire pour dépeindre tous les aspects de Shakti et toutes les attitudes spirituelles de ses fidèles. Je ne puis en présenter ici qu'un tableau sommaire.

En plus de son aspect philosophico-scientifique d'Energie que j'ai mentionné au début de ce chapitre, Shakti nous est présentée sous des aspects symboliques à signification ésotérique et des aspects exotériques : ceux qui donnent lieu au culte public.

Voyons d'abord quelques-uns de ces premiers aspects.

Il est dit dans les *Pouranas* (8) qu'en une certaine occasion (9) Shakti apparut à son époux Shiva en dix formes différentes.

Premièrement, elle apparut comme Kâli. Voici la description qui en est donnée :

« Son corps était d'un bleu aussi sombre que le plus sombre des nuages; elle était nue et terrible. Sa longue chevelure noire pendait éparse sur son dos; une ceinture, à laquelle des têtes humaines étaient suspendues, entourait sa taille et une longue guirlande de têtes coupées dont le sang dégouttait, descendait de son cou à ses genoux.

(8) *Pouranas* : livres relatant les anciennes légendes des dieux.

(9) Shiva avait défendu à Shakti d'aller assister au grand sacrifice rituel (*yajna*) que son père Daksha allait célébrer et auquel lui, Shiva, n'avait pas été invité.

« Dans l'une de ses mains gauches elle tenait une autre tête sanglante (la déesse avait quatre bras) et avec son autre main gauche elle brandissait un sabre. De ses deux mains droites elle faisait des signes rassurants promettant protection au monde.

« Sa langue, très rouge, pendait hors de sa bouche ouverte qui laissait voir de grandes dents acérées. Elle avait trois yeux (10). Celui placé au milieu du front brillait d'un éclat aveuglant. »

La seconde apparition fut celle de Tara.

« De couleur bleu foncé et de contenance terrifiante, la langue pendante, les cheveux emmêlés ramassés au sommet de la tête en un chignon attaché avec un serpent, cinq croissants de lune formaient un diadème au-dessus de son front. Elle avait trois yeux et quatre bras. Dans ses quatre mains elle tenait un lotus, un sabre, un poignard et un pot contenant du vin. Une peau de tigre était enroulée autour de ses reins. »

La troisième apparition fut Rajrajeswari :

« De couleur rouge, trois yeux, une lune brillante au-dessus de son front, parée de magnifiques bijoux. Dans ses quatre mains elle tenait un lasso, un aiguillon, un arc et une flèche. Elle était assise sur un trône que Brahmâ, Vishnou, Roudra (Shiva) Eshana et Mahesha supportaient sur leurs têtes. Cette allégorie est expliquée comme signifiant Shakti dominant tous les dieux. »

Quatrième apparition, Bhuvaneshwari :

« De couleur cramoisie, magnifiquement vêtue et

(10) Les images de toutes les déités tantriques possèdent trois yeux. L'œil du milieu du front symbolise la Connaissance.

parée. Deux de ses mains tenaient le lasso et l'aiguillon, les deux autres faisaient des gestes de bénédiction. Elle avait trois yeux et une demi-lune brillante au-dessus du front. »

Cinquième apparition, Bairavi :

« Assise sur un lotus; le visage rouge, richement vêtue et parée, un collier de têtes humaines pendait à son cou, les trois yeux habituels et une demi-lune au-dessus du front. Deux de ses mains tenaient une guirlande de fleurs et un livre, les deux autres encourageaient et bénissaient. »

Et voici la plus terrible des apparitions, Chinnamastha. Elle m'est particulièrement familière parce que, il y a très longtemps, un ascète hindou m'a fait cadeau d'une aquarelle ancienne qui la représente. Ces tableaux sont rares et aucun Indien chef de famille n'oserait en garder un chez lui, car Chinnamastha est la déesse mystique qui détruit tout ce qui appartient à ce monde. Seuls, les *sannyâsins* qui ont renoncé, non seulement à notre monde, mais aussi à tous les autres, y compris les paradis demeures des dieux, suspendent parfois l'image de Chinnamastha au mur de leur chambre. C'est ce que j'ai fait de mon aquarelle pour la soustraire aux regards, car son symbolisme, incompris par les profanes, pourrait leur paraître choquant.

« Chinnamastha est représentée tantôt de couleur écarlate, tantôt d'un gris rougeâtre (comme sur mon aquarelle). Elle est nue, svelte et de formes parfaites. Une guirlande de têtes humaines passée à son cou descend jusqu'à ses genoux. Elle n'a que deux bras. Elle s'est coupé la tête avec le sabre qu'elle brandit encore dans sa main droite, tandis que sa main gauche supporte la tête à longue chevelure noire qu'elle a tranchée. De son cou tronqué jaillissent trois jets de sang qui décrivent une haute courbe, l'un d'eux retombe dans la bouche de la tête – sa propre tête – que la déesse tient en main, les deux autres jets sont bus par deux déités féminines de taille beaucoup plus petite que celle de la déesse : Dakîni et Yoguini, l'une noire, l'autre blanche, qui se tiennent debout des deux côtés d'elle et brandissent des sabres.

« Les trois yeux de la déesse brillent respectivement de l'éclat du soleil, de la lune et du feu (le dieu Agni).

« Chinnamastha se dresse rigide et fière sur un couple en position d'union sexuelle, qu'elle écrase sous ses pieds. Le couple est représenté dans un triangle de couleur sombre, la pointe dirigée vers le bas (indication du caractère tantrique du symbole) et le triangle lui-même est placé au centre d'un lotus blanc épanoui.

« Entre autres significations ésotériques, Chinnamastha symbolise le triomphe sur les instincts animaux et la délivrance de la ronde des morts et des re-naissances répétées : le *samsâra.* »

Septième apparition, *Dhoumavati* :

« Couleur de fumée, hideuse, d'une maigreur qui laisse apparaître son squelette. Elle tient un panier dans lequel on nettoie le grain (un Koula). Elle est dans un char décoré par une bannière sur laquelle est peint un corbeau (la bannière du dieu de la mort). »

Huitième apparition, Bagalamoukhi :

« Elle a le teint jaune, ses vêtements sont jaunes et elle est parée de bijoux en or. Ses trois yeux brillent d'un vif éclat; une demi-lune lui sert de diadème. Elle est assise sur un trône d'or dans une chambre dont les murs sont en or. Des pierres précieuses sont serties dans le trône et dans les murs. »

Neuvième apparition, Mathangi :

« Noire, assise sur un lotus rouge, vêtue d'habits rouges. Elle a les trois yeux habituels et quatre bras. Dans ses mains elle tient un lasso, un aiguillon, un sabre et un bouclier. »

Dixième apparition, Mahâlakshmi :

« Elle est généralement représentée comme une jeune et jolie femme au teint rose, elle est assise sur un lotus rouge. Elle a quatre bras; deux de ses mains tiennent des lotus, des deux autres elle fait des signes encourageants et bénit ses fidèles. Quatre éléphants blancs élevant avec leur trompe des vases dans lesquels des pierres précieuses sont serties, versent l'eau d'immortalité sur la déesse. »

Sous cette forme, Shakti est la déesse de la richesse.

Voilà beaucoup d'iconographie, je m'y suis attardée simplement pour donner à mes lecteurs une idée des images sur lesquelles s'exercent les méditations mystiques des shaktas.

De ces dix formes (les Mahâvidyas), deux seulement sont l'objet d'un culte public : Kâli et Lakshmi (Mahâlakshmi, la grande Lakshmi). Une autre forme de Shakti est adorée comme Saraswati, déesse du savoir, de l'éloquence, patronne des lettrés. Une autre forme encore est Dourgâ la guerrière, exterminatrice des démons, représentée chevauchant un lion, parfois un tigre comme le montre une statuette que je possède.

Toutefois les épisodes des histoires légendaires de Dourgâ et de Kâli sont presque identiques et se rapportent, visiblement, à une même personnalité symbolique. Le culte offert à ces deux déesses, par la masse populaire de leurs dévots, est aussi analogue. Toutes deux prennent plaisir aux sacrifices sanglants.

C'est par milliers que des chèvres sont quotidiennement sacrifiées devant les nombreux autels élevés à Kâli dans l'Inde. Certains temples, comme celui de Kâlighat à Calcutta, sont de véritables abattoirs. Les chèvres y sont amenées par les fidèles et décapitées par un prêtre préposé à cet office. Celui qui a offert la bête peut en emporter le corps et manger la viande chez lui. Des échoppes de bouchers occupent le voisinage du temple; on peut y acheter, au détail, de la viande provenant d'animaux qui ont été sacrifiés. En fait, ceux des hindous orthodoxes qui consomment de la viande ne devraient manger que celle des bêtes qui ont été offertes en sacrifice.

Quant à la déesse, il lui suffit apparemment d'avoir vu ruisseler le sang des victimes et d'en avoir humé l'odeur.

Il ne faut pas croire que les sacrifices ont toujours lieu en présence d'une effigie de Kâli. Une légende, se rapportant à Shakti, épouse de Shiva (11), qui mourut de douleur en voyant son époux publiquement humilié, continue en disant que Shiva releva le corps de Shakti et, l'esprit égaré par l'affliction, erra de par le monde en transportant sur son épaule le cadavre de la bien-aimée. Comme sa marche désordonnée menaçait d'ébranler l'équilibre de l'univers, Vishnou voulut délivrer Shiva de son funèbre fardeau afin de lui faire recouvrer son calme d'esprit. Se tenant derrière Shiva, Vishnou coupa donc en morceaux le corps de la défunte. Ces morceaux tombèrent en différents endroits, suivant le progrès de la marche du dieu.

Ces endroits dénommés *Mahâ pitas* (on en

(11) Dans cette incarnation, elle portait le nom de Satî : voir note p. 152.

compte cinquante-deux dans l'Inde) sont des lieux de pèlerinage, des *tirthas,* dédiés respectivement aux parties du corps de Shakti qui y sont tombées.

A Kâlighat, il est dit que ce sont quatre doigts du pied droit de Shakti qui ont chu. Une imitation de ces doigts de pied est gardée strictement cachée dans le temple, et c'est à elle que les brahmines officiants adressent les rites d'adoration. C'est là un fait peu connu, même des hindous.

Cependant, dans ce même temple, accroché à une stèle, est un autre simulacre tenant la place de la déesse. Ce n'est qu'une tête en or à laquelle quatre mains, également en or, sont attachées. Un rideau dérobe la vue de cet emblème aux visiteurs.

Il en est de même dans tous les temples érigés sur l'emplacement des *Mâha pitas.* A Kamakhya, en Assam, c'est une effigie des parties sexuelles de la déesse qui est vénérée. J'aurai à reparler de ce pèlerinage.

Dans tous ces endroits, le culte comprend des sacrifices sanglants, mais nulle part ceux-ci n'atteignent les proportions qui leur sont données au Népal (12).

Au Népal, un pays himalayen qui s'intitule complaisamment le « Rempart de l'orthodoxie hindoue », le Dasahara, la grande fête en l'honneur de Dourgâ, est l'occasion du massacre de milliers de buffles et des ruisseaux de sang y coulent alors dans les rues des villes (13).

Un rite effroyable, pratiqué au Népal et probablement ailleurs, consiste à asperger de sang l'effigie de la déesse en pressant l'artère carotide de la victime pour en faire jaillir le sang sous pression, comme nous le faisons parfois avec l'eau d'un tuyau d'arrosage. Certains sacrificateurs se vantent de

(12) Observations faites vers 1950.

(13) Voir mon livre, *Au cœur de l'Himâlaya, le Népal* (DESSART éditeur, *Paris*).

pouvoir, de cette façon, faire durer l'agonie d'une victime pendant plus d'une heure.

Les dévots de Kâli-Dourgâ ne se sont pas arrêtés là. L'idée d'offrir à la Mère des victimes plus nobles que des animaux, les hantent. Ils voudraient lui offrir des hommes.

Que ceux qui entretiennent de pareilles pensées soient nombreux à notre époque, j'en doute fortement, mais je ne peux pas nier qu'il en existe.

Un jour, me trouvant dans le sud de l'Inde, un de ces fanatiques me déclara franchement : « Nous sacrifions des chèvres à la Mère, elle préférerait des hommes, mais nous ne pouvons pas lui en donner. Les Anglais le défendent (14). »

Les Anglais sont partis et l'on peut se demander si, malgré la haute intellectualité de la plupart des dirigeants actuels de l'Inde et leur incontestable volonté d'éclairer leurs compatriotes, ils arriveront à toujours empêcher qu'en des coins reculés du vaste territoire qu'ils ont à régir, des individus nourrissant d'aussi affreuses superstitions n'en arrivent à les traduire en actes.

Les sacrifices humains ont d'ailleurs existé chez tous les peuples. Pour nous en tenir à l'Inde, chez certaines tribus aborigènes, des jeunes filles étaient sacrifiées au-dessus d'une fosse afin que leur sang, pénétrant dans la terre, propitie la déesse de la Fertilité et assure des récoltes abondantes.

En ce qui concerne les temps védiques, il y a lieu de croire que le sacrifice de l'homme (purushamedha) a été réellement pratiqué. Les explications, visant à établir que ce sacrifice n'a jamais été que celui du mythologique homme primordial, ne sont pas convaincantes à cet effet.

(14) Nous sommes portés à croire qu'il en est de même du gouvernement de l'Inde indépendante.

Quant à Kâli, elle a engendré la sinistre fraternité criminelle des *thugs.* Ses membres étaient des dévots de la terrible déesse, ils assassinaient en son honneur en étranglant leurs victimes. La suppression de cette secte d'assassins mystiques fut énergiquement entreprise par les autorités britanniques en 1830, mais ce n'est qu'en 1848 que les *thugs* furent entièrement supprimés.

A leur propos, il s'est formé une légende qui m'a été racontée par un Indien. Le narrateur croyait fermement à la réalité des faits qu'il relatait. La voici :

« Au début, les corps des hommes assassinés n'étaient jamais découverts et, ainsi, les assassins échappaient au châtiment. La déesse leur avait formellement enjoint de ne point regarder derrière eux lorsqu'ils s'éloignaient après avoir commis un meurtre.

« Cependant, un jour, un des associés, poussé par la curiosité, se retourna pour voir ce qu'il advenait du corps de la victime. Et ce qu'il vit, ce fut Kâli dévorant le cadavre. Elle disparut aussitôt et, depuis ce temps, elle cessa de remplir son office protecteur. Les corps des assassinés furent trouvés et leur découverte amena celle des criminels, dont la confrérie finit, comme je viens de le dire, par être supprimée. »

Des mœurs analogues existaient dans la secte des kapalikas. Ceux-ci n'étaient pas directement des adorateurs de Kâli. Ils vénéraient Bhairava (celui qui produit l'effroi), une des formes de Shiva, mais ils étaient apparentés au shaktisme (culte de Shakti, la déesse).

Ces fanatiques estimaient que l'offrande la plus agréable à leur dieu était une tête humaine, mais non pas la tête de n'importe quel individu. Il fallait que ce fût celle d'un brahmine et, de préférence, celle d'un brahmine éminent, érudit ou saint. Souvent, les criminels étaient eux-mêmes des brahmines.

On rapporte qu'à l'époque de Shankarâcharya, le plus célèbre des philosophes indiens (15), une fraction de Mahrattes brahmines dénommés Kanadis avait coutume d'attirer des pèlerins hors de leur route sous un prétexte ou sous un autre, puis de les décapiter lorsqu'ils les avaient amenés dans un endroit isolé. Il est dit qu'au cours de ses pérégrinations, Shankarâcharya faillit devenir la victime de l'un d'eux et ne fut sauvé que par l'arrivée inopinée d'un de ses disciples qui tua le Kanadi.

Chose propre à nous étonner, Shakti sous la forme de Kâli, la déesse sanguinaire, inspiratrice de cultes féroces, est considérée par d'autres de ses adorateurs comme une tendre mère et reçoit d'eux un culte d'exaltation sentimentale, analogue à celui qui est voué à Krishna, avec cette différence que Krishna excite des sentiments pareils à ceux que l'on éprouve pour un amant, tandis que ceux des adorateurs de Kâli sont de la nature de l'amour filial. A part cette différence, nous retrouvons chez ces derniers toutes les caractéristiques des cultes vaishnavites, visions, manifestations extravagantes, danses, cris, pleurs, etc., qui ont été décrites précédemment.

Des histoires de visions sont nombreuses. L'une d'elles, dont le philosophe Shankarâcharya est dit avoir été le héros, est contée comme suit :

– Un jour, à Bénarès, se sentant accablé par la fatigue et par la chaleur, il s'était étendu sur les

(15) La date de naissance de Shankara a fait l'objet de beaucoup de discussions. On la fixe généralement entre 788 et 800. Certains ont voulu la placer au VIe siècle, mais ils sont peu suivis.

dalles d'une étroite ruelle en escaliers descendant vers le Gange. Comme il était là, affalé et somnolent, une jeune fille arriva portant sur son épaule une jarre vide qu'elle se disposait à remplir au fleuve. Les jambes de Shankara allongées en travers des escaliers bloquaient le passage. La jeune fille s'arrêta. « Brahmine, dit-elle à Shankara, retirez vos « jambes, je vous prie, je voudrais passer et il ne « convient pas que je passe par-dessus les jambes « d'un brahmine. » – « Oh! n'importe, répondit le « philosophe, je n'ai pas la force de faire un mou- « vement, je n'ai plus aucune énergie (Shakti). »

« Alors, à la place de la jeune fille, Shankara vit la déesse qui s'adressa à lui sévèrement : « Com- « prends-tu, dit-elle, toi qui refuses de m'honorer, « que tu ne peux rien sans moi? » et elle disparut.

« Shankara se leva d'un bond et courut au temple d'Annapurna, proche de là, où il adora la déesse à la grande stupéfaction des fidèles qui s'y trouvaient et connaissaient l'incrédulité du célèbre philosophe. »

Telle est l'histoire fantaisiste qui me fut racontée sur les marches de ce même temple d'Annapurna et l'on me montra, de plus, les escaliers de la ruelle en travers desquels Shankara était étendu lorsque la déesse lui apparut. La foi des âmes simples engendre partout les mêmes aberrations.

Shankâracharya est dit avoir composé sur-le-champ un hymne en l'honneur de la déesse.

O Mère Annapurna (16) dispensatrice du bonheur
Qui prodigue les dons et écarte la peur
O mine de joyaux, de beauté
Qui purifie tes adorateurs de toutes fautes
Qui demeure indestructible même au temps de la [dissolution (17).

(16) Annapurna est le nom de Shakti en tant que déesse des vivres.

(17) « Au temps de la dissolution », c'est-à-dire quand les atomes constituant la matière se dissocient et que seule demeure l'énergie pure. C'est le *pralaya*, la façon dont les Indiens conçoivent la fin des mondes.

Déité tutélaire de Kashi (18).
Vaisseau de miséricorde, accorde-moi ton aide.

L'hymne est long et chacun de ses couplets se termine par « accorde-moi ton aide ».

Des centaines d'hymnes ont été composés en l'honneur de Shakti, adressés sous ses différents noms. Voici des fragments extraits de quelques-uns de ceux-ci :

Dévi, toi qui délivres tes suppliants de la douleur,
Sois propice ô Mère de l'Univers
Sois propice ô Reine du monde
Protège l'univers ô souveraine Maîtresse des choses
[animées et inanimées.

Tu es le seul soutien du monde
Par toi il est tout entier pénétré
Tu es la semence de l'univers
Et tu es l'illusion suprême
Tout cet univers a été ensorcelé par toi
Et quand il te plaît, tu es le salut des hommes
Comment pourrais-je te louer
Quels mots aussi sublimes soient-ils y suffiraient
N'es-tu pas au-dessus de toutes louanges
Toi qui existes comme intelligence dans le cœur de
[tous les êtres.
Mère éternelle, Energie qui crée, maintient et
[détruit
Hommage à toi.

Et celui-ci :

Je ne connais ni les formules ni les gestes rituels
Je ne sais ni comment t'accueillir, ni comment
[exprimer mes plaintes

(18) Kashi est un des noms indiens de la ville que nous appelons Bénarès.

Mais je sais, ô Mère, que te suivre éloigne mes
[peines.
A cause de mon ignorance de tes commande-
[ments
Je n'ai point accompli ce que j'aurais dû faire
D'où ma négligence à célébrer ton culte
Mais ô Mère, libératrice de tous les Etres
Tout doit m'être pardonné
Car un mauvais fils naît parfois, mais jamais une
[mauvaise mère.
O Mère! tu as sur la terre de nombreux fils dignes
[de toi
Mais moi, ton fils, je suis méprisable
Pourtant il ne convient pas que tu m'abandonnes
Car un mauvais fils naît parfois, mais jamais une
[mauvaise mère
O Dourga, notre Souveraine! Océan de miséri-
[corde
Je me souviens de toi quand le danger m'accable
Les enfants qui souffrent de la faim et de la soif
[appellent toujours leur mère.
O Mère du monde il n'est point surprenant que tu
[sois pleine de compassion pour moi
Une mère n'abandonne jamais son fils, même s'il est
[chargé de mille fautes.
Il n'y a pas de plus grand coupable que moi
Il n'y a pas de pouvoir pareil au tien pour effacer
[les fautes
O Mahâdevi, tu as entendu ce que j'avais à te dire
A toi d'agir selon ton bon plaisir.

Ce dernier hymne est aussi attribué à Shankarâcharya, mais on peut douter que son auteur soit le Shankarâcharya, célèbre commentateur du Védanta, à qui sont également attribués les vers suivants révélant une tout autre attitude :

Je ne me prosterne pas devant les dieux
Celui qui est au-delà de tous les dieux ne les salue
[pas.

Shankarâcharya, prenant exemple sur le Sangha (ordre religieux) des bouddhistes, fonda un ordre de *sannyâsins* professant la philosophie Védanta. Tous ceux qui successivement remplissent les fonctions de Chef de l'ordre sont dénommés Shankarâcharya (19), le nom propre du Maître étant devenu un titre. Il s'ensuit que la confusion est facile entre les auteurs des diverses productions littéraires signées Shankarâcharya.

Peu nous importe, d'ailleurs, je n'ai voulu que montrer le côté émotionnel du culte de la terrible déesse. Il y aurait beaucoup à dire à ce sujet; les « fils » attendris de la « Mère » ne perdent guère de vue son caractère âpre d'Energie créatrice des dieux et de ceux qui les adorent, créatrice impassible du mirage du monde et « Dévoratrice des univers, au jour de la dissolution des choses ».

Les récits d'apparitions de Shakti sous l'une ou l'autre de ses formes ne se comptent pas. Dans les temps modernes, Râmakrishna qui voyait Râmbâla (20), voyait aussi Kâli dont on vénérait la statue dans le temple de Dakshineswar où il habitait.

Pendant la nuit, il entendait des pas légers comme ceux d'une fillette montant l'escalier conduisant à l'étage supérieur du temple. Il entendait le cliquetis des anneaux que la mystérieuse promeneuse portait à ses chevilles; la suivant, il la découvrait sur un balcon. « Ses longs cheveux noirs flottaient épars sur son dos et sa forme sombre se dessinait sur le ciel nocturne, elle regardait le Gange coulant devant le temple, ou les lumières de Calcutta au lointain (21). »

(19) Voir p. 255 et 279.
(20) Voir p. 34.
(21) D'après un disciple de Râmakrishna dans : *Râmakrishna, Prophet of New India.*

⁂

Des Occidentaux, hommes et femmes, ont succombé à l'attraction, assez incompréhensible pour nous, du culte dévotieux à la Déesse. J'en ai connu plusieurs et une Américaine a publié, sous le nom de Sœur Nivédita, un petit ouvrage intitulé *Kâli, la Mère.*

C'est un autre aspect du culte de Shakti qui a attiré certains intellectuels occidentaux. Le terme culte est d'ailleurs impropre ici. En réalité, il ne s'agit point de l'adoration d'une déité, mais de pratiques yoguiques-magiques dissimulées sous les apparences de rites religieux. Les buts de celles-ci sont multiples. Certains espèrent obtenir par leur moyen des avantages matériels, d'autres les considèrent comme propres à développer en eux des facultés latentes qui leur conféreront la maîtrise sur la matière, d'autres encore visent l'illumination intellectuelle et spirituelle, produite par une exaltation de l'énergie résidant en nous et le renversement de sa direction, la détournant de la satisfaction des appétits sensuels et se servant d'elle pour engendrer une activité cérébrale supranormale.

Nous abordons, là, le côté occulte du culte de la Déesse tel qu'il est exposé dans divers ouvrages appartenant à la littérature tantrique et nous nous trouvons immédiatement au milieu d'un enchevêtrement quasi inextricable de théories et de rites divergents parmi lesquels il est malaisé de se reconnaître.

Les fidèles du culte secret de la Déesse usent d'une classification des individus qui n'a rien à faire avec les castes classiques de l'hindouisme bien qu'ils tiennent compte de celles-ci dans la vie publique. Leur classification est d'ordre spirituel et ne s'applique qu'à des degrés de qualification pour la participation aux rites et aux différentes formes de ceux-ci que chaque fidèle est respectivement autorisé à pratiquer.

D'après les tantras, il existe trois classes d'individus qui correspondent à différentes dispositions naturelles ou caractères (Bhava). Le degré inférieur est celui de *pashou* (animal), c'est celui auquel appartiennent les individus dont l'intelligence est très médiocre et qui sont dominés par des instincts grossiers. Le *pashou* peut néanmoins être un honnête homme, manifester sa bonté, être, nous pourrions dire, un brave niais. Le degré supérieur à celui de pashou est dénommé *vîra,* il correspond à un caractère « héroïque » (22), dans lequel l'activité et la passion dominent avec une intelligence plus éveillée que celle du pashou. Au degré supérieur se place le *divya,* celui dont la mentalité ressemble à celle des dieux. En lui, les instincts grossiers sont éteints et de brillantes facultés intellectuelles et spirituelles guident sa conduite.

Chacune de ses trois divisions englobe de nombreuses subdivisions et leurs frontières se fondent l'une dans l'autre. Il est rare qu'un individu appartienne complètement à une catégorie. Presque toujours, il y a mélange inégal en lui des éléments appartenant aux catégories voisines.

D'autre part, si *pashou* signifie bien « animal », il peut aussi, d'après la racine *pash* du verbe « lier », signifier « celui qui est lié ». Les shaktas des rites occultes insistent sur ce point, épargnant ainsi une qualification humiliante à leurs frères cadets en mérite spirituel.

Mais voici où nous pénétrons dans l'esprit qui anime le tantrisme. Par quoi le *pashou* est-il lié ? Il est lié par la pitié, par l'ignorance, par l'illusion, par la peur, par le respect humain, les sentiments de honte, par les réactions provenant du dégoût, par les liens de famille, par les préjugés concernant les habitudes reçues et les castes. En somme, c'est le

(22) *Vîra* signifie en effet héroïque – un héros – un guerrier.

procès de l'homme moyen que les tantras font là. Le tantrisme méprise l'homme routinier, se conformant sans les discuter aux us et coutumes du milieu social auquel il appartient et acceptant de même les idées dont ceux-ci dérivent.

D'autres « infériorités » mentales de caractère hétéroclite sont aussi mises au compte du pashou.

Le *pashou* ne célèbre pas le culte pendant la nuit, il s'abstient de manger de la viande et de boire du vin. Il n'a de relations sexuelles qu'une fois par mois suivant la loi religieuse hindoue, etc. Bref, ces derniers reproches adressés au pashou montrent que les shaktas tiennent pour pashou la majorité de ceux qui n'appartiennent pas à leur caste.

D'autre part, le culte secret distingue neuf classes d'adorateurs, l'initié progressant de l'une à l'autre jusqu'à ce qu'il ait atteint la plus haute de celles-ci : le kaulâchâra.

Le culte secret consiste en pratiques appelées *sadhâna,* c'est-à-dire « moyens » amenant le succès. Il comprend deux divisions : *dakshina achâra* et *vâma achâra,* qui sont généralement comprises comme cultes *de la main droite* et *culte de la main gauche.*

Toutefois, les shaktas eux-mêmes n'admettent pas cette interprétation. En plus de la signification « droit » *dakshina* a aussi le sens de « favorable », « complaisant ». Dans cette forme de culte, la Déesse est adorée sous une de ses formes bienveillantes, comme disposée à accueillir favorablement les requêtes qui lui sont présentées.

Quant à *vâma,* le terme signifie véritablement « gauche », mais il a une signification secondaire, celle de « femme ». S'appuyant sur ce dernier sens, les shaktas affirment que *vâmâchâra* doit être compris comme le culte qui inclut la femme comme élément du rite.

Un autre titre lui est parfois donné, celui de *lata sadhâna. Lata* signifie une liane mais a, figurativement, le sens de « femme ». « La femme qui s'attache à l'homme comme la liane s'attache à l'arbre et l'enserre », dit un texte indien.

Il est aisé de tourner en mauvaise part cette comparaison poétique et de remarquer que la liane étouffe et tue l'arbre auquel elle s'enroule. Je ne me faisais pas faute de taquiner mes amis indiens à ce sujet, mais ils me répondaient généralement avec une belle assurance : « Nos femmes ne ressemblent pas à celles de votre pays; ce sont des lianes qui parent de leurs fleurs les arbres auxquels elles s'appuient sans leur causer aucun mal. »

Lorsqu'il nous est dit que la femme constitue un des éléments du rite, nous devons comprendre que cela ne signifie pas simplement que des femmes assistent à la cérémonie rituelle ou qu'elles y jouent un rôle d'officiantes. Il faut entendre qu'elles sont l'un des éléments indispensables à la célébration efficace du rite.

Le rite principal du *Vâmâtchâra* est le *pancha tattva* : « Rite aux cinq éléments », communément dénommé « les cinq M. ». Pourquoi cinq M.?... Parce que les éléments requis pour célébrer le rite sont au nombre de cinq et que le nom sanscrit de chacun de ceux-ci commence par la lettre M. Ce sont :

*mansa,* de la viande.

*matsya,* du poisson.

*moudra* (23), du grain,

*madya,* du vin (ou une autre boisson alcoolique),

*maithuna,* l'union sexuelle.

Il est dit qu'aucun bénéfice ne peut être obtenu

(23) *Moudra* signifie généralement des gestes faits avec les mains, mais signifie également du grain séché.

de ce genre de culte de la Déesse si ces cinq éléments ne sont point réunis.

Comme il est facile de l'imaginer, c'est le cinquième de ces éléments qui a donné lieu aux plus fortes objections et a fait accuser les shaktas d'immoralité.

Ceux-ci n'ont pas manqué de se défendre. Ils ont été forcés de reconnaître que le culte dégénère parfois en orgie chez certains de leurs coreligionnaires, mais ils affirment qu'il s'agit là d'une dérogation aux règles édictées pour le *pancha tattva.*

Un dicton est courant à ce sujet :

« Certains boivent du vin pour accomplir le rite; d'autres accomplissent le rite afin de boire du vin. Certains pratiquent l'union sexuelle pour accomplir le rite; d'autres prennent prétexte du rite pour se livrer à la débauche. »

Voyons donc ce que doit être le *pancha tattva* pour être correctement célébré.

Tout d'abord, sa célébration complète n'est point permise à tous les fidèles. Elle est interdite au *pashou* (l'individu qui occupe le bas de l'échelle des valeurs spirituelles). Celui-là doit s'abstenir de toute boisson alcoolique, comme le prescrit la loi religieuse hindoue. Il lui est également interdit de pratiquer l'union sexuelle rituelle, bien que, d'autre part, il puisse être marié et qu'il doive même l'être, la religion hindoue enjoignant le mariage à tous à l'exception des *sannyâsins.* Selon la caste à laquelle il appartient, le pashou remplacera par du lait, du beurre fondu ou du miel le vin prescrit pour le *pancha tattva* et différents légumes tiendront la place de la viande et du poisson.

Le *vîra* est autorisé à célébrer le rite complet, avec cette restriction que la femme à laquelle il s'unira sera son épouse légitime. Toutefois, il peut arriver que la femme du vîra n'ait pas atteint un degré de développement spirituel égal au sien, qu'elle ne soit point vîra elle-même et, par conséquent, qu'elle n'ait pas le droit de pratiquer le rite. Dans ce cas, il est licite pour le vîra de choisir une autre partenaire.

Il épousera celle-ci suivant la forme d'union dénommée Shaiva mariage (24). Ce mariage sera valable pour la durée du rite seulement, ou bien la même partenaire pourra être conservée pour des célébrations occasionnelles, sans limites de temps. La femme devient alors la *sadhadarmini*, l'épouse en religion, du vîra. Il convient de rappeler ici que l'hindouisme permet la polygamie, de sorte que le fait de cette union n'a rien de choquant pour les hindous.

Pour le *divya* qui a atteint un haut degré d'illumination spirituelle, les cinq éléments du rite prennent un sens symbolique et *maithuna* devient l'union de la conscience du shakta avec l'Etre suprême universel.

Cependant, si pour des raisons dont il est seul juge, le *divya* estime utile d'accomplir le rite avec une femme qu'il considérera comme étant shakti elle-même, il lui est permis de choisir n'importe quelle femme sans égard pour les règles sociales. Certains disent même : « N'importe quelle femme, à l'exclusion de son épouse légitime. »

Nous voici arrivés à la pente glissante qui a conduit certains shaktas à des comportements blâmables.

Nous avons vu que les adeptes du shaktisme ont

(24) Les hindous reconnaissent huit sortes de mariages. Shaiva mariage est immédiatement inférieur au Brahmâ mariage, le plus complètement légitime, dont les enfants mâles sont héritiers de droit des biens paternels.

été contraints de reconnaître le mal et qu'ils tentent d'en donner pour causes des infractions au code de leur religion. Cependant, il leur est impossible de nier qu'il existe dans la littérature tantrique, sur laquelle le shaktisme est basé, des ouvrages qui supportent et même enjoignent les obscénités qui ont attiré une fâcheuse réputation aux shaktas.

De façon très érudite, certains auteurs se sont efforcés de prouver que les tantras n'autorisent aucunement la luxure, que les exercices bizarres qu'ils décrivent visent à produire des résultats d'ordre intellectuel et spirituel, et qu'ils les produisent réellement chez les sujets physiquement et mentalement qualifiés pour suivre ce genre d'entraînement.

Ils ont parfaitement raison, le mal vient de ce que des individus nullement qualifiés pour cet entraînement : des *pashous,* comme les shaktas les dénomment, s'en sont fait un jeu malsain. Mais quoi qu'on puisse dire, les pratiques bizarres préconisées par certaines doctrines tantriques sont bien propres à conduire aux excès qu'elles prétendent réprouver.

Indiquons, en passant, que des théories et des pratiques analogues se trouvent dans le Hatha Yoga et d'autres yogas physiques.

Le rite du *pancha tattva* – les cinq M. – se célèbre généralement en des assemblées dénommées *tchakra* (cercle), parce que les participants s'assoient en formant un cercle. Il existe différents modes d'assemblées. Le cercle peut être formé par un nombre égal d'hommes et de femmes, chaque homme étant assis près de sa partenaire, sa *shakti,* qui représente la Déesse. En d'autres réunions, le nombre des femmes est double de celui des hommes. Le shakta est alors assis entre deux *shaktis.* Celle placée à sa droite doit être honorée, des offrandes sont placées devant elle et les rites habituels d'adoration que l'on accomplit devant les effigies de la Déesse le sont aussi devant elle. La femme assise à la gauche du shakta est celle avec qui il aura commerce après l'espèce de communion sous les espèces du vin, du grain, de la viande et du poisson à laquelle participent tous les assistants, et après, aussi, de longues récitations liturgiques bien propres à éliminer de *maithuna* tout élément de sensualité.

Si j'osais aborder ce sujet délicat, je révélerais que j'ai connu un Européen, érudit et appartenant à la haute société de son pays, qui était shakta. Que cherchait-il auprès de la Déesse? Il me l'avoua, il voyait dans le rituel shakta une sorte de magie et il croyait pouvoir obtenir par elle des bénéfices matériels. Il participait à des *tchakras* mystiques, d'une pureté irréprochable. Quant à sa femme dont il était très amoureux, il la considérait comme étant la Déesse, et avant leur *maithuna* intime, il l'adorait comme l'on adore l'image de Shakti dans les temples, balançant devant elle des fleurs, des lampes rituelles aux multiples petites flammes et brûlant de l'encens tout en psalmodiant des hymnes en sanscrit.

Ayant reçu à ce sujet des confidences naïves et d'une gravité toute religieuse, je ne pouvais m'empêcher de m'étonner que ce prélude ne l'incitât pas à se désister ensuite d'une activité plus réaliste. Il semble pourtant que celle-ci ne s'en trouvait nullement gênée. Ce charmant ménage avait trois enfants. Les deux époux sont morts; c'est pourquoi je me suis aventurée à évoquer leur peu commune intimité.

Les initiés comprendront que, véritablement, ce shakta occidental ne cherchait pas l'illumination spirituelle par le moyen du rite, car la *maithuna* qui y conduit exclut la procréation.

Râmakrishna, dont j'ai déjà parlé plusieurs fois, s'était mis en tête de pratiquer tour à tour diverses religions. Il n'avait omis ni le culte de Krishna ni celui de Râma, ce qui l'avait porté à s'identifier au grand serviteur de Râma, le roi des singes : Hanuman. A cette époque, sa conduite en arriva à ressembler au comportement d'un singe, il sautait au lieu de marcher et arrangeait en forme de queue le drap qu'il portait enroulé autour de ses reins. Durant sa pratique du christianisme, Râmakrishna vit Jésus venir à lui dans le jardin du temple (25).

S'étant engagé dans cette voie, il va de soi que Râmakrishna ne pouvait négliger le rite de l'adoration de la femme à la manière de Vâmâtchâra. Il nous est rapporté qu'un certain jour de fête de la Déesse, il plaça sa femme, Sarada Dévi, âgée alors de dix-huit ans (26) sur l'autel où aurait dû se trouver l'idole représentant Kâli. Tous deux, nous est-il dit, tombèrent dans une extase qui se prolongea pendant plusieurs heures durant lesquelles les deux époux s'unirent spirituellement. Nous allons voir que les participants à certains tchakras mystiques tendent au même but.

Parmi les nombreuses variétés de *tchakras*, il faut noter le *tchoûdâtchakra* qui réunit cinquante hommes et autant de femmes. En entrant dans la salle de réunion, chacune de ces dernières enlève un de ses vêtements, veste ou gilet, et le jette en tas avec ceux de ses compagnes. Ensuite viennent les hommes qui, au hasard, saisissent un vêtement dans le

(25) Relaté dans *Râmakrishna, Prophet of New India*, traduit du bengali par Swâmi Nickhilânanda.

(26) Comme trait des mœurs indiennes, l'on peut noter que Râmakrishna fut marié à l'âge de vingt-trois ans avec une fillette de cinq ans. Dans leur cas, le mariage ne fut jamais consommé, bien que depuis l'âge de dix-huit ans, Sarada Dévi vécût auprès de son mari. J'ai eu l'occasion de m'entretenir avec elle alors qu'elle était veuve.

tas. La femme à qui ce vêtement appartient sera, au cours du rite, l'épouse de l'homme qui l'a pris.

En d'autres assemblées, il y a promiscuité complète, les fidèles se mêlant à leur gré.

En d'autres encore, le shakta et sa shakti sont attachés ensemble, ou bien un cordon relie tous les fidèles rangés en cercle.

Certaines pratiques de Vâmâtchâra rappellent vaguement nos messes noires d'autrefois. Une femme nue étendue représente la Déesse et reçoit le culte des adorateurs; son sexe est considéré comme un *yantra*.

Le terme *yantra* signifie, au sens propre, une machine, un instrument servant à faire quelque chose. Au sens figuré, dans le tantrisme, c'est un diagramme, un dessin symbolique sur lequel l'attention doit se fixer pendant la méditation.

C'est aussi la représentation ésotérique d'une déité au moyen de figures géométriques et autres, de lettres de l'alphabet, de syllabes constituant des mots magiques, etc. Il est possible d'animer le yantra tout comme on le fait pour les effigies des déités et un culte peut alors lui être rendu. Les tantrikas – shaktas et autres – disent que l'adoration des idoles est à l'usage du commun des fidèles, les hommes plus éclairés s'approchent de la connaissance des dieux par le moyen des symboles que sont les *yantras*.

D'horribles pratiques de magie se réclament aussi du shaktisme. J'indiquerai la suivante : Le *sadaka* (celui qui pratique le rite : le sadhâna) s'étend sur un cadavre et y demeure en méditation. A la longue, le cadavre se met à parler ou, plutôt, on croit que la Déesse parle par sa bouche et rend des oracles.

Un rite tibétain, le *rolang* (le cadavre qui se redresse) que j'ai déjà décrit dans des livres précédents, offre quelque ressemblance avec celui-ci.

D'autres fois de jeunes vierges (Koumaris) sont

l'objet d'un culte. Au cours de la célébration du rite celles-ci manifestent des phénomènes médiumniques. L'on imagine, alors, que par leur voix, la Déesse donne des conseils ou exprime sa volonté.

J'ai déjà mentionné les *pïtas,* les endroits où, d'après la légende, sont tombées des parties du corps de Satî-Shakti. L'un des plus importants de ces pitas est situé en Assam près de Gauhati, une ville située sur le bord du Brahmapoutre. D'après la légende c'est là qu'est tombé l'organe féminin de la Déesse; un temple a été érigé à cet endroit qui est dénommé Kâmakhya (ou Kâmatcha).

De même qu'à Kâlighat, un emblème figurant les doigts de pied de la Déesse, tombés à cette place, tient lieu d'idole représentant la Déesse; à Kâmakhya, dans un sanctuaire secret du temple, c'est aussi à un emblème : le simulacre des parties sexuelles féminines (yoni), que le culte est adressé.

Il est dit que depuis une très haute antiquité le temple de Kâmakhya a été un centre d'occultisme et de magie. Les Koumaris, servantes de la Déesse, attachées à ce temple passaient pour posséder des pouvoirs analogues à ceux que les Grecs prêtaient à Circé. Cependant, leurs sortilèges étaient d'un genre plus gracieux; au lieu de transformer les hommes en pourceaux, elles les métamorphosaient en agneaux. Il est d'ailleurs expliqué que la transformation n'était point physique, mais purement mentale, exprimant l'état de sujétion auquel les charmes et les pouvoirs magiques des Koumaris réduisaient les pèlerins mâles qui s'aventuraient dans leur voisinage. Ces « agneaux » humains étaient ainsi retenus dans une sorte d'esclavage béat et ne retournaient jamais dans leur pays.

Que reste-t-il de ces contes? Bien peu de choses à part les paysages splendides qu'offre la région, paysages bien propres à inciter un voyageur à s'établir parmi eux. Quant aux Koumaris, leur nombre qui était autrefois de plusieurs centaines a progressivement diminué. Sous le couvert de rites mystérieux, ces filles ne sont plus guère que des prostituées analogues aux *dévadâsîs* que l'on rencontre dans les temples de l'Inde méridionale (27).

Quant aux pèlerins, ils ne paraissent pas se métamorphoser en « agneaux », pas plus que les habitants sédentaires de la région. Peu avant la déclaration de l'Indépendance de l'Inde, l'Assam a été le théâtre d'épouvantables massacres dans lesquels des milliers de musulmans ont été tués par les hindous. Ces derniers ont d'ailleurs subi le même sort peu après en d'autres parties de l'Inde où les musulmans ne les ont guère épargnés.

En plus des Indiens, quelques Tibétains et des indigènes appartenant aux tribus des Lopas (28) de race tibétaine visitent parfois Kâmakhya. Les sortilèges des Koumaris semblent sans effet sur ces rudes montagnards qui regagnent, inchangés, leurs forêts ou leur haut « Pays des Neiges ». Interrogé par moi sur les charmes des prêtresses de la Déesse, l'un d'eux me déclara franchement qu'il les trouvait laides. Mon opinion à leur sujet était peut-être moins extrême, mais je ne me sentais pas portée à contredire très fortement mon rustique interlocuteur.

Ma visite à Kâmakhya fut marquée par un incident burlesque qui m'est resté en mémoire...

J'avais préféré gagner Gauhati en remontant le Brahmapoutre. Sur le bateau où j'étais, se trouvait un groupe de jeunes étudiants indiens et aussi quelques dames anglaises. Tout en regardant défiler le paysage, j'avais causé de choses et d'autres avec les étudiants et peut-être cette familiarité avec les indigènes (des « natives » disaient alors les Anglais

(27) Voir p. 52.
(28) Lo : en tibétain « Sud ». Lopas, gens du Sud.

avec un ton spécial de mépris) paraissait-elle de mauvais goût à l'une des passagères, qui voulut m'y arracher en m'adressant la parole.

– Où allez-vous? me demanda-t-elle.

– Je vais à Gauhati voir les temples.

– Oh! les temples, fit la dame. C'est toujours la même chose, des idoles hideuses avec quatre bras, six bras, plusieurs têtes. Ils (les hindous) ne nous laissent d'ailleurs pas entrer. On ne peut que jeter un coup d'œil du dehors sur ces horreurs. Vous ne verrez rien de plus, sans doute, qu'une horrible bonne femme qui tire la langue. (Kâli.)

– Je ne la verrai probablement pas et dans tous les cas, à Kâmakhya, c'est un emblème, le simulacre de quelque chose, que l'on vénère, répondis-je.

– Emblème... simulacre... répliqua la dame avec dédain, ce doit encore être une chose contre nature comme seuls des sauvages peuvent en imaginer.

Le qualificatif de « chose contre nature » appliqué par une femme à la représentation de son sexe, était assez comique et j'eus quelque peine à retenir un peu d'hilarité. La digne lady ignorait évidemment de quel genre était l'emblème vénéré à Kâmakhya.

Les jeunes Indiens s'étaient discrètement reculés de quelques pas quand la voyageuse m'avait abordée, mais ils entendirent sa remarque, l'un d'eux pouffa de rire.

– Quelles brutes, ces « natives », grommela la passagère, et combien grossiers! On ne devrait pas leur permettre de se mêler à nous.

La coutume qu'ont les Indiens, de symboliser par des objets réalistes de très hautes théories philosophiques, m'a placée plus d'une fois dans des situations embarrassantes.

Au cours d'une visite que me rendaient deux aimables missionnaires étrangères, l'une déjà âgée, l'autre jeune et toutes deux non mariées, la plus jeune examinant des statuettes rangées sur une étagère avisa, parmi elles, un *lingam*. Elle le saisit et me le présenta, demandant :

– Qu'cst-cc que cela?...

– Je ne puis pas le dire à une demoiselle, répondis-je.

La missionnaire donna encore un rapide coup d'œil à l'objet qu'elle retenait entre ses doigts et le remit vivement à sa place.

– Je l'avais deviné, proclama-t-elle d'un ton marquant la fierté que lui avait causée sa perspicacité.

Il ne me restait rien à ajouter. Je me hâtai de détourner l'attention de mes visiteuses en leur montrant Krishna jouant de la flûte.

Un bref exposé du shaktisme, religion et philosophie de Shakti, la Mère universelle, ne peut suffire à éclairer complètement le lecteur sur ce sujet passablement abstrus. Les divers aspects du shaktisme doivent être étudiés dans les textes des différents tantras et, surtout, au moyen des informations que l'on peut obtenir oralement d'initiés dont on aura réussi à gagner la confiance. Beaucoup d'anciennes pratiques énumérées dans les Ecritures des shaktas sont tombées en désuétude. Qu'en reste-t-il encore?... Une enquête, à ce sujet, exige beaucoup de patience et des séjours très prolongés dans l'Inde, au Népal et même au Tibet car, d'après certaines traditions paraissant dignes de quelque foi, le shaktisme n'est pas véritablement originaire de l'Inde, mais y a été importé de l'Asie Centrale (29). Il se serait mêlé par la suite à des éléments indigènes, cet amalgame constituant de nos jours, sous ses multiples aspects, la plus populaire des religions de l'Inde.

(29) D'autres infiltrations paraissent aussi s'être produites émanant de pays nordiques où auraient existé diverses formes de shaktisme.

Bon, concéderont probablement les lecteurs, nous admettons que pour être fructueuse, une enquête concernant les rites secrets des adorateurs de la Déesse, comme toutes enquêtes concernant les pratiques des cultes ésotériques, exige un séjour prolongé dans le pays où ceux-ci sont en vigueur; mais vous qui écrivez ce livre, vous qui avez séjourné pendant une grande partie de votre vie dans l'Inde, n'avez-vous aucune expérience vraiment personnelle au sujet de ce singulier rite du *pancha tattva*?

Si, j'en ai quelques-unes. Mon désir de me rendre compte par moi-même est trop fort pour me permettre de me contenter, en n'importe quelle matière, de ce que je puis apprendre dans les livres ou par les récits d'autrui.

En fait, il m'est arrivé trois fois d'être témoin de la célébration complète du rite aux cinq éléments...

Une fois j'ai été admise à me joindre aux fidèles et ceux-ci usaient, m'a-t-on dit, d'un procédé psychique peu usité.

Deux fois j'ai épié les dévots en étant cachée grâce à des complicités qui m'y avaient aidée.

Les circonstances qui ont accompagné l'une de ces incursions dans les mystères du shaktisme comptent parmi les plus extravagantes de celles auxquelles j'ai été mêlée. Au cours d'une nuit très obscure, déguisée en jeune garçon tibétain et couchée à plat ventre dans un grenier à foin, je pus observer les shaktas réunis dans une salle située sous le grenier, où je m'étais glissée.

Ces gens appartenaient à la plus basse des classes sociales et s'abandonnaient à une ignoble orgie (30).

Une autre occasion me fut fournie par un *gourou* (un maître spirituel) shakta. Le digne homme se méprit, je crois, sur la nature de l'intérêt que je portais aux doctrines qu'il m'exposait. Il lui sembla

(30) Voir cet épisode dans : *Au cœur des Himâlayas, le Népal.*

qu'au lieu de les étudier du point de vue objectif d'un orientaliste, j'éprouvais un penchant pour elles et tendais à les adopter. Il m'offrit de me donner le *diksha*, une sorte d'initiation préparatoire au cours de laquelle un *mantra* vous est murmuré à l'oreille. J'acceptai.

Quelques mois plus tard, un disciple de ce gourou m'invita à participer à la célébration du *pancha tattva*. Ce disciple était un homme instruit, de bonne société; avant que j'aie pu formuler une réponse à son invitation, il pressentit les objections que j'aurais pu soulever et me déclara que, dans la secte particulière à laquelle il appartenait, le rite se célébrait de façon complètement mystique, que chacun des fidèles serait accompagné de sa femme légitime et d'une seconde shakti – celle qui est vénérée, comme il vient d'être dit ci-dessus. Je devais être la seconde shakti de cet homme aimable. Mon rôle dans cette qualité me paraissait aisé à remplir. Le soir dit, Mr. N... (31), sa femme et moi nous nous rendîmes en voiture au lieu où la réunion allait se tenir.

La salle où nous fûmes introduits était doucement éclairée par de nombreuses petites lampes rangées en cordon tout le long des murs. Dix hommes et vingt femmes étaient présents. Leurs habits, de même que l'apparence de la maison où nous nous trouvions, dénotait l'opulence.

De petites banquettes basses alternant avec des sièges individuels plus élevés, étaient disposés dans la salle de façon à former un cercle. Sur chacune des banquettes, un *sadaka* et sa *bhogya shakti* (32)

(31) A cette époque, les Indiens qui avaient reçu une éducation anglaise, préféraient être appelés Mister (Mistress pour les femmes) que par une appellation indienne. Il en est encore ainsi lorsqu'on s'adresse à eux en anglais. Ceux des Indiens qui ont reçu le titre de Knight tiennent à être dénommés sir et leurs femmes lady.

(32) La *bhogya shakti* est la femme avec qui le participant au sadhâna du pancha tattva, le sadaka, aura commerce. La *poujya shakti* est celle qui sera adorée comme représentant la Déesse. Il est dit que si le sadaka éprouve le moindre désir sensuel pour la *poujya shakti* son crime est égal à celui d'un inceste commis avec sa mère.

allaient s'asseoir l'un près de l'autre, la femme était placée à la gauche de son partenaire – en cette occasion celui-ci étant son légitime époux. Les sièges séparés seraient occupés par les *poujya shaktis* (32) dont j'allais être. Quelque peu éloignés des autres sièges, mais toujours sur la ligne du cercle, une banquette et un petit trône étaient réservés au président du tchakra et à ses shaktis.

Il n'y avait aucune idole dans la salle.

Les assistants saluèrent les shaktis du président et le président lui-même, puis ils se saluèrent les uns les autres à la si gracieuse mode indienne : les paumes des mains jointes, ensuite ils s'établirent chacun à sa place. Tout ce cérémonial s'effectuait lentement, en grand silence; une odeur d'encens flottait dans l'air se mêlant au parfum des fleurs couvrant une table placée en dehors du cercle.

Dans le cercle lui-même, sur une autre table, le *yantra* (33) était dessiné, et placés entre les contours du dessin se trouvaient une petite jarre, des coupes minuscules en argent et des plats de la dimension de très petites soucoupes, également en argent, qui contenaient les divers éléments de la communion rituelle.

J'avais été informée qu'il s'agissait d'un *divya tchakra* (un cercle céleste) et je connaissais théoriquement les règles édictées pour la célébration de cette variété particulière de tchakra. Elles étaient « rassurantes », si je puis employer ce terme, celui qui convient le mieux à l'état d'esprit dans lequel je me trouvais. Cependant, les variétés de tchakra dûment cataloguées dans les tantras ont donné naissance à tant de sous-variétés et de mélanges entre les variétés elles-mêmes, à tant d'inventions aussi de la part des Maîtres ès Shaktisme qu'il m'était impossible de prévoir exactement quelle forme allait prendre le pieux meeting auquel j'avais été conviée.

(33) Voir p. 187.

Ma curiosité surexcitée, mêlée d'un soupçon d'appréhension, me causait, pendant l'attente, un léger énervement qui, ma foi, n'était pas désagréable. Un subtil parfum d'aventure se mêlait aux effluves suaves qui emplissaient la salle et l'aventure est pour moi l'unique raison d'être de la vie. Instinctivement, j'avais pourtant repéré du regard une porte qui, au besoin, me permettrait de m'échapper.

Au pied du siège que Mr. N... me désigna, des fleurs et diverses offrandes étaient placées entre de petites lampes qui les entouraient d'un cadre lumineux dont la forme reproduisait celle du *yantra* de la Déesse. Il en était de même pour tous les sièges occupés par les *poujya shaktis.* Trôner en posture d'idole sur cette sorte d'autel avait bien de quoi me porter à rire, mais dans l'atmosphère d'intense religiosité créée par le recueillement absolu des assistants, tout sens du comique de ma situation s'était aboli.

Tous les sadakas et leurs shatkis avaient pris leurs places, la récitation des hymnes et des mantras commença tandis que, de temps en temps, le président du rite esquissait autour du *yantra* dessiné sur la table et des assistants, le geste de tracer des figures à signification mystique. Cette psalmodie prolongée, à laquelle l'admirable langue sanscrite prêtait des sonorités de cloche d'un bronze parfait, produisait un effet ensorcelant bien propre à faire oublier la matérialité des objets environnants. Les flammes menues des multiples petites lampes clignotaient comme les yeux de personnages, autrement invisibles, épiant les dévots immobiles poursuivant qui sait quels rêves...

Je m'étais quelque peu évadée en des régions imprécises lorsque je fus rappelée à la réalité de ma situation par l'arrivée, devant moi, du directeur du rite, qui me présentait une des coupes et le plat minuscule sur lequel reposait quelque chose qui ressemblait à trois miettes de substance comestible. Je jetai un regard furtif sur mes collègues en déité temporaire, pour m'assurer que j'imiterais bien leurs gestes, et je communiai sans, je le crois, commettre d'erreur. D'ailleurs, tous les fidèles tenaient les yeux fermés et ils ne se seraient probablement pas aperçus des bévues que j'aurais pu commettre.

Qu'avais-je ingéré? J'aurais été bien en peine de le dire. Ce n'était, dans tous les cas, ni de la viande, ni du poisson, ni du vin. Le goût qui me restait dans la bouche était sucré, vaguement huileux, un goût analogue à celui des pâtisseries indiennes. Quant à la goutte de breuvage, on pouvait y discerner un soupçon d'alcool comme celui dont est pénétré le jus de raisin récemment pressé ou le riz à peine fermenté que les Chinois mangent comme friandises. Il s'agissait bien d'un tchakra « céleste » où les éléments matériels n'avaient qu'une valeur symbolique.

Il en serait certainement de même du « cinquième élément ». Quelle forme son symbole prendrait-il?

Oserais-je confesser que je ne rêvais plus, j'étais complètement éveillée : ma conscience professionnelle d'orientaliste-reporter me dictait l'impérieux devoir de tout noter.

Mrs. N... déroula une partie de son très long et large sâri. Son mari passa un bras autour d'elle, saisissant l'extrémité libre du sâri, il l'enroula autour d'elle, saisissant son épouse de sorte que tous deux, assis l'un près de l'autre, demeurèrent cachés de la tête aux pieds sous l'étoffe qui les enveloppait. Tous les fidèles firent de même. L'immobilité des « paquets » de soieries multicolores qu'ils formaient était complète. Me rappelant les textes que j'avais lus, je comprenais que les sadakas et leurs épouses initiées, serrés l'un contre l'autre, s'absorbaient dans une méditation tendant à une complète union spirituelle préludant à l'union suprême avec Shakti, l'énergie universelle, seule réalité parmi le monde illusoire des phénomènes et égale au Brahman, l'Etre en soi de la philosophie Védanta (34).

Ce geste paraissait être le point culminant du genre de tchakra auquel j'avais pris part. Toutefois, je me rappelais également qu'il est dit que certains shaktas ou yoguins appartenant à d'autres sectes évitent l'union sexuelle normale et atteignent le même état d'exaltation physique en tenant leur partenaire simplement enlacée. Le procédé est connu au Tibet. Son but est de susciter l'énergie que l'on souhaite détourner ensuite de sa course habituelle pour la faire servir à activer des facultés d'ordre intellectuel ou spirituel. Cette énergie qui passe pour pouvoir être éveillée par les rapports sexuels, à condition d'en interrompre le cours normal, peut aussi être produite sans avoir recours au procédé ordinaire qui répugne aux adeptes les plus avancés sur la voie spirituelle.

Qu'en était-il de mes amis enfouis sous de multiples replis d'étoffe chatoyante? Ce n'était guère le moment de m'aventurer à le leur demander, aussi demeurai-je bien sagement assise devant les offrandes, les fleurs, et les lampes posées à mes pieds. Les autres *poujya* shaktis se tenaient pareillement immobiles. Le spectacle qu'offrait cette étrange assemblée n'aurait pu, je le crois, exister que dans l'Inde, mère de toutes les féeries.

Au bout d'un très long temps, les « paquets » remuèrent; des hommes et des femmes en émergèrent comme des chrysalides se débarrassant de leurs cocons.

L'on m'avait expliqué : « Après s'être haussé jusqu'à la compréhension de l'Unité complète (l'Un sans second du Védanta) il faut redescendre à la reconnaissance du monde des phénomènes, monde illusoire sans doute, mais, d'une certaine manière, réel pour nous qui y appartenons. En ce monde-là,

(34) Se rappeler ce qui a été dit de Râmakrishna et de sa femme, p. 186.

les dieux existent et leur culte a sa raison d'être. » Les sadakas sortis de leur extase transcendante allaient donc adorer la Déesse. La Déesse, en cette occurrence, c'étaient les *poujya* shaktis... c'était moi.

La gracieuse cérémonie de l'ârati vespéral que j'avais si souvent contemplée, quand elle était effectuée en l'honneur de l'un ou de l'autre des dieux, allait s'adresser à moi.

Tour à tour l'officiant balança devant moi les fleurs, l'encens et le lampadaire aux multiples petites flammes, son geste traçait au niveau de mon visage une ellipse très allongée... des conques et des cloches résonnaient. Avais-je donc réellement pris place dans l'Olympe hindoue?... C'était un peu grisant...

Mais, de même que les *sadakas* mes compagnons étaient descendus des hauteurs de leur union physique avec la Mère universelle, je me retrouvai moi-même bien peu de chose, en quittant mon siège de déesse d'un moment.

Mr. et Mrs. N... me reconduisirent chez moi en silence. Ils paraissaient si recueillis dans la voiture qui nous emmenait que je n'osais pas leur adresser la parole et, lorsque je les quittai, je me bornai à les saluer à l'indienne, les paumes des mains jointes.

*
**

Beaucoup de temps s'écoula. Je n'étais pas uniquement préoccupée par mon enquête concernant le shaktisme et ses rites, bien d'autres sujets intéressants appelaient mon attention.

Alors, une autre occasion se présenta, mais de façon tout à fait fortuite. Une dame hindoue qui, au mépris des règles de caste, avait épousé un négociant parsi, me présenta son frère cadet qui se disposait à partir pour l'Europe. Il séjournerait d'abord en Angleterre et comptait visiter ensuite Paris et différentes autres capitales. Il lui aurait été agréable d'être accueilli par des personnes capables de rendre son voyage aisé et instructif; ne voudrais-je pas lui donner des lettres d'introduction pour quelques-uns de mes amis européens? Je le promis volontiers et cela rendit encore plus amicales les relations que j'avais avec sa sœur. Le départ du jeune homme ne devait s'effectuer que quelques mois plus tard; dans l'intervalle, je le rencontrai souvent chez sa sœur et, selon mon habitude, j'en profitai pour m'entretenir avec lui de choses concernant la vie sociale et les pratiques religieuses de l'Inde. J'en arrivai ainsi à lui parler un jour du shaktisme et des rites qui s'y attachent, entre autres du *panchâ tattva* à qui l'on faisait si mauvaise réputation.

– J'ai vaguement entendu parler de gens qui célèbrent une sorte de culte nocturne du genre de celui que vous nommez, me dit mon interlocuteur.

– Vous connaissez ces gens-là? demandai-je.

– Moi, pas du tout. Je connais seulement leur jardinier. Ce bonhomme a appris par un domestique ou par un fournisseur, je ne sais comment, que je m'embarquerais à Bombay et il est venu me prier de l'emmener jusque-là avec moi. En retour, pour paiement de son voyage, il offre de me servir de boy pendant le trajet et pendant tout le temps que je séjournerai à Bombay si je ne m'embarque pas tout de suite. Il est natif de cette région. Sa femme et ses enfants y sont restés. Il est très peiné d'en être séparé et voudrait les rejoindre. Un jardinier me servir de boy... C'est grotesque!... Je le vois rangeant mes effets dans mes valises...

Le jeune homme se mit à rire puis continua :

– N'importe, je paierai quand même le voyage de ce brave homme.

– Vous ferez une bonne œuvre, dis-je. Mais quel rapport l'histoire de ce jardinier a-t-elle avec les gens qui adorent la Déesse nuitamment?

– Je vous l'ai dit. Le jardinier prétend que ses patrons le font. Je n'en sais pas davantage. Voulez-vous voir ce jardinier?... Je lui dirai que son voyage gratuit en dépend.

Et le jeune homme rit de nouveau.

Je vis le jardinier. Il me confirma que ses patrons adoraient en effet la Déesse pendant certaines nuits sans lune. Il appartenait à une secte vaishnavite et réprouvait fortement le sacrifice d'une chèvre qui avait lieu au cours du culte que ses maîtres et leurs invités célébraient dans un pavillon isolé situé dans leur jardin.

En me servant, mon informateur n'avait pas à craindre de perdre sa place, puisqu'il était décidé à la quitter, et il avait tout à gagner puisqu'on lui offrait de le ramener près des siens sans qu'il lui en coûtât rien. Je promis, de plus, une petite somme s'il m'introduisait pendant la nuit dans le jardin et si, bien entendu, il y avait, de là, moyen de jeter un coup d'œil dans le pavillon.

Bien qu'il soit déclaré dans certains tantras qu'à notre époque le *pancha tattva* doit être célébré ouvertement, je savais que le contraire était la règle et que je ne pouvais espérer aucune invitation de gens pratiquant la variété du rite qui comprend un sacrifice sanglant et, probablement, le « cinquième élément » dans toute sa matérielle réalité.

Le jardinier m'affirma qu'il lui serait facile de me laisser entrer de nuit par la porte de service existant près de la hutte où il logeait... Quant à la suite, voici ce que je pouvais envisager. Le pavillon où les shaktas se réunissaient consistait en un rez-de-chaussée couvert par une terrasse et entouré d'une véranda. Il ne comprenait qu'une seule vaste pièce. Suivant la disposition habituelle, plusieurs portespersiennes ouvraient sur la véranda des quatre côtés de cette pièce. Comme c'est souvent le cas, les portes ne montaient pas jusqu'à la hauteur du plafond et l'espace, qui aurait pu être rempli par une imposte, avait été laissé béant pour faciliter la ventilation. Dans un coin de la véranda un escalier montait à la terrasse. Le jardinier jugeait qu'en me plaçant sur cet escalier il me serait possible de voir, par l'espace vide existant au-dessus des portes, ce qui se passerait à l'intérieur du pavillon. Je n'en étais pas aussi sûre que lui, tout dépendrait de la distance à laquelle l'escalier se trouverait des portes, mais j'étais décidée à tenter ma chance.

Environ trois semaines plus tard, je fus informée que, vraisemblablement, le *poudja* allait être célébré parce que les préparatifs nécessaires se faisaient et – au grand dégoût du jardinier vaishnavite – une chèvre avait été achetée et attachée dans un coin du jardin.

Au jour indiqué, je me vêtis d'un sâri commun bleu très sombre, comme en portent les femmes de basse caste. Je pourrais ainsi, si l'on m'apercevait de loin, être prise pour la femme de l'un des domestiques qui habitaient le fond du jardin. D'ailleurs il ferait nuit et, de plus encore, le jardinier m'avait assuré que les fidèles demeuraient enfermés durant toute la durée de leur culte. La topographie des lieux se prêta suffisamment à mon dessein; l'escalier n'était pas trop éloigné des portes et si, de mon poste, je ne pouvais embrasser toute l'étendue de la salle, il se trouvait heureusement que mon regard plongeait jusqu'au sol à la partie de celle-ci où le *yantra* était placé.

Celui-ci me paraissait être dessiné sur une surface en terre. Ce ne devait pas être sur le sol car le niveau de la salle était surélevé de deux marches au-dessus du jardin! De la terre avait sans doute été versée dans un cadre et le *yantra* tracé entre le cadre. Je ne pouvais vérifier minutieusement les choses à cause de mon éloignement. Il me fut toutefois possible de discerner les plats contenant les « éléments » comestibles roulés en boulettes, mais bien plus abondants qu'ils ne l'avaient été lors du *divya tchakra* relaté ci-dessus. La jarre contenant le vin était aussi de dimensions imposantes. Etait-elle pleine?... La capacité des coupes préparées pour les fidèles incitait à le supposer.

Les rites succédaient aux rites : libations répandues en divers endroits sur le *yantra* et en dehors de lui, gestes esquissant dans l'air ou vers le sol des figures imaginaires, torsion des doigts et des mains (*moudras*) en un langage symbolique muet, récitations de *mantras*.

La fatigue me gagnait. Ma position incommode sur les marches de l'escalier, la tête tendue vers l'ouverture la plus proche de moi afin que mes yeux ne perdent rien de ce qu'il était possible d'apercevoir, me devenait pénible.

Dans la nuit d'encre des bandes de chacals, ces nettoyeurs nocturnes des agglomérations indiennes, rôdaient et leur glapissement formait un accompagnement lugubre à la psalmodie des *sadakas* enfermés dans le pavillon. Le temps me paraissait long et ma curiosité s'émoussait...

Un mouvement se produisit parmi les fidèles. On amenait la victime, une pauvre petite chèvre qui bêlait. Des libations furent versées sur elle et l'officiant murmura un *mantra* à son oreille.

Je ne pouvais en entendre les paroles, mais je le connaissais. Il est une variante du plus sacré des *mantras* hindous : la gayâtri(35) et peut se traduire comme suit :

« Rappelons-nous les liens qui entravent l'existence de l'animal. Méditons sur le Créateur de

(35) Voir p. 160.

l'Univers. Puisse-t-il nous délivrer d'une vie comme animal. »

D'un seul coup du couteau rituel à la lame courbe le sacrificateur trancha la tête de la victime et celle-ci fut déposée sanglante sur le *yantra,* une petite lampe placée entre ses cornes. Le spectacle était pitoyable.

Les récitations recommencèrent, puis vint la communion qui me parut passablement copieuse, surtout quant à l'élément liquide. Chaque bouchée d'aliment solide était suivie d'une généreuse rasade. Cependant aucun des fidèles, que le champ limité de ma vision me permettait d'apercevoir, ne manifestait de signes d'ivresse.

Beaucoup de temps s'écoula encore, puis chaque homme attira sa shakti à lui. Dans cette assemblée je ne voyais pas de *poujya* shakti destinée à être adorée comme incarnant la Déesse. Les fidèles étaient accompagnés d'une seule shakti, leur femme légitime ou une autre « épouse en religion ». Je ne pouvais évidemment pas deviner le genre de liens qui unissaient les couples présents.

Oserais-je dire que le « Cinquième élément », l'union sexuelle rituelle, se présenta avec une parfaite décence. Les idées des Orientaux sont très différentes des nôtres et rien de ce qui concerne le sexe ne leur paraît propre à donner lieu à l'hilarité ou au scandale.

Les *sadakas,* absolument silencieux et recueillis, assis le buste droit dans l'attitude de certaines idoles tantriques de dieux unis à leurs épouses, accomplissaient un véritable acte religieux exempt de toute lubricité.

Que d'autres shaktas, en d'autres assemblées, se vautrent ivres, dans l'orgie, on le sait et j'en ai vu quelque chose au Népal, mais tel n'était pas le cas dans cette maison inconnue où je m'étais introduite en fraude.

## CHAPITRE VIII

# LES GOUROUS INSTRUCTEURS, GUIDES SPIRITUELS ET PROTÉES AUX MILLE FORMES

Si les dieux, avec tous les accessoires de superstitions et de pratiques, fondées sur eux, ont tenu, depuis longtemps, et tiennent encore aujourd'hui une place importante chez les Indiens, un autre personnage – non mythique celui-là – y occupe une place au moins égale à la leur. Ce personnage est le *gourou.*

Bien que la foi aux dieux sous ses différentes formes puisse s'affaiblir et son influence sur la vie sociale et politique de l'Inde venir à diminuer, il est à prévoir que le pouvoir moral des gourous se maintiendra pendant longtemps encore et que certains de ces derniers auront une part considérable dans le développement de l'Inde future.

Qu'est-ce qu'un gourou? La réponse la plus courante est que le gourou est un directeur spirituel; évidemment c'est là un de ses rôles et, même, son rôle originel, mais il en remplit bien d'autres. Le gourou est un protée que nous rencontrons sous maintes formes différentes, accomplissant les besognes les plus diverses.

Une gamme de variétés de gourous nous mène du brahmine, titulaire d'un office héréditaire et rétribué de conseiller et de chapelain dans une, ou dans plusieurs familles, jusqu'à des maîtres exerçant des disciples choisis dans la pratique des divers *yogas* ou leur expliquant le sens profond de différentes philosophies indiennes. La gamme comprend, en outre, des gourous éducateurs, sociologues et hommes politiques tels que furent Raja Rammohan Roy, Keshab Chandra Sen, Rabindranath Tagore et Gandhi.

En sanscrit, le terme gourou implique une idée d'excellence, il peut signifier vénérable, puissant etc., mais comme il vient d'être dit, il s'applique particulièrement à un guide spirituel. En fait, il devrait désigner le brahmine qui initie un jeune homme de l'une ou de l'autre des trois castes supérieures, lui communique le mantra sacré (gayâtri) et lui donne le cordon insigne de sa caste. Autrefois, cette cérémonie préludait à la période de vie dénommée Brahmâcharya : la période d'études. Pendant celle-ci l'étudiant – le brahmacharin – vivait auprès de son gourou, le servait et était instruit par lui. L'instruction consistait à apprendre les Ecritures sacrées : les Védas etc., et l'interprétation que le gourou leur donnait suivant l'école philosophique à laquelle il appartenait. Jadis un jeune homme, surtout s'il appartenait à la caste des brahmines, consacrait à cette période d'études religieuses dix ans, quinze ans ou même vingt ans de sa vie. On comprend qu'il n'en est plus ainsi de nos jours; la civilisation moderne ne permet pas à la jeunesse des loisirs aussi prolongés et sans résultats pratiques du point de vue économique. Le fils de parents aisés est envoyé au collège, celui d'une famille pauvre commence l'apprentissage d'un métier. Il faut que l'Indien quel qu'il soit se prépare à se créer « une situation », ce qui en langage vulgaire signifie se mettre en état de gagner de l'argent.

Toutefois, la cérémonie de l'*oupanyana* est toujours célébrée, mais elle se borne généralement à une journée de réjouissances familiales comprenant un banquet auquel participent les amis de la famille du jeune garçon, à peu près comme il en est de la première communion chez les catholiques.

*Oupanyana* signifie « être amené près du précepteur » étant sous-entendu pour être initié par lui aux doctrines religieuses. La célébration de l'oupanyana est considérée comme conférant une seconde naissance, de là l'appellation de « deux fois nés » (dwija) dont se glorifient les membres des trois castes supérieures. Il est dit à leur sujet qu'ils tiennent leur première naissance de leurs parents et la seconde de la gayâtri (le mantra sacré) comme mère et du précepteur (âchârya) comme père.

L'âge du garçon que l'on présente à l'initiation varie selon la caste à laquelle il appartient. En général, il est de sept à huit ans pour un brahmine, onze ans pour un kshatriya et douze ans pour un vaishya. L'époque indiquée pour la célébration de la cérémonie est le printemps pour un brahmine, l'été pour un kshatriya et l'automne pour un vaishya, mais cette règle paraît être peu observée de nos jours. Autrefois, l'enfant qui allait être initié devait porter une pèlerine, avoir une ceinture et tenir un bâton à la main. La pèlerine d'un brahmine était en peau d'antilope noire, celle d'un kshatriya en chevreuil vulgaire et celle d'un vaishya en chèvre. La ceinture d'un brahmine était faite d'herbe tressée, celle d'un kshatriya de boyaux séchés (comme les cordes de nos instruments de musique) et celle d'un vaishya en laine. Le bâton d'un brahmine arrivait à la hauteur de ses cheveux, celui d'un kshatriya à la hauteur de son front et celui d'un vaishya à la hauteur de son nez. L'espèce de bois dont le bâton était fait différait également. Toutes ces prescriptions sont à peu près tombées en désuétude. Dans certaines familles le jeune homme est vêtu d'étoffes de la couleur jaune-orange qui est celle portée par les sannyâsins.

Immédiatement après son initiation commençait comme il vient d'être dit, la période d'études reli-

1. Yoguis à la porte d'un temple.

*Toutes les photographies illustrant cet ouvrage appartiennent à la collection de l'auteur.*

2. Mosquée à Bénarès sur les bords du Gange.

3. Intérieur du temple de Madoura.

4. Bénarès, le Quai des crémations.

5. Une rue dans le quartier du Fort à Bombay.

6. Bénarès, le Quai des crémations.

7. Bénarès, le Quai Dasashwameda.

8. Le Gange près du temple d'Adikeshava,
en aval de Bénarès.

9. Les idoles du temple de Jaggatnath à Pouri.

10. Image populaire éditée par la Société pour la protection des vaches. *Les dieux hindous sont représentés comme habitant différentes parties de la vache. Un démon s'avance, sabre levé, pour tuer la vache. Le roi de justice, le Dharmarajah, lui crie de s'arrêter. Sous la vache, trois Hindous, un Parsi, un Européen et un Musulman se font servir du lait chacun en ayant demandé dans sa langue. Au-dessus de l'Européen, il est écrit en anglais : « Give me milk ».*

11. Shakti sous la forme de Chinamastha.

12. Jeunes brahmines acteurs dans les rôles de Rama et de Sita. ►

13. La veuve de Ramakrishna. ▲

14. Alexandra David-Neel en Rikshaw lors de sa seconde visite à Ceylan. ▼

gieuses, aujourd'hui supprimée la plupart du temps. Nous aurons à revenir sur celle-ci et à jeter un coup d'œil sur son aspect dans l'antiquité indienne et sur les traces qu'elle a laissées dans le comportement des gourous modernes. Auparavant il convient que nous fassions connaissance avec le gourou familial héréditaire, variété du genre qui « sévit » toujours parmi le monde des hindous orthodoxes. Beaucoup de ceux-ci le considèrent comme un fléau sans avoir le courage de s'en débarrasser.

Ce gourou – toujours un brahmine – préside à tous les événements qui se produisent dans la famille : naissances, initiations, mariages, morts; il y apporte la note religieuse en célébrant les rites prescrits pour ces différentes occasions. La plupart du temps, le père du gourou actuel et, avant ce dernier, son grand-père et son arrière-grand-père ont exercé les fonctions de gourou chez les ascendants de la famille existant aujourd'hui; de même son fils, son petit-fils lui succéderont en tant que gourous des descendants de la famille. Il existe ainsi des familles hindoues qui, depuis très longtemps, sont liées à une famille particulière de gourous. Il est possible de rompre ce lien, de révoquer le gourou, d'en choisir un autre, mais cela est considéré comme une sorte de péché propre à entraîner des conséquences funestes. La majorité des chefs de famille se résignent donc à subir la rapacité de leur brahmine salarié tout en ne se gênant pas de s'en plaindre hors de sa présence.

Autrefois ces gourous s'attribuaient des droits extraordinaires sur les familles qu'ils étaient censés guider dans les voies spirituelles. Un de ces droits bizarres ressemblait au « droit du Seigneur » au temps de notre féodalité. Le gourou avait le droit et, même, le devoir d'étrenner la mariée immédiatement après la cérémonie du mariage. A cet effet, un coin de la salle où celle-ci avait été célébrée, ou une pièce contiguë, en était isolé par des rideaux. A un moment donné, la mariée, généralement une fillette de huit à onze ans, passait derrière le rideau et y trouvait le gourou. Il lui était prescrit de lui dire : « Je suis Radha, tu es Krishna » (allusion à Radha la maîtresse de Krishna) (1). Alors le gourou s'emparait d'elle et, son « office » terminé, il donnait un signal sur lequel des musiciens se mettaient à jouer un air bruyant.

Il est douteux que cette coutume soit encore souvent suivie, mais on n'oserait affirmer qu'elle est complètement abolie et qu'on n'en puisse signaler des exemples modernes.

Voici un fait dont je tiens le récit d'un témoin oculaire et qui ne remonte qu'à une vingtaine d'années.

Il s'agissait du mariage d'un étudiant appartenant à la fraction des intellectuels progressistes. Par contre, la fiancée était la fille d'ultra-orthodoxes hindous réactionnaires. Suivant les anciens usages le jeune homme ne l'avait jamais vue, le mariage ayant été arrangé par les familles des futurs conjoints.

Le fiancé acceptait de se soumettre aux vieilles coutumes, mais jusqu'à un certain point seulement; il n'admettait pas que le gourou, un homme d'âge mûr, initiât avant lui, aux secrets de l'union conjugale, la fillette qu'il épouserait.

Toutes les objections qu'il aurait pu faire à ce sujet à ses parents ou à ceux de sa fiancée se seraient heurtées à leur entêtement, il le savait : le rite séculaire devait être accompli. Rendu furieux par son impuissance à y faire renoncer et décidé, d'autre part, à en empêcher la consommation, il s'avisa d'une intervention originale. De connivence avec quelques-uns de ses amis, il dissimula un solide gourdin dans la salle où le mariage devait avoir lieu. Puis à la fin de la cérémonie, quand la

(1) Voir p. 102 et suivantes.

mariée passa derrière les rideaux en balbutiant la phrase consacrée : « Je suis Radha, tu es Krishna », le nouvel époux, son gourdin en main se précipita derrière les rideaux, se saisit du gourou comme il mettait la main sur la fillette et, avant que les assistants stupéfaits aient eu le temps de s'y opposer, il lui administra une raclée d'importance.

Alors, se tournant vers les musiciens, il leur cria :

– Vous pouvez y aller!... Musique!...

Cela est un fait exceptionnel. Quoi que le gourou fasse, le disciple doit croire qu'il a d'excellentes raisons de le faire et que ses actions les plus apparemment blâmables – même ivrognerie ou débauche – n'entachent en rien l'excellence de son caractère (2) et ne peuvent dispenser le disciple du culte de véritable adoration qu'il doit à son gourou.

« Le gourou est Brahmâ, le gourou est Shiva, le gourou est le roi des dieux (Mahesvara). Le gourou est même l'Etre Suprême (Parabrahm). Salut à ce Seigneur gourou », dit un hymne de louange au gourou.

Sans nous en référer aux idées qui prévalaient dans l'antiquité au sujet du gourou et de son rôle, voyons ce qu'en pense un Indien, notre contemporain, ayant reçu une éducation occidentale et habitant New York où il prêche la variété de philosophie Védanta préconisée par Vivekananda.

Dans l'introduction d'une traduction de l'ouvrage de Shankarâcharya : *Atmabodha* (la connaissance du « Soi ») Swâmi Nikhilânanda écrit :

(2) Certains des « gourous » exotiques ou pseudo-exotiques opérant dans nos pays tentent d'y acclimater des idées de ce genre parmi leurs dupes et, malheureusement, ils y réussissent.

« La tradition hindoue appuie fortement sur le fait que, pour être efficaces, les connaissances d'ordre spirituel doivent être transmises d'un homme vivant à un autre homme vivant. Les livres peuvent fournir des informations, mais ne peuvent donner l'inspiration. La religion qui n'est pas transmise, mais simplement prêchée, dégénère en sermons intellectuels. L'antique sagesse de l'Inde nous est parvenue par une lignée ininterrompue de Maîtres religieux. »

D'autres vont plus loin encore et déclarent que tout ce que l'on peut apprendre par soi-même comme philosophie religieuse est une « connaissance volée » et que le « voleur » est coupable d'un crime dont il aura à subir le châtiment.

D'après ce que j'ai pu constater moi-même dans l'Inde moderne et d'après les histoires relatives à des gourous des siècles passés, je suppose que les Indiens ont toujours été prodigues du titre vénérable de gourou et l'ont distribué à tort et à travers à des intellectuels hautement respectables, à des dévots hallucinés et à d'impudents imposteurs de la plus méprisable espèce.

Le besoin de révérer un maître ou de se faire révérer comme maître paraît inné chez les Indiens et la faculté qu'ils ont, de s'illusionner sur le caractère et les mérites des guides spirituels qu'ils se donnent, est invraisemblable. Je sais bien que la même observation peut être faite au sujet des chefs religieux ou politiques que suivent les masses occidentales. Ne nous enorgueillissons donc pas d'une supériorité que nous ne possédons pas. Mais c'est des Indiens, non de nous qu'il s'agit. Ils ne sont pas aussi aveugles qu'ils peuvent le paraître à un étranger car ils ont élaboré, quant à la valeur des objets de leur vénération et à l'efficacité de ceux-ci, des théories d'une jolie subtilité.

Peu importe, disent-ils, la valeur propre du gourou que l'on vénère. Peu importe également la valeur du dieu que l'on adore. Le gourou peut être un homme vulgaire ou même répréhensible du point de vue de la moralité courante. Quant au dieu, peu importent les actes qu'on lui prête dans son histoire, peu importe même qu'il existe ou qu'il n'existe pas. Ce qui compte, ce sont les sentiments que le gourou ou le dieu fait naître en nous. L'un comme l'autre remplissent le rôle d'excitateurs et mettent en action en nous des énergies qui autrement demeureraient dormantes. Une pierre que l'on adore n'est qu'une pierre, mais la ferveur de l'adorateur peut produire en lui des transformations mentales et même physiques qui en font un nouvel individu.

Ainsi, il est recommandé de ne pas éplucher la conduite de son gourou, de ne pas investiguer l'étendue de son érudition ou de son intelligence puisqu'en somme ce n'est pas absolument de lui que dépend le bénéfice recherché par le disciple, mais que ce bénéfice est plutôt le fruit des sentiments du disciple lui-même (3).

Il y a un fond indéniable de vérité dans cette théorie, elle repose sur des observations correctes dans le domaine psychique, toutefois les Indiens sont malheureusement trop enclins à l'étendre au-delà des limites raisonnables. Le nombre des hom-

(3) On pourra comparer ici l'attitude des Tibétains envers leurs gourous. Eux aussi savent s'accommoder de leurs imperfections, mais pour d'autres raisons que celles auxquelles les Indiens obéissent. Les Tibétains, en tant que bouddhistes, dénient l'existence d'un *ego* (moi, âme, ou quel que soit le nom qu'on lui donne) permanent. Ils affirment que notre « moi » n'est qu'un enchaînement de transformations, un agrégat dont les éléments matériels et les éléments mentaux agissent et réagissent les uns sur les autres et sont continuellement échangés avec ceux des agrégats (des « moi ») voisins. Ainsi l'individu comme ils le voient, est semblable au courant rapide d'une rivière ou à un tourbillon présentant de multiples aspects. « Les disciples intelligents savent reconnaître dans cette succession d'individualités apparaissant dans leur gourou, celles de qui des leçons et des avis utiles peuvent être obtenus. Afin de s'en assurer le bénéfice, ils supportent les manifestations d'ordre inférieur qui se produisent dans ce même gourou, tout juste comme ils attendraient patiemment parmi une foule vulgaire, le passage d'un sage. » (A. David-Neel, *Initiations Lamaïques*.)

mes intelligents, lettrés, que j'ai vus se faire les disciples serviles d'individus vulgaires ou même de francs charlatans, est considérable.

Je dois confesser qu'étant donné mon penchant à la taquinerie, je me suis parfois laissée aller à des plaisanteries quelque peu méchantes à l'égard de certains gourous. Voici une de celles dont j'ai été coupable :

Un avocat indien de culture européenne m'avait fortement vanté les hautes capacités intellectuelles et la profonde sagesse de son gourou. Comme il était cultivé et intelligent, j'avais conclu que l'homme qu'il avait choisi pour son guide spirituel ne devait, en effet, pas manquer de mérite. J'acceptai donc avec empressement l'invitation qui me fut adressée d'aller causer avec cet éminent gourou.

Je trouvai celui-ci dans un petit pavillon agréablement situé au milieu d'un jardin. Le gourou, un homme d'âge mûr, se déclara poète. Il me lut des vers de sa composition sur le sujet, passablement banal, de la mort qui nous attend tous. Ces vers n'avaient rien de remarquable, mais leur auteur manifestait clairement qu'il les jugeait sublimes. Il se donna quelque peine pour m'expliquer leur sens qui était parfaitement clair : tous nous mourrions, nous devions nous pénétrer de cette vérité.

Discernant que malgré les compliments que je lui adressais, mon admiration demeurait tiède, le bonhomme ayant échoué comme poète, tenta de s'exhiber comme un contemplatif de puissante envergure.

La concentration profonde (*samâdhi*) est considérée par les Indiens comme le signe d'un haut degré de perfection spirituelle. Elle l'est, en effet, mais pour peu qu'on y soit entraîné, *samâdhi* peut se contrefaire ou bien être produit par des causes qui n'ont rien de spirituel. Les signes extérieurs les plus apparents de cet état de concentration d'esprit sont l'immobilité absolue, une diminution notable de l'activité de la respiration et du nombre et de la force des battements du cœur.

Voici donc le gourou qui s'immobilise, le torse droit, les yeux fixes sous les paupières à demi baissées. Il demeure ainsi, pareil à une statue. Je devine qu'il attend le moment où je me prosternerai lui rendant hommage et où je quitterai silencieusement la chambre.

Nous ne sommes pas seuls; trois des disciples du « saint homme » sont là.

Et moi aussi je m'immobilise : mes yeux demeurent fixes sans le moindre battement de paupière, aucun mouvement ne décèle ma respiration ralentie. Intérieurement, la méchante créature que je suis se dit : « Vas-y, mon bonhomme, c'est toi qui lâcheras le premier! »

Cependant le temps passe. Les disciples sont passablement stupéfaits. Ce ne sont pas des minutes qui s'écoulent, mais plusieurs heures; il va faire nuit. Le gourou renonce enfin à sa posture rigide, peut-être est-ce l'heure de son repas. Il s'étire, se lève et s'en va. Je ne bouge toujours pas. Ce n'est qu'environ une forte demi-heure plus tard qu'à mon tour, je m'étire, regarde autour de moi et me lève.

– Notre gourou vous a mise en état de *samâdhi* tandis qu'il s'y trouvait lui-même, me disent les disciples.

La croyance qu'un maître peut causer – volontairement ou non – un état de complète absorption chez ceux qui se trouvent auprès de lui tandis qu'il y est lui-même plongé, est courante dans l'Inde. Elle repose sur des faits véritables et dûment constatés, mais tel n'était pas mon cas; toutefois je me gardai bien de confesser que j'avais voulu mystifier le gourou qui m'avait paru trop « poseur ». Je crois d'ailleurs qu'il ne s'était pas plus laissé prendre à ma petite comédie que je ne m'étais laissée prendre à la sienne.

Renseignements pris, ce gourou avait la réputation d'être fort honnête et vertueux en plus d'une manière. On pouvait lui pardonner sa petite vanité et l'estimer, mais de là à en faire son guide spirituel, je trouvais qu'il y avait loin.

Ce gourou-poète était un laïque et bien que les sadhous et les sannyâsins (4) soient plus spécialement recherchés comme maîtres spirituels, un grand nombre de laïques assument ce rôle et ne manquent pas de disciples. Certains de ces maîtres laïques sont des personnalités remarquables, d'autres sont d'un comique désarmant.

Je me permettrai de rappeler ici le spectacle que me donna l'un de ces derniers, tel que je l'ai décrit dans un livre précédent (5) :

Un soir à Calcutta, où je logeais chez des amis dans la ville indigène, j'aperçus par une fenêtre deux individus assis par terre à l'indienne, les jambes croisées, en face l'un de l'autre, dans un hangar situé en face de ma demeure. L'un d'eux n'était vêtu que d'un pince-nez et l'autre s'en tenait, comme costume, à une simplicité édénique qui ne lui seyait, ma foi, pas mal.

L'homme au pince-nez était le gourou et donnait, à son élève attentif, une leçon sur les exercices concernant la respiration, d'après la méthode du Hatha yoga. Je le voyais se boucher, alternativement, l'une puis l'autre narine, expirer violemment ou lentement, retenir son souffle tandis que d'un air suffisant il indiquait du doigt les veines de son cou et de ses tempes que l'effort faisait saillir.

Après diverses acrobaties, le maître et l'élève s'accroupirent, portés seulement sur leurs orteils, et se mirent à bondir en se donnant des coups de talon dans le bas des fesses. Le premier avait enlevé son pince-nez; il le tenait maintenant à la main et

(4) Voir chapitre suivant.
(5) Voir : *Initiations Lamaïques*, p. 113 (Ed. ADYAR).

s'en servait comme un chef d'orchestre de son bâton, pour marquer la mesure et diriger la danse tout en encourageant le novice de la voix et du geste.

Une bougie fichée en terre éclairait cette scène. La leçon dura jusqu'à ce qu'elle fût consumée.

Quelques jours plus tard, un matin, je vis sortir de la maison qui me faisait vis-à-vis, un Indien correctement vêtu à l'européenne. Sa figure ornée d'un pince-nez retint mon attention. Je reconnus le gourou nu de la séance nocturne. Quelle profession pouvait-il exercer quand il était habillé? Renseignements pris, je découvris qu'il était vendeur dans un grand magasin de nouveautés.

En une autre occasion, j'entendis parler d'un gourou qu'un bon nombre de disciples tenaient en particulière estime. Cette fois je fus d'emblée renseignée quant à sa profession « civile ». Il était commis de banque, mais brahmine. C'était au moment où les hindous célèbrent la grande fête en l'honneur de la déesse Dourga – le *Dasahara* communément désigné comme *Dourga poudja*; le gourou m'invita à assister chez lui à la cérémonie du prâna pratishtâ (6).

Je trouvai une cinquantaine de personnes réunies en face de l'autel qui était dressé dans le jardin de l'habitation. En tant que brahmine, le maître de la maison, le gourou, officiait de lui-même. On me fit remarquer qu'il avait soin de placer autour de lui, aux premiers rangs des assistants, près de l'autel, ceux de ses disciples appartenant à la caste brahminique. J'étais accompagnée par un de mes amis indiens, un haut magistrat.

Il convenait que le respect dû à la situation sociale de celui-ci fût témoigné et, en même temps, il convenait de tenir ce non-brahmine (le magistrat

(6) Voir p. 32 et 72.

était de caste vaishya) à quelque distance de l'autel. Cette difficulté avait été résolue en plaçant un fauteuil pour lui sur une petite terrasse précédant l'entrée de la maison. Un autre fauteuil m'y était destiné au double titre d'étrangère de marque et d'impure barbare (mlechcha).

La cérémonie terminée, les assistants, avant de se retirer, touchèrent du bout des doigts les pieds du gourou : « prirent la poussière de ses pieds » comme on dit si joliment dans l'Inde, et je fus passablement stupéfaite de voir le grave et très distingué magistrat se courber et faire le même geste de dévotieuse humilité. Ma surprise ne lui échappa pas, il sourit. J'étais un peu gênée et je tentai une diversion, mais ma pensée demeurait occupée par l'apparent désaccord existant entre les témoignages de respect témoignés à notre hôte et son humble condition sociale, et je revins sur ce sujet.

– Je pense, dis-je au magistrat, que ce digne homme, auquel on prodigue tant d'égards chez lui, se verra peut-être demain très brutalement interpellé par son chef de bureau et menacé sans ménagement d'être flanqué à la porte s'il commet l'une ou l'autre bévue.

– Il en sera exactement ainsi, répondit mon interlocuteur. En tant qu'hindou j'ai rendu à la caste à laquelle notre hôte appartient, l'hommage qui lui est dû. Vous me comprenez, n'est-ce pas? je me suis courbé devant le « brahmine », pas devant le babou (7). Que son chef tance le babou s'il le mérite, ce sera bien, quant à moi, je n'inviterai pas dans ma maison cet insignifiant commis; ni moi ni les miens ne fraierons avec lui. Tout cela est très bien, chacun et chaque chose à sa place; l'Inde l'a compris et c'est parfait.

(7) *Babou* : un titre donné aux Indiens ayant reçu une certaine éducation et remplissant les emplois de clercs, de commis, de rédacteurs, etc.

Cette déclaration me rappelait l'attitude des riches dames soudras envers le brahmine salarié qui célébrait les rites religieux dans leur demeure.

Si c'était parfait, je n'avais rien à répliquer. Il ne me restait qu'à crier : Vive l'Inde! *Jai Hind!* Et j'étais toute prête à le faire une fois de plus, non point que mon ami le magistrat m'eût pleinement convaincue, mais parce que... parce que j'aime l'Inde, un peu parce qu'elle est en maints points admirable... et beaucoup parce que là-bas, il y a longtemps, dans cette sorte de temple qu'était alors le musée Guimet, l'Inde a jeté sur moi un charme dont je ne me suis jamais libérée.

J'avais déjà pris congé et je sortais du jardin lorsqu'un des invités, un étudiant nommé Râm Dass, se détachant du groupe qui entourait encore le gourou, courut vers moi.

– J'ai fait part au gourou de votre désir d'avoir un entretien avec lui, me dit-il. Il veut bien vous recevoir demain à 2 heures.

Quelque temps auparavant Râm Dass m'avait vanté la profonde érudition de son maître, concernant les différentes branches de la philosophie Védanta et je lui avais en effet, exprimé le désir de causer avec son érudit gourou. Ce désir s'était passablement affaibli pendant le poudja auquel je venais d'assister; l'air de vaine suffisance, avec lequel Banerdji officiait, m'inclinait à douter de sa compréhension en matière intellectuelle ou spirituelle. Néanmoins je ne pouvais, en refusant l'entrevue qu'il avait sollicitée pour moi, infliger un affront à un aimable garçon qui croyait m'obliger.

Le lendemain je retournai donc à la demeure du gourou. Je traversai le jardin sans rencontrer personne; je montai les marches du petit perron et m'apprêtai à frapper à la porte de la maison, mais je n'eus pas à en prendre la peine, celle-ci était ouverte, permettant de contempler une tableau bizarre.

Dans un corridor étroit le gourou était allongé de tout son long sur une natte. Pour rendre sa couche plus fraîche, des feuilles de bananier avaient été placées sur son oreiller et formaient autour de sa tête une large auréole verte. D'autres feuilles émergeaient de sous ses reins, mettant en relief un pagne de léger coton blanc très court et pas mal révélateur – le seul vêtement qu'il portât. Enfin, sur d'autres feuilles encore, celles-là disposées en rond et en plusieurs étages, simulant une large fleur – un lotus, j'imagine – reposaient les pieds nus du gourou – alias babou Banerdji, commis de banque.

Un jeune homme était accroupi à la hauteur de la tête de cette idole vivante, un autre près de ses pieds. Chacun d'eux tenait une branche de palmier avec laquelle il éventait celle des extrémités du maître commise à ses soins.

Mon réflexe immédiat fut que le corps ainsi décoré et exposé était celui d'un mort. Mais non, la poitrine se soulevait légèrement; le gourou dormait... ou feignait de dormir. Il avait fixé l'heure de notre entrevue, il devait donc s'attendre à ma visite; l'avait-il oubliée? C'était peu probable; la mise en scène que je contemplais devait avoir été combinée à mon intention avec le désir de « m'épater », comme aurait dit un gamin de Paris. S'il en était ainsi, le but visé n'avait pas été atteint, le bonhomme presque nu, allongé entre des rosaces de verdure, ne me paraissait nullement imposant, il évoquait plutôt, dans mon esprit, le souvenir de certaines pièces de bétail primé, aux vitrines des bouchers.

Cependant le jouvenceau, qui éventait les pieds du gourou, me désigna d'un geste un tabouret très bas placé dans l'embrasure de la porte et, silencieusement, m'invita à m'y asseoir. De là, j'aurais pu contempler à loisir l'homme étalé devant moi. Pour combien de temps?... Evidemment jusqu'à ce que, jugeant avoir suffisamment éprouvé mon humble soumission, le maître daignât ouvrir les yeux et s'apercevoir de ma présence. Il me fut impossible d'accorder plus d'une seconde à cette idée saugrenue, le fou rire me prit et je me sauvai en proie à une irrésistible hilarité.

⁂

La secte des Brahmos a fourni à l'Inde moderne plusieurs éminents gourous laïques : et, d'abord, le fondateur de la secte, Raja Rammohan Roy (1774-1883).

Rammohan Roy était un érudit distingué : outre le sanscrit, la langue sacrée de l'Inde, il savait l'arabe, le persan et l'anglais. Il entreprit une réforme religieuse basée, disait-il, sur les Védas qui proclament l'unité de Dieu et dans lesquels rien ne justifie le culte des idoles.

Son disciple Dévendranath Tagore (1817-1905), dénommé le Mahârshi (mâha-rishi, grand sage) devint, après lui, le chef des Brahmos et leur donna une nouvelle direction spirituelle. En hindou orthodoxe, Dévendranath se proposait d'appuyer sur les Oupanishads les croyances proposées aux Brahmos, mais, confesse-t-il avec candeur dans ses Mémoires, les déclarations panthéistes (8) qu'il y rencontrait ne lui plaisaient pas. Dès lors, sur quoi baser le brahmoïsme puisqu'il ne pouvait l'être ni sur les Védas ni sur les Oupanishads? Tandis qu'il se posait cette question, il découvrit qu'il existait cent quarante-sept Oupanishads, alors que jusque-là, il n'en avait connu que douze (9), celles sur lesquelles Shankarâcharya a écrit des commentaires suppor-

(8) Telles que les affirmations : « Je suis Brahman », c'est-à-dire : je suis l'Etre absolu, une déclaration panthéiste.

(9) Les plus anciennes Oupanishads, tandis que par la suite, chaque secte en a produit une multitude d'autres de tendances différentes qui occupent dans l'hindouisme une place quelque peu analogue à celle des évangiles apocryphes dans le christianisme primitif.

tant la doctrine *advaita* : « l'Un sans second » (10) et de l'irréalité du monde des phénomènes comparé à un mirage (mâya).

Dans la quantité de textes qu'offraient ces nombreuses Oupanishads dues à des auteurs différents et composées à des siècles d'intervalle, il était aisé de découvrir des passages propres à étayer les idées de son choix. Dévendranath Tagore n'y manqua point, mais surtout il s'en remit à son inspiration et composa une Oupanishad de plus : la Brahmi Oupanishad qu'il déclare être le couronnement des précédentes.

Il rédigea aussi une règle de conduite à l'usage des Brahmos et un rituel.

Dévendranath Tagore appartenait à une famille riche et était soutenu par des amis généreux. J'extrais de ses Mémoires la description du lieu de culte qu'il avait édifié au troisième étage du siège de l'association des Brahmos.

« Un dais de marbre blanc abritait le siège du lecteur; l'estrade du chœur chantant les hymnes et les galeries pour les assistants étaient artistiquement décorées. L'éclairage du hall se faisait par des chandeliers en cristal. »

Dévendranath Tagore enseignait un théisme qui trouvait sa place dans le cadre très vaste de l'hindouisme. Son rejet du culte des idoles ne l'excluait pas du sein de l'orthodoxie, car si l'hindouisme admet le culte des images, il ne l'enjoint pas expressément.

Un schisme se produisit et un nouveau gourou surgit au sein des Brahmos. Il s'appelait Keshab Chandra Sen (1838-1884). Vers 1865 il proposa à Dévendranath Tagore de décréter qu'il serait dorénavant interdit aux ministres du culte et aux prédicateurs brahmos de conserver aucun signe distinctif de caste ou de secte. Ce qui était particulièrement visé était le port du cordon sacré, insigne des trois

(10) Monisme.

castes supérieures. Keshab Chandra Sen proposa encore diverses autres innovations qui furent repoussées par Dévendranath Tagore. Cela amena une rupture et Keshab Chandra Sen, suivi par un grand nombre de Brahmos, fonda le « Brahmo samaj de l'Inde » tandis que la dénomination d'Adi (original-primitifs) Brahmos demeurait aux fidèles de Dévendranath Tagore.

Très éloquent, Keshab Chandra Sen parcourut toute l'Inde, prêchant ce qu'il appelait une religion universelle. Il fit des conférences en Angleterre où il fut reçu par la reine Victoria.

Cependant, une partie des adeptes de Keshab Chandra Sen se séparèrent de lui à l'occasion du mariage de sa fille avec le mahârajah de Couch Béhar. Ils reprochaient à leur gourou d'avoir marié la jeune fille alors qu'elle n'avait pas encore atteint l'âge fixé par la loi (11) et aussi, d'avoir autorisé, à l'occasion de ce mariage, la célébration de rites idolâtriques.

Cette scission donna lieu à la fondation d'une troisième branche de Brahmos : le Sadharan Brahmo samaj.

Les Adi Brahmos sont demeurés essentiellement hindous, ils n'admettent pas le mariage entre gens appartenant à des castes différentes. Au contraire, les Sadharan Brahmos rejettent totalement le système des castes et celui du *purdah*, c'est-à-dire la réclusion des femmes.

Du point de vue doctrinal les deux branches des Brahmos issues du schisme de Keshab Chandra Sen ont assimilé des éléments empruntés à l'islam et au christianisme. Leur culte, auquel j'ai assisté, comprend des prières liturgiques et d'autres improvisées par les fidèles, toutes d'une longueur excessive.

(11) Quatorze ans, suivant la loi édictée à cette époque par l'administration anglaise. Le gouvernement de l'Inde indépendante a fixé l'âge légal à quinze ans. Les hindous mariaient leurs enfants à n'importe quel âge et sans que l'âge des conjoints s'accordât. Une enfant de cinq ans pouvait être donnée comme femme à un homme de soixante.

Les Brahmos sont peu nombreux, mais forment une élite intellectuelle parmi laquelle se détachent des personnalités de premier plan.

La famille Tagore a aussi donné à l'Inde l'un de ses plus grands gourous laïques contemporains, le célèbre poète Rabindra Nath Tagore. S'il eut, comme tous les gourous, un cercle de disciples intimes, Rabindra Nath visa particulièrement à étendre à une nombreuse jeunesse l'enseignement qu'il préconisait. Celui-ci formait un ensemble complexe de principes que dominait l'idéal du brahmacharya selon le mode antique.

Cet idéal, nous l'avons exposé, consiste à consacrer à l'étude de nombreuses années de sa jeunesse, en vivant auprès d'un maître dans le calme de la forêt. De ce programme, Rabindra Nath Tagore retint ce qui en était compatible avec les mœurs de notre époque.

Dans une vaste propriété dénommée Santiniketan (demeure de la paix) non loin de Bolpour, Rabindra Nath Tagore fonda un collège. A cause de l'éloignement de celui-ci des grandes villes, le régime des élèves ne pouvait être que l'internat et ce régime répondait à la règle du brahmacharya : la cohabitation de l'élève avec son maître.

Le but du fondateur n'était pas simplement de donner aux pensionnaires de Santiniketan une instruction scientifique moderne, ce à quoi il visait, c'était de former une génération d'Indiens qui, tout en possédant des connaissances scientifiques étendues, conserveraient l'attitude spirituelle traditionnelle de la vieille Inde.

J'ai pu goûter à Santiniketan l'atmosphère toute particulière de recueillement dans laquelle on baignait. Des cours étaient donnés à l'ombre de grands arbres et l'on voyait ensuite les étudiants se disperser dans le parc, un livre à la main. Le cadre était idéal pour faciliter l'étude et la réflexion.

Les professeurs logeaient dans de petites maisons construites dans l'enclos du collège ou à proximité de celui-ci; leurs demeures étaient d'une simplicité austère, égale à celle qui régnait dans tout le collège. Notre grand sanscritiste Sylvain Lévi résida pendant quelque temps dans l'une de celles-ci lorsqu'il donna, à Santiniketan, un cours supérieur de sanscrit et y commenta des textes sacrés.

Le collège admettait des jeunes filles; cette tentative de coéducation était une innovation hardie alors que sévissait encore très fortement dans l'Inde, le système du *purdah* qui tenait les femmes cloîtrées dans leurs appartements et ne leur permettait de paraître devant aucun homme, en dehors de leur mari et de leurs proches parents. De nos jours cette règle s'est considérablement relâchée sans être, toutefois, complètement abolie.

A Santiniketan, la journée commençait par un service religieux dans le *mandir*, une vaste salle strictement dépourvue de statues ou d'images de déités. Toute la population du collège y était réunie, chantait des hymnes ou écoutait une courte lecture. Une réunion semblable avait lieu le soir et d'autres, aussi, à l'occasion de maintes fêtes religieuses.

La gravité douce de cette thébaïde de jeunes ermites studieux s'égayait par ce qui m'amusa, comme étant le produit de l'imagination d'un poète. Dans un gros arbre du parc, Rabindra Nath s'était construit un nid. Ce nid consistait en une cabane minuscule accrochée aux branches de l'arbre. Elle avait un rez-de-chaussée et un étage supérieur. Le rez-de-chaussée servait de cuisine, on y préparait les repas du maître quand il passait des jours de retraite à l'étage supérieur, perdu dans le feuillage. Le souvenir irrévérencieux des guinguettes de Robinson me fit sourire devant ce nid si semblable à ceux qui reçoivent de joyeux dîneurs dans le voisinage de Paris. Mais combien différentes des leurs étaient les pensées du gourou, poète et éducateur, reclus dans son ermitage aérien!

Certains se sont représenté Rabindra Nath Tagore comme un dissident de l'hindouisme, c'est là une erreur; il y demeurait foncièrement attaché et croyait plutôt, comme le « saint » de la famille Tagore, Devendranath Tagore, qu'il épurait la religion nationale en la ramenant plus près de sa forme antique. Dans la parenté de Rabindra Nath, l'attachement aux lois religieuses de l'hindouisme était tempéré par l'effet de l'éducation occidentale, de séjours en Angleterre et de la fréquentation des étrangers, mais il ne laissait pas que de se manifester. Dans une soirée donnée à Jorasanko (Calcutta) la maison ancestrale des Tagore, je vis les hommes de la famille boire du vin, une grave infraction aux règles de l'hindouisme qui rend impur celui qui la commet, mais les dames de la maison, parmi lesquelles se trouvaient des lettrées distinguées, ne parurent pas, à cause de la présence de gentlemen anglais.

Parmi les si jolis contes écrits par Rabindra Nath Tagore, il en est un dont le titre m'échappe présentement, qui dénote clairement que son auteur n'entendait nullement saper complètement les vieilles conceptions hindoues, concernant l'attitude de soumission requise des femmes dans le mariage.

C'est l'histoire d'une Grisélidis (12) indienne. Ses yeux sont malades et son mari, un étudiant en médecine, ignare et vaniteux, entreprend de la soigner à sa manière. Le résultat est une aggravation du mal; la vue de la pauvre femme devient de plus en plus mauvaise. Le frère de celle-ci s'interpose, veut consulter un oculiste, le mari le défend et continue à imposer ses médicaments que la femme, en épouse soumise, continue aussi à employer, bien qu'elle sente qu'ils la conduisent à la cécité. Son

(12) Grisélidis, marquise de Saluces, martyrisée par son mari, héroïne d'une légende du XI$^{e}$ siècle.

frère ne pouvant pas vaincre l'opposition du mari, quant à l'intervention d'un oculiste, se fait indiquer par l'un d'eux des remèdes qui semblent indiqués. L'épouse, toujours soumise, jette dans le puits les fioles de médicaments que son frère lui apporte. La voici devenue complètement aveugle. Elle s'efforce d'accomplir, sans y voir, ses travaux de ménagère pour servir son mari. Celui-ci devient impatient des maladresses que la pauvre aveugle commet. Il s'apprête à prendre une autre femme, l'épouse martyre ne proteste pas, elle accueillera affectueusement la nouvelle venue. Cependant son frère empêche que ce mariage s'accomplisse. Il reproche à l'inhumain mari le mal qu'il a causé. Alors, allant au-devant d'un repentir qui ne s'est pas encore manifesté et ne paraît pas devoir l'être, l'aveugle fait cette déclaration effarante pour nous : « Ne t'afflige pas : c'est par toi que j'ai perdu la vue, songe combien il aurait été malheureux que je l'aie perdue par la faute d'un autre! »

Tout cela est fort joliment écrit par notre poète, mais là n'est point la question. La question, c'est l'approbation tacite donnée à la conduite de l'infortunée sotte, esclave de l'antique tradition hindoue, qui enjoint à l'épouse une soumission sans limite. Evidemment, nous ne pouvons pas y voir l'attitude d'un innovateur progressiste.

Un côté bien peu connu de la personnalité de Rabindra Nath Tagore, c'est qu'il s'adonnait à la peinture et au dessin. J'ai eu l'occasion de voir une exposition de plus de deux cents de ses œuvres; elles étaient terrifiantes... je ne trouve pas de mot qui puisse mieux exprimer l'impression qu'elles causaient. Quelles visions troubles, émergeant du subconscient de l'artiste, avaient inspiré les images de cauchemar alignées le long des murs du hall d'exposition; quel aspect prenaient donc pour Rabindra Nath Tagore les objets familiers de notre monde? Tout en vivant dans celui-ci il avait dû en côtoyer un autre, un monde diabolique, dans lequel l'homme n'est qu'une ombre falote que guette l'animosité des choses qu'il croit inanimées.

Je me souviens d'un fauteuil, du dossier et des bras duquel émergeaient des têtes vivantes, ricanantes, narguant avec férocité celui qui s'y assiérait sans soupçonner leur présence. Des branches d'arbres ressemblaient à des tentacules. Une vulgaire jarre laissait entrevoir, sous sa forme habituelle et passive, une bête méchante aux aguets. Et les physionomies des humains représentés!... Quelles profondeurs mentales, où s'exerçaient des tortures raffinées, ne décelaient-elles pas!...

L'œuvre tout entière qui s'étalait là, offerte à l'examen d'invités privilégiés, dans une salle basse de Government House (13), était celle d'un voyant, d'un voyant qui avait contemplé un enfer beaucoup plus horrible que celui dépeint par Dante.

⁂

Parmi les gourous laïques contemporains, il convient de citer feu Sahabji Mahâraj (14), chef de la secte des Râdha-swâmis, fondée il y a près d'un siècle par Swâmi Sheo Dyal Singh – plus connu sous le nom de Râdha Swâmi – natif d'Agra.

Les doctrines philosophiques des Râdha swâmis peuvent être brièvement résumées comme suit :

L'univers comprend plusieurs divisions. La plus élevée est le Râdha-swâmi *désa* (15), qui est le séjour du pur esprit sans lien avec la matière, la seconde division est celle où l'esprit est combiné avec la pure matière (la matière en son essence) et la troisième division est celle où la matière prédomine sur l'esprit. C'est d'après les Râdha-swâmis, la

(13) La résidence du gouverneur à Calcutta, avant que les Anglais aient quitté l'Inde.
(14) Ce qui n'est pas un nom, mais un titre : le Seigneur Grand Roi.
(15) *Désa*, contrée, pays, doit être entendu ici comme « sphère ».

première qui équivaut au Dieu de la plupart des religions.

Comme entraînement spirituel les Râdha-swâmis pratiquent le yoga du son (shabda yoga) (16). Ils poussent aussi, au plus haut point, le culte du gourou. D'après eux, le gourou est une véritable divinité. Rien n'est trop bon ou trop grand pour lui. Les restes des aliments qui lui ont été servis pour ses repas et l'eau dans laquelle il s'est baigné sont considérés comme sacrés et distribués à ses fidèles, tout comme il est fait des offrandes de mets ou de l'eau des ablutions symboliques qui ont séjourné sur les autels des déités. Cela n'a rien de particulier. En plus d'un pays de l'Orient, recevoir les restes du repas d'une personnalité religieuse ou d'un rang social élevé est considéré comme bénédiction ou une marque de faveur, il en est notamment ainsi au Tibet (17). Les Indiens pensent au contraire que manger des restes d'aliments souille celui qui les ingère; pour cette raison, les Râdha-swâmis se sont attiré le sobriquet méprisant de *kourapathis* (mangeurs de restes).

Je ne puis dire jusqu'à quel point Sahabji Mahâraj approuvait et encourageait le culte du gourou, il semble toutefois, qu'en dépit de son attitude très « américanisée », il ne la condamnait pas.

Sahabji Mahâraj ne s'est pas borné à diriger ses disciples dans les voies spirituelles, il a visé à des réalisations matérielles. Près d'Agra, à Dayalbagh, il a fondé une cité conçue d'après les théories pha-

(16) A ce yoga du son se rapportent nombre de théories et de pratiques diverses. Tantôt il s'agit d'entendre, au cours d'une profonde méditation « le son primordial » que certains décrivent comme ressemblant au bourdonnement d'une abeille. Ou bien de diriger l'énergie résidant en nous (Kundalini) vers celui de nos centres physiologiques, dénommé *anâhata*, siège du son qui n'est point le résultat du choc de deux objets, mais surgit par lui-même, etc.

(17) De telles coutumes prennent même parfois un développement excessif et l'urine, voire même les excréments de dignitaires religieux ou d'individus tenus pour être des saints, sont employés comme médicaments externes et même internes. Voir à ce sujet: *A l'ouest barbare de la vaste Chine*, p. 249, 250.

lanstériennes. Ses habitants doivent obligatoirement être membres de la secte des Râdha-swâmis. Chacun d'eux continue, dans sa nouvelle résidence, l'exercice de sa profession ou en adopte une nouvelle servant mieux les intérêts généraux. La cité comprend des fabriques dont les produits sont mis en vente, les bénéfices réalisés allant au fonds commun du phalanstère. Celui-ci inclut également une banque et un bureau de poste. Des écoles à l'usage des enfants des disciples y dispensent, en plus de la matière des programmes officiels d'études, les doctrines religieuses et sociales des Râdha-swâmis. Un certain nombre des adeptes se livrent aussi à la culture pour les besoins des habitants de la petite ville. Enfin, la secte a établi des branches dans plusieurs localités.

On pourrait remplir des centaines de pages avec des descriptions de nombreux gourous qui trônent dans l'Inde, parmi un cercle plus ou moins grand de disciples, prêts à se soumettre à toutes les excentricités imaginées par leur maître.

On m'a parlé d'un de ceux-ci qui s'installe sur un petit trône et y tombe subitement, prétend-il, dans l'état de complète concentration d'esprit, dénommé samâdhi, qui suspend l'activité de l'esprit. Le gourou reçoit alors le culte qui est offert aux déités dans les temples, puis ses fidèles défilent devant lui, se prosternent et déposent à ses pieds des offrandes de monnaies ou d'objets précieux. Durant le défilé, le gourou reste impassible. Les dévots sont ensuite congédiés et la cérémonie recommence le lendemain.

Quant aux gourous qui pratiquent l'hypnotisme ou qui s'y essaient, ils sont légion. C'est là une « spécialité » plus particulièrement réservée aux gourous sadhous-yoguins, mais il ne manque pas de laïques qui empiètent sur leur domaine. Le procédé est simple. Le gourou a soin d'apprendre au disciple que l'une des méditations les plus efficaces, du point de vue du progrès spirituel, est celle qui se fait en regardant les yeux du maître. Dans ceux-ci, le disciple attentif peut contempler des visions transcendantes, en même temps qu'une énergie subtile émanant du gourou se déverse sur lui, éveillant des forces latentes et centuplant ses pouvoirs de compréhension.

Ces théories sont enrobées dans un discours fleuri à souhait; les femmes surtout, et, parmi elles, nombre d'étrangères : anglaises ou américaines, s'y montrent sensibles.

D'une idée très belle en elle-même, celle du sage qui initie le jeune homme aux résultats de ses longues méditations, le système de l'enseignement donné par le gourou en est venu à couvrir les plus absurdes pratiques et les plus grotesques individus. Ce n'est point que l'on ne rencontre de respectables gourous, j'en ai connu, mais ils sont rares et ne souffrent point de publicité faite à leur sujet.

Une des vertus les plus instamment requises du disciple est la patience. La persévérance dans celle-ci est la mesure du prix qu'il attache à l'enseignement du maître; mais en prolongeant l'attente du disciple désireux d'être instruit, les gourous les plus experts dans la connaissance des ressorts de l'esprit visent à un but plus haut : ils cherchent à donner à l'aspirant, le temps de découvrir lui-même les vérités qu'il voudrait se voir révéler.

Cette attitude classique des grands gourous a sa source dans des traditions millénaires. Nous en trouvons le type parfait, en même temps que celui de l'attitude mentale du disciple, dans le Chandyogopanishad ou, comme nous avons coutume de dire : Chandyoga Oupanishad (18).

C'est la brève histoire de Satyakâma, le jeune homme véridique, fils de Jubâlâ, qui se rend auprès d'un gourou nommé Haridrumata.

Haridrumata est un sage qui vit retiré dans la forêt. Il ne nous est point dépeint comme étant un ascète, car il est propriétaire de troupeaux.

Le début de Satyakâma dans sa vie de disciple a de quoi nous surprendre. Son gourou ne lui donne aucun enseignement, il ne lui enjoint ni d'étudier tel ou tel traité philosophique, ni de s'adonner à aucune pratique religieuse particulière : il en fait un bouvier. Parmi ses bestiaux, il choisit quatre cents bêtes malingres et les confie au jeune homme avec cet ordre laconique : « Veille sur ce troupeau, mon enfant. »

Satyakâma ne réplique pas un seul mot, il s'enfonce dans la forêt avec les bêtes commises à sa garde. Cependant, tandis qu'il marche, il forme cette résolution : « Je ne retournerai pas vers mon Maître avant que ce troupeau de quatre cents têtes n'en soit devenu un de mille têtes. »

Et nous lisons dans le texte sacré : « Ainsi de nombreuses années s'écoulèrent avant que les bêtes se soient multipliées jusqu'à devenir un millier. »

Nous sommes informés de la résolution du disciple et de la manière dont il la tient, mais le but qu'il poursuit ne nous est pas révélé. Toutefois, il est clair pour un Indien.

Le but de Satyakâma, c'est celui auquel toute l'Inde mystique rêve depuis une antiquité très lointaine. Satyakâma veut connaître ce qu'est l' « Etre en Soi » ou pour employer les termes indiens : le Brahman neutre qui est au-delà de tous les modes de manifestations, « le Nirgouna Brahman », et il veut connaître la nature du « Moi ».

Haridrumata n'ignore pas le désir du jeune

(18) Chapitre IV, section 4 et suivantes.

homme qui s'est placé sous sa direction spirituelle, cependant au lieu de lui tenir des discours philosophiques, de lui exposer des doctrines comme un Occidental s'y attendrait, il dit à l'aspirant à la Connaissance suprême : « Va-t'en garder mes vaches. »

Satyakâma ne s'étonne pas, ne demande aucune explication, ne sollicite aucune instruction et, comme il nous est dit : « De nombreuses années s'écoulent tandis qu'il demeure dans la forêt gardant le troupeau. »

Il n'a donc rien appris?... Erreur, il a tout appris. Dans la solitude et le silence, il s'est rendu capable, par une communion mystique avec son entourage, de comprendre le langage des choses et c'est là l'unique façon d'atteindre le *savoir.*

Le texte poursuit le récit à la façon imagée chère aux Orientaux. Un taureau appelle Satyakâma :

– O Satyakâma!

– Oui, Seigneur, répondit le jeune homme.

– Nous sommes devenus un millier; ramène-nous maintenant chez ton Maître. Ecoute, je vais te dire quelque chose concernant la nature de l'Etre (le Brahman).

Satyakâma écoute ce que dit le taureau et celui-ci termine son bref discours en avertissant le jeune bouvier :

– Demain Agni (le feu) t'en dira davantage.

Satyakâma se met en route, conduisant le troupeau vers la demeure d'Haridrumata et, dès la première halte, le feu l'appelle.

– Ecoute, Satyakâma, je vais t'apprendre quelque chose concernant la nature de l'Etre.

Et Satyakâma écoute.

Puis le lendemain c'est le soleil qui révèle à Satyakâma une autre chose encore, touchant la nature de l'Etre.

Le soir vient de nouveau, le jeune bouvier parque le troupeau pour la nuit et, tandis qu'il est assis, la bise se lève, elle passe sur lui et le vent l'appelle :

– Ecoute, Satyakâma, je vais te dire quelque chose sur la nature de l'Etre.

Et Satyakâma écoute...

Mais tout ce qui lui est ainsi enseigné ne fait que confirmer ce qu'il a entendu pendant ses années de solitude au cœur de la forêt, alors qu'il prêtait l'oreille aux voix des choses qui l'entouraient. Ce qui lui est enseigné, il l'a déjà *vu* dirais-je, pour employer l'expression indienne. Il l'avait *vu* alors qu'il se trouvait seul, attentif en face du jeu de l'Existence et, derrière la surface mouvante des modes d'existence, il avait perçu l'Etre (le Brahman absolu).

Aussi quand il aborde son gourou, celui-ci ne s'y trompe pas.

– Enfant, dit-il, tu parles comme si tu connaissais le Brahman. Qui donc t'a instruit?

– D'autres que des hommes, répond Satyakâma.

Des récits de ce genre se lisent révérencieusement dans l'Inde, avec le même respect que l'on donne aux hymnes des Védas, c'est-à-dire qu'on les psalmodie à voix basse sans aucune inflexion déclamatoire. Le chantonnement monotone du brahmine récitant coule toujours égal comme l'eau d'une rivière paisible, coule comme l'existence, comme le devenir multiple coule à la surface de l'Etre, le Brahman sans second de la philosophie Védanta.

L'histoire de Satyakâma nous offre un exemple type sur lequel se modèlent plus ou moins exactement tous les gourous indiens respectables. S'ils n'envoient pas leurs disciples garder le bétail dans la forêt, c'est que bien peu de gourous contemporains possèdent des troupeaux. Pour trouver une copie exacte d'Haridrumata il faut aller au Tibet.

Les cajoleries que les missionnaires emploient pour recruter des adeptes paraissent absurdes aux Indiens. D'après eux, ainsi que je l'ai déjà dit, si une doctrine a de la valeur, il convient que l'on se donne de la peine pour en être instruit. D'autre part, comme ils sont de subtils psychologues, les Indiens n'ont point manqué d'appliquer à ce propos la théorie que nous leur avons déjà entendu exprimer quant au culte des dieux. Si même une doctrine est intrinsèquement d'ordre inférieur, le zèle déployé par le disciple pour sa conquête a une valeur propre et peut agir à la façon d'une gymnastique salutaire, accroissant l'énergie et la perspicacité spirituelle de celui qui s'y exerce.

Quant au gourou il n'éprouve aucun désir de divulguer les conceptions philosophiques auxquelles il est parvenu, ni de propager les méthodes d'entraînement qu'il juge capables d'amener le perfectionnement mental des individus. Les unes et les autres n'ont de sens que pour ceux qui éprouvent une véritable soif de connaissances profondes. Cette soif, ils doivent la manifester par des actes.

L'on se tromperait aussi en imaginant que les gourous indiens – j'entends ceux qui sont dignes de ce titre vénérable – font des cours à leurs disciples. Il n'en est rien. Ils leur parlent rarement, se bornent à quelques indications concernant les méthodes à employer et la conduite à tenir pour découvrir soi-même, ce qui est à découvrir : la nature des phénomènes extérieurs, la nature de l'existence, la nature de cela que nous appelons « Moi ».

Il m'a été donné de voir de près un bon nombre d'exemples de la manière dont les gourous modernes imitent leurs prédécesseurs, d'il y a vingt-cinq siècles, en exerçant les aspirants disciples à la patience. En voici un.

Un magistrat désirait obtenir la direction spirituelle d'un *sannyâsin* qui enseignait quelques disciples. (Je reviendrai plus loin sur les gourous sannyâsins). Ce gourou habitait dans les environs de Madras à environ quatre kilomètres de la demeure du magistrat.

D'après les idées reçues dans l'Inde, arriver en voiture ou à cheval chez celui dont on veut solliciter instruction et conseils témoignerait d'un très répréhensible manque de déférence. Le magistrat fit donc la route à pied, malgré la chaleur torride et des nuages de poussière aveuglante. Arrivé devant la chambre où le gourou se tenait, il le salua en se prosternant puis resta debout près de la porte. Le maître ne lui accorda pas la moindre attention et continua à s'entretenir avec quelques disciples. Le magistrat resta debout pendant longtemps, peut-être pendant plusieurs heures. Alors le gourou, ayant congédié ses disciples, se retira dans une autre pièce dont il ferma la porte. Le magistrat se prosterna de nouveau et rentra chez lui, à pied.

Le lendemain il retourna, toujours à pied, à la demeure du maître et le résultat de sa démarche fut identique à celui de la veille.

Pendant six mois il se rendit quotidiennement auprès du *sannyâsin* et se tint debout à sa porte sans que celui-ci parût remarquer sa présence. Ces six mois étant écoulés, le maître leva, un jour, les yeux vers lui et lui commanda : « Assieds-toi. »

Une autre période de visites commença alors. Tout ce que le magistrat avait gagné, était de pouvoir s'asseoir au lieu de rester debout, le gourou ne lui adressant pas la parole.

Il se passa encore nombre de mois avant que le *sannyâsin*, apparemment satisfait de la persévérance dont le quémandeur avait fait preuve, commençât à lui donner quelques avis.

Devons-nous penser que bien que, pendant plus d'une année de visites quotidiennes, le gourou n'ait rien enseigné à l'aspirant disciple, ce dernier n'avait rien appris et qu'il avait perdu son temps et sa peine? Telle n'est pas l'opinion des Indiens qui se souviennent de l'histoire de Satyakâma et de bien d'autres analogues. Non seulement le magistrat avait fourni la preuve de l'importance qu'il attachait à s'instruire, à parvenir à la claire vision de la réalité, mais tandis qu'il cheminait par la chaleur et dans la poussière pénible de la route, le long de celle-ci, comme à Satyakâma, des connaissances qu'il ne possédait pas auparavant s'étaient manifestées à lui.

Le train qui m'a amenée à Madras vient de s'arrêter; c'est un des grands expess, les porteurs se bousculant saisissent les nombreux bagages des *sahibs* – à cette époque tous les Blancs étaient des *sahibs* : des « seigneurs ». Je laisse un peu de temps aux plus pressés pour quitter leurs compartiments et je descends à mon tour. Je n'ai pas fait trois pas sur le quai qu'un Anglais correctement habillé s'avance vers moi et me salue :

– Mrs. Nil?... me demande-t-il en prononçant mon nom à l'anglaise.

Que ce gentleman soit venu m'attendre ne m'étonne pas. Je me rends chez des orientalistes de mes amis qui résident dans le grand domaine que la société théosophique possède à Adyar, dans le voisinage de Madras. Le monsieur qui vient de m'aborder a vraisemblablement été envoyé par eux pour me prendre à mon arrivée. Toutefois, comme l'après-midi touche à sa fin, je préfère coucher à l'hôtel, situé dans la gare même, et n'aller à Adyar que le lendemain. C'est ce que j'explique en quelques mots à l'inconnu. Me répond-il?... je ne l'entends point. La foule bruyante des voyageurs nous sépare. Il me rejoint à la porte de l'hôtel, me devance pour demander une bonne chambre et commander du thé. Je suis absolument persuadée qu'il agit sur les instructions de mes amis. Je lui adresse donc un aimable sourire et l'interroge :

– Habitez-vous Adyar?... Vous êtes sans doute membre de la société théosophique...

Le monsieur paraît un peu amusé par ma question, mais répond avec la plus parfaite courtoisie :

– Non, je suis le chef de la police.

Cette réponse a de quoi surprendre, mais elle ne m'étonne pas outre mesure.

Je viens de Pondichéry où je me suis entretenue avec Aurobindo Gosh. Mais si Shri Aurobindo est devenu le plus grand des gourous indiens du type intellectuel, admiré et vénéré par l'élite de ses compatriotes, il n'était alors qu'un homme politique combattant les Anglais et réfugié en territoire français.

– J'ai cru préférable de venir moi-même au lieu d'envoyer un subalterne, me dit le chef de la police.

Je suis sensible à ce procédé courtois.

– Prenez votre thé, continue mon interlocuteur.

L'on sait que le thé de 5 heures est un rite sacré pour les Anglais.

Nul interrogatoire n'est nécessaire, je le dis au chef de la police, il sait que je viens de Pondichéry et qui j'y ai vu. C'est à cause de cela qu'il est là.

Il convient qu'il est informé de ces faits. Je lui montre les lettres qui m'ont été remises par l'India Office de Londres pour le vice-roi et les gouverneurs de provinces de l'Inde. Ceci paraît le rassurer, quant au danger que ma minime personne peut faire courir à la domination britannique. J'ajoute pourtant :

– On m'a parlé d'Aurobindo Gosh comme d'un philosophe distingué et c'est à ce titre que j'ai voulu le voir et causer avec lui.

– Certainement, concède le chef de la police, c'est un lettré très remarquable, mais un homme dangereux. Nous lui devons le récent assassinat de Mr. Ash.

Je n'avais jamais entendu parler de Mr. Ash, un fonctionnaire anglais, semblait-il.

Je réponds seulement qu'il me paraît très improbable que l'érudit, que j'ai entendu discuter savamment sur des questions philosophiques, soit un assassin.

– Il n'a certainement pas tué Mr. Ash lui-même, réplique mon interlocuteur. Il l'a fait tuer.

Je ne tenais nullement à m'ingérer dans l'activité des révolutionnaires indiens; la conversation en resta là.

Des années ont passé. Aurobindo Gosh, le patriote révolutionnaire devenu un philosophe mystique, le guide spirituel de milliers de disciples, et quasi déifié, est mort le 5 décembre 1950, âgé de soixante-dix-huit ans.

Les témoignages extraordinaires de vénération, qui ont été adressés à sa mémoire, ont leur place marquée dans l'histoire contemporaine de la pensée qui les a inspirés et paraissent donc d'à-propos.

Entre les différents types de gourous que j'ai déjà esquissés et ceux qui vont suivre, Shri Aurobindo occupe une place particulière. Quelques détails, à son sujet, pourront ne pas être inutiles.

Shri Aurobindo est né à Calcutta en 1872. A l'âge de sept ans, sa famille l'envoya en Angleterre pour y faire ses études. Il y resta quatorze ans et fut élève à l'université de Cambridge.

Par l'activité politique de sa jeunesse et celle, que d'une manière plus voilée il a probablement continué à exercer par la suite, il évoque facilement dans notre esprit le souvenir des nihilistes mystiques de l'ancienne Russie ou celui du défunt chef occulte du « Dragon Noir » des Japonais.

Shri Aurobindo a été proviseur du collège de

Baroda. En tant que journaliste et militant révolutionnaire, il s'attira une condamnation à une peine de prison et fut incarcéré par les Anglais à Alipore. Libéré, il prit refuge en territoire français à Pondichéry en 1910.

C'est là que je l'ai vu dans une petite chambre d'aspect monacal de la mission où il vivait avec quelques amis-disciples.

La parfaite familiarité d'Aurobindo Gosh avec les philosophies indiennes et celles de l'Occident apparaissait promptement, mais ce n'est pas elle qui retint alors mon attention; ce qui m'intéressa, ce fut le magnétisme particulier que sa personne dégageait et l'emprise occulte qu'il exérçait sur ses commensaux.

La chambre où nous nous trouvions ne contenait qu'une table et deux chaises placées en face l'une de l'autre, des deux côtés de la table. Shri Aurobindo était assis, tournant le dos à une fenêtre grande ouverte. Rien ne s'apercevait par-delà celle-ci, ni un bâtiment, ni un arbre, le grand ciel vert (19) de l'Inde la remplissait tout entière comme un écran sur lequel se détachait la personne du gourou. Etait-ce déjà une mise en scène voulue?... Je n'oserais l'affirmer, cependant des visiteurs récents racontent que l'effet théâtral n'était pas négligé par le maître. D'après eux, Shri Aurobindo qui, dans les dernières années de sa vie, ne se montrait plus guère à d'autres qu'à ses familiers, se plaçait une ou deux fois par an derrière un rideau sous lequel n'émergeaient que ses pieds. Ses admirateurs étaient alors admis à défiler en s'arrêtant pour se prosterner devant les pieds offerts à leur vénération. Je ne garantis pas l'information, bien qu'elle m'ait été fournie de plusieurs côtés. Tout bizarre que ce cérémonial puisse nous paraître, il corres-

(19) Le ciel de l'Inde n'est pas bleu comme l'est celui des régions méditerranéennes ou celles de l'Asie centrale, il est vert opalin, d'où vient l'expression de certains poètes indiens : « Le perroquet du ciel ».

pond à l'idée indienne que j'ai déjà signalée : l'adoration des pieds du gourou. Nous autres Occidentaux, pourrons aussi remarquer qu'un cérémonial analogue, et même plus accentué, existe chez les catholiques romains qui baisent la chaussure du pape. Ces divers témoignages extérieurs de servilité sont passablement déplaisants, mais quant aux sentiments intérieurs qu'ils visent à traduire, l'on peut être certain que la plupart de ceux qui se prosternent, n'attachent pas plus d'importance à leur geste qu'à celui, pour les hommes, de soulever leur chapeau ou, pour les femmes, de faire la révérence.

Tandis que Shri Aurobindo causait avec moi, quatre jeunes gens se tenaient debout près d'un coin de la table, leur attitude adorante et extasiée était extraordinaire. Grands, robustes, immobiles, les yeux fixés sur leur maître, ils ressemblaient à un groupe de statues.

A un certain moment, désirant poser quelques questions plus particulières à Shri Aurobindo, je souhaitai, intérieurement, demeurer seule avec lui. Perçut-il ma pensée ou bien éprouva-t-il un désir pareil au mien, je n'en sais rien, mais soudain, sans qu'il ait dit un mot ou fait un geste, les disciples sortirent tous quatre d'un même mouvement, raides, silencieux, pareils à des automates que d'invisibles ficelles auraient fait mouvoir.

Il n'y a pas lieu d'attacher grande valeur à ce petit fait; toutefois, ce pouvoir magnétique, dont Shri Aurobindo paraissait être doué, allait s'exercer dans les années suivantes et réunir autour de lui une véritable colonie d'adeptes.

Shri Aurobindo n'a pas quitté Pondichéry et c'est là que son *ashram* s'est développé. Au sens propre *ashram* signifie « ermitage », mais depuis longtemps cette dénomination a été appliquée à toute demeure, quelque vaste qu'elle puisse être et même si elle est située au cœur d'une ville, où réside un groupe de personnes s'adonnant à la vie religieuse.

Dans une étude consacrée à l'ashram de Shri Aurobindo, un de ses plus éminents disciples, Gabriel Monod-Herzen, un Français, rappelle que lorsque Aurobindo Gosh se réfugia à Pondichéry, il était accompagné par quatre des compagnons de son activité politique. Vraisemblablement les quatre hommes que j'avais vus.

De nouveaux venus se joignirent à ces premiers commensaux; ils furent successivement dix, puis vingt-cinq. Gabriel Monod-Herzen déclare que la passion patriotique qui soulevait les premiers réfugiés se transforma peu à peu en un « idéal de perfection humaine vécue ».

A l'heure actuelle, l'ashram occupe un bon tiers de la ville de Pondichéry. Il y a maintenant un théâtre, une université reconnue par le gouvernement indien, un terrain de sport, une piscine olympique, une fabrique de papier, des dispensaires, une station d'essence, etc. Bref, l'ashram est maintenant un petit monde d'environ deux mille personnes, qui vit centré sur son idéal, mais en pleine expansion matérielle (20).

Parmi cette population l'on trouve, comme au phalanstère des Râdha-swâmis, à Dayalbagh, des gens de toutes les conditions : cultivateurs, forgerons, poètes, mécaniciens, chanteurs, écrivains, artistes, comptables, etc. Le métier que le disciple exerce à l'ashram n'est pas, nécessairement, celui qui était le sien auparavant, il est libre d'en choisir un autre qui lui plaît davantage. Du moins, cette liberté existe en principe, mais certains disent qu'elle est limitée, dans la pratique, par les besoins qu'a l'ashram, d'ouvriers effectuant telle ou telle besogne particulière. Elle est, dit-on encore, limitée par les aptitudes du disciple, dont l'appréciation n'est pas laissée à son jugement. Est-il libre, après s'être décidé pour un métier, ou s'en être vu

(20) D'après les détails fournis en 1968 par Christiane Roll qui a fait plusieurs séjours à l'ashram.

assigner un, d'en choisir un autre tandis qu'il réside à l'ashram? La réponse à cette question n'est pas claire.

L'ashram possède des ateliers de menuiserie et de mécanique, une forge, une boulangerie, une imprimerie, etc. Le personnel de ces établissements n'est pas entièrement composé de disciples, il comprend des salariés étrangers à l'ashram, mais les postes de directeur sont exclusivement confiés à des disciples. Ces derniers sont aussi seuls admis à remplir les emplois de cuisiniers, de boulangers et, en général, tous ceux qui ont trait à la manipulation des aliments destinés aux trois repas quotidiens des résidents.

Le but des dirigeants de l'ashram est ambitieux, ils visent à se libérer progressivement de la nécessité de répartir les disciples en des logis dispersés dans la ville et à les grouper dans un domaine unique. L'exemple donné par la Société théosophique est bien propre à les inciter à l'émulation. Mais Adyar, avec environ 150 hectares agréablement situés entre une rivière et l'océan, et comprenant de nombreuses villas, des bosquets, des avenues, une merveilleuse bibliothèque, est tout autre chose qu'un phalanstère. C'est un club confortable réservé aux membres de la Société théosophique. Ceux-ci n'y occupent point une position de « disciple », ils vivent chacun à sa guise et suivant leurs moyens, en professant n'importe quelle philosophie ou religion, en ayant leurs domestiques particuliers et leur cuisine privée s'il ne leur plaît pas de prendre leurs repas au restaurant situé dans le domaine. L'expérience assez longue, que j'ai faite de vivre à Adyar, m'a laissé le plus agréable des souvenirs.

En attendant que l'ashram de Pondichéry puisse rivaliser en étendue avec le domaine d'Adyar, la générosité d'un donateur a permis la construction d'un immeuble conçu d'après un plan original. La maison comprend deux étages sur un rez-de-chaussée surélevé; elle est entièrement construite en béton vitré. Elle ne possède aucune vitre, aucune fenêtre et même aucun mur sur ses deux plus longues façades. Celles-ci sont constituées par des persiennes à lames en fibrociment d'un mètre de longueur, pouvant prendre n'importe quelle inclination; on peut donc régler exactement l'éclairage et l'aération des pièces. Celles-ci sont séparées de l'une des façades par un corridor, mais la cloison entre ce corridor et les chambres est faite de lattes de teck fixées, alternativement, des deux côtés d'un cadre; l'air peut ainsi la traverser, mais il est impossible de voir au travers. Impossible de voir, mais pas d'entendre, ce bâtiment doit être rien moins qu'insonore et le secret des conversations que ses hôtes y tiennent y paraît peu assuré.

L'immeuble contient une installation complète de toilettes, lavabos et lavoirs avec eau chaude, dont la température est réglée automatiquement; un séchoir existe sur le toit.

Maison « sans fenêtres » dont les murs sont des « persiennes en ciment », cette nouveauté architecturale évoque les ironiques fantaisies de H.-G. Wells et autres prophètes décrivant l'aspect des cités futures.

Une école existe à l'ashram, elle reçoit les enfants des disciples; « elle n'a pas été créée pour permettre aux enfants d'obtenir des diplômes, son but est d'y faire des hommes et des femmes de qualité supérieure ». Ce but est analogue à celui qui est poursuivi au collège de Rabindra Nath Tagore à Santiniketan.

Cependant, ce centre d'éducation a maintenant fait l'objet d'une inspection, ayant abouti à reconnaître, à tous les étudiants ayant suivi la dernière année de cours (après les cinq précédentes) et bien qu'il n'existe aucun diplôme de fin d'études, les mêmes droits que ceux que possèdent les étudiants sortant d'une université indienne, y compris celui de postuler un emploi de fonctionnaire.

Un certain enseignement professionnel est donné dans les ateliers de l'ashram et divers sports y sont pratiqués par les jeunes gens, mais le « sens de la compétition est désapprouvé » et, fait remarquable, « on y entraîne les boxeurs à s'opposer sans se battre » (sic).

Les disciples ne reçoivent aucun salaire pour les travaux qu'ils effectuent dans l'ashram au profit de celui-ci. La même règle existe dans les ordres religieux catholiques, mais avec la différence considérable que le moine ou la religieuse est assuré qu'il sera pourvu à sa subsistance pendant toute la durée de sa vie. Les biens, que l'ordre possède et qui sont en fait, sinon en nom, la propriété collective de ses membres, lui en sont une garantie. Rien de pareil à l'ashram de Pondichéry et certains des disciples qui y résident ont dû s'en aviser et présenter des observations à ce sujet car leur « gourou » a jugé utile de publier une déclaration formelle concernant la propriété des biens de l'ashram. La voici :

> « Un ashram est la maison, ou les maisons, d'un instructeur ou maître de philosophie spirituelle, dans lesquelles celui-ci reçoit ceux qui viennent à lui pour l'enseignement et la pratique. Un ashram n'est pas une association, ni un corps religieux, ni un monastère; c'est seulement ce qui a été dit ci-dessus et rien de plus.
>
> « Tout ce qui est dans l'ashram appartient à l'instructeur, les sadhakas (21) (ceux qui pratiquent sous sa direction) n'ont aucun titre, droit ou voix en aucune manière. Ils restent ou ils s'en vont selon sa volonté. L'argent qu'il reçoit est sa propriété et non celle d'une institution publique... Tout dépend de l'instructeur et prend fin

(21) Le *sadhaka* est, plus spécialement, celui qui « réussit » en quelque chose, surtout par des moyens tenant de la magie : c'est-à-dire par les rites dénommés *sadhânas.* Mais la signification du terme comprend de nombreuses extensions.

avec son existence, à moins qu'il n'y en ait un autre qui puisse lui succéder.

« Tout d'abord, Shri Aurobindo vivait dans sa maison avec un petit nombre de commensaux. Ensuite, quelques autres vinrent se joindre à lui. Plus tard, après que la Mère l'eut rejoint, en 1920, le nombre commença à augmenter à tel point qu'il fut trouvé nécessaire de faire un arrangement pour ceux qui venaient. A cette fin, des maisons furent achetées ou louées selon les besoins. Des arrangements durent aussi être faits pour l'entretien et la reconstruction des habitations, ainsi que pour le service de la nourriture et l'organisation de la vie. Tout fut fait selon des règles privées édictées par la Mère; elle les augmente, les modifie ou les change à son entière discrétion.

« Toutes les maisons de l'ashram appartiennent à Shri Aurobindo ou à la Mère. Tout l'argent dépensé est le leur. Il est donné par de nombreuses personnes, pour aider le travail de Shri Aurobindo. Quelques-unes, qui sont ici, font don de leurs biens, mais elles le donnent à Shri Aurobindo ou à la Mère et non pas à l'ashram en tant qu'institution, car une telle institution n'existe pas.

« L'ashram n'est pas une association, il n'y a pas de corps constitué, ni de fonctionnaires, ni de propriété commune appartenant à l'association, ni de conseils ou comité directeur. »

Voilà qui est net, le ton de cette déclaration est impérieux, même cassant, il laisse transpercer une certaine aigreur contre des revendications auxquelles l'instructeur-propriétaire s'oppose. Cet attachement aux biens matériels contraste avec l'esprit d'indifférence, de détachement dont la spiritualité indienne est imprégnée.

Shri Aurobindo était un vieillard lorsque ce manifeste fut publié. Quels intérêts visait-il à sauvegarder après sa mort? Songeait-il à ses héritiers ou au sort de la « Mère » qui pouvait lui survivre?

L'inquiétude de ceux qui avaient donné lieu à sa déclaration venait, probablement, de préoccupations analogues aux siennes mais s'appliquant à eux-mêmes. Ils s'étaient vus à la merci de l'instructeur qui « décide selon sa volonté s'ils peuvent demeurer à l'ashram ou doivent le quitter ». Ils avaient envisagé le cas où, après le décès du maître ou celui de la « Mère » leurs héritiers légaux (la Mère doit en avoir, à moins que son fils, né d'un premier mariage, soit mort sans postérité) liquideraient les biens de l'ashram, laissant ses hôtes dénués d'abri et de ressources.

Toutefois, le temps n'est plus aux conjectures, l'événement redouté s'est produit : Aurobindo Gosh est mort.

D'après les informations particulières que j'ai obtenues, la direction de l'ashram appartiendra tout entière à la « Mère » suivant la promesse que le gourou lui a faite, il y a une vingtaine d'années.

Le prestige dont la « Mère » jouit parmi les disciples du défunt instructeur est très grand. Certains d'entre eux déclarent que ce dernier est toujours activement présent à l'ashram (22) et que sa Présence s'identifie complètement avec celle de la « Mère ». L'on peut conclure de cette attitude, que les disciples sont disposés à donner à la « Mère » la place de gourou qu'occupait Shri Aurobindo. L'una-

(22) A titre documentaire, voici à ce sujet une sorte de « prière », composée par la « Mère », dont elle m'a envoyé un exemplaire autographe :

« Seigneur, Tu m'as donné l'assurance, ce matin, que Tu resteras avec nous jusqu'à ce que ton œuvre soit achevée, non pas seulement comme une conscience qui guide et illumine, mais aussi comme une Présence active et agissante. En termes clairs et précis, Tu m'as promis que tout de Toi resterait ici et ne quitterait pas l'atmosphère de la terre jusqu'à ce que la terre soit transformée. Permets que nous soyons toujours dignes de cette merveilleuse Présence et que dorénavant tout en nous soit concentré sur l'unique volonté d'être de plus en plus parfaitement consacrés à l'accomplissement de Ton Œuvre sublime. »

nimité des membres de l'ashram est-elle acquise à ce plan et, si elle l'est aujourd'hui, se maintiendra-t-elle? L'avenir le dira (23).

Mes lecteurs éprouveront peut-être de la curiosité quant à la personne de la « Mère » si étroitement associée à l'œuvre d'Aurobindo.

Il m'est aisé de les renseigner, car j'ai entretenu et continue à entretenir avec elle des relations amicales. Entre autres, je garde le meilleur souvenir de soirées passées avec elle, dans le pavillon qu'elle occupait rue du Val-de-Grâce à Paris, et de promenades faites ensemble au bois de Boulogne. Ni elle, ni moi, n'aurions pu imaginer, à cette époque, le rôle qu'elle tient aujourd'hui.

Mme Mira Alfassa est une femme distinguée, une intellectuelle à tendances mystiques, d'origine levantine et d'éducation française. Sous une attitude de grande douceur et même de tendance à s'effacer (je me rappelle l'avoir entendue parler du rôle « voilé » de la femme), Mira Alfassa cache passablement d'énergie. Si elle a subi l'influence d'Aurobindo Gosh au point de briser complètement les liens qui l'attachaient à l'Occident pour se fixer auprès de lui, j'ai lieu de croire que, d'autre part, elle a exercé, sur le gourou, une influence réelle.

Quant à Shri Aurobindo, sa mort a donné lieu à des manifestations sur lesquelles je me permettrai de m'étendre car elles sont propres à nous éclairer sur les sentiments que, dans l'Inde moderne et laïque, les Indiens nourrissent toujours envers les grands gourous.

En témoignage de respect pour le maître un deuil

(23) En 1968, la « Mère » presque déifiée par les disciples de Shri Aurobindo est le chef spirituel incontesté de ceux-ci. Quant à l'administration temporelle, elle est assumée par un Français : M. Barbier Saint-Hilaire, disciple de feu Shri Aurobindo.

national a été proclamé. De dithyrambiques messages de condoléances émanant du président de la République, du Pandit Nehru, de Sardar Patel (décédé peu après) et de maintes hautes personnalités ont été reproduits par la presse.

Une foule évaluée à plus de soixante mille personnes, accourues de toutes les régions de l'Inde (24), a défilé devant le corps du gourou exposé sur le lit tendu de satin blanc, couvert d'un drap de soie bordé de dentelle et entouré de fleurs que l'on renouvelait constamment tandis que l'on brûlait de l'encens.

Beaucoup de dévots s'attendaient à contempler des miracles autour du lit funèbre. Il ne s'en est pas produit. Seuls, quelques-uns des disciples ont déclaré qu'ils avaient vu des effluves lumineux émaner du corps de leur maître. Nulle trace de décomposition n'apparut pendant quatre jours et demi (exactement cent onze heures trente-six minutes, selon les hôtes de l'ashram). La « Mère » interpréta ce fait en déclarant que le corps de Shri Aurobindo était « imprégné d'une telle concentration de lumière supramentale que celle-ci empêchait sa décomposition ».

Le terme « lumière supramentale » fait partie du vocabulaire technique de la doctrine de Shri Aurobindo.

Dans une lettre adressée à un de ses amis, l'un des plus éminents des hôtes de l'ashram a émis l'idée que la conservation anormale du corps du gourou venait de ce que celui-ci y avait, volontairement, laissé demeurer une partie de sa conscience. Pendant les quelques jours qui s'écoulèrent entre le moment du décès et l'inhumation, certains espérèrent que cet état se prolongerait et il fut question de conserver les restes de l'Instructeur dans une châsse en verre. De plus hardis pensèrent qu'il pourrait ressusciter. Un visiteur qui les interrogeait

(24) Même par avions spéciaux.

à ce sujet reçut cette réponse : « On ne peut pas savoir ce qui arrivera. »

Il arriva que des signes d'altération se manifestèrent et le 9 décembre 1950, le corps d'Aurobindo Gosh fut placé dans un cercueil en bois de rose orné d'incrustations en argent et surmonté d'un lotus en or. Par permission spéciale des autorités françaises de Pondichéry, l'inhumation a été effectuée dans un caveau creusé au pied d'un arbre à fleurs jaunes, au centre du groupe des bâtiments principaux de l'ashram.

Le haut commissaire, administrateur de l'Inde française, et de nombreux hauts fonctionnaires assistèrent aux funérailles. Le gouvernement français et celui du Bengale occidental (d'où Aurobindo était originaire) envoyèrent des messages de condoléances. Le département de la cinématographie du gouvernement de Madras a fait prendre un film complet de la vie journalière des membres de l'ashram et des funérailles de leur gourou.

Qu'enseignait le gourou de Pondichéry? J'emprunte les informations suivantes à un résumé de sa doctrine rédigé, avec son approbation, par un de ses disciples.

> « Shri Aurobindo affirme que derrière les apparences de l'Univers existe la Réalité d'un Etre et d'une conscience, le Soi de toutes choses, unique et éternel. Tous les êtres sont unis dans ce Soi – cet Esprit unique – mais sont divisés par un certain séparatisme de conscience, une ignorance dans le mental, la vie et le corps de leur véritable Soi et de leur Réalité. Il est possible, par une certaine discipline psychologique, d'écarter ce voile de conscience séparative et de devenir conscient du vrai Soi, de la divinité qui est au-dessus de nous et de toutes choses.
>
> « L'enseignement de Shri Aurobindo énonce que cet Etre, cette Conscience unique est conte-

nue ici-bas dans la matière. L'évolution est la méthode naturelle par laquelle il se libère, la conscience fait son apparition dans ce qui semble être inconscient et une fois apparue, en même temps que contrainte de croître de plus en plus haut, elle doit s'élargir vers une perfection de plus en plus grande. »

Comme entraînement spirituel, Shri Aurobindo préconise la « discipline psychologique » d'un yoga particulier. L'ascétisme et le retrait hors de la vie sociale ne sont pas nécessaires, déclare-t-il, mais :

« L'inspiration du maître, son contrôle et sa présence sont indispensables car sans lui, il serait impossible de poursuivre cette discipline sans risquer de nombreuses chutes et erreurs qui empêcheraient toutes chances de succès. Le maître est celui qui s'est élevé à une conscience et à un être supérieurs. Il est souvent considéré comme leur manifestation et leur représentation. Il aide, non seulement par son enseignement ainsi que par son influence et son exemple, mais encore par le pouvoir qu'il possède de communiquer son expérience propre aux autres. »

Ces dernières lignes proclamant l'indispensabilité du maître reproduisent l'opinion unanime de tous les gourous indiens et j'ajouterai que la grande majorité de ceux-ci entretiennent, chacun à part soi, l'opinion flatteuse qu'il s'est élevé « à une conscience et à un être supérieurs ». Ce qu'il y a de certain, c'est qu'ils parviennent à en convaincre leurs disciples.

Pour compléter le tableau que je viens de tracer des réactions de la mentalité indienne au sujet du gourou de Pondichéry, je dois indiquer, qu'en marge des hommages qui lui ont été rendus, quelques critiques discrètes se sont élevées touchant la façon dont il est mort.

Des traditions courantes veulent que les grands yoguins soient inaccessibles à la maladie. Ces éminents individus quittent notre monde au moment choisi par eux, sans détérioration physique : ils ne succombent point à un mal involontaire. Or Shri Aurobindo souffrait d'une affection rénale qui s'est terminée par une crise fatale d'urémie.

Le célèbre yoguin Râmakrishna est mort d'un cancer à la gorge et un autre gourou, que je mentionnerai un peu plus loin, est mort d'un cancer au bras.

Ce sont là des faits qui troublent les convictions de certains Indiens (25).

Au contraire, Vivekânanda, le célèbre disciple de Râmakrishna, passe pour s'être conformé à l'idéal classique en mettant, volontairement, un terme à sa vie au cours d'un ravissement spécial – une sorte de fusion de son être dans le Grand Tout – qu'il avait, dit-on, éprouvé une fois en présence de son maître et dont celui-ci l'avait tiré en lui défendant formellement de tenter de le provoquer à nouveau.

J'ai connu un sannyâsin de l'ordre de Râmakrishna, ami intime de Vivekânanda, qui avait accompagné celui-ci dans la dernière promenade qu'il fit avant de regagner sa chambre où on le trouva mort le lendemain, assis en posture de méditation, et je retiens de ses confidences que Vivekânanda a quitté volontairement ce monde par le moyen de l'extase libératrice.

En fait, il s'agit de l'arrêt de la respiration amenant une suffocation mortelle; cependant il existe d'autres procédés qui immobilisent le cœur : tous sont tenus pour jeter le yoguin dans une extase dont il ne revient pas.

Les Tibétains conçoivent d'une autre manière la disparition, sans laisser de traces, de leurs grands

(25) Il serait plus exact de dire de certains *hindous*, car les bouddhistes n'ont jamais entretenu l'idée que perfection spirituelle rendait indemne de maux physiques. Le Bouddha est mort de maladie (probablement de la dysenterie) à quatre-vingt-un ans.

initiés aux sciences secrètes. Ceux-ci, croient-ils, sont capables de dissocier les atomes qui forment la matière et, durant certaines méditations particulières, ils dissocient les éléments dont leur corps est composé. De ce qui fut un individu visible et matériel, il ne demeure qu'une force insaisissable mais efficiente dont l'activité se poursuit suivant l'impulsion qui lui a été donnée par le yoguin.

Une telle fin est attribuée à plusieurs personnalités historiques ou légendaires du Tibet, entre autres à l'érudit traducteur de textes sanscrits Marpa (Xe siècle) qui disparut en même temps que sa femme; à Restchoungpa, un disciple de l'ascète poète Milarespa; au nagspa Ralopa (26) (probablement IXe siècle); à Guésar de Ling, le héros de l'épopée nationale tibétaine (27), etc.

Quoi qu'il en soit, il semble que les gourous contemporains ont renoncé à ces départs sensationnels de notre monde.

Un gourou est mort dans le sud de l'Inde après avoir longtemps souffert – comme je l'ai dit ci-dessus – d'un cancer au bras.

Râmana de Tirouvanamalaï était un sannyâsin et, comme tel, il aurait dû figurer dans le chapitre IX consacré à ceux-ci. Toutefois, comme il fut aussi le chef d'un ashram, il convient également de le placer après le célèbre gourou de Pondichéry.

Râmana, un brahmine animé de tendances mystiques, commença par habiter dans un temple à Tirouvanamalaï puis se retira sur une montagne (28) des environs pour y vivre en ermite contemplatif. Peu à peu, on commença à parler de lui, des dévots

(26) Dont je traduis la biographie pour être publiée prochainement.
(27) Traduction A. David-Neel, sous le titre : *La Vie surhumaine de Guésar de Ling* (Ed. ADYAR).
(28) A Arunachala.

s'assemblèrent autour de son ermitage. Quelque temps s'écoula encore; Râmana, à peu près illettré, n'enseignait rien, sauf des pratiques de dévotion. Ses admirateurs firent descendre l'anachorète du sommet où il s'était établi et lui bâtirent un logis dans un endroit plus facilement accessible. Le nombre des dévots de Râmana augmenta encore et l'habitude fut prise d'accoler à son nom le qualificatif éminent de Mahârshi (Mahâ = grand + rishi = sage). Une nouvelle descente du « saint » vers la plaine habitée fut effectuée : un ashram fut construit. La réputation du gourou ne cessait pas de croître. Les visiteurs affluaient, parmi eux se voyaient des Européens et des Américains qui n'étaient pas les moins fervents. L'ashram s'agrandit, des bâtiments s'y ajoutèrent dont un vaste hall dans lequel les fidèles pouvaient jouir de la vue (darshan) du Mahârshi apparemment plongé dans la méditation ou jouant distraitement avec un paon blanc.

Le frère du « saint » s'institua alors son manager à la tête d'un nombre d'administrateurs et il veilla à ce que la générosité des pèlerins s'exerçât de façon satisfaisante pour l'établissement.

Nouvelle transformation : le lit, sur lequel Râmana s'asseyait pour se laisser contempler, avait déjà été entouré d'une barrière afin de tenir plus à distance ceux qui venaient se prosterner devant lui, mais cela ne parut pas suffisant aux organisateurs du culte qui vivaient de l'exhibition du yoguin. Ils l'installèrent sur une plate-forme-divan en marbre noir, aux angles de laquelle se dressaient des statues de lions.

Râmana n'a pas joui longtemps de cette apothéose, il est mort en 1950.

Plus modeste, d'aspect champêtre est l'ashram du Swâmi Râmdâs à Kanhangad sur la côte du Malabar. Le gourou est un sannyâsin, comme l'appellation de « swâmi » l'indique; c'est un mystique contemplatif adepte de la Bhakti Marga, la voie de la dévotion et de l'amour de Dieu. Il s'efforce d'amener à celle-ci ceux qui le prennent pour guide spirituel. Toutefois Râmdâs n'est pas constamment absorbé dans ses méditations et il ne s'exhibe pas dans des attitudes yoguiques. Son activité s'exerce pour le service d'autrui. Il a fondé une école pour les enfants des paysans de la région et il entretient un dispensaire-hôpital.

Des membres de sa famille et quelques-uns de ses disciples se sont construit des demeures à proximité de la sienne et participent, par leurs dons et par leur travail, au maintien des hôtes de l'ashram et des œuvres charitables qui en dépendent.

Chez Swâmi Râmdâs, une « Mère » préside aussi à la direction matérielle de l'ashram. Elle se nomme Krishnabaï. On la dit être une femme de caractère paisible et une administratrice capable.

Dans ses relations avec les membres de l'ashram le gourou montre beaucoup de simplicité. Le soir, après le dîner, ceux-ci s'assoient autour de son fauteuil. Tous ensemble écoutent la radio, discutent les nouvelles ou entament une discussion philosophique. Les habitants de l'ashram rentrent ensuite dans leurs demeures respectives. A 9 heures et demie on sonne le couvre-feu.

Une liste d'ashrams pourrait être allongée indéfiniment. Il en existe des centaines dans l'Inde, petits et grands dont l'existence, souvent éphémère, se termine avec la mort de leur fondateur. Mais pour chacun de ceux qui sombrent, un ou deux autres surgissent autour de nouveaux gourous de valeur et de caractère différents mais toujours plus ou moins déifiés.

Continuera-t-il d'en être ainsi? On pourrait être tenté d'en douter, mais les manifestations récentes qui se sont produites à l'ashram de Pondichéry dénotent que le culte du gourou n'est pas prêt de s'éteindre dans l'Inde modernisée.

## CHAPITRE IX

# LES « SAINTS PROFESSIONNELS ». – SADHOUS CHARLATANS, SADHOUS ILLUMINÉS, SADHOUS TRAGIQUES. – PORTRAITS DE SANNYÂSINS. – LE PLUS ALTIER DES IDÉAUX.

Dans les nombreux livres qui ont été écrits sur l'Inde, une place considérable a été donnée aux yoguins, aux fakirs et autres individus, généralement dénommés *sadhous,* formant cette fraction pittoresque de la population indienne qui professe la « sainteté ». Il semble donc superflu de s'étendre davantage à leur sujet et je ne le ferais pas s'il n'y avait lieu de croire que certains de ces « saints personnages », soutenus par la masse de leurs collègues moins brillants qu'eux et par une portion de l'élément laïque de l'hindouisme, se préparent à jouer un rôle dans la vie politique de l'Inde nouvelle.

C'est un *sannyâsin,* nommé Kirpatriji (1), qui est actuellement le chef de la Société Dharma Sangha (association de la loi religieuse) proche parente du Mahâ sabha, ce groupe ultra-réactionnaire sur lequel pesèrent des soupçons lors de l'assassinat de Gandhi. D'autre part, un des chefs les plus importants de l'ordre des *Sannyâsins* de Shankarâcharya, celui qui réside à Dwarka et qui porte, comme titre

(1) La particule *ji* (prononcer *dji*) s'ajoute aux noms ou aux titres pour marquer le respect. Un *sannyâsin* occupe, socialement parlant, un rang supérieur à ceux des *sadhous.*

honorifique, le nom de l'illustre fondateur de l'ordre, patronne le « Comité d'opposition aux lois anti-hindoues » et s'élève publiquement contre les décrets qui peu à peu introduisent des principes blâmables – tel que celui du divorce – dans le code indien (2).

Ces faits, et d'autres analogues peuvent servir d'indication, mais afin d'en percevoir et d'en estimer correctement la valeur et la portée, il est bon de connaître le milieu d'où ils émergent. La majorité des étrangers qui en ont donné des descriptions se sont bornés, soit à dénigrer et à ridiculiser les « saints hommes », soit à manifester à leur égard une admiration béate. L'une et l'autre de ces attitudes sont mal fondées. Parmi cinq ou six millions de « saints » qui existent dans l'Inde se rencontrent des individus de caractères très différents. Sous cette diversité, peut-on découvrir un trait commun? Examinons la question.

Il y a dans l'Inde plus de cinq millions de *saints professionnels*, m'a dit un de mes amis indiens.

L'expression peut paraître bizarre, mais il n'en est pas de meilleure pour définir les individus que mon ami visait.

Un saint professionnel est un homme dont l'unique profession, son gagne-pain, est d'être soit un ascète, un mystique contemplatif, un philosophe cynique, un pèlerin perpétuel, ou de s'en donner les apparences.

De tels personnages se rencontrent dans toute l'étendue de l'Inde, ils sont vêtus de pagnes ou de robes de couleur orange ou saumon, ou se passent de vêtements, les remplaçant par un enduit de cendre et des bariolages à même la peau. Leur

(2) Le terme *hindou* doit être pris dans le sens de relatif à la religion hindoue, l'hindouisme, tandis que le terme *indien* s'applique à ce qui se rapporte au pays, l'Inde.

chevelure embrouissaillée est souvent enroulée pour former un volumineux turban sur la tête, puis saupoudrée de cendre. Ce n'est point la fantaisie personnelle qui dicte les particularités de l'accoutrement du *sadhou*, elles obéissent à des règles traditionnelles, et celui qui les connaît, peut, au premier coup d'œil, discerner la secte à laquelle le *sadhou* appartient.

En me disant qu'il y avait plus de cinq millions de « *saints professionnels* » dans l'Inde, mon ami, un homme cultivé, magistrat et pieux hindou, ajoutait : « Les 90 pour 100 de ces « saints » sont de véritables chenapans, des imposteurs ou des fainéants qui ont choisi ce genre de « profession » pour se faire nourrir sans travailler. Il faut leur ajouter les individus épris de vagabondage à qui le costume des ascètes permet d'errer à travers le pays sans qu'il leur en coûte rien, dormant dans les temples et recevant les aumônes des bonnes gens. »

Comme je viens de l'indiquer dans une note, il convient de distinguer les *sannyâsins*, dont je m'occuperai plus loin, de la masse des *sadhous* ordinaires, bien que le commun des hindous ignorants les confonde souvent.

Le *sadhou* est n'importe quel individu qui a revêtu la robe orange des ascètes ou affecte la nudité. Entre les charlatans de basse catégorie, ceux que les étrangers rencontrent au coin des rues où ils exhibent des trucs de prestidigitateurs et les sadhous fanatiques mais sincères, il existe une catégorie moyenne qui retient le respect des hindous.

Allons rendre visite à quelques-uns d'entre eux.

Nous sommes dans les environs de Madras. L'on m'a informée qu'un riche propriétaire donne l'hospitalité dans son jardin, à un remarquable sadhou et qu'il m'invite à l'aller voir. Bien entendu je n'y manque pas.

Dans un vaste jardin, une tonnelle a été construite au moyen de lattes entrecroisées; elle est vide à l'exception d'une petite natte étendue sur le sol en terre battue. Sur cette natte un homme nu est assis, les jambes croisées : c'est le *sadhou*. Sa particularité est qu'il garde continuellement cette même posture, il ne se tient jamais debout, sauf, m'explique-t-on discrètement, lorsqu'il doit marcher pour s'éloigner dans le jardin afin de satisfaire aux besoins naturels ou pour se baigner dans une mare voisine, il ne se couche jamais non plus et dort assis, le dos appuyé contre le treillage.

Voilà!... Depuis plusieurs années il vit ainsi. Son logis à claire-voie, dans lequel une lampe brûle pendant la nuit, le laisse perpétuellement exposé aux regards des curieux, empêchant, semble-t-il, toute fraude de sa part.

On me dit que cet homme possède des grades universitaires. Cela ne m'étonne pas. En causant avec lui j'ai pu constater qu'il est lettré. Il s'en faut qu'il répète en perroquet des textes sanscrits appris par cœur; il les commente et les discute d'érudite et d'intelligente façon... Et il vit depuis des années, immobile, dans une espèce de grande cage à poules...

Allons ailleurs. Nous voici à Bénarès au bord du Gange, parmi la foule nombreuse des fidèles. Sur un des escaliers du Dasâswamedha Ghât (Quai), un homme se tient debout devant une sorte de pupitre qui arrive au niveau de sa ceinture; cet homme est un *sadhou* qui ne s'assied jamais, ne se couche jamais. Il demeure continuellement debout s'appuyant parfois un peu contre la tablette inclinée de son pupitre. Afin qu'il puisse dormir tout en restant debout, on l'attache au pupitre; de cette manière il peut reposer le buste sur la tablette en gardant les jambes rigides. Celles-ci sont devenues énormes et complètement noires par l'effet de la stagnation du sang.

J'ai observé ce sadhou pendant environ trois

mois, je l'ai toujours trouvé debout à la même place. Des Indiens m'ont dit qu'ils avaient essayé de le surprendre assis ou couché, pendant la nuit, mais n'y ont pas réussi; d'ailleurs, un certain nombre d'observateurs se trouvaient toujours autour de lui.

Un jour l'homme disparut, je cherchai à m'informer de ce qu'il était devenu, mais je ne pus obtenir aucun renseignement. Lorsqu'on m'apprit la disparition du *sadhou qui ne s'asseyait jamais*, l'incorrigible ironiste que je suis répliqua : « Il sera allé se reposer en jouant ailleurs le *sadhou qui demeure toujours assis.* » Ce qui fit rire quelques-uns et en scandalisa un plus grand nombre.

En voici un autre assis sur le sol; il est nu, sauf une minuscule couvre-sexe. Tout proche de lui, disposés dans la direction des quatre points cardinaux, quatre petits feux brûlent. Sur sa tête rasée dénuée de tout couvre-chef, le soleil darde violemment produisant, sur le sable blanc où l'homme s'est installé, une aveuglante réverbération.

Ce genre d'austérité est dénommé les « cinq feux », c'est-à-dire quatre brasiers et le soleil comptant pour le cinquième. Régulièrement les brasiers devraient être très ardents et de grandes dimensions, mais les pseudo-ascètes, qui s'exhibent dans des endroits fréquentés, se contentent volontiers de petits feux d'apparence peu méchante. Quoi qu'il en soit, leur voisinage immédiat ne laisse pas que d'être dur à supporter en des endroits où la température monte à près de 50 degrés centigrades, et où le soleil cuit le cerveau du *yoguin.*

J'ai voulu en faire l'expérience pour me rendre compte des sensations que ce genre d'exercice détermine. Elles ne sont guère agréables en premier lieu, mais ensuite, un début de congestion qui amortit la souffrance peut aisément être pris par des mystiques crédules pour l'entrée en extase. Je crus prudent de ne pas prolonger l'expérience beaucoup plus d'une heure, mais certains *sadhous* supportent l'épreuve pendant des journées entières. J'en ai pourtant vu qui tombaient évanouis entre leurs feux.

A quoi tendent ces pratiques? Il ne faut pas croire que ceux qui s'y livrent cherchent à expier leurs péchés ou à faire pénitence pour ceux d'autrui. L'idée de péché, au sens où les chrétiens l'entendent, est totalement étrangère aux *sadhous* hindous.

Depuis une très haute antiquité, les Indiens ont cru à la valeur des austérités comme moyen d'acquérir des pouvoirs supranormaux, voire même à élever un humain au rang d'un dieu.

Si nous écartons les charlatans qui ne cherchent qu'à en imposer au public, il est certain que la conduite extravagante des *sadhous* qui s'infligent des tortures – et il en est de bien plus cruelles que celles que je viens de décrire – visent à l'un des deux buts énoncés ci-dessus. Les histoires hindoues sont pleines d'exemples d'ascètes qui, par la force de leur *tapasya* (austérité), font trembler les dieux dont ils convoitent la place. Et nous y voyons ces derniers tendre des pièges à leurs émules pour leur faire interrompre le cours de leurs austérités, les faire déchoir et par là les éloigner de l'état divin.

Pour bien comprendre cette crainte des dieux de se voir supplanter, il convient de savoir que, d'après les théories indiennes, la situation d'un dieu n'est pas « à vie », la position du plus grand d'entre eux : Iswara lui-même, ressemble plutôt à celle d'un fonctionnaire, nullement inamovible, qu'un plus digne que lui d'occuper son siège peut l'y remplacer.

Cette crainte que les dieux ont des hommes, nous la voyons dénoncée dans le Brihad Aranyakopanishad mais, là, ce n'est point l'ascète qu'ils redoutent, c'est l'homme éclairé qui *sait* que les dieux n'ont pas une existence séparée de la sienne.

« Celui qui croit : je suis un *autre* que la déité que j'adore; elle est un *autre* que moi; celui-là les dieux se servent de lui comme d'un animal. Comme un troupeau sert à la nourriture d'un homme, de même chaque homme entretient l'existence des dieux. Il n'est pas agréable aux dieux que les hommes connaissent cela. »

Pourquoi? On se rappellera ce qui a été expliqué au chapitre II, les dieux sont nos créations, que le culte qui leur est rendu et la foi que l'on a en eux tiennent en vie.

La crainte que le dieu a de l'homme se retrouve exprimée de façon anthropomorphique dans la Genèse :

« L'Eternel Dieu dit : Voici, l'homme est devenu comme l'un de nous par la connaissance du bien et du mal. Maintenant (prenons garde) qu'il n'avance la main et ne prenne aussi de l'arbre de vie et qu'il n'en mange et ne vive toujours. »

« Vivre toujours » c'est accéder à l'immortalité et, par là, s'égaler aux dieux.

La conduite de certains *sadhous* s'exhibant sur la voie publique les exposerait facilement à devenir les victimes de plaisanteries triviales n'était que, malgré tout, la foule hindoue, même alors qu'elle n'est pas entièrement leur dupe, hésite à se jouer d'eux. Je ne partage pas cette hésitation, aussi me suis-je parfois permis de faire rire aux dépens de ces drôles.

Le long d'une route où venait de passer une procession promenant une imitation du char de Jagatnath, le dieu vénéré à Puri, un sadhou était étendu dans une cabane, les yeux clos, immobile, apparemment plongé dans la plus profonde méditation et inconscient de tout ce qui existait autour de lui.

Je me promenais avec une dame étrangère fort éprise de la religiosité hindoue. Elle remarqua le pseudo-saint homme.

– Croyez-vous, me demanda-t-elle, qu'il soit réellement en état de *samâdhi*?

– J'en doute fortement, répondis-je.

– Cependant..., insista la dame contrariée de renoncer à l'illusion d'avoir contemplé un yoguin en extase. Cependant, comment peut-on savoir...

– Ce n'est pas difficile, répliquai-je, une idée malicieuse m'étant venue en voyant la sébile placée à côté du sadhou pour recevoir les aumônes des passants.

J'emmenai la touriste à quelque distance de la hutte du sadhou et, là, j'avisai un gamin déguenillé et l'appelai.

– Veux-tu gagner une roupie? lui demandai-je.

Les yeux subitement écarquillés du garçon me servirent de réponse.

– Ecoute, lui dis-je, tu vas aller près du sadhou que tu vois couché là-bas. Il a près de lui un petit bol dans lequel les passants ont mis de l'argent, tu vas mettre ta main dans le bol et y prendre quelque monnaie, puis tu feras semblant de t'enfuir avec l'argent.

« Comprends bien, je ne veux pas que tu voles le sadhou, nous lui rendrons ce que tu auras pris. Je veux seulement m'amuser. Tu auras une roupie si tu es adroit. »

Quelle aubaine pour ce petit mendiant, il en riait de plaisir! Et le voilà parti.

Nous n'eûmes pas à attendre longtemps l'effet qu'il produisit. Il n'eut pas aussitôt étendu sa petite patte crasseuse que le sadhou se leva d'un bond et avant que le « voleur » ait pu toucher la sébile, le « saint homme », subitement sorti de sa méditation et proférant une série de jurons, se disposa à le saisir. Le garnement ne dut qu'à son agilité de lui échapper. Cette fois, les badauds dont la rue était pleine rirent de bon cœur. Je déposai quelque monnaie dans la sébile du « saint homme » pour apaiser son ire et au garçon qui me guettait un peu plus loin je remis la roupie promise. La dame étrangère paraissait quelque peu navrée de sa déception.

Cette expérience ne la guérit pas de sa curiosité concernant les yoguins. Nous étions de bonnes amies et, pour lui être agréable, le la promenai à travers la ville en quête de *sadhous* particulièrement pittoresques.

Elle avait entendu parler de ceux qui demeurent couchés sur un lit hérissé de longues pointes de clous. Ce lit consiste généralement en une forte planche supportée par des pieds. Dans la planche on a enfoncé, en rangées serrées, de longs clous dont la pointe dépasse le bois de huit à dix centimètres.

Enfin, j'appris qu'un ascète, dont la spécialité était de s'étendre sur ce genre de couche, demeurait sur une petite place voisine de la mosquée d'Aurengzeb. Il y enseignait, disait-on, quelques disciples qui s'assemblaient autour de son lit clouté.

Quand mon amie en fut informée elle ne se tint plus d'impatience. Nous devions aller voir ce sadhou. J'y consentis volontiers et, souhaitant causer avec le « saint homme » je crus préférable de choisir, pour me rendre près de lui, le milieu de la journée où vraisemblablement il serait seul, ses prédications ayant lieu dans la soirée.

Je ne réussis que trop bien. Non seulement les disciples ne se trouvaient point là, mais leur gourou était absent. Un seul fidèle gardait le lit de torture placé sous un auvent. Il nous dit que son maître ne tarderait pas à revenir et reprendrait sa place.

Cependant le temps passait, l'ascète ne revenait pas. Mon amie manifestait un pénible désappointement; elle ne verrait pas le bonhomme étendu sur des clous...

Une idée baroque me passa alors par la tête.

– Ne te chagrine pas, lui dis-je, si tu tiens vraiment à voir quelqu'un couché sur des clous, je puis te montrer cela.

Lorsqu'on a vécu pendant de nombreuses années dans l'Inde et que l'on s'y est intéressé aux pratiques des yogas physiques, l'on n'est pas sans avoir appris à affectuer certains exercices bizarres.

– Regarde, dis-je à la curieuse.

J'enlevai mon sâri de mousseline, l'espèce de toge dans laquelle les Indiennes se drapent, et ne conservai qu'un mince pantalon et une veste légère, puis je m'étendis de tout mon long sur les pointes des clous. De là je continuai à causer avec mon amie terrifiée.

Le pire, ou le plus amusant de l'aventure, fut que tandis que je conversais ainsi, nous entendîmes, venant d'une ruelle qui débouchait sur la place, la voix d'un guide promenant des touristes.

– Ladies and gentlemen, clamait-il en anglais, vous allez voir le célèbre fakir qui pratique l'austérité inouïe de demeurer couché sur les pointes acérées d'un lit de clous.

Son boniment s'achevait à peine quand le peloton des touristes fit irruption près de l'auvent sous lequel je me trouvais. Ebahissement général. Guide et touristes demeuraient muets, médusés.

– How do you do, dis-je et je continuai en anglais. Il fait plutôt chaud à Bénarès n'est-ce pas? Je ne suis pas le fakir, cela se voit. Il va revenir; je me reposais à l'ombre tandis que sa place était vacante.

Sur ce, je me levai lentement. Quelques-uns des étrangers, trop abasourdis pour dire un mot, s'en vinrent inspecter les clous et s'écorchèrent les doigts, car les clous n'étaient nullement truqués, mais bel et bien pointus.

– Vous avez vu quelque chose de bien plus étonnant qu'un fakir, dis-je alors aux touristes, vous avez vu une Parisienne couchée sur un lit de clous, c'est plus rare. Soyez donc généreux envers le sadhou qui va revenir, donnez quelque monnaie à son disciple que voilà, il la lui remettra.

Je me redrapai dans mon sâri et je m'en allai.

Mes lecteurs me trouveront certainement peu sérieuse, mais il n'est guère possible, même dans l'Inde, de demeurer continuellement plongé dans de profondes méditations philosophiques. Du reste, parmi tant de choses merveilleuses que l'Inde nous enseigne, la moindre n'est pas que l'on peut découvrir un sens philosophique dans les actes les plus saugrenus.

Cependant raillerie et plaisanterie s'insèrent difficilement dans l'atmosphère de religiosité sombre qui prévaut à Bénarès, la cité de Shiva.

D'effroyables pratiques superstitieuses, dont la disparition ne remonte guère au-delà d'un siècle et dont certaines ont tendance à subsister encore de nos jours, attachent des souvenirs sinistres à certains coins de la ville. On y montre des *lingams* (3) ayant servi de billots sur lesquels des dévots, ayant au préalable fait don de leurs biens à des brahmines, posaient leur tête et se la faisaient trancher en sacrifice à Shiva, espérant mériter par cet acte de renaître dans un paradis.

D'autres déments que le sabre du brahmine sacrificateur effrayait sans doute, choisissaient la noyade dans le fleuve sacré : le Gange, Mère Gangadji, suivant la révérencieuse appellation hindoue.

Après le don habituel de leurs biens, ces fanatiques se laissaient attacher au cou une cruche remplie de pierraille. Puis ainsi lestés, ils montaient dans une barque qui gagnait le milieu du Gange. Là ils se jetaient dans l'eau – peut-être les y poussait-on en cas de suprême hésitation – et le poids attaché à leur cou les entraînait immédiatement sous l'eau.

Durant l'un de mes séjours à Bénarès un suicide de ce genre eut lieu.

(3) L'emblème du dieu Shiva : un phallus.

⁂

Toutes les villes de l'Inde renferment de nombreux temples, mais Bénarès se distingue particulièrement à ce sujet. En plus des grands sanctuaires qui s'imposent à l'attention du visiteur, il en est d'innombrables autres qu'il faut aller chercher en d'étroites ruelles ou dans les faubourgs de la ville et, à chacun de ceux-ci, se rapporte une légende ou une particularité du dieu qui y habite.

J'en ai visité beaucoup, parfois ouvertement, mais souvent le soir ou la nuit, vêtue à l'indienne et accompagnée par un garçon tibétain à mon service. Le jeune homme parlait couramment l'hindi et le népalais et avait une certaine instruction. Dûment stylé par moi, il savait quelles questions il convenait de poser pour attirer des réponses propres à m'intéresser. Il s'était orné du cordon rituel et passait aisément pour un Népalais appartenant à l'une des castes pures assimilées à celle des vaishyas (4). Ce garçon, ne suscitant aucun soupçon, me servait de paravent tandis que je jouais le rôle effacé de sa tante effectuant un pèlerinage à la ville sainte.

D'autres fois pourtant, je fus conduite – déguisée ou même, en d'autres occasions, sans déguisement – par des amis brahmines ne partageant pas les préjugés qui interdisent l'entrée des temples aux non-hindous, ou qui me faisaient l'honneur de me croire assez pure pour pouvoir approcher des dieux.

Le strict végétarisme que j'observais et l'habitude qu'on me connaissait de me baigner, matin et soir, et chaque fois que je rentrais chez moi après une promenade, contribuaient à m'attirer une bonne réputation, mais une autre raison, passablement bizarre du point de vue occidental, s'y ajoutait.

(4) Les vaishyas sont la troisième des castes, il en existe une dizaine de subdivisions.

D'après une croyance populaire hindoue, les enfants nés après que le mariage de leurs parents est demeuré longtemps stérile, sont des dons accordés par les dieux et, en conséquence, demeurent l'objet de la sollicitude particulière de ceux-ci qui ont des intentions spéciales à leur égard.

Les contes hindous attribuent volontiers à leurs héros une naissance tardive. Parmi les légendes se rattachant à celle du célèbre philosophe Shankarâcharya, il en est une qui le fait naître douze ans après le mariage de ses parents. Nous manquons d'ailleurs totalement de détails historiques quant à la naissance de Shankarâcharya.

Si un enfant, qui se fait attendre pendant douze ans, apparaissait déjà à mes amis comme enveloppé d'une atmosphère quelque peu merveilleuse, que ne devaient-ils pas penser de celui qui avait attendu seize ans pour venir étonner ses parents déjà âgés? Or cela était mon cas et, bien que je ne m'en sentisse nullement responsable, j'étais tout à fait disposée à profiter des menus avantages qu'il me procurait.

C'est ainsi que je fus conduite à un petit temple dédié à Bhairava, situé en dehors de la ville dans un bosquet touffu. Bhairava (celui qui cause la terreur) est une des formes tantriques de Shiva, il est représenté avec un corps humain et une tête de taureau fantastique, parfois plusieurs têtes. Nous retrouvons en lui le taureau qui hante toutes les mythologies. Son image m'était familière au Tibet où, en tant que Jigdjé, le père effroyable couronné de crânes, il enlace Shakti son épouse-énergie tandis qu'il écrase sous ses pieds les êtres humains et les animaux qu'elle produit : tout le drame du monde personnifié par ces deux personnages de cauchemar.

L'idole du petit temple était moins impressionnante, son gros corps de teinte brun sombre, malgré sa tête animale aux trois yeux et les crocs aigus qu'elle découvrait, pouvait laisser ses visiteurs impassibles. Du reste, je n'en voyais aucun, le temple était vide; seulement, à quelque distance de lui, sous les arbres, trois *sadhous* méditaient, immobiles.

Pourquoi m'avait-on amenée là? A cause d'une croyance singulière. Celui, disait-on, qui passait la nuit dans le temple au pied du Bhairava y atteignait l'illumination spirituelle complète (moksha ou moukti) dans le cours de cette même nuit, ou bien mourait et, à l'aube, le desservant du temple trouvait son cadavre gisant devant l'autel.

Eh!... pourquoi ne pas tenter l'expérience? Y avait-il quelque sinistre truc jouant dans ce sanctuaire d'aspect innocent? Le souvenir des récits concernant les dévots qui se faisaient trancher la tête sur un *lingam*, celui de ces autres candidats au paradis qui s'en allaient vers le Gange une cruche remplie de cailloux pendue à leur cou, me revenaient. Simulait-on dans le temple, des apparitions nocturnes propres à faire mourir d'effroi les fidèles crédules, ou bien l'imagination de ceux-ci les provoquait-elle?...

Quant à l'illumination, je crois qu'elle peut jaillir subitement, comme le disent les adeptes du zénisme, simplement parce que l'on aperçoit parmi les objets familiers ou parmi ses pensées familières quelque chose qui a toujours été là et que l'on ne discernait pas. Et, très témérairement, je me flattais d'avoir déjà eu la vue pas mal perçante.

Quand je lui demandai la permission de passer la nuit auprès du Bhairava, le gardien du temple me regarda singulièrement mais ne fit aucune objection, il m'avertit seulement que si j'amenais un serviteur, il devrait rester au-dehors; le tête-à-tête avec le dieu n'admettait aucun témoin. Je n'en désirais du reste aucun.

Un soir, munie d'une natte dans laquelle j'avais dissimulé une moustiquaire – l'endroit était infesté de moustiques – j'arrivai au temple. Le gardien témoigna une satisfaction visible, quoique contenue, en recevant les quelques roupies que je lui donnai. Sans mot dire il me laissa gravir les marches conduisant au sanctuaire et se retira.

Allait-il m'épier? Je me le demandais en songeant à la prosaïque moustiquaire que j'avais subrepticement introduite chez le Bhairava et que je devais susprendre. Rien n'était plus facile que d'observer mes mouvements, car de petites ouvertures, percées dans les murs, permettaient de voir l'intérieur du temple. Tant pis!... La ronde des moustiques susurrait déjà autour de moi de façon inquiétante pour mon épiderme; m'espionne qui voudrait, il était urgent de me réfugier sous mon abri de tulle, mais je ne découvrais ni un clou, ni une aspérité pour l'y accrocher.

Pourtant au bout du petit hall, face à l'autel, une haute étagère montée sur pieds avait été remisée. J'imaginais que l'on devait aux moments prescrits l'approcher de l'idole et y placer les aliments constituant ses repas. La hauteur de la tablette supérieure, entourée d'un rebord ajouré, dénotait l'intention de permettre aux narines animales du Bhairava de humer l'odeur des mets qu'on lui offrait.

Quoi qu'il en pût être, cette étagère allait me servir. Je nouai les cordons de la moustiquaire dans les jours du rebord de la tablette, rentrai l'extrémité du tulle sous la natte et me glissai dans cette tente de poupée.

Puis j'attendis...

En face de moi, me dominant, le taureau fantastique, éclairé par une lampe posée sur un haut piédestal de cuivre, paraissait m'examiner avec ses trois yeux écarquillés et diriger vers moi la menace hésitante de sa mâchoire ouverte aux crocs saillants.

Derrière lui, des ombres dansaient au gré du vacillement de la flamme jaunâtre que des courants d'air éventaient, créant un autre Bhairava exagérément agrandi qui apparaissait, disparaissait, se contorsionnait, semblait parfois prêt à se détacher de la muraille et à s'avancer dans l'espace vide vers l'imprudent qui s'offrait à lui.

Peut-être cette fantasmagorie avait-elle suffi, sans aucun truc sinistre des prêtres du temple, pour affoler et tuer de pauvres dévots au cerveau bourré de superstitions... La chose était possible, cette danse du monstre devenait affolante et je me sentais le désir de fermer les yeux.

Je dus m'endormir; une vive clarté passant rapidement sur mes paupières me réveilla, j'ouvris les yeux et me redressai : la lampe de l'autel était éteinte et les ténèbres si profondes que la blancheur des murs avait cessé d'être visible.

Des chacals glapissaient dans le jardin... quelque chose frôla les plis de ma moustiquaire traînant sur les dalles. Quoi... un serpent, cette idée me causa un petit frisson, il n'en manque pas de venimeux dans les jardins indiens. Mais pourquoi me piquerait-il si je ne l'effrayais pas? Qu'il vaque donc en paix à ses affaires, je ne bougerais point, ce qui n'empêchait pas ma pensée de rester active et oubliant le Bhairava, je m'évadai vers la jungle avec un conte du Majhima Nikâya dans lequel Siddharta Gautama est censé relater un épisode de sa vie d'ascète avant qu'il ne fût devenu le Bouddha.

« Je m'en allai parmi les tombes dispersées sous les arbres, dans la forêt, vers ces lieux où règne la terreur et je m'y établis pour y passer la nuit. Et comme je m'attardais là, un chevreuil traversa les taillis, le mouvement d'un oiseau causa la chute d'une brindille, le vent s'éleva en murmurant et fit bruire les feuilles. Et je pensais : maintenant les voici : cet effroi, cette terreur. Et je me dis à moi-même : Pourquoi demeurerais-je inerte, les attendant? Pourquoi dès que cet effroi et cette terreur prendront forme n'irais-je pas à leur rencontre et ne les maîtriserais-je pas?...

« Et ils vinrent tandis que je me promenais de-ci,

de-là, mais je ne m'arrêtai pas, je ne m'assis pas avant que je les aie maîtrisés. Ils vinrent tandis que j'étais assis, mais je ne me levai ni ne me couchai avant que je les aie maîtrisés. »

Une nouvelle lueur violente illumina le sanctuaire. Il n'y avait pas de serpent à mes pieds, mais un gros rat qui avait piétiné le bord de la moustiquaire se sauva ébloui.

Puis ce furent de nouveau les ténèbres, les glapissements des chacals, des roulements de tonnerre qui allaient se rapprochant et enfin l'averse pesante. La mousson débutait de bonne heure cette année.

Que devenaient les *sadhous* dans le jardin? Ils viendraient sans doute se réfugier dans le temple... Mais personne ne vint et je demeurai jusqu'au lever du jour à écouter tomber la lourde pluie, les grondements s'affaiblissant de l'orage qui s'éloignait et Shiva accomplissant impassiblement en moi son œuvre éternelle de destruction, chaque battement de mon cœur marquant une étape de ma dissolution.

Alors j'ouvris la porte et regardai le jardin devenu boueux et les arbres ruisselants. Les *sadhous?*... Ils étaient toujours là, à la même place où je les avais vus la veille, toujours immobiles, inconscients de tout, semblait-il. Les quelques loques de coton orange enroulées autour de leurs reins, et maintenant détrempées, collaient à leur peau, leur tignasse embroussaillée transformée en éponge dégouttait sur leur visage. Traduisant à leur façon l'attitude du futur Bouddha, ils avaient subi l'assaut des éléments en maîtrisant leurs réactions et ne s'étaient point levés pour chercher un abri. Mais abîmés dans leurs méditations avaient-ils eu vraiment des réactions, des sensations?... J'en doutais presque en les voyant impassibles, boueux parmi la boue du sol, se confondant avec elle.

Cependant la pluie cessa; peu après les trois

ascètes se levèrent et ils se dirigèrent vers le Gange pour prendre leur bain rituel matinal. Je les regardai s'en aller, pensant de nouveau aux mystiques déments qui marchaient vers le fleuve sacré, une cruche pleine de pierraille suspendue à leur cou. Ces *sadhous* ne songeaient pas à pareil sacrifice. Ils sortiraient de l'eau bourbeuse de la crue estivale, purifiés de tous péchés contre les observances et guère plus propres corporellement qu'ils y étaient entrés. Ils en sortiraient... Pourtant je devais par la suite, voir un de leurs confrères renouveler le geste des dévots à la cruche lestée, et cela sans cruche amenant une clémente mort prompte, mais lentement, terriblement, montrant une persévérance effroyable qui me remplit de cet effroi que le Bhairava n'avait pu me causer.

Les quais du Gange (ghats) sont constitués à Bénarès par des gradins descendant de la ville jusqu'au niveau du fleuve, niveau qui varie de dix mètres ou de plus entre les eaux basses de l'hiver et la crue estivale. Sur ces gradins, de largeurs diverses, s'étagent une multitude d'édifices religieux; les uns de la dimension d'un véritable petit temple et d'autres réduits aux proportions d'une simple niche abritant la statue d'un dieu ou son emblème.

Quand le fleuve s'enfle, grossi par l'apport de ses affluents qui y déversent le ruissellement des pluies torrentielles et de la fonte des neiges sur les pentes des Himâlayas, il recouvre l'un après l'autre tous les gradins avec les chapelles qu'ils supportent.

Peu avant la crue qui s'annonçait, un *sadhou* s'installa dans l'une de celles-ci, une simple logette abritant un *lingam* de marbre noir symbolisant Shiva. Il s'assit les jambes croisées, en posture de méditation, derrière l'image du dieu et ne bougea plus.

La crue commença : jour après jour, l'eau montait. De sa logette le sadhou pouvait la voir couvrir successivement une des marches du *ghat*, puis une autre au-dessus de celle-là, puis une autre plus élevée encore. Il la voyait monter vers lui qui demeurait immobile ayant décidé de la laisser passer au-dessus de lui. Sa résolution était connue et suscitait une admiration respectueuse parmi la foule. Des dévots jetaient des fleurs devant la chapelle et y suspendaient des guirlandes. Le sadhou restait impassible : il jeûnait.

Je demandai à quelques-uns de mes amis hindous si l'on ne pouvait pas enlever de là ce fanatique et l'empêcher de se suicider. Au besoin, pourquoi ne requérrait-on pas l'aide de la police britannique?

Ceux à qui je m'adressai hochèrent la tête, paraissant sourire de ma naïveté. L'immense majorité de la population approuvait le geste du sadhou, elle le considérait comme sublime et aurait crié au sacrilège si l'on s'était interposé.

Quant aux fonctionnaires étrangers, disaient mes contradicteurs, ils demeuraient très loin du Gange, à Bénarès-Cantonnement; leur politique était de ne pas intervenir dans les questions religieuses, ils préféreraient « ne pas savoir ». D'ailleurs, le *sadhou* agissait librement, nul ne s'opposerait à ce qu'il quittât la chapelle s'il le désirait et il ne le désirait pas.

Pendant plusieurs jours je retournai au Gange pour observer l'homme qui allait mourir. Pas un de ses membres ne bougeait, il demeurait, le buste et la tête droits, pareil aux statues de pierre trônant dans les chapelles voisines.

L'eau couvrit la première marche de sa logette, elle couvrit la seconde, elle lécha le seuil. Des gens s'en vinrent en bateau regarder le sadhou et lui jeter des fleurs.

L'eau montait toujours, elle atteignit la ceinture de l'homme impassible, atteignit ses épaules, son cou, lui caressa la bouche et submergea sa tête sans qu'il se soit départi de son immobilité.

Des cris de « jaî! jaî! » (victoire) retentirent, poussés par les dévots assemblés qui avaient contemplé la fin du drame.

Un tel acte est absurde, c'est celui d'un fou. On ne peut le qualifier autrement. Pourtant... pourtant... dans l'inflexible et stoïque attitude mentale de celui qui le commet, il y a une effroyable grandeur qui commande un religieux respect.

Si mon ami le magistrat indien a de bonnes raisons d'affirmer que, parmi les cinq ou six millions de « saints professionnels » de son pays, l'on compte 90 pour 100 d'imposteurs et de vauriens, l'on ne peut douter que l'on y rencontre aussi quelques individus convaincus dont les extravagances mêmes sont un gage de sincérité.

⁂

Je ne suis pas allée dans l'Inde en touriste; tout au long des nombreuses années que j'y ai passées je me suis cantonnée dans une unique recherche : l'étude des aspects profonds de la mentalité religieuse des Indiens. Cela m'a amenée à me mouvoir presque exclusivement parmi ce monde de mystiques et de pseudo-mystiques qui s'étend des très doctes pandits, interprètes des Védas, à des *sannyâsins* altièrement agnostiques et des *sadhous* extatiques.

Que mes lecteurs me pardonnent donc de les faire s'attarder encore quelque peu parmi cette classe singulière de la population indienne, son influence n'est nullement négligeable, et comme je l'ai déjà signalé au début du présent chapitre, certains de ses membres se préparent à peser de manière ouverte ou indirecte sur l'opinion et la conduite des masses dans l'Inde de demain.

Nous rencontrons dans l'Inde une attitude mentale toute particulière. Celle-ci ne paraît pas y être indigène, mais pourrait, pensent quelques-uns, y avoir été importée par les Aryas, d'origine nordique, au cours de la lente pénétration spirituelle qui a accompagné leur conquête. Cette attitude mentale a son expression sociale dans *sannyâsa. Sannyâsa* signifie : « rejet ».

Les *sannyâsins* sont proches parents de ces *sadhous* que j'ai décrits dans les pages précédentes, si proches parents que la multitude des hindous sans éducation les confond. Tous deux ont des ancêtres communs.

Au début de la forme de civilisation indienne qui s'est perpétuée à peu près intacte jusqu'à nos jours, le code religieux divisait la vie de l'individu en trois périodes strictement délimitées.

La première était la période d'étude auprès d'un maître, dénommée *Brahmâcharya* (5), la seconde était le *Grihasta* : le mariage amenant à assumer les devoirs de chef de famille jusqu'à la naissance d'un petit-fils qui continuerait la lignée. Ensuite venait la période appelée *Vânaprasta*, le grand-père était invité à se retirer dans la forêt pour s'y livrer à des pratiques de dévotion ou à la méditation.

Les deux premières de ces étapes étaient obligatoires, la troisième semi-facultative. Le maître de maison qui, souvent encore alerte et vigoureux lorsqu'il devenait grand-père, ne se sentait point incliné à devenir un véritable ermite, pouvait se contenter de se retirer dans un endroit isolé de la campagne ou à l'orée des bois. Il s'y construisait une habitation que rien n'empêchait de rendre confortable, il conservait la disposition de ses biens ou d'une partie de ceux-ci et aussi la compagnie de sa femme ou de ses femmes.

D'autres, au contraire, renonçaient à toutes leurs possessions en faveur de leur fils aîné ou les partageaient entre leurs épouses.

(5) Voir ce qui s'y rapporte p. 205.

Un exemple célèbre, à ce sujet, nous est fourni par le Brihadâranyankopanishad :

« Je vais abandonner l'état de chef de famille, dit Yajnavalka à son épouse Maitreyi et, en conséquence, je partagerai mon bien entre toi et Kâtyâyani. »

Maitreyi refuse la richesse qui lui est offerte :

« A quoi servent ces choses périssables », réplique-t-elle. Ce qu'elle désire c'est partager la connaissance par excellence que son époux possède : celle de l'Etre en Soi, de l'Ame universelle, du Brahman.

Après lui avoir donné dans un remarquable discours l'enseignement qu'elle a sollicité, Yajnavalka la quitte pour vivre en ascète et nous sommes autorisés à penser que Maitreyi fait de même de son côté.

Toutefois, à côté de ces observateurs routiniers des lois sociales, l'Inde a toujours produit des esprits libres qui, sans attendre le temps prescrit, refusant de se soumettre à l'obligation du mariage, s'évadaient dès leur jeunesse, en quête de découvertes : celles de l'essence et des causes du monde, de la nature de leur « moi » et du savoir qui confère des pouvoirs magiques, ces trois connaissances étant intimement liées.

C'est de ces « évadés » qu'il est question lorsque, dès les temps védiques, sont mentionnés « des hommes vêtus de robes jaunes qui errent avec le vent et possèdent les pouvoirs des dieux » ou comme il est dit aussi : « Des hommes aux longs cheveux, couverts de crasse brune qui rôdent dans le souffle des vents. » Nous retrouvons leurs pareils tout au long des siècles, toujours en marge de la société régulière, s'attribuant une place au-dessus de ses lois et honorés par les moutons dociles du troupeau social précisément parce qu'ils dédaignent de marcher avec lui et se campent en dehors de sa voie en posture de rebelle.

De rebelle... Il faut s'entendre. Non point de

rebelle au sens politique que des Occidentaux pourraient être tentés de donner à ce terme, mais de rebelle mystique à qui le monde en sa totalité, avec ses paradis et ses enfers, apparaît, suivant l'expression énergique de certains textes « pareil à un monceau d'immondices », et qui refuse de s'y vautrer.

Evidemment, les « saints professionnels » se haussent rarement à ce niveau; ils se contentent de jouir du bénéfice de la tradition associée à l'attitude altièrement détachée de leurs ancêtres. Pourtant, ces excentriques errant loqueteux ou nus et, généralement, arrogants sont, extérieurement du moins, beaucoup plus près des individus aux « longues chevelures, aux sales robes jaunes qui rôdent dans le souffle des vents » dépeints dans les Védas, que les *sannyâsins* modernes dont beaucoup ont adopté un genre de vie grave, digne et paisible, et dont certains se sont constitués en ordre religieux.

Les Indiens attribuent aux bouddhistes la responsabilité de ce changement.

Avant l'époque du Bouddha, il existait dans l'Inde des groupes d'ascètes dénommés *shramanas,* qui vivaient auprès d'un maître; les Ecritures bouddhiques, relatant une visite que le Bouddha fit à trois gourous en renom : les frères Kaçyapas habitant à Ourouvila au bord de la Néranjara, mentionnent qu'il trouva ceux-ci entourés d'un millier de disciples. Lui-même, avant d'avoir conçu la doctrine qu'il prêcha plus tard, avait fait partie de groupements semblables alors qu'il avait été successivement l'élève des philosophes Arata Kâlama et Roudraka. Mais aucun lien particulier n'unissait entre eux ces disciples d'un même maître, ils ne formaient pas une communauté.

Il en fut autrement de ceux des disciples du Bouddha qui, sous la dénomination de *bhikkhous* (6) (mendiants), embrassèrent la vie

(6) Le terme *bhikkhou* (en pâli : bhikkou) était usité bien avant l'époque du Bouddha et désignait les ascètes qui mendiaient leur nourriture. Les moines bouddhistes n'ont fait que les imiter.

religieuse. Dès l'origine ils constituèrent un ordre religieux appelé Sangha (7), adoptèrent un uniforme (8) et furent pourvus d'une règle commune à tous.

Cette règle consista d'abord en dix articles (9) seulement. Par la suite elle fut étendue jusqu'à en inclure plus de deux cents dont certains sont de caractère passablement saugrenu et ne peuvent être attribués qu'à des hommes ayant déjà perdu le sens de l'enseignement originel du fondateur.

En donnant au Sangha le titre d'ordre religieux, il faut noter une différence essentielle qui existe entre lui et les ordres religieux chrétiens. Chasteté et pauvreté sont requises du bhikkhou, mais il ne fait pas vœu d'obéissance. De plus, il demeure libre de quitter l'Ordre lorsqu'il le désire. L'idée d'engagement irrévocable est incompatible avec la doctrine de l'impermanence générale prêchée par le Bouddha. La discipline, correspondant aux dispositions physiques et mentales de l'homme qui l'accepte aujourd'hui, peut ne plus convenir à l'homme différent qu'il sera devenu demain, lorsque de multiples

(7) Sangha signifie : société, association.

(8) Une forme spéciale de vêtements était prescrite aussi bien que leur couleur. Au contraire, les *sannyâsins* ne sont assujettis à aucun modèle particulier d'habillement, seule la couleur de celui-ci les distingue des laïques. Cette couleur est obtenue par une teinture à base de gairikam (prononciation habituelle géroua); suivant les proportions du mélange elle donne toute une gamme de teintes allant du rose saumon à l'orange foncé presque rouge.

Les bhikkhous des sectes hinayânistes des pays du sud : Ceylan, Burma, etc., portent des vêtements jaune d'or, les lamas tibétains, un costume grenat foncé. Les religieux bouddhistes chinois et japonais s'habillent en gris ou en noir.

(9) Ne pas tuer. – Ne rien prendre qui n'ait été volontairement donné. – Ne pas mentir. – Ne pas boire de boissons enivrantes. Les défenses précédentes sont obligatoires aussi pour les laïques. En plus pour les religieux : Ne pas manger en dehors du temps prescrit. – Ne pas danser, chanter ou assister à des fêtes ou à des représentations théâtrales. – Ne point se séparer en faisant usage de guirlandes de parfums ou d'onguents. – Ne pas se servir de lits ou de sièges larges ou élevés. – Ne recevoir ni or ni argent. – S'abstenir de relations sexuelles. Pour les laïques, cette dernière règle est remplacée par la suivante : « S'abstenir de relations sexuelles illégitimes. »

changements se seront produits dans la constitution de son corps et de son mental.

Quelque bien fondées que puissent être les critiques des Indiens, reprochant aux bouddhistes d'avoir abaissé le caractère jusque-là absolument indépendant de la vie ascétique en l'enfermant dans le cadre d'un ordre, le plus célèbre de leurs philosophes, adversaire acharné du bouddhisme : Shankarâcharya, en vint, environ douze siècles après le Bouddha, à fonder un ordre rival du Sangha dont les membres sont dénommés : *sannyâsins* de Shankarâcharya.

De nos jours, ceux-ci revendiquent volontiers, pour eux, l'exclusivité du titre de *sannyâsin* reléguant, non sans une nuance de dédain, tous les autres porteurs de la robe orange dans la foule des *sadhous.*

Cet emprunt ne fut pas le seul que Shankara fit au bouddhisme, il assimila plus d'un point de sa doctrine, ruse habile qui l'aida à en triompher. Ses sectateurs lettrés ne s'y trompent point et se donnent ironiquement à eux-mêmes le titre de *prachchana Bouddhas* : « Bouddhistes déguisés ».

Les religieux de Shankara toujours influents de nos jours, comprennent dix catégories respectivement dénommées : Giri – Puri – Bharati – Sarasvati – Tirtha – Asram – Vana – Aranya – Parvata et Sagara. Ces noms sont ceux de *maths* (monastères) fondés par Shankara, ils n'impliquent aucune hiérarchie de grades, ni aucune différence dans le genre de vie de ceux qui les portent. C'est en faisant suivre son nom religieux personnel de l'une ou l'autre de ces dix dénominations qu'un sannyâsin se désigne comme un fils spirituel de Shankarâcharya.

Les mêmes causes produisent les mêmes effets. Au temps où le bouddhisme florissait dans l'Inde, ses communautés religieuses en étaient venues à s'enrichir. Il en a été de même des ordres monastiques chrétiens et l'ordre de Shankara n'a pas échappé au sort commun.

Le principal des *maths* établis par Shankara, celui de Sringeri, situé dans les anciens Etats du mahârajah de Mysore, possède des biens considérables. Son chef est en quelque sorte, celui de tout l'ordre et porte le titre de Shankarâcharya indiquant qu'il est le représentant actuel de la lignée directe des successeurs du Maître. Toutefois, les chefs des trois autres grands maths : qui existent respectivement à Puri, à Badrinath et à Dvârkâ assument souvent aussi ce titre. Nous venons de voir au début de ce chapitre que le Shankara de Dvârkâ prend une part active dans la politique d'opposition au gouvernement Nehru.

J'ai eu l'occasion de voir le faste déployé à l'occasion d'un voyage du chef du math de Sringeri. Rien de plus n'aurait pu être fait pour un souverain. Cela n'implique pas qu'au milieu de cette abondance de bien les *sannyâsins* de Shankara ou même seulement leurs chefs, vivent dans le luxe. Il n'en est rien. L'ordre est riche et ses membres les plus éminents sont comblés de témoignages de vénération, mais leur genre de vie est, en général, simple et frugal et leur vêtement demeure l'habit austère de coton orange de tous les ascètes hindous.

Quelles que soient les prétentions des membres de l'ordre de Shankarâcharya quant au droit exclusif de s'intituler *sannyâsins,* il s'en faut qu'elles soient unanimement reconnues et un grand nombre de sannyâsins restent indépendants de l'ordre de Shankara. Certains de ceux-ci se sont constitués en sociétés ou en petits groupes, d'autres demeurent isolés.

Généralement très au-dessus, intellectuellement et spirituellement, de la multitude des sadhous vulgaires, les sannyâsins, même les plus respectables ne se comportent pas continuellement en surhommes et l'enquêteur persévérant peut glaner parmi eux maints détails pittoresques ou décelant des sentiments simplement humains.

J'ai été un de ces enquêteurs et à défaut d'autres qualités meilleures j'ai, du moins, eu de la persévérance. Sans plus m'en m'excuser je ferai donc suivre la série d'esquisses de sadhous présentée ci-dessus, par une autre série concernant des sannyâsins.

Parmi les nombreux maths où j'ai eu accès s'en trouvait un situé dans un parc enclos par de hauts murs. Une petite communauté composée d'une dizaine de membres seulement l'occupait. Presque tous ceux-ci étaient lettrés, même érudits, et avaient reçu une éducation moderne. Ils passaient pour s'adonner à des méditations tantriques et me montrèrent des tableaux qui servaient à cet usage. Ces tableaux ne représentaient aucun des objets qui nous entourent; ils consistaient en combinaisons de lignes de différentes couleurs formant des dessins compliqués et des effets de perspective.

Le disciple s'enfermait dans une cellule vide en face de celui des tableaux que son maître jugeait lui convenir ou même qu'il avait expressément dessiné à son intention. L'exercice consistait à regarder fixement le tableau sans se laisser distraire par aucune autre pensée. Il ne fallait surtout pas s'ingénier à chercher un sens aux diverses combinaisons de lignes et de couleurs que l'on contemplait. Il n'y avait point là de rébus à deviner. Le dessin avait pour but de produire un « choc » dans l'esprit du disciple et de lui ouvrir des horizons intellectuels et spirituels qui, jusque-là, étaient demeurés voilés pour lui.

Cette méthode ressemblait à celle employée dans la secte chinoise Ts'an, dénommée Zen au Japon, avec cette différence qu'au lieu de proposer au disciple, comme dans la secte Zen, des phrases en apparence incohérentes ou des cas impossibles (10)

(10) « Le son d'une seule main », le premier des problèmes généralement proposé au novice. Ou encore : « Quel était l'aspect de votre visage avant que votre père et votre mère fussent nés. »

(les Koans ou problèmes), on lui présentait des combinaisons de lignes que l'on jugeait propres à éveiller en lui des sensations et des idées.

On me dit que des Indiens laïques se rendaient dans ce math pour y passer des périodes de retraite pendant lesquelles ils s'adonnaient à la contemplation de ces tableaux.

Les *sannyâsins* de ce *math* comme ceux de la majorité des autres communautés de ce genre n'accueillaient des femmes que très rarement. Quand ils le faisaient, ils avaient la curieuse habitude de leur adresser la parole à la troisième personne, les appelant « Votre Maternité » tout comme l'on dit « Votre Majesté » à un souverain ou « Votre Sainteté » au pape (11).

A plusieurs reprises et aussi discrètement que possible, j'informais mes aimables interlocuteurs que je n'avais aucun droit au titre qu'ils me prodiguaient, ce fut peine perdue, ils ne se décidèrent jamais à y renoncer.

***

« Je voudrais que vous fassiez la connaissance de Râmashram », me dit un jour mon ami B... un brahmine propriétaire terrien et homme très pieux de la plus orthodoxe des façons.

« Râmashram, ajouta B..., est un homme terrible, j'ose à peine aller le voir, il démolirait toutes mes croyances et me laisserait hébété ne sachant plus de quel côté me tourner, ne voyant que ruines et vide de toutes parts. »

Cette description m'inspira la plus vive curiosité à l'égard du terrible Râmashram et je priai mon ami de me conduire chez lui sans grand retard.

(11) Dans leurs rapports avec le Dalaï Lama et avec le Tashi Lama les représentants du gouvernement britannique leur donnaient aussi le titre de « Sa Sainteté » (His Holiness). Ce même titre est aussi donné par les Anglais, aux chefs des grands *maths* de l'ordre de Shankarâcharya.

Râmashram avait peut-être appartenu à l'ordre de Shankara, la dénomination « ashram » suivant son nom Râm le donnait à supposer, mais quoi qu'il en pût être, il vivait en *sannyâsin* indépendant. Sa demeure consistait en un cube de maçonnerie isolé dans la campagne parmi des bosquets, à quelque distance d'une route aboutissant au Gange. Ce cube était posé à la manière d'un objet sur une étagère au centre d'une terrasse à laquelle on accédait par sept marches. Sur celle-ci s'ouvrait une porte étroite et une unique fenêtre munie de solides barreaux en fer.

Quand j'arrivai, une douzaine d'Indiens étaient assis devant la maisonnette; ils tenaient les mains jointes, les yeux levés vers le ciel et gardaient un profond silence. Ils attendent l'arrivée du *gourou*, me dis-je, tandis que je m'asseyais à l'écart. Cependant la direction de leur regard me fournit une indication; je levai les yeux et j'aperçus Râmashram siégeant sur le toit de sa demeure. Il avait imaginé ce genre de trône. C'est de là qu'il discourait pour l'instruction de ses disciples et livrait à leurs réflexions ces théories démolisseuses de croyances qui effaraient mon ami le pieux et orthodoxe brahmine.

Le décor environnant était délicieux. Des oiseaux bleus et des perroquets verts voltigeaient et caquetaient dans les arbres, toute une horde de singes gambadant et grimaçant mettait dans cette réunion de mystiques aux pieds d'un maître une note de suprême ironie plus férocement « démolisseuse de croyances » que pouvait l'être les plus terribles enseignements divulgués par le terrible Râmashram juché sur son toit.

Souvenez-vous du magistrat qui s'en alla jour après jour pendant six mois contempler un gourou qui ne lui adressait pas la parole (12). Râmashram joua le même jeu, il ne me disait pas un mot, mais je

(12) Voir p. 234.

ne partageais pas les sentiments qui avaient animé le magistrat. Les visites qui suivirent mon premier contact avec Râmashram s'espacèrent à intervalles irréguliers de huit ou de dix jours : je manquais de foi, mais le gourou m'intéressait.

Quelques-uns de ses disciples avec qui j'avais lié connaissance, me parlaient de son enseignement ou de sa vie privée, tandis que je faisais un bout de chemin avec l'un ou l'autre d'entre eux ou le ramenais en ville dans ma voiture à l'issue de la réunion. Bribe par bribe, j'appris ainsi que le *swâmi* avait été dûment initié en tant que *sannyâsin*, mais qu'ensuite il avait pris femme et que comme, malgré son union, il tenait à demeurer *sannyâsin*, il avait adopté la doctrine tantrique des shaktas qui permet le mariage à ses hauts adeptes.

D'autres racontaient le fait différemment : Râmashram avait été marié dans son jeune âge comme le sont la plupart des hindous, ensuite il avait voulu devenir sannyâsin mais sans se séparer de sa femme, et c'est afin de légitimer sa présence auprès de lui qu'il professait le shaktisme.

Râmashram était père d'un fils âgé d'une vingtaine d'années à qui il voulait donner une éducation moderne. Le jeune homme suivait les cours de l'université de Calcutta et Râmashram projetait de l'envoyer compléter ses études en Angleterre. Afin de pourvoir aux frais de cette éducation Râmashram ne se faisait pas faute de pressurer ses disciples riches, ceux-ci paraissaient se laisser faire de bonne grâce.

Cette histoire sortait de l'ordinaire et l'amour paternel du vieux sannyâsin était même touchant. Mais on racontait encore autre chose. Le cube de maçonnerie, posé comme sur une étagère dans le bosquet aux perroquets verts et aux singes gouailleurs, était le théâtre de rites véhéments côtoyant l'orgie. On y célébrait le *tchakra* (13) dans toute son

(13) Voir p. 184.

intégrité intensifiée par de copieuses libations. Etait-ce vrai?...

Enfin, un jour le swâmi me fixa un rendez-vous. Je m'y rendis dans l'après-midi; aucun des disciples n'était là, et au lieu d'être assis sur le toit, Râmashram m'appela près de la fenêtre grillée. Nous causâmes chacun d'un côté des barreaux comme chez les carmélites, lui se tenant à l'intérieur et moi au-dehors. Il professait la philosophie de l'Advaita Védanta à la manière des plus intransigeants shaktas pour qui rien n'existe que le jeu de l'énergie totalement impersonnelle et inconsciente (en prenant l'idée de conscience au sens qui lui est généralement donné).

Faisant allusion à la déclaration du sannyâsin au jour de sa profession : déclaration du rejet des trois mondes (14), il disait sarcastiquement : « Rejeter quoi? Ni ces trois mondes, ni aucun autre qu'on puisse imaginer, n'existent. »

Je comprenais que mon ami B... le pieux brahmine trouvât ce bonhomme terrible.

Je continuai mes visites irrégulières au sannyâsin shakta et j'eus la surprise d'apprendre qu'il jouissait d'un haut et très étendu renom ce dont, tout en reconnaissant son mérite philosophique, je ne m'étais pas doutée. J'avais écrit à un de mes amis anglais résidant dans l'Inde que je fréquentais un curieux sannyâsin shakta. Dans sa réponse, mon correspondant me demanda si, par hasard, ce sannyâsin n'était pas le grand Râmashram qui possédait de si vastes et si profondes connaissances intellectuelles et spirituelles et, en fait, était un véritable *siddhi pourousha* (15).

Cette manière de considérer l'homme qui enseignait sur son toit et à qui les singes faisaient des niches, me causa un vif étonnement. Non point que

(14) Voir p. 317.
(15) Un surhomme possédant la maîtrise des forces naturelles. Un mage au plus haut sens du terme.

je n'eusse déjà appris que lorsqu'il s'agit de personnages de ce genre les apparences sont trompeuses, mais aucune intuition ne m'inclinait à voir en Râmashram l'être supérieur aux dieux qu'est le *siddhi pourousha* traditionnel.

Enfin, un soir qu'il discutait devant deux de ses disciples à qui il m'avait permis de me joindre, une allusion qu'il fit au Tibet redoubla mon attention.

– Le Bouddha, disait-il, se trouve maintenant au Tibet parmi les Dâkinis (16).

Je murmurai à l'adresse du disciple assis près de moi :

– Cette histoire a un sens ésotérique, je l'ai entendu raconter au Tibet.

– Que dit-elle? questionna Râmashram.

– Elle a entendu relater ce fait au Tibet, répondit celui qui m'avait entendue. Elle dit qu'il a une explication ésotérique.

Râmashram ne répliqua rien.

Quelques semaines plus tard, l'un des principaux disciples du swâmi vint me voir.

– Désirez-vous être initiée par mon gourou et recevoir un *mantram* (17) de lui? me demanda-t-il. Il consent à vous initier.

Cette communication me surprit. A vrai dire j'étais très éloignée de l'état d'esprit qui porte à souhaiter confier sa direction spirituelle à un gourou. Râmashram ne le devinait-il pas? Quel pouvait être son but? J'avais beau y réfléchir, je ne trouvais pas de réponse.

C'est alors que je reçus une nouvelle lettre de mon érudit ami de Calcutta, celui qui tenait Râmashram en haute estime, et je compris qu'il lui avait indirectement fait savoir qu'il me connaissait. Probablement avait-il ajouté à cette information certains éloges propres à induire le swâmi à me

(16) Les Dâkinis sont des sortes de fées, il en est de différents genres.

(17) *Mantram* : une formule qui est supposée avoir des effets quasi magiques sur l'esprit ou sur la matière.

croire capable et digne de comprendre le sens ésotérique du tantrisme.

Bien qu'anglais et né parmi les classes sociales supérieures de son pays, sir X... n'en avait pas moins subi l'attraction de l'Inde et de la Déesse au point d'être devenu shakta de cœur et d'âme. Son grand désir était de propager la littérature peu connue du tantrisme; il avait mis au service de cette entreprise sa fortune et sa vaste érudition et était l'auteur de plusieurs ouvrages fortement documentés concernant les tantras.

En se vouant à cette œuvre et bien que manifestant un zèle peu commun, mon distingué ami demeurait dans les limites permises à un orientaliste, mais il les dépassait en étant un « pratiquant » du culte de la Déesse, et la lettre que je venais de recevoir était celle d'un dévot.

Je ne me sentais nullement inclinée à le suivre dans la voie qu'il avait prise, mais je ne répugnais point à une « initiation » pouvant être le prélude d'un coup d'œil intéressant dans un domaine assez difficilement accessible. Je fis donc répondre cérémonieusement au swâmi que j'étais sensible à la faveur qu'il me témoignait.

Les choses suivirent le cours habituel. Il y eut une brève cérémonie préparatoire de *diksha* au cours de laquelle Râmashram murmura un *mantram* à mon oreille. Le but de celui-ci était de purifier mon entendement afin de me permettre de comprendre ce qui me serait enseigné.

La doctrine, dont le swâmi me dispensait de courts fragments à intervalles assez largement espacés, ne m'apportait quant au fond, rien que je ne connusse déjà, mais ses interprétations personnelles étaient souvent originales et curieusement hardies. Quel effet produisaient-elles sur ses disciples?... Mais les leur exposait-il?...

Râmashram était un singulier bonhomme; je soupçonnais en lui, à la fois un fonds de scepticisme narquois, quant à toutes les doctrines, et une foi inébranlable en sa propre supériorité intellectuelle.

Un jour il me demanda :

– Quand vous êtes malade, est-ce que votre esprit participe à la souffrance de votre corps?

Je me sentis vaguement humiliée qu'il me crût si novice.

Lorsqu'il fut assuré que je gardais ma pensée libre lorsque mon corps se plaignait, il continua :

– Quand on dit du mal de vous, en ressentez-vous du déplaisir?

O gourou trop peu subtil, pensai-je, ce n'était point là une question à poser à un « apprenti sage ». Il fallait demander :

– Quand on vous loue restez-vous insensible?

Mais cela, il ne l'avait pas demandé, je répondis donc à sa question :

– Swâmiji, quand un chien jappe sur votre passage, en êtes-vous ému?...

Et j'ajoutai une citation :

« Les chiens aboient, la caravane passe. »

– Euh! euh!... fit Râmashram. Ma réponse ne paraissait pas avoir été de son goût. Il ne continua pas la conversation.

J'avais été étonnée de la manière dont il m'avait offert l'initiation et admise à son préambule; généralement des épreuves variées et de longue durée précèdent l'admission de l'aspirant. J'en avais fait l'expérience au Tibet et déjà aussi, quelque peu dans l'Inde.

En réalité Râmashram attendait une occasion de satisfaire à l'usage antique. Celle-ci se présenta de façon assez anodine mais suffisante pour que ma foi trop tiède – et peut-être aussi, mon sens très français du ridicule – me fissent regimber.

C'était en été, à l'époque de la crue du Gange, le fleuve débordant de son lit avait noyé la campagne environnante. La route passant à proximité de la demeure de Râmashram était construite à la façon d'une digue et demeurait en grande partie sèche. De même la maisonnette du swâmi, bâtie sur un monticule, s'élevait aussi au-dessus de l'inondation, mais le sentier conduisant jusqu'à elle, traversait une large dépression de terrain emplie par une eau profonde.

J'envoyai le boy qui m'accompagnait jusqu'au bord du ravin, lui commandant de héler les jeunes gens que je voyais sur la terrasse du gourou et de les prier d'exprimer à celui-ci mon regret de ne pouvoir me rendre chez lui à cause de la nappe d'eau qui barrait le chemin. Ceux-ci durent sans doute communiquer le message à Râmashram. Quelques instants plus tard, je les vis faire de grands gestes d'appel.

De la route je criai à mon boy :

– Enlève tes chaussures, retrousse ton dhoti (18) et va dire au swâmi que je le salue respectueusement mais ne peux pas aller jusqu'à lui parce que le chemin est sous l'eau. J'ajoutai : Le swâmi n'est peut-être pas sorti et ne sait pas que l'inondation est si haute; tu le lui expliqueras.

Le garçon partit, retroussé jusqu'à la ceinture. J'avais cru qu'il ne se mouillerait guère que jusqu'aux genoux, mais comme il avançait, il poussa un cri de surprise, il s'était soudain enfoncé dans l'eau jusqu'aux épaules. Ce ne fut que pour un moment, le terrain remontait immédiatement et il n'eut plus qu'à patauger un peu pour gagner le bas du monticule.

Je le vis sur la terrasse, s'approcher de la fenêtre grillée, mais Râmashram ne se montra point, son colloque avec mon messager ne dura que quelques instants et ce dernier repartit pour me rejoindre après un nouveau bain pas trop désagréable par la grosse chaleur de l'après-midi.

(18) Dhouti, une longue pièce d'étoffe que les Indiens enroulent à leur ceinture et font passer entre les jambes pour former une sorte de pantalon.

Le boy m'aborda avec un air mi-stupéfait, mi-narquois.

– Il veut que vous alliez à sa maison, me dit-il.

– Mais ne se rend-il pas compte de la hauteur de l'eau, ne lui as-tu pas expliqué?...

– Oh! il sait cela parfaitement, il m'a vu mouillé jusqu'aux épaules et vous êtes moins grande que moi...

– Eh bien! alors?...

– Il veut que vous alliez.

Le garçon continuait à me regarder interrogativement.

De loin je distinguai les quelques disciples debout sur la terrasse; ils continuaient leurs gestes d'appel à mon adresse.

– Tord ton dhouti et remonte sur le siège auprès du cocher, commandai-je au boy, le vent chaud te séchera avant même que nous soyons rentrés.

Je montai en voiture et, comme elle s'éloignait, je jetai un dernier regard vers la maisonnette-cube dominant les eaux. Sur la terrasse, deux des disciples tenaient encore les bras levés, la stupéfaction que leur causait mon départ, en dépit de l'ordre du gourou, les avait figés dans leur geste d'appel.

Il va sans dire que je ne revis jamais Râmashram.

Je continuai à ruminer mon aventure de l'après-midi tandis que je soupais. Que pouvaient penser les disciples de Râmashram de son manque de pouvoir sur moi?... Malgré sa profession de suprême indifférence le vieux gourou s'inquiétait peut-être de leurs sentiments à cet égard, l'échec qu'il avait subi devant eux avait de quoi le mortifier.

Mon boy, un Tibétain venu dans l'Inde avec moi, entretenait vraisemblablement des pensées analogues car il me dit timidement :

– Vous auriez sans doute traversé l'eau si un « Autre » vous l'avait demandé.

– Probablement, répondis-je, mais cet « Autre »

ne me l'eût pas commandé. (Je savais à qui le garçon pensait.)

Il se tourna vers le nord et gravement éleva ses mains jointes pour un salut révérencieux. Je l'imitai en silence et nous n'échangeâmes plus une parole de toute la soirée. La vision des solitudes transhimalayennes et d'un ermitage encastré dans une crête rocheuse venait de surgir dans notre mémoire...

⁂

L'épreuve baroque dont l'inondation avait suggéré l'idée à Râmashram ne fut pas la seule à laquelle je dus me dérober. Entre autres, il m'advint d'être invitée très sérieusement et de façon pressante à manifester par un signe ma compréhension des principes ultimes du Védanta et à témoigner que j'étais véritablement engagée dans la *moukti marga*, la voie de la libération spirituelle.

La preuve à fournir était passablement singulière, même du point de vue indien, et tout à fait extravagante du point de vue occidental. Pourtant, ceux qui m'invitaient à cette extravagance n'étaient ni des fous ni des mauvais plaisants, mais d'honorables brahmines, hommes d'âge et philosophes. Mais je laisserai parler les faits.

Je passais, à cette époque, des jours très agréables comme locataire d'un petit appartement dépendant du quartier général de la Société théosophique à Adyar, près de Madras : un magnifique domaine situé au bord de l'océan.

Mon majeur sujet d'intérêt était une enquête tendant à me rendre compte de la manière dont les adeptes contemporains des trois écoles principales de la philosophie Védanta – l'Advaita Védanta, stricte monisme; le Visishadvaita, monisme atténué, et le Dvaita, dualisme – entendaient les doctrines exposées dans les ouvrages des fondateurs de ces écoles. Cela m'avait amenée à rencontrer un certain nombre d'érudits du voisinage. Parmi eux s'en trouvaient trois, habitant près de Mylapore. J'avais grand plaisir à écouter leurs dissertations sur des questions qui me paraissaient parfois obscures; tantôt ils venaient me voir, tantôt nous nous réunissions chez l'un d'entre eux qui exerçait, je crois, la profession de notaire (c'est-à-dire son équivalent dans l'Inde).

Peu à peu, de la pure philosophie envisagée objectivement, mes interlocuteurs avaient glissé vers son côté « pratique », son côté religieux. Tous trois étaient orthodoxement pieux, ils croyaient à la nécessité d'un directeur spirituel, d'un gourou, pour s'acheminer vers le salut, et ils tenaient en particulière vénération les ascètes mystiques dont l'esprit habitait, disaient-ils, hors de notre monde en une sphère où il rencontrait les dieux ou communiait avec l'Ame suprême, « l'Unique sans second ».

D'après eux, cet état transcendant se manifestait extérieurement par une indifférence complète pour les choses de ce monde, amenant le rejet de tout ce qui s'y rattache : coutumes sociales aussi bien que possessions matérielles. Le type parfait de l'individu intégralement « libéré » était le *sadhou* dépouillé de tout, même de vêtements : « Vêtu des quatre points cardinaux » selon l'euphémique, pittoresque et charmante expression des textes sanscrits.

De ce type j'avais rencontré plus d'un exemplaire, mais tous appartenaient au sexe masculin, aussi fus-je passablement surprise quand j'appris que le *gourou* de l'un de mes doctes visiteurs était une yoguini (19) qui pratiquait la nudité totale.

On lui donnait le titre de *Ma* (mère), elle vivait dans une hutte au fond d'un jardin et demeurait presque constamment plongée dans la méditation.

Naturellement je brûlais d'envie de connaître

(19) Yoguini, féminin de yoguin.

cette femme singulière et je me réjouis fort lorsque son disciple me proposa d'aller la voir.

Elle habitait à la campagne et comme j'en avais été informée, son logis consistait en une hutte en branchages couverte d'un toit de chaume. Quand j'arrivai, la *yoguini* était assise sur une natte et égrenait un chapelet en répétant les différents noms de Vishnou. Elle devait avoir atteint la cinquantaine si même elle ne l'avait pas dépassée, mais son âge s'inscrivait plutôt sur son visage que sur son corps, dont la peau était demeurée lisse et tendue; la couleur sombre de celle-ci contribuait à faire paraître la femme moins nue, bien qu'elle le fût totalement, sans la concession du moindre bout de chiffon.

Je crois que sa nudité constituait son principal titre à la vénération qu'elle inspirait. Rien dans l'entretien que j'eus avec elle ne dénota une suprématie intellectuelle quelconque; elle était peu instruite et le sens profond des doctrines indiennes paraissait lui être étranger. Elle s'adonnait uniquement à la dévotion : l'adoration de Vishnou, la lecture des récits concernant ses divers avatars et la répétition de ses multiples noms. Tout savoir était vain, disait-elle. Il suffisait d'abandonner entre les mains de Dieu sa volonté et ses désirs personnels, d'accepter, sans lui demander compte de rien, les douleurs comme les joies qu'il lui plaisait de nous envoyer. Même, puisque rien ne se produit que par son ordre, il fallait nous réjouir d'éprouver les tortures de l'enfer puisque, s'il nous les infligeait, c'est qu'il y prenait plaisir et que nous devions être heureux de lui procurer ce plaisir.

Je savais que des mystiques vaishnavas, un Chaitanya et d'autres de la même trempe, avaient atteint cet état d'esprit (20), mais je doutais qu'il fût celui de la quinquagénaire nue qui me parlait. Dans tous les cas je saisissais mal la relation entre la profes-

(20) Concernant Chaitanya voir p. 108 et suivante.

sion de foi que j'entendais et le fait de ne pas se vêtir.

Quant au disciple de la yoguini, il débordait d'enthousiasme et s'imaginait, probablement, que je vibrais au même diapason.

J'en eus la preuve deux jours plus tard lorsqu'il revint me voir. Ses deux amis l'accompagnaient, une expression de singulière gravité était empreinte sur les visages de mes visiteurs, leur démarche même avait une solennité inusitée.

Ecourtant les politesses habituelles, le disciple de la yoguini me demanda, ou plutôt au lieu de questionnner, il affirma :

– Vous avez été fortement émue par votre rencontre avec la vénérable Ma, n'est-ce pas?...

Ma courtoisie se trouvait mal à l'aise.

– C'est une femme remarquable, répondis-je évasivement.

– Elle est un exemple... un exemple pour vous...

Suivit un long silence. Les deux compagnons du notaire priaient à voix basse.

Ce dernier n'était pas seulement érudit, il était, aussi, éloquent. Au fur et à mesure que sa rhétorique me devenait claire la stupéfaction m'envahissait. L'exemple qui m'était proposé était la nudité de la *yoguini* et cela, de façon aggravée, car la bonne dame vivait isolée tandis que j'habitais parmi les Occidentaux qui, bien qu'épris d'indianisme, n'eussent point compris une pareille fantaisie de ma part. Mieux encore, les trois bonshommes projetaient de m'emmener – en voiture il est vrai – rendre une seconde visite à la yoguini sous mon nouvel aspect.

Je n'avais même plus envie de rire, le grotesque de la chose provoquait l'hébétement.

– Mes voisins me feraient enfermer comme folle et les agents de la police m'arrêteraient si je sortais nue hors du domaine, répliquai-je enfin, et d'ailleurs, je ne crois pas à l'utilité d'exhiber mon corps comme moyen d'éclairer mon esprit.

Les trois fanatiques attaquèrent alors ma sincérité, je me dupais ou je cherchais à duper autrui en lisant les Ecritures sacrées et en me livrant à la méditation; je ne cherchais pas véritablement la libération spirituelle.

Comme je demeurais muette, ne fournissant aucun élément de controverse à mes visiteurs, leur ardeur s'apaisa peu à peu et ils me quittèrent douloureusement désappointés avec ces mots d'adieu :

– Il n'y a rien à faire pour vous... Vous ne comprenez point... Jamais les Occidentaux ne comprendront...

Cela me paraissait probable. J'ignorais alors l'existence des nudistes occidentaux...

***

Puisque j'en suis à parler de nudité, peut-être puis-je me permettre de relater un incident qui ne se rapporte aux questions religieuses et aux ascètes que parce qu'il prit naissance chez l'un d'eux.

Celui-là était l'hôte d'un de ces grands seigneurs qui portent le titre de rajah bien que n'étant souverain d'aucun Etat. Du *sannyâsin* lui-même je n'ai rien à mentionner de spécial; c'était un homme d'âge moyen qui vivait très retiré dans un appartement du palais de campagne que le rajah avait mis à sa disposition. Ce rajah considérait le sannyâsin comme son gourou, sans lui demander vraiment une direction spirituelle, l'observance des rites prescrits suffisait à ses besoins religieux, il ne nourrissait nulle ambition d'ordre spirituel. De temps en temps, il rendait visite à son gourou, se prosternait à ses pieds et causait pendant une demi-heure avec lui, puis se retirait.

C'est au cours d'une de ces visites que je le rencontrai. Son apparence ne présentait aucun trait extraordinaire aux yeux d'Indiens de la vieille école, mais aux miens le personnage paraissait fantastique. Le rajah était un grand gaillard à la large carrure, pansu et brun. La température torride de l'été dans la plaine gangétique l'incitait à se peu couvrir. Pour tout vêtement il portait un dhouti étoffé en largeur mais exigu en hauteur qui, au lieu de monter jusqu'à la ceinture, laissait le ventre nu déborder au-dessus de lui. Ce que le dhouti avait de trop peu en dimension, il le compensait par la somptuosité du tissu dont il était fait; tantôt la panse sombre du rajah émergeait d'une fine mousseline de Bénarès rose pâle et lamée d'or, tantôt d'une soie cramoisie agrémentée de minuscules étoiles brodées avec des perles.

Mais ce qui me fascinait, c'était l'extravagante profusion de joyaux qui décoraient le buste nu et quelque peu poilu du rajah. Un nombre de colliers, si enchevêtrés les uns dans les autres que je ne parvenais pas à les compter, s'accrochaient à son cou, plaquant sur sa poitrine émeraudes, rubis et diamants de grosseur anormale. Leur propriétaire scintillait comme un astre tandis qu'un énorme diamant, attaché au toquet minuscule de satin bleu pâle qui surmontait son opulente chevelure d'ébène, simulait un phare lançant des éclairs.

Le rajah avait eu des précepteurs européens et une éducation semi-anglaise qui en avaient fait un homme courtois dont la conversation n'était pas sans agrément, je le rencontrai avec plaisir chez son gourou. Une de ces rencontres devait amener le « drame ».

Comme d'ordinaire, une voiture louée m'avait amenée à la résidence du sannyâsin et elle devait me ramener chez moi à l'issue de ma visite. Au moment de prendre congé, je dis à mon boy d'aller avertir le cocher qu'il ait à réatteler ses chevaux et à amener la voiture devant le perron du château. Le boy tarda à revenir, puis m'annonça qu'il avait vainement cherché la voiture et que des jardiniers l'avaient informé que le cocher était parti en l'emmenant.

Pourquoi l'avait-il fait?... Je ne le comprenais pas, mais il ne s'agissait pas d'éclaircir ce mystère, il fallait trouver un autre véhicule et cela n'était guère possible au milieu des champs. Il ne me restait qu'à envoyer mon garçon en quérir un aux confins de la ville, à quelques kilomètres du château, et à prier le sannyâsin de me permettre d'attendre chez lui son arrivée. Mais, dès les premiers mots que je prononçai à ce sujet, l'obligeant rajah intervint. Qu'avais-je besoin d'une voiture, la sienne n'était-elle pas là?... Je n'avais qu'à y monter avec lui, il me reconduirait chez moi.

L'équipage dans lequel je me voyais offrir une place était fastueux. Imaginez une calèche de forme ancienne et de proportions imposantes derrière laquelle se tenaient deux grands laquais en livrée écarlate galonnée d'or, sur le siège un autre valet était assis à côté du cocher, tous deux également habillés d'écarlate et d'or. La forme ouverte de la voiture exposait complètement ses occupants aux regards des passants et une véritable terreur me saisissait à l'idée de parader entre ces laquais d'opérette à côté d'un homme uniquement vêtu de pierrerie.

Tout en remerciant le rajah de son amabilité, j'alléguai pour refuser son offre toutes les excuses polies qui me vinrent à l'esprit. Me faisant lâchement obséquieuse, j'en vins à l'appeler altesse, bien qu'il n'eût aucun droit à ce titre, n'étant pas prince régnant. J'espérais que sa vanité prise au piège pourrait lui suggérer qu'un homme d'aussi haut rang que lui ne devait pas se montrer en compagnie d'une personne d'aussi infime importance que moi.

Je croyais deviner que le sannyâsin qui m'écoutait discernait ma piètre ruse et qu'il riait intérieurement, ce qui augmentait mon désarroi.

Ce fut la courtoisie obstinée du rajah qui triompha. Tandis que mon boy s'accroupissait aux pieds du cocher, je dus monter en souriant dans la calèche où son propriétaire s'installa près de moi. Jamais il ne m'avait paru aussi rutilant et aussi nu. Avec ferveur je souhaitais silencieusement qu'aucun de mes amis étrangers ne vienne à me rencontrer. Mes souhaits durent être entendus, car cette épreuve me fut épargnée.

***

Je continuai mes recherches à travers le monde religieux; elles ne cessaient point d'être fertiles en incidents pittoresques, néanmoins beaucoup de ceux que je rencontrais étaient des hommes sérieux, plus ou moins érudits, plus ou moins intelligents mais toujours d'un caractère digne et ennemis du charlatanisme.

Je me souviens particulièrement de l'un d'entre eux dont j'ai eu des nouvelles après mon départ de l'Inde.

Il se nomme Satchidânanda (21), un beau nom dont les syllabes résonnent harmonieusement dans la plus belle de toutes les langues : le sanscrit. Un nom altier aussi par sa signification Existence – Intelligence – Béatitude, trois qualités par lesquelles les Indiens ont tenté de définir l'indéfinissable Brahman de la philosophie Védanta.

Satchidânanda n'était point un sannyâsin, mais un brahmacharin (22), il ne portait point le vêtement couleur d'aurore des ascètes, il ne s'en croyait pas digne ou, plutôt, par un reste de superstition, il hésitait à le revêtir en prononçant la formule de suprême renonciation, parce que le véritable sannyâsin, à qui la célébration de tous rites est interdite, est, par là, privé des moyens que l'hindouisme offre à ses adeptes de satisfaire pour les fautes qu'ils commettent, d'en prévenir les conséquences

(21) Contraction pour Sat – tchit – ânanda.

(22) A proprement parler, le brahmacharin est l'étudiant qui accomplit la période de brahmacharya, mais certains hommes s'adonnant à la vie religieuse et observant la chasteté complète portent aussi ce titre.

funestes ou de les atténuer. Le sannyâsin s'étant placé en dehors de toute expiation possible, il n'y a pas pour lui de possibilité de se relever, s'il tombe sur la route où il s'est engagé; une chute, et il roule au bas de la pente dans ce que, faute d'une expression plus adéquate, nous pouvons appeler l'enfer.

Satchidânanda ne voulait pas affronter cette éventualité, il me l'avoua un jour que nous étions déjà en termes amicaux.

Indirectement j'appris alors que le brahmacharin possédait des grades universitaires et s'était fait un nom en tant que mathématicien. Il avait occupé pendant quelque temps une chaire de mathématiques, puis l'avait abandonnée pour obéir à une vocation impérieuse. L'appel de celle-ci datait de sa petite jeunesse. Fils de parents aisés qui voulaient lui faire donner une éducation moderne, il ne rêvait que d'ascétisme et s'enfuit pour vivre en ermite. Sa famille le chercha pendant plus d'une semaine puis le trouva dans un petit bois où il s'était établi entre des buissons. Une solide raclée administrée par son père l'initia à un genre d'austérité auquel il n'avait point pensé, puis le gamin fut bouclé dans un pensionnat.

Son histoire n'a rien de particulièrement étonnant dans l'Inde et je l'y ai entendu raconter plus d'une fois avec quelques variantes, c'est celle de jouvenceaux qui instinctivement réitèrent le geste du Bouddha s'échappant nuitamment du palais paternel pour devenir shramana (23), geste que de nombreux Indiens avaient fait avant lui et qui paraît hanter encore de nos jours la jeunesse indienne, en dépit de la culture occidentale qui lui est dispensée et de la politique qui la sollicite pour d'autres aventures.

Un de mes amis indiens avait parlé de moi à Satchidânanda et il avait consenti à me recevoir. Je me rendis donc chez lui par un bel après-midi :

(23) Nom que l'on donnait alors aux mystiques ascètes.

40 degrés centigrades à l'ombre. L'ermitage du brahmacharin était un pavillon situé dans un jardin. Il se composait de deux pièces; l'une, au rez-de-chaussée, n'était qu'une antichambre sans aucune autre ouverture que la porte d'entrée et tout à fait obscure quand celle-ci était fermée. Un escalier invraisemblablement étroit montait vers l'unique chambre de l'étage, où Satchidânanda habitait. Contraste passablement rare avec les logis indiens, un balayage méticuleux avait rendu les coins mêmes de la pièce irréprochablement propres. Deux chaises et un mince matelas constituaient tout l'ameublement. Le matelas, pourvu d'une housse blanche, était placé roulé contre un mur et sur le rouleau qu'il formait se voyait une couverture blanche nettement pliée. Dans le coin, posés à même les dalles, se trouvaient quelques livres, un bloc de papier et un encrier.

Le costume du brahmacharin se composait d'un dhoti et d'un veston, de forme semi-européenne, comme en portent beaucoup d'Indiens. Ces vêtements étaient de coton commun, leur éclatante blancheur rivalisait avec celle du matelas qui, étendu sur les dalles, servait de lit spartiate à l'ermite. Quel âge pouvait-il avoir, cet ascète mathématicien? La fin de la trentaine ou le début de la quarantaine, me semblait-il.

Quelque austère que fût sa cellule dans l'excès de sa pauvreté – pauvreté voulue, je le savais – elle ne respirait point la tristesse, la fenêtre ouverte offrait une vue étendue sur des jardins fleuris et des temples aux dômes ornés d'emblèmes dorés, un sage ou un novice sage pouvait s'y plaire. Je m'y serais bien plu aussi.

Je ne pouvais juger du bien-fondé de la réputation de Satchidânanda en tant que mathématicien, mais j'eus vite reconnu en lui un lettré et un philosophe. Il professait l'Advaita Védanta et il est resté, jusqu'à ce jour, un des rares véritables et inflexiblement logiques védantins que j'ai rencontrés. Peu nombreux sont ceux qui osent l'être à ce point. Il n'existait pas la moindre étincelle de pitié condescendante dans sa doctrine, pas la moindre concession à la faiblesse humaine qui mendie des compromis. Je lui dis en riant qu'il incarnait le parfait Védanta dans toute son « horreur ».

– Me trouvez-vous irrationnel? me demanda-t-il.

– Certes non, répondis-je. (Le brahmacharin m'inspirait un profond respect.)

De ce jour commencèrent nos relations intellectuelles, relations épistolaires surtout, car je voyais peu souvent mon correspondant, il s'enfermait pour de longues périodes de retraite pendant lesquelles il m'écrivait fréquemment. Ses lettres consistaient en des dissertations sur des points de la philosophie Védanta. Peut-être les publierai-je un jour en y joignant d'autres lettres traitant de sujets analogues que j'ai reçues d'autres védantins strictement orthodoxes, elles pourraient constituer un intéressant contraste avec cette sorte de Védanta édulcoré que certains Indiens ont propagé en Occident.

« Prêtez l'oreille au paroles de sagesse, ne vous souciez pas de celui qui les prononce. »

C'est là un bien raisonnable adage, les Tibétains n'ont garde de l'oublier. Il y avait un défaut dans la cuirasse philosophique de Satchidânanda; il y en avait un dans la mienne, de là provint la rupture de nos relations amicales.

Satchidânanda était brahmine et, dans le tréfonds de son subconscient, son orgueil brahminique s'attardait en dépit des déclarations de la Bhagavad Gîta qu'il méditait quotidiennement.

« Dans le brahmine doué de modestie et de savoir, dans la vache, dans l'éléphant, dans le chien et dans celui qui mange du chien (le tachandala intouchable) le sage voit l'Identique (C'est-à-dire « l'Etre en soi ») (24). »

Le brahmacharin ascète et philosophe ne s'était

(24) Bhagavad Gîta v. 18.

point suffisamment pénétré de cet enseignement du Védanta qu'il se vantait de professer.

Donc un jour, à propos d'une bagatelle d'ordre social plutôt que philosophique, il proclama véhémentement la supériorité des brahmines, découvrant en même temps la haine pour les Occidentaux impurs et barbares qui couvait dans son cœur.

Aussi absurde que lui je rétorquai : « Si les brahmines se croient supérieurs à tous dans l'Inde, les Blancs se considèrent comme les brahmines du monde entier. » J'entendais par là démontrer que les prétentions des uns comme des autres étaient également ridicules de son point de vue de panthéiste.

Au lieu d'être comprise, ma riposte fut accueillie avec colère et je reçus une lettre dénotant que les superstitions ancestrales avaient subitement balayé, dans l'esprit de Satchidânanda, tout l'acquis de science et de philosophie qu'il devait à son éducation.

Nos relations épistolaires furent rompues, mais je continuai à avoir indirectement des nouvelles du brahmacharin par des amis communs. Il est devenu de plus en plus solitaire et vit presque constamment dans une stricte réclusion, plongé dans l'étude de la Bhagavad Gîta dont il s'efforce de pénétrer le sens profond.

*

Au temps où nous étions en termes amicaux, Satchidânanda fut le plus enthousiaste des promoteurs d'une manifestation qui eut lieu en mon honneur à Bénarès. Les membres d'un cénacle comprenant des lettrés laïques et des sannyâsins s'avisèrent de vouloir me conférer un titre honorifique. C'est là une façon en usage dans les milieux universitaires et autres groupements intellectuels de reconnaître le mérite d'un confrère et de lui témoigner de l'estime.

Il fut convenu que je ferais une conférence sur le bouddhisme le jour où le titre me serait décerné.

Les abords du hall, où la cérémonie allait avoir lieu, avaient été décorés avec des drapeaux et des guirlandes de fleurs, suspendues entre de hautes perches, et ma voiture franchit deux portiques en verdure dressés sur son passage.

Le pandit qui m'accompagnait me fit remarquer que les marques de considération et d'amitié que l'on me prodiguait marquaient une évolution considérable dans l'opinion locale. Il y a dix ans, me dit-il, si vous aviez tenté de vous présenter ici pour y parler du bouddhisme, on vous eût lapidée. Cette heureuse transformation des sentiments de bigoterie se muant en tolérance me parut d'excellent augure pour l'avenir des relations sociales et c'est en souriant que je franchis le seuil de la salle où j'étais attendue.

L'assemblée était nombreuse. Des draps blancs couvraient le parquet; les assistants, ayant laissé leurs chaussures dans les corridors adjacents et tous assis « en lotus », formaient plusieurs rangées devant la petite table marquant l'endroit d'où je parlerais. Aucune chaise n'avait était préparée pour moi. Je ferais donc ma conférence debout et, ensuite, je m'assiérais « en lotus » comme mes auditeurs.

A droite de la table un groupe de sannyâsins avaient pris place à quelque distance du public laïque. La plupart d'entre eux étaient des dandins (25) et tenaient en main leur « canne à pêche » rituelle qui, tandis qu'ils étaient assis sur le parquet, dépassait d'un bon mètre le niveau de leur tête. Je ne sais pourquoi ce bosquet de bambous dressés,

(25) Ascètes qui portent comme insigne un long bâton en bambou (en sanscrit *danda*). Régulièrement, ce bambou doit avoir 3 nœuds, emblèmes de la triple renonciation aux choses concernant le corps, la parole et l'esprit et aussi aux 3 mondes : le nôtre, celui des ancêtres et celui des dieux. Quelquefois, 3 petits rubans d'étoffe de couleur orange sont noués au bâton. Le bâton est porté dressé en l'air et non appuyé par terre comme une canne.

surmontant des robes orange pâle, évoqua parmi mes souvenirs d'enfance celui de rangées d'une sorte de gâteau belge de couleur rose dans lequel une brindille est plantée.

Les Orientaux ne sont jamais pressés, ils vivent dans l'éternité. Après ma conférence faite en anglais et sa traduction, non point en langue vulgaire mais en sanscrit par l'un des pandits présents (ce n'est pas devant ces lettrés que l'on oserait prétendre que le sanscrit est une langue morte), vint une partie musicale prolongée, puis d'interminables discours dans lesquels mes mérites furent abondamment amplifiés. L'on m'en prêta surtout un grand nombre que je ne me connaissais pas et que je n'imaginais pas que je pusse jamais posséder.

Les discours achevés, on me remit un étui en bois de santal. Dans celui-ci se trouvait un rectangle de satin blanc, sur lequel des éloges et le titre qui m'avait été décerné étaient imprimés en lettres d'or.

Lorsque de retour chez moi, j'ouvris cet étui, j'eus la surprise de constater que la jolie feuille de satin blanc avait été à mon insu, enroulée dans un petit morceau de coton orange couleur de la robe des ascètes. Qui avait fait cela, à qui était venue l'idée de m'adresser ce symbolique « souviens-toi »? Celui-là craignait-il que les quelques grains d'encens oratoire brûlés en mon honneur me fassent oublier le mépris des « trois mondes » (26)? Esprit bien naïf que le sien!... Je ne cherchai point à pénétrer son incognito, mais j'ai conservé le petit morceau de coton orange.

(26) Voir p. 317.

*
**

Au centre de la cité, dans une vaste maison extérieurement et intérieurement badigeonnée de chaux teinte en rouge sombre, une demi-douzaine de sannyâsins vivaient en communauté. Ils professaient nominalement le shivaïsme comme le font la plupart des ascètes et, dans un coin obscur de la cour intérieure de l'habitation, un grand lingam de marbre noir symbolisant le Dieu, se dressait dans un pavillon ouvert des quatre côtés. Quatre piliers sculptés supportaient son toit pointu d'une forme particulière à tous les édifices, petits ou grands, dédiés à Shiva. Rouge sombre était aussi cette chapelle, de sa base à la pointe dorée de son faîte imitant une flèche décochée vers le ciel. Dans ce cadre ténébreux, de coloration dure, le haut lingam noir prenait la vague apparence d'un être vivant et redoutable.

Aux heures prescrites, un brahmine salarié accomplissait les gestes rituels devant l'emblème du Grand Dieu (27); la blancheur du drap, qui le vêtait de la ceinture aux pieds, et les petites langues de flammes de la lampe aux multiples lumières qu'il balançait mettaient, alors, une touche passagère de clarté dans la cour sombre.

Les sannyâsins eux-mêmes ne pratiquaient aucun rite, ainsi qu'il sied à ceux de leur ordre. Ils laissaient le brahmine vaquer à sa besogne de prêtre sans lui accorder la moindre attention.

Un grand vieillard silencieux était le gourou de cette petite communauté. Sa face anguleuse au nez mince et droit, ses yeux enfoncés ardents comme braise et son corps maigre enveloppé dans une étoffe orange rougeâtre sombre assortie à la teinte des murs qui l'entouraient, en faisaient une figure impressionnante et passablement inquiétante à

(27) Mahâ déva – un des noms de Shiva.

l'égal du haut lingam de marbre noir qui régnait, à peine visible dans l'ombre de sa chapelle. Quand par les jours froids (28), le gourou relevait sur sa tête une pointe de son écharpe rouge, il ressemblait étrangement au Dante tel qu'on le représente. Dante revenant de l'enfer, me disais-je en moi-même. Mais je ne me sentais nullement inclinée à railler ce curieux personnage. Le peu que j'avais appris à son sujet le montrait comme digne d'un profond respect.

Je n'oserais dire que le vieux sannyâsin s'était pris d'affection pour moi, il n'était, je le crois, nullement susceptible du sentiment que nous dénommons affection en incorporant dans ce terme une nuance de tendresse. Visiblement le gourou était toute rigidité, toute sereine indifférence, cependant il avait paru intéressé lorsqu'on lui avait dit que je faisais venir chaque matin chez moi un des professeurs d'un petit collège indigène pour m'aider à lire les Oupanishads.

– Amenez-le donc avec vous ici, avait-il proposé, nous lirons ensemble.

J'avais accepté avec joie.

Les séances de lecture s'étaient prolongées. Que valait le gourou à la toge rouge en tant que sanscritiste, je manquais de compétence pour me prononcer à ce sujet; il était possible que le professeur fût meilleur grammairien que lui, mais la compréhension du sens philosophique des textes lui faisait défaut, tandis que les commentaires du vieux sannyâsin étaient admirables, je ne me lassais pas de l'écouter.

Mon professeur n'aimait pas m'accompagner au math, il s'y sentait mal à l'aise, disait-il. D'après son impression, le gourou était un magicien dangereux et il me conseillait instamment de me garder de ses pouvoirs occultes.

(28) On se tromperait en croyant qu'il fait toujours chaud à Bénarès. Aux journées torrides de l'été succède un hiver passablement dur.

Le pauvre professeur avait la tête bourrée de superstitions. Malgré la crainte que le swâmi lui inspirait, il dut s'enhardir et lui adresser une requête baroque; j'en eus quelques soupçons lorsqu'un jour le gourou me déclara : « Votre professeur est fou. »

Cette opinion m'étonna; quelque absurdes que fussent certaines croyances du professeur, beaucoup de gens les partageaient sans être suspectés de démence. Le sannyâsin n'était guère un homme à qui l'on pût poser des questions, pourtant j'hasardai un « Pourquoi le croyez-vous fou? » qui demeura sans réponse et que je ne crus pas pouvoir réitérer.

Quelques semaines s'écoulèrent et j'eus l'explication – ou ce qui me sembla tel – du jugement porté par le swâmi.

Le professeur, ancré dans l'idée que le sosie de Dante était un magicien, adonné aux plus pervers des arts occultes, avait sollicité son aide pour produire un miracle singulier; s'étant fait rabrouer, il tentait de recourir à mes services.

– Un de mes amis est très malheureux, m'annonça-t-il un matin. C'est un dvivédi (29). Des familles de brahmines lui envoyaient leurs fils pour qu'il les instruisît dans la littérature sacrée, mais les jeunes gens fréquentaient en même temps les collèges, ils devenaient B.A. (30) ou se préparaient à le devenir... Leur attention s'est détournée des choses spirituelles, ils ont abandonné l'étude des Védas, ils ne respectent plus leur ancien maître, ils ne le paient plus et il a de la peine à vivre...

– En effet, c'est regrettable pour votre ami, répondis-je.

Je pressentais qu'une demande d'argent allait

(29) Dvivédi, un brahmine lettré qui a étudié à fond deux des Védas.
(30) Bachelier ès Art. A peu près l'équivalent de notre baccalauréat.

suivre pour venir en aide à l'infortuné dvivédi dont la jeunesse moderne dédaignait le savoir.

Mais non, ce n'était pas de l'argent que le professeur attendait de moi.

S'enhardissant, il commença :

– Vous avez vécu au Tibet, vous avez dû y apprendre beaucoup de choses... Il y a de grands magiciens au Tibet, des magiciens plus puissants que ne peut l'être le swâmi chez qui nous allons. Aidez donc mon ami.

Le tour que prenait la conversation promettait quelque amusement.

– Que désire votre ami ? demandai-je.

– Voilà. Il voudrait envoyer des lettres à ses anciens élèves. Il faudrait qu'ils les trouvent dans les boîtes qui sont accrochées aux portes de leurs maisons.

– Mais, répliquai-je, votre ami n'a besoin d'aucune aide pour cela. Il n'a qu'à écrire les lettres, à les mettre à la poste et le facteur se chargera de les déposer dans les boîtes des destinataires.

– Oh! s'exclama le professeur, ce n'est pas du tout cela. Il faut que les lettres parviennent par des moyens occultes afin d'impressionner les élèves; par exemple l'on doit entendre du bruit quand la lettre tombe dans la boîte, pas un bruit très fort, mais un bruit effrayant; ou bien la lettre doit s'agiter dans la boîte, devenir lumineuse, brûler les doigts de celui qui la touche... Mon ami et moi nous ne savons pas ce qui peut être fait, mais vous le savez... Vous avez dû apprendre cela au Tibet...

J'y étais. Cet idiot avait adressé une requête analogue au swâmi et cela expliquait la déclaration de ce dernier : « Votre professeur est fou. »

Cependant, le benêt, les yeux fixés sur moi, attendait une réponse. Il me paraissait trop stupide pour que je tentasse de l'éclairer. Je répondis la première chose saugrenue qui me vint à l'esprit :

– Votre ami doit propitier un vétâla.

Cette proposition était une monstrueuse énormité. Les vétâlas sont des goules qui hantent les cimetières, se nourrissent de cadavres : parfois l'un d'eux entre dans le corps d'un mort qui semble alors ressusciter et qui s'en va à travers le pays commettant d'abominables forfaits. Les adhérents de certaines fractions des sectes Bhairavis et Kapalikas passent pour avoir commerce avec ces monstres et pour se servir d'eux, leur confiant des besognes d'un caractère sinistre. Cette fréquentation, dit-on, ne laisse pas que de comporter de graves dangers pour celui qui s'y adonne.

Telle étant la croyance populaire, je m'attendais à ce que le professeur poussât des exclamations d'horreur en m'entendant émettre ce conseil. Qu'il éprouvât de l'horreur et de la frayeur se lisait sur son visage, mais il ne repoussa point mon avis.

– Si je le lui conseille de votre part, répondit-il, mon ami ira au cimetière. Il mangera la cervelle d'un cadavre s'il le faut pour évoquer un vétâla, il...

J'en avais assez, le bonhomme me dégoûtait. Je commençais à soupçonner que « l'ami » dont il m'avait transmis le désir ridicule n'existait pas et que c'était lui qui souhaitait, même s'il lui fallait pour y réussir « manger la cervelle d'un cadavre », pratiquer des tours de sorcellerie dans les boîtes aux lettres des élèves qui l'abandonnaient.

Je lui intimai qu'il n'eût plus à me raconter pareilles sornettes et que, quant aux vétâlas, ils ne figuraient point dans le cercle de mes relations.

Vieille histoire! penseront peut-être quelques-uns de mes lecteurs, aucun Indien ne manifesterait plus maintenant des sentiments d'une nature aussi stupéfiante. Eh! Il faut voir. Voici une histoire analogue qui date presque d'hier.

L'homme dont il s'agit, Mr. G..., était riche, il possédait des terres affermées, des maisons dans plusieurs villages et, à Calcutta, une vaste demeure familiale comprenant plusieurs corps de bâtiments. G... était partisan de l'ancienne coutume qui groupe, autour du chef de famille et sous son autorité, les frères cadets de ce dernier, ses fils, petits-fils, nerveux, cousins, tous avec leur ou leurs épouses respectives et les enfants de celles-ci. En bien d'autres points il résistait opiniâtrement à toutes mesures propres à ébranler les mœurs sociales séculaires des hindous. Qu'on lui parlât de Gandhi, de Nehru, de Patel ou du congrès, il hochait la tête en silence et laissait clairement entendre que l'Inde nouvelle ne lui inspirait aucune sympathie.

Malgré les différences de nos opinions, G... et moi entretenions des relations amicales. Comme beaucoup de ses compatriotes, il nourrissait pour le Tibet des sentiments complexes de révérence et de crainte. Cette haute terre transhimalayenne lui apparaissait comme le séjour d'élection de dieux et de superhommes égaux ou supérieurs aux dieux. Et moi, j'avais passé des années dans ce pays mystérieux!... Comment douter que j'y eusse incorporé quelque chose des forces occultes qui s'y trouvent amassées? De cette opinion à l'idée de me demander un miracle, il n'y avait qu'un pas. Plus d'un l'avait déjà fait. Seulement le miracle que réclamait Mr. G..., au lieu d'être saugrenu comme c'était la règle, présentait un aspect ténébreux.

– Une chose très pénible m'arrive, me confia le quémandeur en prenant un air pénétré. Mon frère me veut du mal, il s'apprête à me ruiner. C'est une honte! Il faudrait empêcher ce malheur... me sauver. Vous le pourriez certainement en usant de moyens magiques avec l'aide de lamas ou de déités du Tibet.

« Je puis mettre à votre disposition une maison inhabitée entourée d'un parc clos de murs; nul ne vous y dérangerait tandis que vous procéderiez aux rites requis.

D'où venait cette querelle entre les deux frères? Je désirais en connaître les motifs, pensant qu'à l'aide d'un stratagème basé sur les croyances superstitieuses de G... je pourrais peut-être amener une réconciliation qui écarterait de lui le danger qu'il redoutait.

J'insistai donc, déclarant qu'aucun rite ne serait efficace si la cause de l'animosité de son frère contre lui et la façon dont il souhaitait en prévenir les effets n'étaient point enoncées clairement.

Avec beaucoup de difficultés je parvins à obtenir que G... avouât la vérité. Elle était des plus vulgaires.

G... cadet avait confié à son aîné une somme considérable; G... aîné l'avait dilapidée. Maintenant, son cadet ayant besoin de ses fonds les lui réclamait.

L'aîné trouvait cette conduite odieuse; n'était-il pas le chef de la famille, comment osait-on lui demander compte de ses actes? Il payait des intérêts à son frère, celui-ci ne devait rien réclamer de plus.

Quand j'insinuai que le frère cadet avait le droit d'user de son capital comme il l'entendait et que lui, l'aîné, aurait dû le conserver intact, G... s'étonna. Il ne se trouvait nullement coupable. Il avait eu à solder des dépenses indispensables : doter ses filles, pourvoir aux frais des noces et à ceux de l'éducation de son fils, etc., toutes dépenses louables.

Nos points de vue ne s'accordaient pas, j'estimais que G... aurait dû régler ses dépenses selon ses moyens et, surtout, les acquitter sur ses propres fonds et non y employer ceux de son frère. G... refusait d'en convenir, son cadet, disait-il, était un misérable dénué de sentiments religieux. Il projetait de déposer une plainte contre lui devant les tribunaux, et les juges anglais, qui ne comprennent point les excellentes coutumes instituées par les sages d'antan pour le bien des hindous, le condamneraient peut-être à restituer à son frère le montant de son dépôt. Pour le faire il devrait vendre une partie de ses propriétés. C'était inconcevable!

L'anxiété que causait à G... la perspective d'être traduit en justice le rendit tout à fait explicite et j'en arrivai à comprendre que ce qu'il sollicitait était la mise en action de forces occultes qui occasionneraient la mort de son frère. Le créancier disparu, G... comptait bien pouvoir éteindre la créance.

Lorsqu'il eut compris qu'il ne pouvait, en aucune façon, espérer mon aide pour réaliser ses desseins criminels, G... partit pour Hardwar où résidait un sannyâsin qu'il considérait comme son gourou. Ce n'était pas qu'il crût que celui-ci accomplirait le sinistre miracle qu'il souhaitait, mais vraisemblablement, il se flattait de découvrir dans son entourage un individu capable de le servir.

D'une manière détournée, cette histoire nous ramène vers les sannyâsins. Le gourou de G... Vidya Tirtha, semblait être un parfait honnête homme du point de vue de la probité ordinaire. D'autre part, il appartenait au clan « des saints professionnels qui ont réussi». Une vingtaine d'années avant que je le rencontre chez G..., ce dernier l'avait connu loqueteux, mendiant sa nourriture aux étalages des vendeurs de fruits et de légumes dans les marchés. Mendier est un terme impropre, car les guenilleux qui arborent la couleur orange, uniforme des ascètes, ne s'attardent point à solliciter des aumônes, mais s'emparent sans mot dire du fruit, du légume ou de la poignée de riz qu'ils désirent et les marchands les laissent faire.

Sous les porches où il passait les nuits, quelques hommes aisés et de bonne société avaient remarqué Vidya Tirtha, ils avaient aussi apprécié ses discours concernant la philosophie Védanta. Ceux-ci – je les ai entendus plus tard – sans être transcendants répétaient de façon intelligente les enseignements des maîtres célèbres. Peu à peu, le swâmi tiré de sa misère, s'était vu entouré de disciples efficacement généreux dont il acceptait les hommages avec une superbe indifférence.

Un jour, allant lui rendre visite tandis qu'il résidait chez l'un d'eux, je le trouvai s'entretenant avec son hôte et quelques personnes. Il siégeait sur un divan, dominant ses interlocuteurs, assis les jambes croisées sur des nattes recouvrant le parquet. Un homme entra, on me murmura son nom à l'oreille, c'était celui d'un Indien occupant une situation sociale éminente. Il fit trois pas dans la direction de Vidya Tirtha, puis se jeta brusquement de tout son long sur le plancher pour la grande prosternation, les bras étendus à plat en avant de la tête. Cette posture qui exprime le don total de soi, qui correspond à la formule : « Je m'incline devant vous avec mon corps, ma parole et mon esprit » marque un hommage sans réserve que l'on n'adresse qu'à son gourou ou à son dieu tutélaire (31).

Les attitudes du corps exercent une influence sur les états d'esprit tout comme ces derniers provoquent des gestes en rapport avec eux. Chez certains, la grande prosternation prolongée détermine parfois des sentiments émotifs confinant à l'extase.

Quels pouvaient être les sentiments de l'homme vêtu à l'européenne qui gisait inerte sur le plancher, naturellement je n'en savais rien et n'y songeais point; ce qui m'intéressait et me causait une gêne pénible, était l'attitude de Vidya Tirtha assis sur son divan. Il ne paraissait avoir vu ni l'entrée de l'homme dans la salle, ni son geste; il le laissait là, étendu à ses pieds, sans lui accorder ni un mot ni un regard, continuant sa conversation avec nous. On apporta du fromage de lait caillé, une sorte de yaourt dont une portion nous fut servie sur des feuilles en guise d'assiettes. Le visiteur demeurait toujours allongé le visage sur le plancher, je savais

(31) Dieu tutélaire est une traduction bien incorrecte de *ishta dévata* quoiqu'elle soit souvent employée. L'Ishta dévata est le dieu pour lequel on éprouve des sentiments spéciaux d'adoration, le dieu désiré (*ishta*) dans une communion mystique.

qu'il ne se relèverait pas avant que son gourou le lui commandât et il ne lui commandait pas.

Le temps passait, une heure ou davantage; je dus prendre congé, le disciple demeurait toujours prosterné.

A quoi visait Vidya Tirtha? à infliger une leçon à son disciple, à le mettre à l'épreuve par une discipline qu'il estimait lui être salutaire, ou bien, lui, Vidya Tirtha, voulait-il faire montre de son pouvoir, de l'ascendant qu'il exerçait, de la haute estime en laquelle on le tenait?... Nombre de gourous paraissent se complaire à humilier leurs disciples; cette méthode est usitée aussi dans les noviciats des ordres religieux catholiques. On raconte également que Vivékânanda, qui prêchait en Amérique au nom de la maison de Râmakrishna, commandait à des dames américaines de lui enlever ses souliers quand il voulait se déchausser. Il prétendait que les « Blancs » orgueilleux avaient besoin d'être exercés à l'humilité. Vivékânanda a-t-il réellement agi ainsi? C'est possible. Les démonstrations de ce genre sont puériles et absurdes, celle de Vidya Tirtha ne le rehaussa certainement pas dans mon estime, bien au contraire.

C'est donc dans l'entourage de ce Vidya Tirtha, alors propriétaire d'une habitation à Hardwar, que G... s'en alla tenter de trouver l'aide que je lui avais refusée. Sa démarche n'eut aucun succès. Quel genre d'individus rencontra-t-il dans l'orbite du gourou, je l'ignore, dans tous les cas ils ne voulurent point se prêter au crime qui leur était demandé ou, plus vraisemblablement, ils en furent incapables. G... dut vendre une maison et des terres pour désintéresser son frère.

⁂

Si l'on se rappelle les détails donnés au début de ce chapitre, concernant les « saints professionnels » et l'opinion émise à leur sujet par un Indien bien renseigné, l'on comprendra que G... pouvait raisonnablement espérer trouver parmi les individus gravitant autour de Vidya Tirtha le sorcier malfaisant qu'il cherchait.

Le petit fait suivant donnera une idée de la horde de vagabonds que certains soi-disant sannyâsins chefs de sectes traînent à leur suite dans les lieux saints tels qu'Hardwar, Bénarès et d'autres.

Un riche propriétaire d'Hardwar invita à dîner le chef des sannyâsins dandins. Une invitation de ce genre s'étend d'ordinaire aux disciples de celui à qui elle est adressée. Le maître de maison fut informé que le grand dandin amènerait avec lui quatre cents disciples; en conséquence, l'hôte fit préparer un banquet pour quatre cents convives.

Cependant la nouvelle de la ripaille projetée s'était répandue parmi la foule des « saints » séjournant alors à Hardwar. Dans le courant de la nuit, un grand nombre d'entre eux se joignirent au groupe des dandins et, le matin suivant, un messager annonça au maître de maison qu'au lieu de quatre cents dandins qu'il attendait, il aurait à en recevoir huit cents. Ce dernier trouva que le grand sannyâsin dépassait la mesure et annula l'invitation, ce dont le chef des dandins se montra très dépité.

Jusqu'à présent, l'ardeur belliqueuse de ces cohortes de vauriens ne s'est guère manifestée que dans des bagarres, souvent sanglantes, entre adeptes de sectes différentes, mais l'on peut imaginer le rôle qu'elles seraient capables de jouer dans une agitation antiprogressiste, antigouvernementale au cas où celles des réformes que les orthodoxes dénomment des « lois antihindoues » viendraient à être mises sérieusement en vigueur.

Ce dernier exemple et d'autres présentés dans les pages précédentes illustrent les divers degrés de la dégénérescence dans laquelle est tombé le plus haut idéal conçu par la pensée indienne et qui lui est tout particulier.

Sannyâsa, le rejet total, est essentiellement une attitude d'esprit à laquelle conduisent la lassitude et le dégoût produits par la contemplation de la course fébrile des êtres s'entre-combattant, féroces et stupides, tout en s'acheminant vers la mort.

Généralement, l'observateur mûr pour sannyâsa s'est aperçu que cette course insensée des êtres, tissant des événements qui sombrent avec eux dans le gouffre des dissolutions, n'est que le jeu de son imagination délirante, un pur mirage, et qu'il se dupe lui-même en permettant à cette fantasmagorie dont il est l'auteur, d'éveiller en lui des désirs, des craintes, de l'amour et de la haine.

Fini tout cela, il le rejette; *sanyastan mayâ!*

Nous pouvons croire qu'originairement, avant qu'une législation religieuse eût créé les quatre ashrams, stages de la vie d'un hindou (32), l'état de sannyâsin était adopté par la seule volonté de l'individu et ne donnait lieu à aucune cérémonie rituelle. Le cas du Bouddha nous est un exemple de cette absence de formalité.

Toutefois, la plupart des hindous tiennent à entourer la profession du sannyâsin de différentes cérémonies symboliques. Il serait trop long de décrire ici toutes celles qui ont été inventées, je me bornerai à mentionner la plus significative d'entre elles.

L'aspirant jette au feu ou dans l'eau le cordon sacré qui le désignait comme appartenant à l'une des castes des « deux fois nés ». Dans la plupart des

(32) Période d'étude – mariage, vie comme chef de famille – retraite après la naissance d'un petit-fils – sannyâsa.

cas il s'agissait, autrefois, du cordon de brahmine car, d'après une opinion alors courante, seuls les brahmines étaient qualifiés pour embrasser l'état de sannyâsin. Cette idée qui ne repose sur aucune autorité valable est rejetée par nombre de gourous et par certains groupes tels que celui des sannyâsins de Râmakrishna, de fondation récente, qui admettent des postulants de toutes les castes.

La destruction du cordon qu'il portait signifie que le sannyâsin rompt définitivement avec toutes les lois religieuses et sociales. Dorénavant il ne relève d'aucune autorité autre que la sienne propre; il est totalement affranchi quant à sa conduite. Et, c'est en s'appuyant sur le concept de cette indépendance intégrale, alors qu'en fait ils demeurent esclaves de leur ignorance et de leurs passions, qu'une multitude d'individus vulgaires, arborant l'uniforme des ascètes, s'abandonnent aux pires excès.

D'après le texte de la Sannyâsa Oupanishad et les opinions d'auteurs révérés comme Swâmi Vidyâranyasaraswati (33), quels que soient les rites qui accompagnent la profession du sannyâsin, ils doivent nécessairement inclure la récitation de la *présha* : la formule consacrée de renonciation aux trois mondes.

Ces trois mondes sont, d'après la cosmographie indienne :

*Bhou* : notre monde, celui des hommes (la terre) avec tout ce qu'il comporte.

*Bhouvar* : le monde mystérieux qui s'étend au-dessus du nôtre dans une région imprécise de l'atmosphère. Ces limbes sont considérés comme le séjour des Pitris – les Pères, les Ancêtres – des individualités désincarnées, mais non point de purs

(33) Vidyâranya était un éminent lettré philosophe du XIVe siècle, il fut ministre du roi Boukka Raya et de son nom laïque était appelé Sayana; il devint sannyâsin dans sa vieillesse. Il est l'auteur d'une très savante annotation (scolie) des Védas et de beaucoup d'autres ouvrages dont le traité intitulé : Jivanmoukti Vivéka (la Voie de la Libération dans cette vie). Ce traité expose de façon détaillée la nature de sannyâsa et ses différentes formes.

esprits. Ce *Bhouvar* ou Pitri tient à peu près, dans la mythologie indienne, la place qu'occupaient les Champs Elysées chez les Grecs.

Des sannyâsins philosophes déclarent qu'il faut entendre le monde des Ancêtres visé dans la *présha,* comme signifiant cette sorte de survie qu'est la renommée posthume ou plus simplement la persistance du souvenir des défunts dans la mémoire des vivants.

Le troisième monde rejeté par le sannyâsin est *Svarga,* c'est-à-dire les paradis, les demeures des dieux et de ceux qui, par leur conduite pure et vertueuse, ont mérité de prendre place parmi eux. La béatitude supraterrestre de ces séjours divins, objet des aspirations de la majorité des hommes, le sannyâsin la regarde aussi comme vaine et méprisable et la rejette dédaigneusement.

Les bouddhistes ont connu la même attitude; c'est celle que le Dhammapada signale en mentionnant : « Celui qui n'ayant plus de liens avec les hommes a secoué ceux qu'il pourrait avoir avec les dieux... celui qui s'est élevé au-dessus de tous les mondes (34). »

Qu'un homme embrasse la vie ascétique et qu'en même temps il renonce aux joies célestes *post mortem,* voilà bien de quoi étonner la plupart des dévots occidentaux. Il leur semble, généralement, que l'abandon des satisfactions offertes par notre monde ne peut être qu'un troc (un marché avantageux, me dit un jour un évêque), l'échange d'un bien inférieur contre un bien très supérieur.

Nous avons déjà vu sous quel aspect – « un monceau d'immondices » – le sannyâsin indien voit les *biens* de ce monde (35), leur rejet en sannyâsa lui

(34) Dhammapada 417-418.

(35) Ou comme il est dit dans le Sutra tibétain en 42 articles : « Aux yeux d'un Bouddha toutes les plus parfaites magnificences des rois sont comme du crachat et de la cendre. » Ou encore d'après un sannyâsin contemporain : « La renonciation procure au sannyâsin une satisfaction paisible pareille à celle que l'on peut éprouver en se débarrassant d'un vêtement sordide que l'on jette au loin d'un coup de pied.

paraît donc être, en lui-même, une bienheureuse délivrance au-delà de laquelle rien de plus n'est à demander.

Quelque superstition est attachée à la formule dénommée *présha*. Des effets irrévocables lui sont attribués; celui qui se hasarde à la prononcer, même s'il n'adhère pas au renoncement qu'elle exprime, le subit néanmoins; il demeure exclu des « trois mondes », ce qui dans le nôtre se manifeste par le manque de postérité et une perte plus ou moins complète de biens matériels. Il en résulte que la présha, bien que ses termes puissent leur être connus, ne doit point être récitée par les laïques.

Au cours de l'un de ces rites où celui qui fait profession de sannyâsa doit répéter publiquement la présha, le cérémonial est le suivant : plusieurs brahmines présidant au rite doivent, à tour de rôle, prononcer un des mots de la formule et le futur sannyâsin répète ces mots, les uns après les autres, de sorte qu'il aura dûment prononcé la formule tout entière tandis que chacun des brahmines laïques officiant n'en aura articulé que des syllabes disjointes qui ne forment pas un sens, par conséquent les officiants demeurent indemnes des effets magiques de la présha.

Voici comment la chose est effectuée :

La formule complète sanscrite est :

Aum Bhou sanyastan mayâ
Aum Bhouvar sanyastan mayâ
Aum Sva sanyastan mayâ

Un premier brahmine entonne le mot sacré « Aum » avec l'accent prescrit très particulier qui exige une pratique prolongée pour être produit correctement.

Le récipiendaire répète « Aum ». Un autre brahmine dit : « Bhou », le récipiendaire répète « Bhou ». Un autre brahmine dit « sanyastan », le récipiendaire répète « sanyastan ». Un autre brahmine dit « mayâ » et le récipiendaire répète : « mayâ ». Et ainsi de suite.

Cette cérémonie, ou une autre analogue, n'est point jugée nécessaire par tous les gourous, certains de ceux-ci se bornent à recevoir sans témoins la profession de leurs disciples. Le Bouddha, sans recourir à aucun rite ni à aucun gourou, sans qu'il nous soit dit qu'il prononçât aucune formule consacrée de renoncement, se contenta de quitter sa demeure pour mener la vie ascétique des shramanas indépendants. Bien d'autres que lui ont agi de même autrefois et, bien qu'ils puissent être peu nombreux, ils ne manquent pas d'émules contemporains.

Est-il permis aux femmes de devenir sannyâsins? En principe rien ne s'y oppose. L'auteur déjà cité : Swâmi Vidyâranya, examine la question dans son livre : *Jivanmoukti Vivéka* et conclut à l'éligibilité des veuves ou des femmes non mariées à l'état de sannyâsin. A l'appui de son opinion, l'érudit auteur cite divers ouvrages faisant autorité où la question est discutée et où les noms d'illustres sannyâsinis sont mentionnés. Toutefois, de nos jours, l'on ne trouve guère de sannyâsinis que parmi les adeptes des sectes tantriques et elles sont très peu nombreuses. Parmi les exceptions, j'ai connu une femme très lettrée qui avait, je le crois bien, revêtu la robe orange comme un moyen de vivre indépendante. Mariée enfant, elle n'était encore qu'une fillette lorsque son mari mourut, cela signifiait pour elle toute une vie de veuvage, vie bien terne dans une famille de brahmines très orthodoxes. On lui avait permis d'apprendre le sanscrit et la littérature sacrée. Son savoir lui était devenu une source de revenus. Quand je l'ai connue elle enseignait le sanscrit dans un collège de jeunes filles et habitait avec une servante un logis d'une austère simplicité.

Les non-croyants occidentaux disent volontiers que la religion est l'affaire des femmes et je me rappelle, à ce sujet, l'opinion exprimée devant moi par un médecin ami de mon père. Un dimanche matin, tandis que nous séjournions dans une petite propriété de campagne qu'il possédait en Seine-et-Oise, je l'entendis interpeller sa cuisinière-gouvernante :

– Marie, avez-vous été à la messe ce matin?

– Non, Monsieur.

– J'entends que vous y alliez régulièrement de même que la bonne.

– Mais Monsieur n'y va pas.

– C'est différent. La religion est nécessaire pour les femmes, les enfants et les domestiques.

Cela n'est point une boutade. Le digne docteur, complètement incrédule, exprimait sa conviction profonde concernant une règle qu'il estimait utile au maintien de l'ordre dans la société.

A l'époque où il prononçait cette déclaration tranchante, il aurait été mal venu de la répéter dans l'Inde ou, d'ailleurs, n'importe où en Asie. Depuis... la mentalité des Orientaux s'est modifiée, cependant je doute que le médecin parisien trouverait un grand nombre d'Indiens pour l'appuyer ouvertement.

Religion et philosophie, ascétisme et mysticisme sont en Orient et particulièrement dans l'Inde, l'affaire des hommes et des élites. Pourquoi les femmes ne sont-elles, en général, pas admises à faire profession de sannyâsa?

La raison m'en a été exprimée passablement crûment :

« Sannyâsa, m'a dit mon interlocuteur, comporte la chasteté totale. Les hommes en sont capables, les femmes, non. »

Une opinion contestable, qui fait s'exclamer les Occidentaux à qui je la communique, mais qui est très courante dans l'Inde, est en effet, que les femmes livrées à elles-mêmes ne peuvent résister à leurs désirs sensuels. Assez récemment, un jeune étudiant me le répétait encore. « Il est nécessaire de tenir les femmes enfermées », me disait-il, et la liberté dont elles commencent à jouir dans l'Inde, lui paraissait, ainsi qu'à beaucoup d'autres, une abomination qui allait entraîner l'Inde à sa perte.

Cependant, comme nous l'avons noté, la manière de voir de certains grands sannyâsins, tels que Vidyâranya, est différente, je puis y joindre celle d'un autre sannyâsin dont la mémoire se dresse au seuil de mes longues pérégrinations dans l'Inde et à travers l'Asie.

C'était un vieil ascète qui vivait nu dans un jardin de roses. Il se nommait Bashkarânanda. Le luxe des parterres odorants qui l'entouraient était dû aux soins affectueux de ses disciples; lui-même s'abritait sous une sorte d'auvent en maçonnerie blanchie à la chaux et y dormait sur une natte étendue à même le sol, sans une couverture même pendant les nuits les plus froides (36).

Swâmi Bashkarânanda n'était peut-être pas très érudit, bien qu'il eût composé plusieurs traités concernant la philosophie Védanta, mais il possédait une compréhension pénétrante de la pensée de l'Inde et c'est à lui que je dois d'y avoir tout d'abord été initiée – dans ma vingt-cinquième année.

Je lui avais sommairement esquissé la vie des moines et des religieuses de l'Occident, cloîtrés en des monastères. Il s'étonnait. Pourquoi ces murs? demandait-il. Il ne comprenait pas la défiance humiliante – il disait avilissante – que nous manifestons quant à la force de volonté de nos religieux. Le sannyâsin vit libre, totalement affranchi de toute

(36) J'ai déjà dit que le climat de Bénarès, torride pendant l'été, est rude pendant l'hiver.

contrainte, de toutes règles, de toute autorité; et le mince tissu d'une robe orange semble, à l'Inde, un rempart suffisant pour isoler celui qui marche dans les « routes hors du monde ».

Bashkarânanda avait deviné la fascination qu'exerçait sur moi l'idéal de sannyâsa; quand je le quittai, il posa sur mes épaules une écharpe de couleur rituelle et murmura à mon oreille quelques mots que j'emportai pieusement dans ma mémoire, mais dont le sens prophétique ne me devint clair que dix ans plus tard. Je ne revis jamais le vieux swâmi.

Quand longtemps après, je retournai à Bénarès, ma première pensée fut pour le jardin de roses de Bashkarânanda; jardin d'Orient, parfumé et illuminé par un soleil ardent qui, lorsque j'y avais pénétré pour la première fois, évoquait plutôt la Grèce et la demeure de quelque épicurien raffiné que celle d'un ascète.

Ce n'était pas la saison des roses, les parterres enserrés entre les allées dallées de marbre étaient défleuris et moins touffus qu'autrefois, un air d'abandon régnait dans l'enclos poussiéreux. Machinalement mes yeux se portaient vers la place où d'ordinaire je trouvais Bashkarânanda assis... Il reposait maintenant sous le mausolée de marbre blanc que ses disciples lui avaient élevé, enterré le buste droit, les jambes croisées, en posture de méditation. Un lingam érigé au-dessus de sa tête (37) sur la table de marbre servant d'autel, symbolisait Shiva. Car le défunt swâmi était vénéré à l'égal de ce dieu. Matin et soir sous le dôme du mausolée, un

(37) Les sannyâsins ne sont pas incinérés, mais enterrés, le corps en posture de méditation. Le Shiva, sous la forme du lingam, placé au-dessus de leur tête indique la libération spirituelle de leur esprit qui s'est échappé par le sommet de leur crâne (le centre yoguique dénommé le « lotus aux mille pétales ») alors que le sannyâsin était en état de samâdhi.

brahmine accomplissait en son honneur les rites coutumiers d'adoration et, tandis que je m'attardais là, l'heure vint de l'*ârati* vespéral; un acolyte fit tinter une cloche et l'officiant, récitant des mantrams, balança la lampe aux multiples langues de flammes, puis ils s'en allèrent me laissant seule à rêver dans le silence et la nuit qui tombait.

Des années s'écoulèrent encore; je me retrouvai à Bénarès et retournai au jardin des roses... Hélas! les herbes folles l'avaient envahi et des crevasses commençaient à paraître dans les colonnes du mausolée de marbre.

J'entendais Bashkarânanda murmurer à mon adresse du fond de sa tombe :

« L'impermanence est la loi universelle. »

Fidèle à la déclaration qu'il avait prononcée en devenant sannyâsin, le swâmi vivait, en esprit, trop au-dehors des « trois mondes » pour songer à fonder une lignée spirituelle; ses disciples immédiats étant morts n'ont pas eu de successeurs et la mémoire du gourou, qui fut accueillant à mes vingt ans épris de sagesse indienne, s'enfonce peu à peu dans l'oubli.

Un brahmine de mes amis se charge pour moi, de suspendre des guirlandes de jasmin au mausolée de Bashkarânanda dans le jardin abandonné. Sort étrange qui veut qu'un sannyâsin indien doivent ces derniers hommages à une étrangère.

CHAPITRE X

# L'INDE NOUVELLE, SES PROBLÈMES, SES CONFLITS. – MASSACRES DUS AU FANATISME. – L'EFFROYABLE EXODE DES POPULATIONS DÉPLACÉES. – GANDHI VU PAR NEHRU.

L'avion filait sans heurts dans un ciel clair. Il avait franchi les chaînes de montagnes et se tenait à très basse altitude; tous les détails du paysage apparaissaient nettement distincts et demeuraient longtemps visibles; l'œil n'enregistrait pas une vitesse supérieure à celle d'une auto roulant sur une bonne route à une allure modérée. Ce paysage que nous survolions était celui des multiples bouches du Gange et du Brahmapoutre, épandant leurs eaux à travers le sol rouge brunâtre d'un désert s'étendant à perte de vue. De-ci, de-là, creusant des sillons dans ces gigantesques marécages, l'on apercevait des ruisseaux ou, exceptionnellement, une rivière et de rares digues étroites servant de sentiers.

L'aspect général de ces solitudes semi-liquides évoquait dans mon esprit, celui de périodes géologiques quand la terre, dans sa jeunesse, surgissait nouvellement des océans.

Comme l'avion progressait je remarquai, au milieu de tout ce vide, une hutte, une seule. Elle était juchée sur une butte de terre, de construction visiblement artificielle, et autour d'elle verdoyaient trois champs minuscules, artificiellement surélevés, eux aussi. Qui pouvait vivre là? Des kilomètres de désert défilèrent encore jusqu'à ce que nous fussions au-dessus des premiers misérables villages bâtis sur le terrain devenu à peu près sec.

Une fois de plus je me retrouvais dans l'Inde.

Peu après l'atterrissage, le ciel se couvrit de gros nuages et une pluie, telle que seules les régions tropicales en connaissent, se mit à tomber. Personne ne m'attendait à l'aérodrome. L'omnibus de la Compagnie me déposa, en ville, devant le bureau où l'on examinait les passeports des arrivants.

Il avait été convenu, la veille de mon départ de Kunming (Yunnan, Chine), qu'un télégramme serait envoyé au consulat de France, à Calcutta, pour annoncer mon arrivée et demander qu'on me trouvât un logement. La guerre venait à peine de finir et la plupart des hôtels étaient encore réquisitionnés par les administrations militaires. Quant aux voyageurs civils, on les parquait dans des dortoirs et ils devaient se considérer heureux quand un lit leur était assigné entre une dizaine ou une quinzaine d'autres dormeurs. Une promiscuité, égale à celle des Tibétains gardeurs de troupeaux, régnait parmi ces Occidentaux de bonne société.

Le télégramme n'avait pas été envoyé ou n'avait pas été reçu; la nuit était venue, le déluge continuait, transformant les rues en torrents. L'officier de police qui témoignait discrètement, mais visiblement, son désir de fermer son bureau et de rentrer chez lui, téléphona au consulat et, après environ trois heures d'attente, un obligeant *drogman* vint m'informer qu'il avait trouvé une chambre pour moi dans un hôtel indien.

Deux taxis m'y transportèrent avec mes bagages. Des nappes d'eau continuaient à descendre du ciel; je me rappelais mes impressions en contemplant du haut de l'avion les boues de la côte : la terre émergeant des eaux primordiales, avais-je pensé, on aurait plutôt cru maintenant qu'elle allait être submergée.

Je ne prêtai guère d'attention au logis où j'échouai, il n'y pleuvait pas, c'était l'essentiel; dès que j'eus revêtu mon pyjama et bu une tasse de thé brûlant, j'étendis mes couvertures sur le lit de sangles, me couchai et m'endormis immédiatement.

Quand je me réveillai, le soleil brillait; à travers les persiennes de ma chambre, je voyais une rue animée par de nombreux passants, toutes les boutiques qui la bordaient étaient ouvertes. Béantes, dans les immeubles qui me faisaient vis-à-vis, les fenêtres laissaient entrevoir des intérieurs indiens pourvus de mobiliers semi-occidentaux; des femmes en sâri, mais non voilées, s'accoudaient aux balcons, des femmes respectables, j'entends, épouses ou parentes des commerçants dont les boutiques bordaient la rue. Autrefois, seules les prostituées se montraient aux balcons. Nombre de fillettes portaient des robes de mode européenne... Je commençais à prendre contact avec l'Inde nouvelle.

Ce n'est pas que je fusse demeurée étrangère à l'évolution qui s'était produite pendant les dix dernières années. Les lettres de mes amis m'avaient tenue au courant, non pas seulement des faits saillants, ceux qui trouvent leur place dans les journaux, mais des modifications qui s'opéraient dans l'esprit d'une fraction de la population indienne.

Et puis, lors d'un séjour précédent, j'avais déjà rencontré Gandhi, Sardar Patel et quelques autres hommes moins en vue qui avaient contribué à la création de cette nouvelle Inde que je voyais, maintenant, vivre devant moi.

⁂

Le rapatriement des troupes n'avait pas encore commencé, il s'en trouvait beaucoup en Chine, dans l'Inde et ailleurs en Asie. Inactives et encombrantes, elles achevaient d'y ruiner dans l'esprit des indigènes le peu qui y subsistait de l'ancien prestige des Blancs. A Calcutta, soldats anglais et américains rivalisaient à cet effet.

Après un séjour assez long à l'hôtel indien, j'avais pu obtenir une chambre au Grand Hôtel, situé dans l'artère principale de la ville, en face du vaste parc appelé Maidan. Je m'y trouvais aux premières loges pour assister aussi bien aux scènes de débauche présentées par les troupiers étrangers qu'aux manifestations populaires des Indiens pressant le départ des Anglais ou donnant expression à leurs querelles intestines.

Tous les soirs, la partie de l'hôtel aménagée en dancing-hall était envahie par une horde de soldats et de prostituées locales, des métisses anglo-indiennes, en majorité. Beuveries et jitterburgs effrénés, l'orgie se prolongeait jusqu'au milieu de la nuit; les danseurs ivres ponctuaient leurs entrechats de hurlements sauvages. Des rixes éclataient fréquemment entre les hommes surexcités par l'alcool. Hors d'eux, ils brisaient les gobelets de verre épais demeurés épars sur les tables; leur fond, tenu serré dans le creux de la main, leur servait d'arme; parfois des coups de feu partaient tandis que les filles poussaient des cris stridents de folles.

Groupés prudemment à l'écart, les domestiques indigènes contemplaient l'orgie quotidienne et en répandaient les détails par la ville, fournissant aux Indiens matière à réflexion.

*
**

De mon balcon, je voyais aussi se dérouler les manifestations du nationalisme et celles, plus inquiétantes, d'un sectarisme farouche, qui devaient aboutir à d'épouvantables massacres. Des grèves éclataient soudainement; l'une d'elle priva les hôtels de leur personnel indigène.

Au Grand Hôtel, les chefs des services, des Européens ou des Anglo-Indiens, s'évertuèrent à nourrir leurs clients en travaillant eux-mêmes. Tout le monde y mit de la bonne volonté, allant présenter son assiette au comptoir où se faisait la distribution du menu réduit qui nous était offert. Les domestiques se montraient d'ailleurs tout à fait paisibles. La veille, le valet de chambre m'avait avertie, en souriant, que le lendemain personne ne ferait les lits (ce qui ne me gênait guère car je fais toujours le mien) ni ne balaierait, ni ne nettoierait la baignoire, ni ne porterait le thé matinal (1). Au bout de trois jours, les domestiques ayant obtenu une augmentation de salaire, tout rentra dans l'ordre. Un tel fait n'a rien d'étonnant en Europe, mais dans l'Inde où, quelques années auparavant, les *sahibs* et les *mem-sahibs* ne se gênaient pas pour cingler leurs domestiques avec le fouet servant à châtier les chiens, la conduite des mercenaires osant relever la tête et discuter avec leurs maîtres marquait une évolution d'une ampleur considérable.

On devait voir mieux encore : les domestiques – au nombre d'une centaine – de certains mahârajahs se mirent en grève, réclamant des augmentations de salaire de leurs seigneurs que leurs pères s'étaient

(1) Le *chota hazri*, « petit repas » consistant en une tasse de thé avec des biscuits et des fruits que l'on prend dans sa chambre dès son réveil, tandis que le *burra hazri*, le grand repas du matin équivalant à un copieux déjeuner anglais, se prend généralement à la salle à manger entre 8 et 9 heures du matin.

jusque-là trouvés hautement honorés de pouvoir servir gratuitement.

Des cortèges parcoururent la ville : employés des bureaux municipaux, ouvriers des divers corps de métiers et jusqu'aux balayeurs de rue, chacun clamant ses revendications. L'une de ces processions de manifestants voulut parader devant le palais encore habité par le gouverneur anglais du Bengale, elle fut repoussée par la police. Une charge au lathi (2) fut d'abord effectuée, puis, devant l'obstination des manifestants, quelques coups de feu furent tirés. Le cortège dispersé se reforma dans la ville, revint à la charge et, finalement, défila comme il l'avait projeté devant les grilles du jardin du palais.

Les Anglais savaient que leur départ était décidé et le désordre régnait.

Des meetings spectaculaires assemblèrent plusieurs centaines de milliers d'auditeurs sur l'immense esplanade située à l'extrémité du Maidan. Meetings nationalistes présidés par Nehru et d'autres membres du Congrès et où m'apparaissait ce fait nouveau dans l'Inde : des femmes entourant l'estrade des orateurs et même y prenant place; meetings présidés par des leaders musulmans ou par Jinnah lui-même, au cours desquels ceux-ci faisaient pénétrer dans l'esprit de leurs coreligionnaires la volonté de créer le Pakistan.

Des automobiles, des camions transportant une jeunesse enthousiaste et turbulente sillonnaient la ville, arborant qui le drapeau indien orange, blanc et vert, qui le drapeau vert, portant une étoile blanche dans un croissant blanc, du Pakistan qui n'était pas encore né. Les cris de *jai Hind* et de *Pakistan zindabad,* s'entrecroisaient (3).

Les bagarres devinrent plus fréquentes avec les charges au lathi et les fusillades, encore timides, qui

(2) Le *lathi* est une très longue et lourde perche.
(3) Vive l'Inde! Vive le Pakistan!

les suivaient; il y eut des blessés et quelques morts.

Enfin, un jour, les émeutiers envahirent les beaux quartiers de la ville, ceux du commerce de luxe et des grands magasins à l'instar de l'Occident. Une poussée de sentiments xénophobes faisait soudain explosion, renforcée par le désir du pillage. Les grandes glaces des vitrines volèrent en éclats, la foule se précipita à l'intérieur des magasins, s'emparant des articles qui lui convenaient et en détruisit un plus grand nombre.

Les bandes, circulant par les rues, commandaient aux étrangers qu'elles rencontraient en voiture ou en rikshaw de quitter leurs véhicules, les en jetant parfois à bas sans leur laisser le temps de descendre. Les soldats attiraient plus spécialement la colère de la populace. Quelques-uns furent battus et blessés. Je vis sous mes fenêtres, un Américain décoiffé d'un coup de bâton et fuyant sous les coups de matraque dont on lui martelait le crâne.

Ordre fut donné aux troupes et aux civils étrangers de ne pas sortir. On barricada toutes les portes du Grand Hôtel et les clients y demeurèrent enfermés pendant plusieurs jours.

Jugeant que nous pouvions désirer d'autres distractions que celles que nous procurait l'effervescence populaire contemplée de nos fenêtres, la direction de l'hôtel eut recours aux artistes de music-hall engagés pour fournir le programme du cabaret inclus dans la maison.

Un prestidigitateur nous montra des tours étonnants, des femmes chantèrent et dansèrent. Pendant ce temps, des tramways renversés et des automobiles flambaient dans la rue, en face de notre porte, tandis que la foule vociférait autour d'eux.

Des scènes analogues se passaient dans tous les quartiers de la ville et, comme le grotesque perd rarement ses droits, de mon balcon, où je demeurais la majeure partie du temps, je vis des furieux s'en prendre à des Indiens vêtus à l'européenne. Ils faisaient rouler le chapeau de l'un dans le ruisseau, ils arrachaient la cravate d'un autre, mais ce qui paraissait surtout exciter la rage des émeutiers était la mode étrangère de porter sa chemise dans son pantalon tandis que les Indiens laissent les pans de la leur flotter au-dehors. Des passants coupables de cette dérogation au protocole vestimentaire national étaient assaillis, partiellement déculottés et, ayant eu leur chemise extirpée de son abri, demeuraient bannière au vent dans la rue.

Il y eut un bon nombre de blessés, quelques morts et le calme revint. On alla se promener pour voir les vitrines défoncées et les rues parsemées de débris de verre... puis l'on n'y pensa plus.

Les étrangers, en grande majorité des Anglais, qui vivaient dans l'Inde, ont toujours été remarquables par une qualité : ils étaient braves. Quelque frivoles ou même parfois blâmables que fussent leurs mœurs, le danger les trouvait toujours calmes. Ces premières émeutes, à Calcutta, n'étaient que bagatelles, mais le sang-froid de ceux qui, un peu plus tard, se trouvèrent au milieu d'épouvantables massacres ne fut pas davantage ébranlé. Que leur orgueil de « Blanc », leur mépris invétéré des indigènes – des *natives* comme ils disaient avec dédain – les aient aidés à conserver cette attitude, c'est très possible; il n'en convient pas moins d'inscrire leur bravoure en face des fautes qu'on a pu leur reprocher.

*
**

Hindous et musulmans fortement maintenus par l'administration britannique s'étaient, depuis nombre d'années, accoutumés à vivre à peu près en paix. A peu près seulement, car les bagarres n'étaient pas rares. Tantôt c'était à propos d'une bande de musiciens hindous escortant les images des dieux ou un cortège nuptial et qui, volontairement, redoublaient leur tapage en passant devant une mosquée où les fidèles étaient en prières; d'autres fois il s'agissait d'une vache qu'un boucher musulman avait abattue.

Cette dernière cause d'animosité était la plus grave et Jinnah, poursuivant la création du Pakistan, s'appuyait volontiers sur la différence des sentiments des hindous et des musulmans, à l'égard des vaches, pour en déduire qu'ils formaient deux nations distinctes et ne pouvaient pas être unis sous une même loi. « Les hindous vénèrent les vaches, disait-il, nous, nous les mangeons. »

Que des gens s'entre-tuent à propos de vaches nous semble ridicule, c'était aussi l'opinion des maîtres anglais de l'Inde. Ils mangeaient tranquillement des biftecks et ne s'occupaient que du maintien de l'ordre dans la rue. Cependant, les musulmans avaient tout lieu de redouter que, après le départ des Anglais, ils eussent à souffrir du fanatisme des hindous dont le nombre surpassait le leur, d'environ deux cents millions. Dans tous les cas, on les amena à le craindre et, de part et d'autre, les haines furent attisées.

La même racaille que j'avais vue précédemment à l'œuvre se répandit de nouveau dans Calcutta. Aux musulmans exaltés s'étaient joints un grand nombre d'individus sans aveu, alléchés par la perspective du pillage. Ces bandes composites pillèrent en effet, mais, surtout, elles assassinèrent. Le massacre durait depuis quatre jours quand des tanks firent enfin leur apparition, mitraillèrent les forcenés et mirent fin au carnage.

Combien y eut-il de morts? On ne l'a pas su. Les estimations, faites au hasard, qui furent publiées, ne répondaient en rien au chiffre exact des victimes et celui énoncé par la populace manquait tout autant de fondement. Vraisemblablement, le nombre des morts se monta à plusieurs dizaines de milliers. Une semaine après que le calme eut été rétabli, des cadavres demeuraient encore gisant dans les ruelles écartées.

Calcutta n'eut pas le privilège de ces horreurs; des tueries analogues eurent lieu en divers endroits et particulièrement dans le district de Noakhali, au sud-est du Bengale.

Les hindous ne tardèrent pas à répliquer. Ils le firent avec une férocité égale à celle des musulmans. Les sikhs, dont la religion est presque identique à celle de l'islam, se distinguèrent spécialement par leur fureur contre les musulmans. Le nombre des musulmans massacrés par eux et par les hindous surpassa celui des hindous tués par les musulmans au début du carnage.

La division de l'Inde en pays hindou et pays musulman était devenue inévitable. Elle fut consacrée par la proclamation de l'indépendance de l'Inde le 15 août 1947. Le Pakistan était né; Jinnah et la ligue musulmane avaient gagné la partie contre Gandhi, Nehru et le Congrès.

L'on aurait pu croire que cette division, satisfaisant les musulmans et à laquelle les hindous s'étaient résignés, ramènerait la paix dans le pays. Il n'en fut rien. S'inspirant de mesures déjà prises plusieurs fois en Europe, les dirigeants des deux parties de l'Inde imaginèrent de déplacer la population. Celle-ci devait être classée en deux catégories, non d'après la race des individus, mais d'après la religion qu'ils professaient. Qu'un homme pût n'en professer aucune, ne vint pas à l'idée des promoteurs de ce décret, bien qu'il existe dans l'Inde des libres penseurs qui n'appartiennent à l'islam ou à l'hindouisme que parce qu'ils sont issus de familles nominalement musulmanes ou hindoues. Parmi de tels hommes, l'on peut sans doute inclure le pandit Nehru et le fondateur du Pakistan, Jinnah, car un libre penseur n'est pas, par définition, celui qui rejette toutes les croyances, mais celui qui choisit les siennes sans s'astreindre à épouser celles d'autrui ou qui opère un triage critique dans les doctrines proposées par sa propre religion.

D'après la classification établie, les bouddhistes, peu nombreux, et les jaïns sont assimilés aux hindous et les chrétiens, en grande partie des métis anglo-indiens, forment une masse flottante, sans attaches particulières dans aucun des deux camps.

Le plan qui avait été conçu équivalait à ce qu'aurait été le transfert forcé de tous les protestants français en Angleterre et celui de tous les catholiques anglais en France, avec cette différence que les millions d'individus chassés de leurs foyers devaient se mouvoir à travers un territoire aussi grand que celui de l'Europe occidentale.

Que des familles paysannes aient été établies dans un pays particulier depuis des générations, qu'elles y aient converti des terres incultes en champs productifs, construit des fermes, constitué des troupeaux ou, d'autre part, que des artisans, des commerçants aient vécu de père en fils dans une certaine ville, y soient propriétaires de boutiques bien achalandées, rien de tout cela ne comptait. Sans pouvoir espérer aucun dédommagement réel, les pauvres gens étaient arrachés à leurs foyers et poussés au loin, dans des milieux inconnus d'eux où ils devraient refaire leur existence... s'ils le pouvaient.

Le lamentable exode commença. Pour s'en faire une idée, il faut se reporter aux récits des historiens concernant les temps où des nations entières étaient emmenées en captivité par leurs vainqueurs. D'entre les millions d'hommes et de femmes qui partirent, emportant avec eux le peu qu'il leur avait été possible de sauver, des milliers périrent en cours de route, de fatigue, de privations, de maladies ou par accident. Le choléra, toujours à l'état latent dans l'Inde, se déclara soudainement, puis des inondations anormales balayèrent des régions que les caravanes d'émigrants traversaient, le flot emportant bêtes et gens.

Pis encore, les massacres recommencèrent. Les fugitifs hindous avaient tout à craindre en passant par les zones habitées par des musulmans; il en était de même pour les musulmans traversant les zones occupées par des hindous. Pendant la nuit, surtout, des bandes armées de sabres et de piques se jetaient sur les voyageurs harassés, sommeillant parmi leurs chariots, leurs bestiaux et leurs hardes. C'était moins le désir du pillage qui animait ces bandits que la soif de tuer; une vague de folie sanguinaire déferlait sur les belles routes de l'Inde.

Il en était de même le long des voies ferrées et jusque dans les gares. Des trains de réfugiés furent assaillis par les assassins, embusqués sur leur passage, et leurs passagers égorgés jusqu'au dernier. Les sikhs se distinguèrent à Amritsar, les musulmans à Lahore et ailleurs. D'après les termes de Nehru : « L'horreur s'amoncela sur l'horreur. » Pendant ce temps, Gandhi priait et il allait jeûner. La doctrine de l'*ahimsa*, le « non-tuer », la « non-violence », thème de ses prédications pendant un quart de siècle, avait fait faillite.

Une sorte d'apaisement sembla se produire après ce dramatique exode, mais ne dura guère. En 1950, les massacres recommencèrent dans le Bengale oriental et à Calcutta et ils menacent de s'étendre à d'autres régions.

Il est à craindre que les tentatives faites pour établir dans l'Inde un gouvernement laïque, neutre en matière religieuse, ne soient rendues vaines par le fanatisme des factions sectaires. Les masses de l'Inde ne paraissent pas capables d'apprendre à être « indiennes ». Elles demeurent obstinément hindoues ou musulmanes, nourrissant ces haines irraisonnées qui ont animé les adeptes de toutes les doctrines, dans tous les pays du monde et y ont provoqué ces persécutions et ces tueries dont l'Histoire nous a conservé le souvenir.

***

Un des moyens les plus aisés de se faire une idée claire des tendances qui se heurtent dans l'Inde actuelle et d'estimer l'action qu'elles pourront exercer, dans l'avenir, sur son économie politique et sociale, est de considérer, tout d'abord, la doctrine de Gandhi et les réactions qu'elle a suscitées, la dernière de celles-ci s'étant exprimée tragiquement par l'assassinat du Mahâtma.

En dépit du tribut exceptionnel d'admiration – de vénération, peut-on dire – que les Occidentaux ont payé à sa mémoire, la vérité est que ceux-ci connaissaient très mal la curieuse personnalité de Gandhi. Ils se le représentaient généralement comme un progressiste désireux de tirer les prolétaires indiens de leur misère, de les instruire et de les faire jouir des avantages de la civilisation. Un désir de ce genre existait certainement dans l'esprit de Gandhi, mais combien mitigé!

On peut en juger. En 1909, Gandhi écrivait :

« Le salut de l'Inde consiste à désapprendre ce qu'elle a appris pendant les cinquante dernières années, chemins de fer, télégraphe, hôpitaux, hommes de lois (4), médecins et toutes choses analogues doivent disparaître. Ceux qui appartiennent à ce que l'on appelle les classes sociales supérieures doivent apprendre à mener la vie simple du paysan, comprenant qu'elle procure le vrai bonheur. »

La plupart des partisans de Gandhi étaient loin de partager ces opinions; ils ne se sentaient nullement disposés à abandonner les avantages matériels et intellectuels que la civilisation moderne leur avait apportés, à descendre au niveau des classes

(4) Se rappeler que Gandhi avait fait ses études de droit en Angleterre et était avocat.

déshéritées, à vivre dans des huttes de terre couvertes de chaume, à labourer avec des charrues antiques et à occuper le temps laissé libre par les travaux des champs en filant avec un rouet primitif.

Ce rouet était devenu un symbole. Pendant longtemps les partisans de Gandhi se distinguèrent en portant des vêtements faits d'un tissu grossier produit de ce tissage domestique. Un rouet prit place au milieu d'ameublements de style occidental moderne, et des maîtres de maison affectèrent de s'en servir.

A ce sujet, je raconterai un fait caractéristique qui m'est personnel.

J'étais allée rendre visite à Gandhi. Je trouvai celui-ci s'entretenant avec un des membres de sa maison. Il tenait des papiers en mains, d'autres étaient étalés sur une table devant lui. Nul rouet n'était en vue. Cependant, j'étais à peine là depuis quelques minutes, lorsque, comme s'il avait perçu un signe que je n'avais pas remarqué, ou comme s'il était dressé à cet effet, un serviteur apporta un rouet, le plaça devant Gandhi et, celui-ci, délaissant ses papiers, se remit à filer, tout en causant avec moi.

L'opinion de Gandhi concernant les tracteurs mérite d'être citée. Il répétait volontiers à ses interlocuteurs qu'il estimait le rendement d'un buffle ou d'un bœuf supérieur à celui de l'engin automatique. Ce dernier, disait-il, pouvait labourer, mais là s'arrêtait son utilité; l'animal, au contraire, fournissait un engrais précieux et s'il s'agissait d'une vache elle donnait, en plus, du lait, du beurre, et l'urine qui possède des propriétés désinfectantes et curatives. Toutefois, Gandhi faisait des réserves quant à l'emploi des vaches de l'espèce sacrée pour les travaux agricoles. Il préférait qu'on ne leur demandât que de multiplier les troupeaux et de donner leur lait, leur bouse et leur urine. Quant aux femelles des buffles, il ne voyait aucun inconvénient à les faire travailler tout en se nourrissant de leur lait.

L'on sait que les villageois indiens, après avoir balayé le sol de terre battue de leurs habitations, le « purifient » en l'aspergeant avec de l'urine de vache, et qu'un grand nombre d'Indiens font usage de celle-ci comme médicament externe et même interne. Gandhi professait une grande foi en l'efficacité de ce remède.

Le pandit Nehru, examinant l'attitude de Gandhi envers les questions sociales, écrivait :

« Gandhi a une base fixe pour toutes ses idées et l'on ne peut pas le considérer comme un esprit ouvert. Il écoute avec grande patience et attention ceux qui lui proposent des suggestions nouvelles, mais en dépit de son intérêt courtois on a l'impression de s'adresser à une porte close... Il est si fermement ancré dans certaines de ses idées que toute autre chose lui paraît dénuée d'importance...

« Il manque de confiance dans le socialisme et particulièrement dans celui de Marx, parce que le socialisme admet la violence. Le terme « guerre de classe », qui évoque l'idée de conflit et de violence, lui répugne. Il n'a aucun désir d'élever la situation des masses au-dessus d'un très modeste niveau, car un haut niveau et les loisirs qu'il procure peuvent, d'après lui, conclure à la paresse, à la complaisance pour ses penchants et aboutir au péché. Il est déjà assez mauvais, dit-il, qu'une poignée de gens aisés s'adonnent complaisamment à leurs inclinations, si leur nombre était accru, le mal serait pire. »

Le pandit Nehru remarque encore :

« Dire à Gandhi que la science et la technique industrielle pourraient nourrir, vêtir et loger toute la population et élever considérablement son niveau de vie si des intérêts d'ordre capitaliste ne créaient pas des obstacles, n'éveille aucune réponse en lui. Il ne souhaite pas que le peuple prenne comme idéal un confort et des loisirs s'accroissant de plus en plus. L'idéal des masses doit être, pense-t-il, celui d'une vie morale consistant à rejeter ses mauvaises habitudes et à rechercher de moins en moins sa satisfaction.

« D'après Gandhi, ceux qui veulent servir les masses n'ont pas précisément à s'efforcer de relever leur situation matérielle mais à descendre à leur niveau. C'est cela la vraie démocratie. »

Gandhi pratiquait-il ce genre de démocratie? certainement non. Personne, dans l'Inde, ne l'a jamais cru et personne ne lui a jamais demandé de le faire.

Que Gandhi se montrât vêtu seulement d'un court *dhoti* (5) n'avait rien qui pût étonner les Indiens; des milliers de *sadhous* le font, ou même adoptent la nudité complète.

Le logis de Gandhi – son *ashram* – n'était point un taudis, mais une habitation modeste analogue à celle de maints brahmines, propriétaires terriens et de maints érudits professeurs de ma connaissance. Une telle simplicité est courante dans l'Inde, sauf parmi les nouvelles générations du monde des affaires, et Gandhi séjournait souvent chez certains magnats de l'industrie, partageant le luxe de leurs demeures princières.

Le régime végétarien de Gandhi n'avait rien de particulièrement austère. Ses commensaux disaient même que ses menus étaient copieux, comprenant du lait en abondance, des fruits de choix, des légumes, etc.

En somme, la pauvreté toute relative, affectée par Gandhi, ne différait en rien de celle de beaucoup de gourous indiens qui peuvent ne rien posséder personnellement, mais sont libéralement pourvus par

(5) *Dhoti*, une pièce d'étoffe que l'on replie entre les jambes pour former une sorte de pantalon.

leurs disciples, non seulement de tout ce qui leur est nécessaire mais aussi du superflu qu'ils requièrent pour observer les règles, souvent fantaisistes, de « vie simple » qu'ils se sont tracées.

Les intimes de Gandhi supportaient joyeusement la charge passablement lourde, avouaient-ils parfois, de sa pauvreté coûteuse. Ils ne songeaient point à s'en plaindre étant imbus de l'idée indienne que le Maître fait une faveur insigne à ceux de ses disciples dont il accepte les dons et le dévouement absolu. Et puis... une considération moins mystique pouvait les animer : Gandhi, habile meneur de foules, était utile au cours de la lutte pour l'indépendance. Son utilité aurait-elle persisté dans une Inde affranchie? On peut en douter sans avoir de certitude à cet égard. Gandhi n'a pas survécu longtemps à la libération à laquelle il avait participé.

On a raconté bien des choses concernant les « fantaisies » de Gandhi. Quelques-unes de celles-ci peuvent avoir un fondement de vérité, mais il y a certainement eu exagération et divers détails sont inexacts.

En hindou orthodoxe (6), Gandhi vénérait les vaches; il était même président d'une société fondée pour leur protection. Ce sentiment de vénération le portait, disait-on, à refuser, par respect, de boire du lait de vache et à le remplacer par du lait de chèvre. Or, comme il en consommait une grande quantité et qu'il le lui fallait tout frais, il était nécessaire qu'un petit troupeau fût toujours tenu à sa portée. Lorsqu'il devait accomplir, en chemin de fer, un de ces trajets à travers le vaste territoire de l'Inde qui durent plusieurs jours, des chèvres étaient embarquées dans le train où il voyageait.

(6) Il était difficile de démêler les croyances religieuses de Gandhi. Originairement il était jaïn. Le jaïnisme est une doctrine athée comme le bouddhisme, c'est-à-dire que sa philosophie ne mentionne aucun principe suprême divin et personnel, origine du monde. Cependant Gandhi tenait des meetings de prières reposant sur les conceptions de l'hindouisme inférieur. Jaïnisme et bouddhisme sont en dehors de l'orthodoxie hindoue.

J'ai déjà mentionné que Gandhi considérait les chemins de fer comme étant nuisibles et souhaitait leur suppression dans l'Inde de l'avenir. Néanmoins, il s'en servait, avec cette restriction, disaient certains, qu'il ne voyageait qu'en troisième classe (7) et se montrait si strict à cet égard qu'il lui arrivait de faire ajouter un wagon de troisième à des trains qui n'en comportaient pas, ou même, de commander un train spécial, formé uniquement de voitures de troisième classe, pour lui et sa suite.

Je ne puis me prononcer quant au troupeau de chèvres entretenu à proximité du Mahâtma, mais je puis réfuter ce qui concerne sa règle inflexible de ne voyager qu'en troisième classe.

Il m'est arrivé de prendre le même train que Gandhi et je l'ai vu monter dans un compartiment de seconde classe. Le hasard voulut, aussi, que la couchette assignée à mon fils adoptif, le lama Yongden, dans un express partant de Bombay, se trouvât dans un compartiment occupé, en partie, par Gandhi et quelques-uns de ses amis. Celui-ci était généralement de seconde classe.

Yongden me raconta qu'il n'avait pas pu dormir parce que durant toute la nuit, les compagnons de Gandhi s'étaient remués, épluchant des oranges (8) et des noix, pour le Mahâtma, chauffant du lait, pour lui, sur un réchaud portatif, et ne cessant de le servir.

Le lait avait été apporté dans des bouteilles. Il n'y avait point de chèvres dans le train.

Aucun blâme ne peut être adressé à Gandhi pour avoir mené la vie classique du gourou indien avec

(7) A cette époque il existait quatre classes dans les trains de l'Inde. Par la suite, le gouvernement de l'Inde indépendante a réduit le nombre des classes à trois, mais cette mesure a mécontenté le public et le système des quatre classes a été rétabli (1950) sur les grandes lignes.

(8) Ils ne se contentaient pas de peler les oranges, mais en raclaient tout le duvet intérieur, enlevaient la peau mince qui sépare les quartiers du fruit, extrayaient le moindre pépin et, à mon avis, rendaient fort peu appétissant le résultat de cette manipulation opérée avec les doigts.

tout ce qu'elle comporte d'ostentation quant à une « simplicité » factice; elle est presque imposée aux gourous par la force d'habitudes séculaires.

Beaucoup de bruit a été fait au sujet des jeûnes sensationnels du Mahâtma. Ils ont bouleversé des millions d'Indiens facilement émotionnables et ont même ému des étrangers dans les pays de l'Occident.

Il peut donc être intéressant de les considérer avec calme.

D'abord, d'autres que Gandhi ont jeûné pendant de longues périodes. Un de mes amis, un médecin suisse, s'est abstenu de nourriture pendant un mois. Il professe l'opinion que le jeûne est une excellente méthode thérapeutique et, dans la clinique qu'il dirige, des gens entreprennent couramment des jeûnes de huit et de quinze jours sans en éprouver autre chose que d'heureux effets (9).

Certains ont trouvé choquante la réclame faite autour de chacun des jeûnes de Gandhi. Dans les conciliabules de médecins chargés de surveiller, jour après jour, l'état des fonctions organiques du jeûneur, dans les bulletins de santé publiés quotidiennement à son sujet, dans les défilés de dévots venant le contempler, ils ont vu une mise en scène savamment réglée.

Volontiers, ces critiques rappelaient les paroles que l'Evangile prête à Jésus.

> « Quand vous jeûnez, ne prenez pas un air triste comme les hypocrites qui se rendent le visage tout défait, afin qu'il paraisse aux hommes qu'ils jeûnent... Toi, quand tu jeûnes, oins ta tête et lave ton visage afin qu'il ne paraisse pas aux hommes que tu jeûnes (10). »

Il est hors de doute que l'attitude préconisée par Jésus domine moralement de très haut le caractère affecté et théâtral des jeûnes du Mahâtma, mais

(9) L'on peut aussi mentionner les longues « grèves de la faim » de certains prisonniers politiques.

(10) Matthieu. VI, 16-17.

ceux qui s'avisent d'établir une telle comparaison, témoignent d'une ignorance complète des motifs auxquels Gandhi obéissait et du but qu'il poursuivait.

Le Juif de Jérusalem à qui Jésus s'adressait, considérait son acte comme une pratique expiatoire propre à satisfaire pour les péchés qu'il avait commis. Quant à Gandhi, l'avocat retors qu'il était demeuré, usait d'une tactique... Il misait sur l'émotion qu'il suscitait parmi les foules naïves et voulait s'en servir pour inspirer la crainte dans l'esprit des maîtres étrangers qui en étaient venus à redouter des soulèvements populaires. D'autres fois, c'était contre ses propres adeptes qu'il dirigeait son chantage, alors que ceux-ci manifestaient des velléités de s'écarter de la voie dans laquelle il voulait les tenir. Dans les deux cas, il s'appuyait sur la certitude qu'il possédait que les uns et les autres redouteraient de le voir mourir. Tel étant son but, publicité et mise en scène s'imposaient pour frapper l'esprit de ceux qu'il voulait atteindre et il n'y a pas lieu de les lui reprocher. Il a souvent réussi, pas toujours pourtant; la défaite de sa doctrine de non-violence qu'il a pu voir s'effondrer au cours d'épouvantables massacres, le prouve.

Toutefois, sous Gandhi, l'habile politicien, existait un Gandhi imprégné de vieilles traditions indiennes concernant l'efficacité de la souffrance que l'on s'inflige volontairement (le *tapas*).

Depuis nombre de siècles, celle-ci a été considérée par les Indiens comme génératrice d'énergie, d'une énergie qui, unie à celle produite par le vouloir, peut permettre à l'ascète de faire choir les déités de leurs trônes pour prendre leur place. Combien plus facilement, pouvait penser Gandhi, une telle force devait-elle réussir à chasser de l'Inde, des Anglais qui n'étaient que des hommes, ou à courber, dans l'obéissance, des foules s'insurgeant contre les directives du gourou inspiré, qu'en toute sincérité il se croyait être.

C'est dans cette attitude de gourou inspiré, parfaitement sûr de ce qui convient aux hommes, que Gandhi abordait les questions sociales ou, plutôt, qu'il les écartait, car elles ne l'intéressaient point.

Cette attitude de leader infaillible était conforme aux plus anciennes traditions de l'Inde et plaisait aux masses parce qu'elle ne heurtait en rien leurs habitudes ancestrales de se laisser mener. Tout au début du mouvement de Satyagraha, un sympathisant de Gandhi, Oumar Sabani, le qualifiait déjà, amicalement, de « Bien-aimé conducteur d'esclaves », mais l'esclavage spirituel ne déplaît point aux Indiens, la majorité d'entre eux s'y soumettent même avec joie.

Majorité ne signifie pas unanimité, Nehru et les membres les plus éminents du Congrès n'entendaient pas que le mouvement politique visant à la libération de l'Inde prît la tournure d'un simple réveil religieux.

A ce propos, Nehru écrivait :

« J'étais parfois inquiet en constatant la croissance de l'élément religieux dans notre politique, du côté musulman aussi bien que du côté hindou. Cela ne me plaisait aucunement. Ce que disaient dans leurs meetings, les chefs religieux musulmans et les *swâmis* hindous me paraissait extrêmement fâcheux.

« Leur manière d'exposer l'histoire, la sociologie, les problèmes économiques, me paraissait fausse et la déformation, due aux tendances religieuses, qui était infligée à toutes choses empêchait de penser clairement.

« Certaines phrases de Gandhi m'agaçaient désagréablement, par exemple ses fréquentes allusions au règne de Ramâ (11) comme à un âge

(11) Râma, le héros du célèbre poème le Râmayâna, est un personnage légendaire personnifiant, pour les Indiens, l'idéal du souverain. Il possède, à un degré éminent, les qualités de droiture et d'inébranlable attachement au devoir. Sous son règne, la justice fleurit pour le bonheur de tous ses sujets. Cette justice n'a rien de commun avec les idées modernes de justice sociale; elle est une justice basée sur les croyances religieuses hindoues.

d'or qui reviendrait. Il m'était impossible d'intervenir et je me consolais en pensant que Gandhi se servait probablement de ces mots parce qu'ils étaient bien connus et que les masses les comprenaient. Gandhi s'entendait merveilleusement à gagner le cœur des foules...

« Souvent nous discutions ses tocades entre nous et nous disions avec bonne humeur que lorsque Swaraj (le gouvernement national) viendrait, il ne faudrait pas les encourager. »

Parmi les tocades de Gandhi, était une conception sociale d'inspiration religieuse. D'après celle-ci, les riches doivent se considérer non comme les propriétaires de leur fortune, mais comme des gérants commis par Dieu à son administration et obligés, en conscience, de s'en servir pour le bien des « non-possédants ».

Nous avons déjà vu que Gandhi jugeait mauvais d'élever la condition des masses au-dessus d'un niveau très bas. Cependant, bien qu'il déclarât que la richesse, avec les loisirs et le confort qu'elle procure, tend à conduire au péché, il ne songeait ni à abolir les grandes fortunes ni à projeter des mesures propres à faire obstacle à leur accroissement illimité.

Il ne manifestait point d'intérêt pour les ouvriers des grands industriels avec qui il entretenait des relations amicales. Il a été rapporté qu'à la suite d'une manifestation dans une filature, au cours de laquelle la police avait fait usage de ses armes et blessé des travailleurs, ceux-ci envoyèrent à plusieurs reprises une délégation à Gandhi qui résidait, à ce moment, chez le propriétaire de cette filature, et que Gandhi ne la reçut pas.

Le contraste entre la misère des prolétaires et le faste des mahârajahs et des grands hommes d'affaires ne troublait guère Gandhi ou, plutôt, il y voyait un remède dans la « conversion » au sens religieux du terme des individus.

« Gandhi, disait Nehru, pense continuellement

en termes de salut personnel et de péché, il ne se préoccupe pas de réforme des institutions ou de la structure de la société, mais seulement de bannir le péché de la vie des individus. »

Bref, l'idéal de Gandhi paraît avoir été l'idéal périmé du *bon* riche et du *bon* pauvre coexistant.

***

Pas mal d'erreurs ont été répandues au sujet de la lutte que Gandhi mena en faveur des « intouchables » (12) qu'il dénommait euphémiquement : Harijan – enfants de Dieu. Il a été dit que Gandhi se *plaisait* à vivre avec les « intouchables »; c'est tout à fait inexact.

Il existe dans l'Inde, des hommes appartenant par hérédité à l'une ou à l'autre des castes « intouchables » et qui sont ou riches ou distingués par leur savoir comme le Dr Ambedkar, possesseur de grades universitaires de plusieurs universités occidentales et qui occupe un poste de ministre dans le gouvernement de l'Inde. L'ostracisme qui frappe la masse des « intouchables » est passablement atténué à leur égard. Quant à la tourbe des parias, Gandhi ne se plaisait certainement pas à partager leurs taudis infects et il serait absurde de lui en faire un grief.

Les conditions dans lesquelles s'est effectué le séjour spectaculaire que Gandhi voulut faire dans le quartier des « intouchables », (en majorité des balayeurs de rue) à Delhi en 1946, sont peu connues en dehors de l'Inde. Gandhi ne s'installa pas bonnement comme commensal d'une famille de parias.

(12) L'on se rappellera que d'après l'antique système des castes, il existe quatre castes : brahmines, kshatryas, vaishyas, soudras. Il ne faut pas confondre les soudras avec des intouchables. Les soudras ne sont nullement intouchables. Mais en dehors des quatre castes, il existe une grande masse d'individus qui n'appartiennent à aucune d'elles (les hors-castes). Ceux-ci se subdivisent encore en plusieurs fractions et ce sont les individus appartenant à l'une de celles-ci qui sont tenus pour intouchables.

Une maisonnette fut construite spécialement pour lui sur une parcelle de terrain soigneusement nettoyée et, pour en écarter tout voisinage déplaisant, l'on déplaça un certain nombre d'« intouchables », guenilleux et pouilleux, considérés comme « voisinage déplaisant ».

Ce contre quoi Gandhi s'insurgeait, ce n'était pas, précisément, la condition matérielle de la masse (environ 60 millions) d'individus relégués hors de la vie sociale et voués héréditairement à des besognes répugnantes et malsaines; il s'affligeait, en premier lieu, de l'interdiction faite à ces parias, d'entrer dans les temples pour y adorer les dieux. Il lui semblait que si l'accès des temples leur devenait permis, le reste ne comptait guère. Pour ce *reste*, c'est-à-dire pour toutes leurs nécessités matérielles, ils pouvaient, eux, les Harijan – les enfants de Dieu – s'en remettre à leur Père.

Nehru était loin de partager ces vues. Il écrivait :

« Derrière le mot, « le Seigneur des pauvres », (Daridranarayan, un terme que Gandhi employait) il semblait y avoir une glorification de la pauvreté. Dieu était spécialement le Dieu des pauvres. Ils étaient son peuple élu. Je suppose que telle est partout l'attitude religieuse. Je ne l'apprécie pas, la pauvreté me semble, au contraire, être une chose haïssable qui doit être combattue et extirpée et non point encouragée de quelque manière que ce soit.

« Cela conduit inévitablement à attaquer un système qui tolère et produit la pauvreté et ceux qui reculent devant cette nécessité doivent justifier l'existence de la pauvreté d'une façon ou d'une autre (13). Ils ne peuvent que penser en termes d'insuffisance des produits et ne peuvent

(13) Ce n'est point difficile pour la grande majorité des Indiens qui croient à la réincarnation et qui estiment que les conditions bonnes ou mauvaises dans lesquelles ils se trouvent sont le résultat direct des actes bons ou mauvais qu'ils ont accomplis dans leurs vies antérieures.

imaginer un monde abondamment pourvu de tout ce qui est nécessaire à la vie. Probablement, d'après eux, « *il y aura toujours des riches et des pauvres avec nous* ».

« Chaque fois que j'avais l'occasion de discuter ces questions avec Gandhi, il insistait sur le principe que les riches devaient se considérer comme les administrateurs de leurs biens pour le bénéfice du peuple. C'est là un point de vue qui remonte à une haute antiquité; on le rencontre souvent dans l'Inde comme dans l'Europe du moyen âge. »

⁂

J'ai cru devoir insister longuement sur les vues de Gandhi et sur la différence qui existait entre elles et celles du Pandit Nehru, parce que ces mêmes vues et d'autres très analogues continuent à s'opposer dans l'Inde.

En lisant ce qui précède, on a pu se demander comment il s'est fait que des hommes, animés de convictions aussi opposées que l'étaient beaucoup de celles nourries respectivement par Nehru et par Gandhi, ont pu faire campagne côte à côte pendant un si grand nombre d'années. J'ai déjà indiqué que les militants du mouvement de libération estimaient que Gandhi était pour eux un auxiliaire précieux. Mais il y avait autre chose. Nehru l'a confessé candidement. Gandhi possédait un singulier pouvoir de suggestion, il était impossible de lui résister, il ensorcelait littéralement ceux qui l'entouraient.

Le fait est, que le Mahâtma a « ensorcelé » des millions d'Indiens – et même d'étrangers qui ont seulement entendu parler de lui. Cependant, il existe des Indiens, et leur nombre n'est pas négligeable, sur qui l'ensorcellement n'a pas eu de prise.

Au premier rang de ceux-ci se placent les ultra-orthodoxes réactionnaires, les membres du Mahâ Sabha, du Rashtriya Sevak Sangha, ceux d'une de leurs filiales plus récente, le Dharma Sangha et d'autres associations analogues, tous imbus d'une conviction inébranlable en la haute supériorité de l'hindouisme sur toutes les religions, sur toutes les doctrines politiques et sociales et qui, par conséquent, est légitimement en droit de réclamer qu'elles lui soient toutes entièrement subordonnées.

C'est à ce milieu qu'appartenait Godse, le meurtrier de Gandhi.

Nathouram Godse n'était pas un fanatique isolé obéissant à une impulsion soudaine; d'autres que lui considéraient Gandhi comme un ennemi qu'il fallait supprimer. Les motifs de leur animosité n'ont point perdu de leur actualité, on les retrouve à peu près semblables aujourd'hui s'appliquant à d'autres objets et à d'autres personnalités.

D'une part, certains reprochaient à Gandhi ce qu'ils estimaient avoir été des compromissions, de l'autre, sa fidélité à l'antique orthodoxie hindoue paraissait trop tiède et insuffisamment stricte. Un troisième reproche s'ajoutait aux deux précédents : Gandhi avait témoigné trop de sympathie aux musulmans, et ne s'était pas opposé assez fermement à la création du Pakistan.

Des jeunes gens qui, au cours de la lutte pour l'indépendance, avaient participé à la campagne de désobéissance civile, ne lui avaient jamais pardonné d'avoir ordonné, en février 1922, la brusque cessation de cette campagne à la suite de l'incident de Chouri Choura, quand des villageois malmenés par les hommes de la police s'étaient vengés en mettant le feu à leur poste et en les y laissant brûler vifs.

Dans l'interruption de la campagne, ceux des partisans de Gandhi qui avaient risqué leur liberté et leur vie pour obéir à ses ordres, voyaient une désertion de leur chef au profit de leurs adversaires.

Que celui-ci, adroit manœuvrier, pût avoir eu de

bonnes raisons d'agir comme il l'avait fait en cette occasion et en d'autres qui la suivirent, les intransigeants nationalistes n'en convenaient point; ils gardaient dans l'âge mûr leurs rancunes de jeunesse et les avaient fait partager à leurs cadets.

Au cours d'une conversation que j'eus, peu avant la libération de L'Inde, avec un brahmine lettré, celui-ci me déclara catégoriquement : « Que l'Inde devienne libre et le lendemain, nous offrirons Gandhi en sacrifice à Kâli. »

Avant aussi que des bombes eussent été lancées contre le Mahâtma pendant l'un de ses meetings de prières, des cris de : « A mort Gandhi! » avaient déjà retenti dans les rues de Delhi. La condamnation du Mahâtma et celle d'autres personnalités politiques étaient prononcées dans l'esprit d'un bon nombre d'hindous. N'a-t-on pas vu, collés sur les murs, après le meurtre de Gandhi, des placards portant l'avertissement-menace : « Au tour de Nehru, maintenant... »

Depuis lors, un certain apaisement s'est fait, néanmoins des listes noires ont longtemps subsisté sur lesquelles figuraient les noms de victimes promises à de nouveaux sacrifices.

Sacrifice est bien le mot qui convient. Il ne s'agit point de crimes politiques au sens ordinaire de ce terme mais, comme dans l'acte de Godse, de l'accomplissement d'un devoir religieux. Le condamné peut être tenu pour vénérable et son meurtrier se prosternera devant lui, comme le fit Godse, avant de l'abattre, mais le « saint » a été jugé dangereux pour le maintien de la foi et de la discipline traditionnelles de l'antique orthodoxie. Dès lors il doit disparaître.

Dans ces conditions, le meurtrier prend l'allure d'un héros et, si son crime le conduit à la potence, il devient un martyr aux yeux des ultra-réactionnaires de l'hindouisme.

C'est bien, en effet, cet aspect que revêt Godse, jeune et beau, marchant à la mort en souriant. Sur son front est peinte la marque sectaire de la confession vaishnavite à laquelle il appartient. Il tient en main un livre éminemment sacré : la Bhagavad Gîta, dans lequel Vishnou, par la bouche de son avatar Krishna, exhorte un de ses adorateurs à ne pas ménager l'ennemi :

« ... Ne te laisse pas amollir, chasse une faiblesse honteuse et lève-toi, destructeur des ennemis. »

« ... Si tu ne livres pas ce combat légitime, traître à ton devoir, tu contracteras le péché. »

Le meurtrier a, du reste, des raisons de tuer avec calme et sans remords. Son acte n'est pas autre chose qu'un épisode de la fantasmagorie qu'est l'Univers, pas autre chose que le geste d'un fantoche dans le jeu éternel que Brahma joue avec lui-même.

« ... Ces corps qui finissent procèdent d'une Ame indestructible, immuable. »

« Celui qui croit qu'elle tue ou qu'on la tue se trompe; elle ne tue pas, elle n'est pas tuée. Elle ne naît, elle ne meurt jamais... sans naissance, sans fin éternelle, elle n'est pas tuée quand on tue le corps. »

Gandhi n'est donc pas réellement mort, il renaîtra; Godse aussi. L'affinité tragique que le meurtre a créée entre eux les fera probablement se rejoindre; peut-être leur relation sera-t-elle celle de père à fils ou de maître à disciple. Qui sait, dans cette nouvelle incarnation, Gandhi tuera peut-être Godse réincarné...

« Je mourrai en prononçant le nom de Râm (14), déclara Godse à la veille de son exécution. Je suis heureux et fier d'avoir fait mon devoir envers mes parents, la religion, la culture de l'Inde et ma patrie. »

Les vieux parents du condamné partageaient ses

(14) Râma Chandra, incarnation de Vishnou.

sentiments. Ils lui écrivaient qu'ils étaient fiers de lui et heureux.

Autour de la prison, à l'intérieur de laquelle la potence était dressée, des précautions de police furent prises dans la crainte des manifestations auxquelles auraient pu se livrer les hindous et les sikhs réfugiés du Pakistan, groupés au nombre d'à peu près vingt mille dans des camps voisins. La plupart des réfugiés ressentant la division de l'Inde qui les avait chassés de leurs foyers, nourrissaient des sentiments de sympathie pour Godse.

« Puisse l'Inde unie être immortelle! Salut à notre sainte mère patrie! » crièrent ensemble Godse et le capitaine Apte tenu pour être son complice et exécuté avec lui, au moment où la trappe fatale s'ouvrit sous leurs pieds.

Le drame était terminé en ce qui concerne les individus; l'est-il en ce qui concerne les idées qui les ont mus?... Ce ne paraît pas probable.

On va élever un monument à Gandhi, on lui en élèvera d'autres encore. Celui dû à l'initiative du gouvernement indien aura une hauteur de plus de 30 mètres; à son sommet Gandhi sera représenté le menton et les mains appuyés sur un gigantesque rouet.

A quand un monument à Godse? Cette question semble plus qu'irrévérencieuse, elle semble absurde et pourtant... Je sais que plus d'un des frères brahmines de Godse lui a déjà érigé un autel dans le tréfonds de son cœur, mais voyons un fait : le 25 décembre 1950, au cours d'une conférence organisée, à Bombay, par le parti du Mâha Sabha, (association des hindous orthodoxes réactionnaires) plusieurs milliers d'hindous vociférèrent : « A bas Nehru! Vive Godse! » Des centaines de portraits de Godse furent vendus. Tout commentaire me paraît inutile.

Après avoir décrit la fin du meurtrier, il peut être permis d'ajouter quelques mots concernant celle de sa victime.

Je n'ai pas à retracer les circonstances qui ont entouré le meurtre de Gandhi, elles sont universellement connues. Je remarquerai seulement que si les hindous et les musulmans ont, lors des massacres que j'ai relatés, consacré la faillite de la prédication de Gandhi concernant *ahimsa* – l'abstention de tuer et, par extension la non-violence – d'autre part, les proches du Mahâtma, ses disciples et lui-même, semble-t-il, s'y sont montrés infidèles lors de sa mort tragique.

Quand il a été blessé, Gandhi a prononcé le nom de son Dieu tutélaire : Râm. C'est ce nom vénéré et qui lui était familier qui, instinctivement, lui est monté aux lèvres. Pourquoi n'a-t-il point, par un mouvement analogue, dit le mot « pardonnez! » comme un ultime message d'*ahimsa* adressé aux Indiens? Ne peut-on pas en déduire que le sentiment de détestation pour l'acte d'ôter la vie était moins puissant dans le tréfonds de sa conscience que l'adoration de Râma?...

Gandhi a-t-il répété Râm, Râm, machinalement ou, s'est-il consciemment recommandé à Vishnou dont Râm est un avatar? Nous n'en savons rien, mais nous savons qu'il n'a pas dit en faveur de Godse : « Pardonnez-lui! »

Un « Autre » a dit ce mot dans les affres d'une agonie bien plus terrible que celle du Mahâtma. Agonie mentale plus cruelle que l'agonie physique qu'il endurait. Délaissé par ses disciples et doutant du Dieu en qui il avait eu foi : « Eloï lamma sabachthani! Seigneur, pourquoi m'as-tu abandonné!... » Il a pourtant dit « pardonnez »!...

De cet éminent exemple, je voudrais rapprocher celui d'un vieil ermite bouddhiste qui vivait dans un endroit écarté des Himâlayas. Un de ses disciples partageait la caverne qui lui servait de logis et le servait. Or, il advint qu'un bienfaiteur de l'anachorète lui apporta une petite somme d'argent afin qu'il puisse acheter une provision de vivres pour l'hiver. Poussé par la convoitise, le disciple assassina son vieux maître et s'enfuit avec l'argent.

Le lama, laissé pour mort, revint à lui. Ses blessures, faites avec un sabre, étaient graves et il souffrait atrocement. Pour se soustraire à cette torture il s'absorba dans la méditation.

La concentration de pensée, au point où la portent les mystiques tibétains, suspend la sensibilité physique ou, à un moindre degré de puissance, elle l'atténue considérablement.

Un autre disciple de l'ermite allant lui rendre visite quelques jours après le crime, le trouva couché, enveloppé dans une couverture et immobile. L'odeur que dégageaient les plaies infectées et la couverture imprégnée de sang attira son attention. Il questionna son maître et celui-ci lui raconta ce qui s'était passé. L'homme voulut courir en toute hâte au monastère le plus proche et y quérir un médecin. L'ermite le lui défendit.

« Si l'on vient à connaître l'état où je me trouve, dit-il, on recherchera le coupable. Il ne peut pas encore être très loin; on le retrouvera et, probablement, il sera condamné à mort. Je ne puis pas le permettre. En n'ébruitant pas ce qui m'est arrivé, je lui laisse plus de temps pour échapper aux poursuites. Peut-être reviendra-t-il un jour à de meilleurs sentiments et, dans tous les cas, je n'aurai pas été la cause de sa mort.

« Maintenant, partez, laissez-moi. »

Quelques jours plus tard, l'ermite mourait, seul dans sa caverne (15).

Parce que Gandhi n'a pas dit : « Pardonnez », ses parents, ses amis, la foule à qui il a prêché l'*ahimsa* n'ont pas cru devoir pardonner à Godse qui a tué au nom d'une mystique différente de celle de Gandhi; mais aussi authentiquement indienne que

(15) J'ai déjà relaté ce fait dans mon livre *Parmi les mystiques et les Magiciens du Tibet* (PLON, éditeur). Il m'a paru qu'il pouvait être rappelé ici.

la sienne. Ils l'ont envoyé à la potence, ce qui est un geste vulgaire, commun aux « justices » de tous les pays et n'ont point donné au monde, qui l'attendait peut-être, le spectacle d'un geste de haute spiritualité qui eût clos en beauté la page d'histoire gandhienne.

CHAPITRE XI

# LENDEMAIN D'ÉPOPÉE

Les Occidentaux, bouleversés par des guerres de proportions gigantesques, ont donné peu d'attention aux péripéties de la lutte soutenue, pendant un quart de siècle, par les Indiens pour la conquête de leur indépendance. Quelque sérieuse et acharnée que fût celle-ci, elle se montra spectaculaire; il fallait vivre, non seulement pour percevoir l'atmosphère singulière créée par la tension des volontés de tout un peuple centrées vers un but commun : chasser les Anglais de l'Inde.

But commun à tous, certes, mais non point but unique. Si chaque Indien souhaitait s'affranchir de la domination étrangère, c'était parce que, à tort ou à raison, chacun d'eux s'imaginait qu'elle seule mettait òbstacle à la réalisation des buts auxquels il tendait. Buts au pluriel souvent, pour chaque individu; buts au pluriel surtout, et de nature très différente en ce qui concernait la population tout entière.

La déclaration de l'indépendance et la proclamation de la République de l'Inde ont marqué le terme du conflit, le triomphe des Indiens, la fin de l'épopée qu'ils avaient vécue.

Les lendemains d'épopée sont susceptibles de revêtir des aspects très divers. Les nerfs qui ont été trop tendus peuvent se détendre et les ex-combattants sombrer dans une lassitude confinant à la torpeur, ou bien, les idéaux particuliers que chacun d'eux portait en lui peuvent s'affirmer avec intransigeance après avoir été tenus en bride au cours de la lutte pour un objectif d'intérêt primordial.

Tous ces aspects se rencontrent dans l'Inde actuelle. On y trouve la désillusion de ceux dont l'espoir avait plané trop haut et qui considèrent, avec un pénible étonnement, leurs compatriotes tombés en des errements qu'ils avaient flétris naguère. On y trouve la fatigue de ceux qui pensent : nous avons peiné en vain, notre indépendance ne nous a rien apporté de mieux que ce que nous avions; ou même, qui murmurent, attristés, n'osant pas, par pudeur patriotique, le crier tout haut : la condition générale du pays était meilleure sous la domination britannique.

Dans le camp de ceux qui demeurent vigoureusement actifs, s'agitent les réactionnaires qui attendaient avec l'indépendance, un retour au règne des brahmines et aux pires des anciennes mœurs sociales. En face d'eux, socialistes et communistes acclament l'état laïque, dénoncent les superstitions et manifestent leur volonté d'abolir, non seulement les castes théoriques basées sur des doctrines religieuses, mais les castes effectives, fruits d'une trop inégale répartition des richesses et de l'instruction.

Après avoir constitué, pendant plusieurs années, le centre actif de la lutte pour l'Indépendance, et joui, de ce fait, du prestige qui s'attache à des militants de la liberté, les congressistes n'ont pas su conserver la sympathie unanime de la population.

De nombreux cas de corruption sont signalés parmi les fonctionnaires commis à l'administration. Sont-ils aussi nombreux que certains le prétendent? On voudrait en douter...

Sur le plan politique de profondes divisions se sont aussi manifestées parmi les congressistes.

Déjà en juillet 1949, le Congrès de la province de

Bihar (1) passait une résolution « déplorant la dégénérescence qui se manifestait parmi les membres du Congrès et enjoignant à ceux d'entre eux qui, dans leur activité quotidienne, ne demeuraient pas fidèles à l'idéal prêché par Gandhi de se retirer du Congrès ».

Une constatation analogue avait déjà été faite par feu Sardar Patel (2) :

> « Nous paraissons avoir perdu une grande partie de l'esprit et des vertus qui nous ont animés pendant notre lutte et nous ont valu le succès.
>
> « Nous semblons, maintenant, nous complaire en intrigues et en disputes pour parvenir au pouvoir. En paroles, seulement, nous témoignions de la sympathie pour la vérité; notre cœur et notre caractère sont dominés par la violence. Notre esprit et nos actes se meuvent dans un cercle étroit et les larges objectifs qui s'offrent devant nous, les grands intérêts de notre patrie nous deviennent de plus en plus lointains. Il y a du désordre et de la confusion dans nos rangs, la discipline et le sens du devoir civique deviennent de plus en plus rares. Je vous assure que je n'exagère pas. »

Après avoir parlé du coût de plus en plus élevé de la vie et d'autres problèmes urgents, Sardar Patel avait continué : « J'aurais cru que nous n'aurions songé qu'à la nécessité d'être unis et forts. Au lieu de cela, nous dispersons notre énergie en d'absurdes jalousies inter-provinciales et en pensant en termes de petites communautés linguistiques, alors que nous devrions nous dévouer tout entiers aux demandes et aux besoins de la nation.

« En un moment où nous devrions serrer nos rangs, nous tâchons de les diviser, non pas à

(1) Dans l'Inde comme aux U.S., il y a des parlements provinciaux siégeant en différentes capitales provinciales.

(2) Mort à Bombay en décembre 1950, à l'âge de soixante-quinze ans.

cause de véritables différences idéologiques, mais uniquement dans une lutte pour la possession du pouvoir.

« Notre sens des valeurs morales a visiblement décliné. La démoralisation des années de guerre a apporté la corruption et la malhonnêteté et elles continuent à fleurir. Nous négligeons de pratiquer les plus élémentaires devoirs et obligations du citoyen. Loin de nous efforcer de faire observer la loi, nous l'outrageons dans notre vie quotidienne. »

A Madras, le président du Congrès provincial tenait le langage suivant :

« Aucun membre des corps élus ne doit se permettre de recommander des candidats pour des emplois, pour obtenir des permis d'importation ou d'exportation, etc., pour eux-mêmes ou pour leurs amis. Aucun d'eux ne doit solliciter les autorités, particulièrement les pouvoirs exécutifs comprenant la justice et la police, concernant les affaires civiles ou criminelles qui sont pendantes devant elles.

« Des plaintes s'élèvent de tous côtés au sujet de la corruption et du marché noir. Chaque fois que la chose est possible, les membres du Congrès doivent s'efforcer de démasquer les coupables. Mais afin de pouvoir le faire il faut que leur propre conduite soit irréprochable.

« Il est nécessaire d'arrêter la tendance qui s'accroît de chercher à profiter de l'influence que les membres du Congrès exercent sur les fonctionnaires et sur les ministres. Il est instamment demandé aux ministres eux-mêmes et à leurs secrétaires de s'opposer à ces tentatives qui minent leur autorité.

« On peut remarquer que le Congrès, malgré les éléments divers qui le composaient, fonctionnait comme un corps parfaitement uni pendant la période de lutte pour l'indépendance. Celle-ci ayant été atteinte, des divisions de partis et de factions ont apparu parmi les congressistes. Ces coteries rivales sollicitent les ministres et les fonctionnaires au sujet d'affaires dont les unes sont importantes et les autres d'un intérêt minime et elles embarrassent ceux-ci en leur adressant des requêtes visant des buts contradictoires.

« Il est apparu que depuis l'établissement de ministères, l'unité et l'harmonie du Congrès ont été troublées. Ceux-ci qui n'ont pas obtenu de postes ministériels se sont formés en groupes d'opposition. L'on peut remarquer que, parfois, les distinctions de caste ou de communauté jouent un rôle prédominant dans la formation de ces groupes. Le temps est venu où il ne doit plus être permis aux distinctions de ce genre de nuire à l'unité de la nation. »

L'on pourrait multiplier les citations de cet ordre. Mais tandis que des personnalités éminentes du monde politique condamnent en termes précis, mais mesurés, la corruption et les intrigues qui règnent dans leur entourage, cette condamnation est exprimée de façon plus véhémente par les masses des classes moyennes et du peuple.

Une élection qui eut lieu en juin 1949 à Calcutta fournit une preuve du discrédit dans lequel le Congrès était tombé.

Le nombre total d'électeurs dans la circonscription était de 62000, comprenant 20000 femmes. Environ 40 pour 100 seulement des électeurs votèrent. Le candidat présenté par le Congrès, Mr. Suresh Chandra Das obtint 5780 voix tandis que le candidat de l'opposition Mr. Sarat Chandra Rose – républicain-socialiste – était élu avec 19030 suffrages.

Ce résultat fut accueilli avec un enthousiasme extraordinaire par la population. A Delhi, les congressistes, alarmés par leur défaite, avouèrent qu'il était grand temps pour eux d'examiner minutieusement l'état des affaires de leur parti afin d'éviter que la désaffection des masses à son égard ne s'accrût, ce qui pourrait avoir des conséquences désastreuses pour lui.

L'on peut rapprocher les indications que nous donne cette défaite d'un candidat du Congrès, de celles que nous fournissent les incidents qui se produisirent au cours d'un meeting monstre que le pandit Nehru tint à Calcutta. La foule des assistants était évaluée à cinq cent mille. Des manifestations hostiles eurent lieu, quelques bombes furent lancées; elles tuèrent un agent de la police et en blessèrent trois autres. D'autre part, des bagarres entre partisans et adversaires de Nehru firent une cinquantaine de blessés. En rapportant que des pierres et des projectiles divers, comprenant des savates, avaient été jetés par les manifestants, les journaux voilèrent aussi discrètement que possible le fait que ces projectiles, y compris les ignominieuses savates, avaient été dirigées contre Nehru et qu'au moins une de ces dernières l'avait atteint.

Il vaut la peine de nous arrêter un instant pour considérer cet incident. En dehors de sa signification politique, il comporte une sérieuse signification d'ordre religieux.

Le pandit Nehru était un brahmine; or, outrager ou blesser un brahmine est, selon le code religieux hindou, l'un des plus grands péchés qu'un hindou puisse commettre. Les anciens législateurs déclaraient que celui qui s'en était rendu coupable devait être mis à mort.

Nous sommes heureusement loin de ces temps sinistrement héroïques que regrettent les ultra-orthodoxes hindous. La foi se perd, dans l'Inde comme ailleurs, mais il est à remarquer que le plus souvent cette perte de foi n'est pas le résultat d'un examen sérieux des dogmes et des rites de la religion, qui les a montrés irrationnels. C'est bien plutôt l'adoption de coutumes étrangères qui contreviennent aux principes de l'antique orthodoxie et qui, graduellement, relèguent celle-ci à l'arrière-plan dans l'esprit des nouvelles générations.

Les Indiens grossiers qui jetaient des savates à Nehru avaient évidemment perdu le respect des brahmines et, de ce fait, s'étaient automatiquement exclus du giron de l'hindouisme : le *Sanatana Dharma* des orthodoxes, mais le brahmine Nehru qui dînait avec le président des U.S., avec les ministres et les diplomates étrangers et qui a laissé pendre Nathouran Godse, un brahmine, malgré la loi religieuse qui interdit de mettre un brahmine à mort, quel que soit le crime qu'il ait commis, s'était, tout comme eux, exclu de sa caste et de la communion hindoue.

L'Inde s'organise en République laïque et voilà qui met hors d'eux les membres du Mahâ Sabha et des confraternelles associations.

•

Le pandit Nehru parla pendant deux heures au grand meeting de Calcutta; il aborda nombre de problèmes différents et il ne manqua pas, lui aussi, de dénoncer la corruption des dirigeants : congressistes et fonctionnaires.

Il avait, dit-il, reçu des plaintes au sujet de la corruption qui régnait dans l'administration et des méfaits commis par ceux qui détenaient l'autorité. On s'était également plaint à lui de ce que la police avait tiré sur des manifestants dans les rues et à l'intérieur des prisons; des hommes et des femmes avaient été tués. Des plaintes venaient aussi des hindous qui avaient été contraints de quitter le Pakistan, ils trouvaient que l'on n'assistait pas suffisamment les réfugiés.

> « Il n'était pas venu à Calcutta, continuait-il, pour se justifier ni pour justifier qui que ce soit. Sans aucun doute la corruption existait au Bengale et dans les autres parties de l'Inde. Toutefois, ceux qui s'en irritaient devaient comprendre qu'on ne la rencontrait pas seulement parmi les

membres du gouvernement, mais aussi en dehors d'eux, et que beaucoup de ceux qui la dénonçaient en étaient eux-mêmes entachés.

« Tandis que l'Angleterre, expliquait Nehru, était embarrassée par la guerre, elle avait, en même temps, à faire face aux Indiens luttant pour leur indépendance. Pour s'assurer leurs services, le gouvernement britannique de l'Inde avait, alors, soutenu des individus de basse moralité dont un grand nombre s'étaient enrichis en trafiquant au marché noir et en obtenant des contrats pour des fournitures de guerre.

« En 1943, pendant la grande famine du Bengale, quand trois millions d'affamés périrent comme résultat des agissements du gouvernement britannique (3), le marché noir se pratiquait sur une vaste échelle et, tandis que des millions mouraient de misère et de faim, certains trafiquants amassaient des centaines de milliers de roupies. Je dis, alors, que ceux qui s'enrichissaient en profitant de la souffrance du peuple méritaient d'être pendus.

« Cependant l'on dit fréquemment aujourd'hui, que j'ai oublié cette déclaration et que je suis devenu l'ami des trafiquants du marché noir. Cette accusation est dénuée de fondement.

« Parlant pour le gouvernement, je puis vous assurer qu'il ne ménagera point ses efforts pour punir les coupables. »

(3) Il convient de faire des réserves quant à la responsabilité de cette famine. Depuis des siècles il y a eu des famines dans l'Inde. Il y en a eu avant l'arrivée des Anglais, il y en a eu après leur départ (voir le chapitre VI).

Pendant le cours de leur domination les Anglais, disent certains, négligèrent d'entretenir des aménagements qui assuraient la fertilité des champs. Si le fait est exact, ils ont, par contre, fait effectuer d'importants travaux concernant l'irrigation. Les rajahs locaux et les grands propriétaires terriens ont-ils toujours rempli leurs devoirs envers leurs sujets et leurs tenanciers en prenant des mesures propres à empêcher les famines ou à en atténuer les effets ? Quant aux paysans, se sont-ils jamais organisés sérieusement pour amener l'eau des rivières sur leurs terres en cas de sécheresse ou pour prévenir les inondations au lieu de se borner à supplier les dieux de faire tomber la pluie ou de la retenir ?

Rappelant les événements regrettables au cours desquels la police avait tué plusieurs personnes, y compris des femmes, Nehru dit qu'il les déplorait et qu'une enquête serait ouverte à leur sujet mais que, d'autre part, il ne pouvait promettre que la police ne ferait jamais usage de ses armes contre des manifestants.

C'est d'ailleurs, ce qui s'est produit plusieurs fois depuis lors, à l'occasion d'émeutes. Les journaux ont, aussi, annoncé la pendaison de quelques révolutionnaires.

Dans son très long discours, le pandit Nehru n'oublia point les communistes. « Avant la guerre, dit-il, leurs partisans ne formaient qu'un nombre insignifiant. Au cours de la guerre, le gouvernement britannique les a encouragés. Ce n'était point qu'il eût de la sympathie pour le communisme, mais parce qu'en proie à de grandes difficultés il cherchait à enrôler l'aide de ses partisans. Pourtant, après avoir prêté cette assistance (au gouvernement britannique) ce sont ces gens-là qui élèvent la voix au nom des libertés civiques. »

Il y aurait plus d'une observation à faire au sujet de ces déclarations. Nehru paraissait reprocher aux communistes d'avoir « prêté assistance au gouvernement britannique ». La majorité des Indiens ne l'ont-ils point fait soit activement, soit passivement en ne contrariant pas les efforts des Anglais au cours de la guerre? Quant aux militants de l'Indépendance, il ne manquait pas de communistes parmi eux.

Il est, aussi, trivial de rappeler que tous les gouvernements, en tous pays, qui se sont, à un moment donné, servi des éléments extrémistes de la population, renient ceux-ci et sont prêts à sévir contre eux dès qu'ils sont parvenus au but que ceux-ci les ont aidés à atteindre.

« Tel est le jeu des éléments qui nous font agir et le sage qui le contemple ne se trouble pas » comme le dit, à Arjuna, le divin Krishna, avatar de Vishnou (4).

Tandis que les hautes personnalités politiques sont forcées de confesser les fautes des dirigeants, elles s'efforcent également de calmer les révoltes de l'opinion populaire. On promet des enquêtes, la punition des coupables notoires, des réformes, etc. Mais ceux qui font ces promesses sont conscients de leur impuissance. Les chefs et l'administration ont toujours été prévaricateurs; avides au gain, dénués de scrupules, d'un bout à l'autre de l'Asie. Ces errements y sont si habituels qu'ils paraissent aller de soi et n'étonnent personne. La plupart de ceux qui en souffrent s'y soumettent comme à un mal inévitable. S'ils se trouvaient à la place de ceux qui les exploitent, ils agiraient comme eux. En toute ingénuité, ils en sont convaincus.

La notion d'équité et les idées de révolte viennent seulement de naître parmi les masses de l'Orient, mais elles y grandissent rapidement.

Si l'on promet des réformes à ceux qui manifestent leur mécontentement on les exhorte, d'autre part, sinon à la résignation, du moins à la « modération ».

Dès décembre 1948, le Dr Sitaramaya, parlant en sa qualité de président du Congrès, déclarait que la tâche du Congrès consistait à faire baisser le ton à ceux qui énonçaient des demandes idéalistes et extravagantes. « Ceux qui détiennent l'autorité,

(4) Bhagavad Gîta.

disait-il, ne peuvent que tenir une chandelle en main alors que le peuple réclame la lune. »

Des déclarations analogues ont été entendues en maints pays et elles n'ont jamais satisfait ceux qui demandent, non point « la lune », mais la mise en pratique des idéaux pour lesquels ils ont combattu.

L'opposition qui refusait de « baisser le ton » manifesta sa désapprobation lorsque Sardar Patel proposa une loi qui exonérait le salaire du gouverneur général de l'impôt sur le revenu. On y voyait un précédent fâcheux pour le moment où la République, étant dûment constituée, élirait son président (5). Un des membres, Mr. Karmath, rappela que les congressistes avaient pris l'engagement de ne jamais accepter un salaire supérieur à 500 roupies par mois tandis qu'on se proposait d'en allouer 5000 au gouverneur général.

Le professeur K. T. Shak fit aussi remarquer que le salaire moyen d'un Indien était de 14 à 15 roupies par mois et il déclara qu'une telle différence du montant des salaires dans un pays qui se disait démocratique ne manquerait pas de susciter des commentaires désavantageux.

« L'un de nos griefs contre les gouvernants britanniques, dit l'orateur, était que les salaires moyens payés aux fonctionnaires étrangers étaient tout à fait hors de proportion avec le revenu moyen des Indiens. »

Beaucoup d'arguments furent avancés, ce jour-là, pour combattre l'allocation de 5000 roupies par mois, mais le gouvernement, par la voix de Sardar Patel, la maintint. Parmi les raisons qu'il fit valoir, il en est une qui mérite d'être mise en relief parce qu'elle jette la lumière sur la voie que l'Inde se prépare à suivre.

Sardar Patel plaida que le gouvernement, s'étant

(5) L'élection a eu lieu en janvier 1950, le président élu étant le Dr Rajendra Prasad.

installé dans le cadre somptueux bâti à Delhi par les Anglais pour le vice-roi et son entourage de hauts fonctionnaires, n'y pouvait point vivre selon l'idéal gandhien de vie simple. Si les congressistes souhaitaient s'en tenir à cet idéal et rapprocher leur genre de vie de celui du peuple, ils devaient quitter Delhi et aller bâtir, ailleurs, une autre capitale.

Ce pittoresque argument est discutable, néanmoins, il repose sur un fond de vérité. On ne vit pas dans un vaste et somptueux palais comme dans une chaumière. Les nouveaux occupants de ces demeures luxueuses qui ne leur étaient pas destinées, se sont sentis nantis d'une nouvelle âme en y pénétrant. Enfantinement, avec exultation, ils se sont mis, presque involontairement, à jouer le rôle des Bara Sahibs (6) qu'ils n'entrevoyaient, autrefois, que de loin ou n'abordaient qu'avec crainte.

Les palais de Delhi perdent, d'ailleurs, rapidement de leur splendeur, les soins minutieux d'entretien que de tels édifices réclament ne leur sont point donnés. Il n'entre pas dans les habitudes des Orientaux de s'embarrasser de soucis de ce genre.

Les couronnes britanniques et les armes royales, qui décoraient les bâtiments et leur mobilier, ont été enlevées et remplacées par les armes du roi Açoka.

Chose assez curieuse, ce souverain remis en lumière pour présider, par son emblème, sur un Etat hindou était un bouddhiste. Du bouddhisme, il avait adopté la large tolérance qui respecte, intégralement, la liberté de chacun. Bien avant Gandhi, il avait prêché l'*ahimsa* et, comme il était roi, il avait fait observer la loi de la non-violence et du « non-tuer » sur toute l'étendue de ses Etats qui comprenaient la presque totalité de l'Inde actuelle y compris le Pakistan.

Açoka régnait trois siècles avant Jésus-Christ; les

(6) Grand seigneur, nom que l'on donnait aux hauts fonctionnaires anglais.

historiens s'accordent pour le dépeindre comme le plus éclairé des monarques qui aient jamais gouverné l'Inde. Les Indiens n'ont pas besoin d'évoquer le semi-mythique Râma pour trouver l'exemple d'un âge d'or, il a été réalisé aussi pleinement que possible sous le règne d'Açoka.

L'emblème des trois lions a été emprunté au chapiteau d'une colonne, érigée en l'honneur d'Açoka, qui est conservée au musée de Sarnath (7). Les lions signifient : Unité – Egalité – Fraternité. La devise adoptée par la République de l'Inde est : Justice – Liberté – Egalité – Fraternité.

Les trois lions d'Açoka figurent aussi sur les épaulettes des officiers supérieurs de l'armée de l'Inde, à partir du grade de colonel. Au-dessous de ce grade, une étoile à cinq pointes (l'étoile de l'Inde) remplace l'étoile à quatre pointes d'origine britannique (l'étoile de l'ordre du Bain). Tous les qualificatifs « royal » comme : aviation royale, marine royale, etc. ont été supprimés, ainsi que le qualificatif « britannique », partout où il était employé.

Toutes ces mesures sont parfaitement légitimes et raisonnables, mais la disparition des couronnes britanniques des palais de Delhi ne concourra en rien à leur préservation, il faudra songer à des moyens plus matériellement effectifs.

Dans les corridors des palais, la domesticité de service a beaucoup perdu de la tenue correcte à laquelle l'astreignaient ses maîtres étrangers. Des intrus flânent à loisir dans les galeries et sous les vérandas des bâtiments où rien ne les appelle : ils veulent simplement « regarder », ce qui est éminemment oriental. L'on peut craindre que, bientôt, des traces de mains sales paraîtront sur les murs et sur les boiseries, et que les crachats rouges des mastiqueurs de bétel maculeront les parquets et les marbres somptueux.

(7) Sarnath, près de Bénarès, est l'endroit où le Bouddha prêcha sa doctrine pour la première fois.

Une autre ère a commencé pour l'Inde, bouleversant, qu'elle le veuille ou non, l'échelle des anciennes valeurs. Le président de la République ou les gouverneurs des Etats pourront se montrer entourés d'une escorte enturbannée, vêtue d'uniformes galonnés d'or ou d'argent, pareille à celles des vice-rois et des gouverneurs anglais, l'effet qu'ils produiront sur la populace ne sera plus le même.

Les représentants du « mahârajah d'Angleterre » pouvaient être haïs, mais ils imposaient le respect. C'était ridicule, évidemment, mais la différence de race produisait, automatiquement, cet effet. L'attitude mentale des gens du peuple, à ce sujet, est on ne peut mieux exprimée par cette simple phrase d'un domestique qui me servait dans l'hôtel où je résidais. Comme je mentionnais le nom d'une haute personnalité du monde politique indien, il me dit : « Quoi? Il est un homme comme moi, un Indien... »

Cette conscience démocratique n'est certes pas pour déplaire. Nous avons eu assez d'abaissement et de démonstrations de respect envers des hommes et des choses qui ne le méritaient point. Un certain nivellement est souhaitable à condition qu'il se fasse, dans tous les domaines, en élevant ce qui est en bas à la hauteur de ce qui est en haut et non en abaissant ce qui est plus haut, au niveau de ce qui est en bas.

Un de mes parents, homme politique de 1848, exprimait cette idée de façon pittoresque : « Il ne faut point raccourcir les redingotes, disait-il, il faut allonger les vestes. »

⁂

L'on se tromperait en imaginant que le sous-continent, que nous dénommons Inde, a jamais formé un Etat homogène régi par un chef unique. Un semblant d'unité ne s'est produit qu'exceptionnellement sous les règnes de puissants souverains comme Açoka ou Akbar et même, alors, certaines parties du territoire demeuraient en dehors de leur autorité.

Ainsi qu'il est dit dans la préface du présent livre, l'unité de l'Inde a été une création artificielle des Anglais. Dès leur départ, cette unité s'est rompue par la séparation du Pakistan et d'autres divisions continuent à se produire. Une unité absolue n'est d'ailleurs pas du goût de tous les Indiens. Aurobindo Gosh (8) remarquait à ce propos :

> « Certains pensent que la seule véritable union consiste en une nation unique avec un type uniforme d'administration et d'éducation et une langue unique. On ne peut pas savoir comment cette conception pourra être réalisée dans l'avenir, mais elle est absolument impraticable pour le moment et il est douteux qu'elle soit désirable pour l'Inde. »

En fait, aussi loin qu'il nous est possible de remonter dans le passé, le vaste pays qui s'étend des Himâlayas au cap Comorin a toujours compris un nombre considérable d'Etats, petits ou grands, habités par des hommes de races différentes (9) et souvent en guerre les uns contre les autres.

Comment l'Inde indépendante compte-t-elle transformer cette diversité en unité?

En théorie, elle s'inspire du modèle que les Anglais lui ont légué, y apportant quelques modifications qui, pratiquement, ne changeront rien dans la vie de la population.

Voyons d'abord le plan qui a été élaboré par les membres du Congrès après la proclamation de

(8) Mort à Pondichéry le 5 décembre 1950. Voir p. 237.

(9) Approximativement, sur plus de deux cents langages qui sont parlés dans l'Inde, l'on peut mentionner comme les plus importants : l'hindi et l'ourdou qui, dans le parler populaire, sont très mélangés. Toutefois, leur écriture est totalement différente; l'hindi s'écrit en caractères nagaris, et l'ourdou en caractères persans. Ces langues sont parlées par un tiers de la population, soit environ 150 millions. Viennent ensuite le bengali parlé par 55 millions, le marathi, parlé par 20 millions, le goujerati, parlé par 15 millions tandis qu'une cinquantaine de millions d'Indiens du Sud parlent, tamil, kanarèse, télégou ou malayan.

l'Indépendance. Ce plan est exposé dans la Constitution.

Celle-ci débute par une reconnaissance formelle du double caractère de l'unité et de la diversité de l'Inde.

« L'Inde est une République souveraine démocratique.

L'Inde est une union d'Etats. »

Sont maintenant dénommés « Etats », non seulement les Etats princiers qui étaient gouvernés par un rajah sous la tutelle d'un résident britannique, mais aussi les divisions administratives appelées « Provinces » ou « Présidences », à la tête desquelles se trouvait un gouverneur anglais.

D'après la Constitution, ces anciennes unités administratives, connues comme « Provinces », doivent demeurer ce qu'elles étaient sous la domination britannique avec cette différence, qu'au lieu d'être un Anglais, leur gouverneur est maintenant un Indien assisté par un Premier ministre.

Quant aux Etats princiers, les changements que la fin de la domination anglaise devait y produire ne se sont pas encore réalisés.

L'origine de ces Etats est plus ou moins ancienne, mais tous remontent, à travers maintes transformations, à des Etats qui existaient longtemps avant notre ère.

Lorsque la « Compagnie des Indes » s'introduisit dans l'Inde, elle y trouva des rajahs divisés par des rivalités dont elle profita pour s'assurer l'aide de certains d'entre eux. En retour de leur aide, elle leur offrit des avantages d'ordres divers : reconnaissance de leur souveraineté, appui donné à celle-ci, subsides, etc.

En se substituant à la « Compagnie des Indes » (1858) la Couronne britannique étendit sa suzeraineté sur les princes et prit à sa charge tous les avantages que la Compagnie leur avait accordés et toutes les promesses qu'elle leur avait faites.

La République démocratique de l'Inde a décidé

d'agir à peu près de même. Elle a toutefois procédé à un nouveau groupement des territoires constituant les Etats princiers.

Le nombre de ces Etats, qui était d'un peu plus de cinq cents, a été officiellement réduit à environ vingt-quatre.

Les grands Etats, au nombre de onze, considérés comme suffisamment étendus et peuplés pour former une unité administrative, ont été conservés.

Une série d'unions, opérées moitié par persuasion et moitié par contrainte, ont amalgamé de nombreux petits Etats ou les ont incorporés dans les anciennes divisions administratives : les provinces ou présidences, confinant à leurs frontières. Que ce nouveau groupement soit stable, on peut en douter.

Quant au Cachemire, le gouvernement indien le réclame en entier, ce à quoi le Pakistan s'oppose obstinément. De son côté, la République populaire chinoise, dont les frontières de l'extrême ouest confinent à celles du Pakistan et qui est en relation cordiale avec lui, s'apprête à intervenir dans le débat. La population, en majorité musulmane, tend, par affinité religieuse, à désirer sa réunion avec le Pakistan, mais, d'autre part, l'idée d'ériger le Cachemire en Etat indépendant, à l'exemple de son voisin le Népal, a des partisans.

Après une période d'agitation durant laquelle des troupes de l'Inde et des tribus montagnardes, plus ou moins soutenues par le Pakistan, se sont affrontées, un calme relatif règne au Cachemire, mais le sort politique du pays est loin d'être fixé.

Quant à la région septentrionale du Cachemire, le Ladak, habité par une population tibétaine et dénommé « Petit Tibet », il est maintenant plus ou moins étroitement relié à la Chine.

De toute façon, si l'Inde réussit à inclure le Cachemire dans sa sphère administrative, l'on peut penser que cette union demeurera précaire.

Les princes régnants des onze Etats qui ont été maintenus ont conservé leurs trônes; toutefois, leur autorité a été amoindrie par le « conseil » impératif qui leur a été donné de consulter leur peuple en ce qui concerne le gouvernement de leurs Etats.

Les mots « leur peuple » résonnent désagréablement aux oreilles des progressistes indiens; ils paraissent indiquer qu'au sein de la République démocratique, les Indiens des Etats princiers demeurent les *sujets* de leur rajah.

Sous la suzeraineté britannique, les princes géraient les affaires intérieures de leurs Etats, percevaient les impôts, administraient la justice, etc. En dehors des cas trop flagrants de despotisme ou de cupidité, le gouvernement britannique ne s'ingérait pas dans les rapports des rajahs avec leurs sujets; ces derniers demeuraient entièrement en leur pouvoir. L'arbitraire était la règle sans appel possible.

De ce fait, les Indiens appartenant aux Etats princiers jouissaient de beaucoup moins de liberté et de sécurité que ceux qui vivaient dans les districts directement administrés par des fonctionnaires anglais, car si l'on a pu reprocher à ceux-ci de se montrer hautains et parfois durs, on leur doit de déclarer que la grande majorité d'entre eux – on pourrait presque dire tous – étaient strictement équitables et intègres.

Sous la domination britannique, les princes jouissaient d'une liste civile. Celle-ci était considérée comme une compensation pour leur acceptation de la suzeraineté britannique ou pour des cessions de territoire.

A ces deux raisons s'en ajoutait une troisième, non officielle. Les princes, liés par leur intérêt à la continuation de la suzeraineté britannique, s'employaient à la soutenir. L'on peut croire que si l'Angleterre n'avait été affaiblie et diminuée par la deuxième grande guerre, elle aurait continué, aidée par les princes, à régner pendant longtemps encore sur l'Inde.

Et voici que quelques-uns se demandent si les nouveaux gouvernants de l'Inde n'ont pas fait un calcul analogue, et s'ils ne comptent pas sur la coopération indirecte des princes pour freiner les mouvements démocratiques en y faisant obstacle dans leurs Etats. Ce peut être un faux calcul et, d'ailleurs, il n'a peut-être pas été fait, mais certains le croient.

En ce qui concerne les petits Etats himalayens, gouvernés par des souverains fantoches, ils étaient considérés comme pouvant servir de tampon entre l'Inde et le Tibet et ce qui aurait pu venir à travers le Tibet : c'est-à-dire, craignait-on, des infiltrations russes. La fin du régime tsariste et l'établissement des soviétiques rendirent ces craintes sans objet. Les Russes ne sont pas venus et les Chinois entretiennent des postes militaires tout au long de la frontière septentrionale des Himâlayas.

*
**

Les progressistes, ceux qui selon l'expression du Dr Sitaramaya « demandent la lune », avaient espéré que la libération du pays amènerait l'instauration d'un régime démocratique dans lequel il n'y aurait plus de place pour une aristocratie inutile qui grève le budget de l'Etat. Les princes, pensaient-ils, devaient rentrer dans les rangs des simples citoyens et s'estimer heureux de conserver leurs fortunes personnelles; il ne pouvait plus être question d'y ajouter des listes civiles, dont le peuple faisait les frais, alors que des fonds étaient urgemment nécessaires pour soulager la misère des masses et pour des travaux d'intérêt public.

Or, les princes sont demeurés. Sardar Patel qui, en sa qualité de ministre de l'Intérieur et de ministre des Etats, a présidé aux arrangements pris avec eux, est dit avoir déclaré, dans un discours, que les princes ont acquis par hérédité certains droits sur le peuple et que celui-ci doit les respecter.

Quels que soient les sentiments du peuple à ce sujet, la Constitution de la République garantit aux princes, pour eux et pour leurs héritiers, une liste civile, leurs droits sur leurs biens personnels, leurs anciens privilèges, leurs dignités et leurs titres.

Le gouvernement, lui-même, a dû estimer pesante la dépense occasionnée par le paiement des listes civiles princières. Ne voulant pas se hasarder à les supprimer, il s'est avisé d'un moyen qui lui paraît propre à en alléger la charge. Désormais les rajahs n'auront plus la gestion des finances de leurs Etats. Le gouvernement de l'Inde se substitue à eux. Il espère que la perception, par lui, des impôts et des autres revenus attachés aux Etats, compensera les frais causés par le paiement des listes civiles.

Mais voici que le Sardar Patel, qui avait fixé le montant de ces listes, est mort (décembre 1950). Bien qu'il se soit montré à leur égard d'une générosité que certains qualifient d'exagérée, on signale déjà, de la part des princes, des revendications tendant à obtenir une augmentation des subsides qui leur sont alloués. Comment celles-ci seront-elles accueillies?... Les réactions peuvent ne pas être immédiates.

Les listes civiles, assurées aux princes par le gouvernement de l'Inde « démocratique », ne constituent point le seul motif de mécontentement des progressistes. Le Parti du peuple réclame, aussi, une plus juste distribution des terres; les paysans se sont soulevés en plus d'un endroit et notamment dans l'Etat d'Hydérabad, où il a été impossible de leur reprendre la totalité des terres sur lesquelles ils se sont installés.

Au sujet de l'Etat d'Hydérabad, on peut remarquer que l'empressement des princes à se dessaisir de leurs droits de souverains et à placer leurs Etats sous l'autorité du gouvernement de l'Inde, n'a pas été unanime. Officiellement, les princes ont été loués pour leur attitude patriotique et pour les sacrifices auxquels ils ont *volontairement* consenti, mais la réalité ne correspond pas tout à fait à cette phraséologie. En fait, Sardar Patel a adroitement imposé sa volonté aux rajahs et les a convaincus, qu'aucune alternative ne s'offrant à eux, il leur fallait apposer leur signature sur l'acte de renonciation qu'il plaçait devant eux.

Pourtant certains tentèrent de résister. De ce nombre, fut le Nizam d'Hydérabad. Ce prince assembla sa petite armée et tenta de défier le gouvernement de Delhi. En cette occurrence, ce dernier ne songea guère à la « non-violence », l'*ahimsa,* prêchée par Gandhi. Il envoya des troupes contre les soldats du Nizam. On se battit pendant quelques jours, finalement, le prince dut capituler.

Nous n'avons pas lieu de nous apitoyer sur son sort. Le Nizam, considéré comme l'homme le plus riche du monde, conserve la propriété de sa fortune, de ses palais et, d'après des informations qui paraissent correctes, mais dont je ne réponds pas absolument, le gouvernement de l'Inde s'est engagé à lui verser annuellement une pension double de celle qu'il recevait de l'Angleterre, c'est-à-dire qu'il toucherait donc, annuellement, trois millions de dollars. D'autre part, il a dû céder – mais contre une indemnité se montant aussi à trois millions de dollars – une partie de ses terres qui pourra être mise à la disposition des paysans.

Cependant, le Parti du peuple, celui qui soutient les revendications des paysans désireux d'améliorer leur situation et de devenir propriétaires des terres qu'ils cultivent, est loin de jouir de la faveur du gouvernement.

Ceux qui ont excité les masses contre les « oppresseurs » britanniques alors qu'ils avaient besoin d'elles pour fortifier la lutte pour l'indépendance ne désirent probablement pas les voir aller trop de l'avant. On engage le peuple à « s'abstenir d'agitation politique » et à « ne pas attaquer le prestige du gouvernement ».

Dans l'Inde, comme ailleurs, de tels discours sont généralement vains; les masses populaires, une fois éveillées, ne se rendorment pas.

Si, sorties de leur torpeur elles ne se rendorment point, il ne s'ensuit pas que leur activité soit toujours intelligente et bienfaisante.

Dans l'Inde, la population reste fiévreuse et violemment tiraillée en des sens contraires. L'agitation existe dans les campagnes où les paysans s'insurgent contre les collectes de grains; elle existe parmi les réfugiés, les personnes déplacées depuis la séparation du Pakistan, qui demeurent encore sans domicile stable et souvent sans ressources. Et l'agitation existe dans la classe ouvrière : le coût de la vie est élevé, les salaires insuffisants, d'où des revendications prenant la forme de grèves et amenant des émeutes au cours desquelles la police bâtonne les manifestants ou tire sur eux.

Le gouvernement s'est déconsidéré auprès de la partie « pensante » de la population. Les hommes politiques les plus en vue l'ont reconnu (10).

D'après le Dr Lohia (socialiste) l'Inde est en proie à ce qu'il dénomme la « Communistophobie ». « En accentuant, dit-il, sa propagande contre les communistes, en somme encore peu nombreux dans l'Inde, le gouvernement vise à effrayer la population et à l'attirer de son côté; mais quoi qu'il fasse, ses jours sont comptés. »

Le 7 février 1951, le Dr R.M. Lohia parlant à Rangoon, au cours d'un séjour en Birmanie, a accusé le gouvernement indien de servir alternativement les desseins de l'un et de l'autre des camps qui désirent la guerre : l'Amérique et la Russie.

Nehru, dit-il, a refusé de suivre l'Amérique en dénonçant la Chine comme agresseur en Corée, mais, s'il était strictement neutre, il aurait dû,

(10) Voir leurs discours dans les pages précédentes.

précédemment, s'abstenir d'appuyer l'intervention étrangère au début du conflit coréen.

Dans une conférence de presse, le Dr Lohia exhorta aussi les Birmans, à se tenir éloignés de l'Amérique comme de la Russie. Il y allait, disait-il, de la vie même de leur pays.

Sans croire à un changement prochain de direction politique, nombreux sont ceux qui prévoient l'établissement d'un régime communiste dans l'Inde, dans un avenir plus ou moins proche. Les communistes, disent-ils, savent exactement ce qu'ils veulent, ils ont un but précis et ne le perdent pas de vue tandis que les autres, divisés de mille manières, s'agitent dans une mêlée incohérente. Et comme beaucoup de ceux qui pensent de la sorte ne se sentent nullement inclinés à vivre sous un régime communiste, ils envisagent les moyens d'émigrer.

Si le tableau que présente l'Inde actuelle est passablement sombre, il ne manque pourtant pas de côtés intéressants.

L'un de ceux-ci concerne la situation des femmes. L'émancipation civique des femmes est advenue très soudainement dans l'Inde où elle constitue une révolution infiniment plus importante qu'elle ne l'a été en France ou en Angleterre car la situation des Indiennes, cloîtrées dans leur maison et tenues dans la sujétion leur vie durant, n'avait rien de comparable avec celle des Françaises ou des Anglaises, même avant que ces dernières fussent électrices et éligibles.

Cette émancipation, les suites qu'elle a déjà entraînées et celles qui ne peuvent manquer de se produire encore ne sont pas du goût des réactionnaires hindous. Gandhi lui-même y était opposé. Il souhaitait, certes, que la situation des femmes fût améliorée mais à leur propos, comme à celui des classes populaires, il estimait que l'étendue des améliorations ne devait pas dépasser une très étroite mesure.

« Dans l'Inde de mes rêves, disait-il, il ne peut pas y avoir de place pour « l'intouchabilité », pour les boissons alcooliques et les drogues stupéfiantes, pour les femmes jouissant des mêmes droits que les hommes. »

Le Mahâtma a été battu en cela comme en bien d'autres points. Cependant, il est hors de doute que pendant un certain temps l'émancipation des femmes, retardée dans les milieux réactionnaires, n'y atteindra pas même le niveau peu élevé désiré par Gandhi. Quoi qu'il en soit, il y a des transformations inévitables engendrées par des causes mondiales, une de celles-là a débuté dans l'Inde en ce qui concerne le sort des femmes et elle suivra son cours sans que nul ne puisse l'arrêter.

Un des premiers actes du gouvernement de la République de l'Inde a été de réexaminer la législation concernant le mariage.

Sous la pression de l'opinion étrangère, une loi fut promulguée qui interdisait les mariages d'enfants et fixait à quatorze ans l'âge légal du mariage pour les filles. Précédemment, des fillettes de sept à huit ans se voyaient livrées à des hommes adultes, parfois à des vieillards; certaines devenaient mères à neuf ans, et treize ans semblait, aux hindous, un âge très convenable pour une première maternité.

L'opinion reçue était qu'une fille doit être mariée dans la semaine qui suit la première apparition de la nubilité. La raison donnée à cette coutume est que les femmes – contrairement aux hommes – sont incapables de garder la chasteté et que, si on ne les pourvoit point d'un époux, elles s'abandonneront à la débauche.

Je me souviens qu'alors que la question du mariage était discutée, les partisans de leur interdiction arguaient que les maternités prématurées, non seulement causaient la mort de nombreuses fillettes, mais qu'en mettant au monde des enfants chétifs, ces trop précoces maternités nuisaient à la santé et à la vigueur de la race. Leur argument était généralement déclaré valable et je voyais au cours des meetings, des Indiens répliquer, l'air sincèrement désolé : « Quelle terrible alternative! Ou bien nous nuisons à notre race ou bien nos femmes deviennent immorales. »

Que l'idée qu'un tel choix fût inéluctable me prêtât à rire, mes dignes interlocuteurs hindous ne pouvaient le comprendre. Ils doutaient de la vertu de toutes les « ladies » qu'ils voyaient circuler librement.

A ce sujet, une de mes amies, femme d'un ingénieur vivant dans un des Etats princiers, me raconta qu'un soir, se trouvant au-dessus de la véranda au premier étage, elle avait surpris la conversation que deux domestiques tenaient au-dessous d'elle dans le jardin.

– Il n'est pas là ton *sahib*? demandait l'un.

– Non, répondait l'autre, il est parti en tournée inspecter des travaux.

– Qui est-ce qui vient coucher avec la *memsahib*, quand il n'est pas là?

– Jusqu'à présent, il n'est encore venu personne.

Ce « jusqu'à présent » avait paru délicieux à mon amie et à son mari.

Il semblait que la vie ascétique que je menais m'attirait une meilleure et tout exceptionnelle réputation; les marques particulières de déférence que je recevais pouvaient porter à le croire... mais, après tout, je ne pouvais en être certaine.

Par une contradiction singulière avec l'opinion qu'ils ont du tempérament des femmes, un précepte religieux enjoint au mari de n'avoir de relations avec son épouse légitime qu'une fois par mois (11).

(11) Mais cette union mensuelle est obligatoire, du moins tant que la descendance mâle n'est pas assurée. Et si l'épouse tente de s'y refuser il est prescrit au mari de la bâtonner pour la décider à la soumission. Ce sont là mœurs du passé, en grande partie peut-être, mais pas absolument abolies.

Comment cette discipline peut-elle se concilier avec les besoins sexuels exagérés et irrésistibles qui sont attribués aux femmes? Le mari hindou est libre de prendre, légalement, plusieurs épouses et les concubines ne sont pas défendues, mais que dire de l'infortunée trop passionnée, condamnée à l'abstinence?...

La loi et l'extension de l'éducation moderne ont enrayé la coutume barbare du mariage des enfants sans pouvoir empêcher, totalement, les infractions qui se commettent encore. Elles n'ont surtout pas grandement modifié l'opinion que les très orthodoxes hindous se font des femmes.

Il y a peu de temps, un jeune brahmine me l'exprimait encore. Il était indispensable, disait-il, de marier les filles très jeunes et de tenir les femmes enfermées sous peine de les voir se perdre.

L'opinion choquante qu'il exprimait me porta à répliquer : « Et votre mère, qu'en pensez-vous? »

Le grand respect que tout hindou doit à sa mère l'empêcha de me donner une réponse directe.

« Ma mère a été mariée jeune, dit-il évasivement, et depuis son mariage elle n'est jamais sortie de notre maison. »

De cette réponse on aurait pu déduire que cette respectable dame était demeurée vertueuse parce qu'elle n'avait eu aucune occasion de ne pas l'être.

Qu'ils s'en rendent compte ou non, cette idée transparaît sous les descriptions que les hindous se plaisent à nous donner du respect accordé aux femmes et des égards auxquels elles ont droit. Ces déclarations s'appliquent à des femmes cloîtrées qui n'ont aucune relation, aucun sujet d'intérêt en dehors du cercle de leur famille, aucune vie propre et indépendante.

Les femmes paraissent avoir joui de plus de liberté et occupé une place assez importante dans l'Inde antique. La coutume du *purdah,* qui tient les femmes enfermées et voilées, est d'importation musulmane, nous dit-on. C'est probable, cependant les récits relatifs à ces vieux âges ne nous montrent point que les femmes s'y trouvassent sur un pied d'égalité avec les hommes et voici, précisément, ce que la Constitution de l'Inde établit, en principe, et ce que le gouvernement indien s'efforce d'établir pratiquement.

En reprenant l'examen des anciennes lois concernant le mariage, le gouvernement les a amendées en portant à quinze ans l'âge légal du mariage des filles qui, auparavant était à quatorze ans, et en édictant qu'une peine d'emprisonnement et une amende seront infligées aux parents coupables de dérogation à la loi.

Celle-ci semble, néanmoins, difficile à faire observer; dans bien des cas, les préjugés religieux inciteront les parents à la violer. En général, ce sont les mères, bien plus que les pères, qui insistent pour marier leurs filles très jeunes.

Comment connaître l'âge exact d'une fillette dans un pays où les déclarations d'état civil, à la naissance, ne sont pas obligatoires et où la cérémonie du mariage a lieu dans l'intimité d'une maison dont les portes sont closes! L'on a d'ailleurs déjà vu, lors d'un débat parlementaire, le Dr Sitaramaya, alors président du Congrès, s'élever contre l'idée que la police pourrait se livrer à des enquêtes concernant l'âge des mariés – spécialement celui des filles. Il qualifiait ce procédé de tyrannique. Les membres du Congrès ont été de son avis et les mesures tendant à s'assurer de l'âge des mariées ont été rejetées, en même temps qu'une proposition qui tendait à faire élever à vingt ans l'âge légal du mariage des garçons qui est, actuellement, de dix-huit ans.

L'institution de registres d'état civil, tels qu'il en existe en Occident, et d'un mariage civil devant, obligatoirement, précéder toute cérémonie religieuse, seraient les seules mesures effectives propres à empêcher les infractions à la loi. Et même, elles ne pourraient être absolument effectives. L'Inde immense a d'innombrables recoins qu'aucune loi ne peut atteindre et, dans l'esprit des gens religieux de tous les pays, la loi ne compte pas lorsqu'elle contredit une coutume basée sur les prescriptions de la religion.

C'est sur l'extension de l'instruction et sur les conditions économiques qui, dans l'Inde, comme ailleurs, obligeront de plus en plus les femmes à occuper des emplois rémunérateurs, qu'il faut compter pour amener leur complète émancipation.

Les Indiennes avancent à grands pas dans cette voie et d'une façon propre à nous étonner.

Une première promotion de femmes officiers de l'armée a eu lieu en septembre 1949. Ces femmes avaient préalablement suivi des cours concernant le maniement des armes à feu, la conduite des véhicules militaires, la signalisation, etc. D'autres femmes, qui ont terminé leurs études dans un collège spécial, seront promues officiers d'administration.

L'uniforme choisi pour elles est une tenue de marche de couleur vert olive. Alors que celle-ci répond parfaitement au genre d'habillement convenant aux femmes officiers, on a cru bon de conserver le gracieux mais encombrant *sâri* national aux membres féminins de la police. Leur uniforme est un *sâri* blanc à bordure noire.

Parmi les femmes incorporées dans les rangs de la police, certaines, après avoir passé les examens nécessaires – parmi elles il en est qui sont titulaires de grades universitaires – ont été nommées inspectrices et sous-inspectrices.

Le rôle des femmes, dans la police, consiste spécialement à intervenir à propos des délinquantes. D'autre part, on n'hésite pas à les envoyer exercer leur office lors des manifestations féminines dans les rues. L'un des plus curieux changements dans le caractère des femmes indiennes est l'intérêt qu'elles prennent aux revendications d'ordre politique ou économique. Des Indiennes organisent, parfois, des manifestations violentes dans les rues. On a vu circuler, ainsi, notamment à Calcutta, des cortèges comprenant plusieurs centaines de femmes manifestant en faveur des prisonniers politiques qui faisaient la grève de la faim. En l'une de ces occasions, quatre femmes furent tuées lorsque la police tira sur les manifestants.

En des domaines plus paisibles, on peut signaler les femmes jurés dans les procès criminels à la Haute Cour, membres du Parlement, ambassadrices – le poste important d'ambassadeur de l'Inde à Washington a été occupé par Mme Pandit, la sœur du pandit Nehru. Sans s'arrêter aux résultats déjà obtenus, des femmes continuent à encourager les masses féminines à « s'aider elles-mêmes ».

> « La première chose à faire pour débarrasser le peuple de ses mauvaises coutumes, dit Mme Arouna Asaf Ali, une musulmane, est de l'amener à renoncer à ses superstitions et à ses instincts conservateurs. Les réformes sociales agissent souvent comme de simples palliatifs à des maux dont la racine est profonde. Un mouvement de réforme sociale qui refuse de s'attaquer au foyer profond de l'infection, cause du mal, joue généralement le rôle d'agent réactionnaire.
>
> « L'exploitation des femmes ne peut pas être supprimée simplement en pérorant et en entretenant de l'agitation concernant les questions telles que la claustration des femmes, les mariages d'enfants, la condition inhumaine faite aux veuves, etc.
>
> « Tant que les femmes ne se rendront pas économiquement indépendantes, elles ne seront pas libres.
>
> « A moins que les femmes n'arrivent à se considérer comme des individualités qui doivent

travailler pour gagner leur vie et à ne point considérer le mariage comme une profession, les lois progressives auront beau être multipliées, elles ne produiront pas une véritable liberté. »

Au cours du même meeting, M. S.R. Dhadda, ministre de l'Industrie et du Commerce, exhorta les femmes à diriger leurs efforts vers une reconstruction de la société.

Les femmes indiennes cèdent déjà, dans une assez forte proportion, à la tendance qui pousse la jeunesse masculine vers les études conduisant aux professions libérales et l'on entrevoit que, dans un proche avenir, l'Inde aura des femmes ingénieurs et techniciens en diverses branches des sciences et des métiers.

En dehors de toute question de sexe, cet engouement de la jeunesse indienne pour les professions libérales paraît alarmant à plus d'un point de vue. Universités et collèges sont bondés et le nombre des élus qui y sont admis est très inférieur à celui des candidats qui n'y peuvent trouver place. Les examens, équivalant à peu près à ceux de nos baccalauréats, sont devenus extrêmement sévères. Le but visé en rendant difficile l'obtention des grades universitaires est de diminuer le nombre des avocats, médecins, ingénieurs, professeurs au savoir très superficiel qui encombrent le marché sans pouvoir obtenir d'emplois.

Des scènes de désespoir, inconnues dans nos pays, accompagnent la proclamation des résultats des examens; des candidats recalés se suicident de façon spectaculaire, tel tombe empoisonné dans la rue, tel se jette du haut d'une tour.

Cependant, l'Inde nouvelle a un urgent besoin de médecins, d'ingénieurs, d'experts en questions agricoles, d'administrateurs et l'on s'y efforce d'agrandir les établissements universitaires et d'en créer de nouveaux. Les femmes devront être admises partout, au même titre que les hommes. Ensuite, elles pourront, à égalité de compétence, obtenir les mêmes emplois que les hommes et recevoir le même salaire qu'eux.

Les dirigeants de l'Inde accordent une attention toute particulière à la formation d'une armée nationale puissante, équipée de la façon la plus moderne. Il est prévu que les officiers étrangers, que les Indiens ont conservés dans les hauts commandements et pour encadrer les troupes, seront éliminés dès qu'un nombre suffisant d'Indiens seront devenus capables d'occuper leurs postes; cette élimination est presque entièrement terminée aujourd'hui.

Dans un ordre d'idées analogue, des centres de recherches atomiques ont été créés.

En somme, l'on doit comprendre que l'Inde aspire à devenir une nation forte et, même, nourrit le désir d'exercer la suprématie en Asie. Son immense population lui donne le droit d'entretenir cet ambitieux espoir. Cependant, de l'autre côté des Himâlayas, la Chine dont la population surpasse de beaucoup, en nombre, celle de l'Inde, s'abandonne complaisamment au même rêve.

Bien que je me sois déjà beaucoup attardée à des comparaisons de ce genre dans le chapitre précédent, il me faut y revenir pour signaler l'antagonisme existant entre la prédication de « non-violence » à laquelle Gandhi s'était consacré et la formation, par ses ex-disciples, d'une armée dont le rôle est de semer la mort sur terre, sur mer et dans l'air.

Nehru n'avait pas manqué de s'apercevoir de cette anomalie. Il l'avait confessé : « Il est étrange, avait-il dit, qu'après avoir souscrit au principe de la non-violence, je fasse maintenant l'éloge de l'armée, mais il y a des circonstances... »

Evidemment, il y a « des circonstances »; il y en a toujours pour empêcher les hommes de réaliser en pratique les principes auxquels ils ont adhéré en esprit. Nul ne doit être particulièrement blâmé à cause de ses inconséquences à ce sujet car la faute, ou plutôt l'illogisme, nous est commun.

Pousser la non-violence jusqu'à son extrême logique conséquence, c'est pour un individu, se laisser tuer sans se défendre, et pour une nation, accepter d'être annihilée sans résister. Seuls, des sages ou des saints, sont capables de demeurer strictement fidèles à cet idéal; et si l'on peut rencontrer des sages ou des saints isolés, il n'a jamais existé de nation entièrement composée des uns ou des autres.

L'Inde affirme donc sa volonté de vivre en tant que nation indépendante; de le faire paisiblement de préférence, mais, si besoin est, de défendre par la force sa souveraineté et sa personnalité.

Cependant, parmi les millions d'individus qui peuplent son territoire, une fraction, non négligeable, se soucie peu de patriotisme ou de nationalisme : leur patrie est leur religion dans un sens très étroit : « Que ce soit Râma ou Râvana qui règne, peu nous importe pourvu qu'il respecte les brahmines », me dit l'un d'entre eux et cette déclaration peut être considérée comme la devise des ultra-orthodoxes hindous.

Râma, nous l'avons déjà vu, est le souverain idéal d'après le standard hindou; Râvana est le démon, roi de Lanka (Ceylan). Sans qu'il soit besoin d'explication, l'on a compris le sens de cette profession de foi imagée; elle indique une absence complète de civisme, d'attachement à une nation particulière. Les bons gouvernements sont ceux qui honorent les brahmines et protègent l'hindouisme, avec tout ce qu'il compte de croyances et de coutumes nobles ou absurdes, et qui sont disposés à lui assurer la suprématie, dans l'Etat. Pourvu qu'ils se conforment à ce programme les gouvernants pourront aussi bien être Chinois ou Turcs qu'Indiens, peu importe. Dans un ordre d'idées analogue, on peut entendre des Occidentaux déclarer : « Peu importe le régime : monarchie, dictature ou république, pourvu que la religion ait l'ascendant sur le pouvoir civil. »

La *religion* c'est, bien entendu, celle que professent ceux qui parlent ainsi. Bien qu'on ne la partage pas, il faut savoir comprendre ce point de vue des croyants, il est logique pour eux car l'intérêt du croyant, quelle que soit la doctrine à laquelle il adhère, se porte sur une sphère dont la valeur, selon son opinion, dépasse infiniment celle des choses de ce monde. Aussi, si les farouches orthodoxes hindous détestaient les Anglais, s'ils ont, en quelque mesure, collaboré à la lutte pour l'indépendance de l'Inde, ce n'était point précisément qu'ils haïssaient la domination britannique en tant que domination étrangère, mais parce que les Anglais, bien que ne persécutant point l'hindouisme, le considéraient avec une indifférence dédaigneuse, qu'ils ne témoignaient aucun respect spécial aux brahmines, battaient en brèche le système des castes, édictaient des lois contre des coutumes respectées, telles que le sacrifice des veuves se brûlant sur le bûcher de leur mari et le mariage des enfants, et qu'ils tuaient des vaches pour les manger.

Mais voici que les Indiens libérés instaurent un gouvernement laïque qui, aux termes de la Constitution, abolit et interdit toute distinction basée sur la religion, la race, la caste ou le sexe, garantit l'égalité quant à l'accès aux emplois dans les administrations publiques, abolit « l'intouchabilité » des hors-caste et rend punissable de peines judiciaires tout acte fondé sur le préjugé de « l'intouchabilité » de certaines catégories d'Indiens et tendant à la maintenir en pratique, qui permet à tous de pratiquer, de professer et de propager n'importe quelle religion et défend qu'aucune instruction religieuse soit donnée dans les établissements scolaires de l'Etat ou dans ceux qui reçoivent des subsides de l'Etat. Alors?...

Le principe de l'Etat strictement laïque a été défendu en maintes occasions par le pandit Nehru : « Le caractère laïque de l'Etat indien doit être maintenu à n'importe quel prix », déclarait-il notamment au cours d'un meeting à Godhra (Goujerat). Cette perspective enrage les ultra-orthodoxes et, plus d'une fois, la tolérance « laïque » et les décrets permettant à chacun de pratiquer librement les rites de sa religion ont été enfreints par eux.

Des bagarres continuent à se produire à propos de vaches sacrifiées par des musulmans à l'occasion d'une de leurs fêtes : le Bakr-id. Des hindous assaillent alors les musulmans, ceux-ci se défendent et, au cadavre de l'infortunée vache s'ajoutent bientôt ceux de plusieurs Indiens tandis que des maisons sont incendiées dans les villages. Afin de prévenir ces incidents, la police a eu recours à une ordonnance interdisant les actes capables de troubler la tranquillité publique et c'est ainsi que, basée sur ces ordonnances, la défense de tuer des vaches a été promulguée à plusieurs reprises en certains districts, d'où arrestation des contrevenants et leur condamnation à des peines de prison : six mois ou davantage, en dépit de la laïcité, de la neutralité professée par le gouvernement et du droit, inscrit dans la Constitution, qu'a chaque Indien, de pratiquer librement les rites de sa religion.

Les plus zélés défenseurs des vaches ne se bornent pas à manifester violemment leur réprobation lorsque celles-ci sont véritablement abattues, le seul soupçon qu'elles pourraient l'être provoque leur colère. A ce propos, l'incident suivant mérite, je crois, d'être relaté :

Quatre vaches furent amenées sur les quais à Calcutta pour être embarquées sur un navire grec :

*le Marial.* Lorsqu'ils aperçurent les vaches, les dockers imaginèrent qu'elles allaient être tuées et attaquèrent à coups de pierres les hommes qui les conduisaient et l'équipage du navire grec. La foule s'amassa et soutint les dockers. Des officiers de police s'efforcèrent de persuader les manifestants que l'on ne se proposait pas de tuer les vaches et que, dans tous les cas, elles ne seraient point abattues tant que le bateau resterait dans le port. Cependant, la foule devint de plus en plus menaçante, un inspecteur de police dut tirer quelques coups de revolver pour la disperser. Sur ces entrefaites, le commandant du bateau, inquiet pour le sort de ses matelots, fit lever l'ancre et s'empressa de s'éloigner. De leur côté, les quatre vaches effrayées par le tumulte se sauvèrent; quand le calme fut rétabli on ne les trouva plus (12).

Peu après la déclaration de l'Indépendance, le parti du Congrès s'efforça d'obtenir la promulgation de lois prohibant complètement l'abattage des vaches et même celui de tout le bétail utile pour les travaux agricoles. Les boissons alcooliques, les drogues stupéfiantes et le tabac devaient aussi être prohibés.

On ne se mit guère d'accord que sur la défense de tuer les vaches; cependant les partisans de la prohibition complète des intoxicants (13) sont nombreux. Ils ne se voient opposer que des arguments d'ordre religieux. Des populations autochtones – non hindoues, habitant l'Inde – célèbrent des rites qui obligent à boire des boissons fermentées, les shaktas hindous adorateurs de la Déesse (14) et les chrétiens indigènes peuvent alléguer une raison de

(12) Depuis lors, et tout récemment encore, des incidents analogues, mais ayant pris de plus grandes proportions, se sont produits en divers endroits de l'Inde, parce que le gouvernement a autorisé l'abattage de vaches errantes qui ravageaient les moissons et consommaient le grain, alors que la population souffrait de la famine.

(13) Sauf, peut-être, à en permettre l'importation et la consommation aux étrangers.

(14) Voir le chapitre concernant le shaktisme.

ce genre. Mais il y a, en plus, que beaucoup d'Indiens ont pris goût à l'alcool de riz, à la bière, au whisky, ou au vin suivant leur condition sociale et ne se soucient pas d'en être privés. Il est à craindre qu'une stricte prohibition aurait, dans l'Inde, quoique sur une moindre échelle, les résultats lamentables qu'elle eut, il y a quelques années, en Amérique. Néanmoins, comme les Etats sont libres de prendre des décisions s'appliquant à l'étendue de leurs territoires respectifs, l'Etat de Bombay a décrété la prohibition absolue en avril 1950. L'Etat de Madras avait déjà, peu auparavant, tenté d'établir une législation analogue.

Sur un autre terrain, des Indiens alarmés par les tendances laïques et l'indifférence tolérante envers tous les cultes manifestées par le gouvernement, s'efforcent de « mobiliser », c'est leur expression, « toutes les forces religieuses de la nation pour une reconstruction nationale ». Ce programme est assez vague, mais on le précise dans les meetings de « l'Union de toutes les religions ». Un manifeste publié par cette association déclare « voir avec appréhension la dissémination, par le monde entier, des doctrines matérialistes dont le fascisme et le communisme sont des manifestations sinistres et qui minent les valeurs morales et l'existence même de la Société ». Le manifeste affirme ensuite que « la foi en Dieu et en l'ordre moral sont les seules bases sur lesquelles une société heureuse et progressiste peut être construite et maintenue ».

Mais cette phraséologie est empruntée aux ex-suzerains de l'Inde et n'a rien d'hindou au sens orthodoxe. S'en être trop servi n'est pas une des moindres raisons qui ont amené les brahmines de la stricte orthodoxie à supprimer Gandhi.

L'un d'eux, parlant des meetings de prière du Mahâtma et en répudiant la forme et l'esprit, me dit un jour : « Un pasteur protestant pourrait les présider. » C'était vrai, ces meetings ne rentraient ni dans le cadre des six Darshanas (15) – des six écoles philosophiques hindoues – ni dans le cadre des cultes consacrés par l'usage.

Cependant, c'est dans un sens analogue que s'orientent les promoteurs des réunions de « l'Union de toutes les religions ». Ils sollicitent la participation à celles-ci, en plus des hindous, des musulmans, chrétiens, juifs, parsis, bouddhistes, jaïns et sikhs. Des passages des Védas, du Coran, du Granth Sahib, etc., sont alors lus dans les langages respectifs de ces différentes Ecritures. Les passages de la Bible sont lus en anglais – j'ai lieu de croire qu'un certain nombre d'Indiens s'imaginent qu'elle a été, originalement, écrite en anglais.

Je me souviens d'une réunion de ce genre à laquelle on m'avait demandé de lire un fragment d'un livre bouddhiste. J'avais choisi des versets du Dhammapada, un ouvrage en langue pâlie. Après lecture, je me disposais à traduire, on me pria de n'en rien faire, c'était inutile disait-on. Nous étions là pour manifester nos sentiments d'*unité*, le fait que les différentes Ecritures avaient été lues, que leur son avait frappé nos oreilles et que nous avions écouté dans des sentiments recueillis suffisait.

Cependant, les déclarations des Livres saints que nous avions prononcées se contredisaient les unes les autres, voire même, elles se dressaient hostiles les unes en face des autres. Elles rappelaient que des hommes s'étaient entre-tués à cause d'elles et l'opinion la plus sage que l'on pouvait former d'elles était qu'elles représentaient des conceptions différentes de l'esprit humain, qu'il était bon de considérer avec tolérance, sans permettre, à aucune d'elles, d'assumer l'arrogante et absurde prétention de subjuguer les autres. Mais je remarquai que

(15) D'après la signification de *Darshan :* « vue », les écoles philosophiques peuvent être considérées comme des « points de vue ». Ce qui est conforme à l'idée que s'en font les Indiens. Aucune de leurs doctrines ne prétend émaner d'une révélation surnaturelle.

j'étais seule à sourire, dans mon coin. Les autres assistants demeuraient graves, pénétrés, vaguement hautains, chacun d'eux convaincu que si, comme il venait d'être affirmé, toutes les religions convergeaient vers le même but, c'était du but imaginé et proclamé par sa propre religion qu'il s'agissait.

Un diablotin malicieux sortit-il de la Bible demeurée ouverte sur les genoux d'un missionnaire anglais – il y a tant de diables dans les histoires bibliques –, je l'entendis qui me murmurait à l'oreille : « Joseph dit : Ma gerbe se leva et voici que vos gerbes l'environnèrent et se prosternèrent devant elle (16). »

Diablotin ou non, l'équivalent du rêve de Joseph me fut dépeint par un majestueux sannyâsin, membre du Mahâ Sabha.

C'était à Bénarès, quelques pandits étaient réunis autour du *sannyâsin* étendu sur une chaise longue en rotin. On venait de parler de l'union des religions. Elle doit se faire, affirmait le vénérable sannyâsin; voici comment l'instaurer ici : nous nous assurerons la propriété d'un très vaste terrain, un magnifique parc entouré par un large boulevard. Le long de celui-ci chacune des différentes religions construira un temple pour y célébrer son culte. Au centre du cercle, sur un monticule, un grand temple hindou sera érigé...

Et voilà! Je me rappelai Joseph : « ... Voici que vos gerbes environnèrent ma gerbe et se prosternèrent devant elle. »

La plupart de ces ultra-orthodoxes avaient nourri l'espoir que l'Inde étant affranchie et devenue la propriété des Indiens, un Etat exclusivement hindou y serait établi sur le modèle de ceux des anciens âges. Il aurait été l'*Hindousthan* et ils ont péniblement ressenti le choix de Nehru et de ses

(16) Genèse, XXXVII, 7.

amis préférant le nom « Inde » et écartant, ainsi, une désignation de caractère nettement sectaire. L'Inde, d'ores et déjà laïque et égalitaire, en principe, en attendant que l'éducation donnée à la jeunesse ait incarné ces principes dans les mœurs, n'a rien qui puisse leur plaire et la résistance s'organise contre elle.

En face des réactionnaires, s'organisent, également, pour la lutte, les progressistes, socialistes ou communistes, ceux qui trouvent tiède – ils disent même hypocrite – le genre de laïcité et de démocratie pratiqué par le gouvernement indien. Ceux-là, aussi, avaient rêvé pour l'Inde affranchie et devenue la propriété des Indiens, une autre forme que celle qu'elle a prise au lendemain de la proclamation de l'Indépendance.

Un fait digne d'être noté est, qu'en dépit de l'énorme différence qui existe entre l'idéal social d'inspiration religieuse des orthodoxes et l'idéal social laïque des progressistes de diverses nuances, les uns comme les autres visent à établir la suprématie de l'Inde dans le monde : les premiers pensent qu'elle y a droit, les seconds sont convaincus qu'ils parviendront à l'assurer. Leurs sentiments à cet égard sont d'ordre mystique bien que, parmi ceux qui les éprouvent, certains puissent être totalement matérialistes (17). A ce sujet, je me rappelle une rencontre que je fis à Bruxelles, il y a très longtemps. C'était lors d'un congrès socialiste qui se tenait à la maison du Peuple. Parmi les congressistes se trouvait un Indien nommé Krishna. Celui-ci passait pour être un leader révolutionnaire, ce qui,

(17) Tout observateur perspicace et persévérant arrivera infailliblement à reconnaître l'enchevêtrement quasi inextricable des théories et des tendances matérialistes et spiritualistes dans la pensée des Indiens. Qu'ils s'en rendent clairement compte ou non, il ne leur est jamais arrivé de concevoir une matière qui ne soit pas quelque peu illuminée par de l'esprit ou un esprit qui soit totalement dénué de base matérielle.

à cette époque, signifiait surtout un militant de l'agitation tendant à l'indépendance. On disait qu'il était célèbre dans son pays et que les Anglais, s'ils pouvaient le saisir, le pendraient ou l'interneraient au bagne des îles Andaman. J'étais très jeune alors et je ne sais ce qu'il pouvait y avoir d'exact dans ces dires. Peut-être quelques vieux militants indiens se souviendront-ils de lui.

Après l'une des séances où il avait prononcé, en anglais, un très véhément discours d'inspiration révolutionnaire, j'en vins à lui dire :

– Vous vous appelez comme le dieu (18)...

– Je *suis* le dieu! répondit-il en appuyant sur le mot *suis* (19).

C'était dit de façon péremptoire.

Depuis, j'ai souvent entendu le même accent définitif accompagnant des déclarations absolument contradictoires. Quel que soit l'idéal qu'il chérisse, quel que soit le but qu'il poursuive, l'Indien, qu'il en soit conscient ou non, se sent toujours, non point seulement le porte-parole d'un dieu, mais Dieu lui-même possesseur de la Vérité.

> « L'Inde occupe déjà une position internationale considérable et celle-ci ne cessera de croître en importance. Il est vraisemblable que dans l'avenir, l'Inde deviendra l'un des Etats prépondérants dont les voix seront les plus fortes et dont l'activité et les directives détermineront l'avenir du monde. »

Cette déclaration fut faite par Aurobindo Gosh (20), dans un message adressé à l'université d'Andhra. La conviction qu'il exprimait ne lui était point particulière; elle est celle de millions d'Indiens et ceux-ci, amplifiant les termes prudents : « l'Un des Etats » de la déclaration de

(18) Krishna, avatar de Vishnou.

(19) Affirmation de caractère panthéiste conforme aux doctrines des philosophies indiennes.

(20) Voir sa mort et les manifestations auxquelles elle a donné lieu p. 246 et suivantes.

Shri Aurobindo, n'hésitent pas à dire : « L'Inde sera l'Etat prépondérant. »

Une nuance de ce genre se discerne dans les propos de Nehru, insinuant, à ses auditeurs de New York, que l'attitude déférente que leur éducation et leur courtoisie native imposent aux Indiens, ne doit pas être prise par les étrangers pour de l'admiration béate et une tendance à se laisser guider.

Répondant à des interlocuteurs qui lui demandaient si l'Inde ne deviendrait pas complètement subordonnée aux capitalistes, Nehru répondit :

> « Suivant l'enseignement de Gandhi, nous sommes toujours polis avec nos ennemis. La politesse est souvent prise à tort pour un signe de soumission. »
>
> « Les gens qui croient pouvoir créer, dans l'Inde, un état de choses pareil à celui qui existe en Amérique, se trompent. Tout ce que nous apprenons doit être adapté aux conditions existant dans l'Inde et s'inscrire sur le fond de notre pensée et de notre culture. »

A un autre interlocuteur qui demandait à Nehru s'il lui semblait que l'importance du communisme était surestimée en Amérique, le pandit répondit qu'il avait l'impression qu'en Amérique, comme ailleurs, l'avenir, avec les perspectives qu'il comporte, paraît plutôt effrayant et que les populations y sont en proie à un « complexe de peur ».

De cette déclaration, diplomatiquement mesurée, nous pouvions déduire que, d'après Nehru, l'Inde regardait l'avenir en face, exempte de toute crainte, bien plus, avec une foi inébranlable en sa glorieuse destinée. Le pandit avait raison, telle est bien l'attitude mentale de tous ses compatriotes.

La rancœur éprouvée par ceux qui ne voient point l'Inde et ses gouvernants se modeler sur le patron de leur choix, ne tarit pourtant point la jubilation causée par la conquête de la souveraineté. Elle continue à s'alimenter de menus détails, tels que l'abolition des privilèges des Blancs en matière judiciaire. Désormais plus de traitement de faveur, pour eux, dans les prisons : aboli est le droit dont ils jouissaient d'être jugés par un jury composé de leurs compatriotes; abolition, aussi, de l'interdiction imposée aux juges de condamner un Blanc à être fouetté..., etc.

Je me rappelle l'exultation des Chinois lors de l'abolitioin du droit d'extra-territorialité : « Maintenant, nous pourrons mettre les étrangers en prison », clamaient-ils (21).

Infortunés étrangers, leur sort ne s'annonce pas brillant en Orient où les fils pâtiront pour les fautes de leurs pères.

O.N.U. : cette « invention des Occidentaux », comme la dénomme un de mes correspondants indiens, a profondément désillusionné les Indiens. J'inclinerais plutôt à écrire qu'elle les aurait désillusionnés s'ils avaient jamais placé quelque espoir dans cette institution, ce dont je doute fortement.

Mais écoutons le Dr Radhakrishnan :

« Dix ans après le début de la dernière guerre, quatre ans après la victoire, les illusions que nous avions chéries disparaissent une à une.

« Nous pensions que l'esprit de communauté qui existait pendant la guerre résoudrait les questions de différences de classes. Cela n'est pas arrivé.

« Nous pensions que la société des « Nations unies », serait différente de la « Société des Nations », qu'elle contribuerait à créer une famille, une confraternité de nations libres. Il n'en a rien été.

« Tandis que nous déclarons avoir foi dans les « Nations unies », nous nous appuyons, pour sauvegarder notre sécurité, sur nos propres efforts et sur notre propre pouvoir militaire.

(21) Voir : A. David-Neel, *A l'ouest barbare de la vaste Chine.*

« Ce serait une grande illusion que d'imaginer qu'un « Monde unique » est déjà né; il n'a même pas encore été conçu.

« Partout nous semblons manœuvrer pour occuper des positions dans un futur conflit que l'on présume inévitablement. »

Rien de plus exact que ces déclarations de l'éminent Indien qu'est le Dr Radhakrishnan, et toute la partie pensante de l'Inde est d'accord avec lui.

Donc, désillusion complète quant à tout ce que l'on a pu attendre de l'extérieur, mais certes aucun doute quant aux possibilités que l'Inde possède, latentes en elle, de faire autrement que les autres et de faire mieux qu'eux.

Est-ce là folle présomption? Peut-être que non.

L'Inde seule a conçu cette extraordinaire attitude spirituelle : *sannyâsa*, le rejet total de ce monde et de tous les autres. Ne pourra-t-elle pas traduire ce geste mystique en un geste pratique par le rejet de tout ce qui semble faire corps avec les diverses civilisations et qui les empoisonne : les mœurs politiques abjectes, les religions hypocrites et démoralisantes, l'illogisme des lois et des institutions, l'ignoble veulerie des foules?

L'Inde, en tant qu'entité nationale, n'arrivera-t-elle pas à voir notre monde misérable en proie à la haine, à la peur, à la souffrance sous l'aspect avec lequel il est apparu à ses grands *sannyâsins :* « Un monceau d'immondices » disent les textes sacrés?

L'Inde aux fautes multiples et aux vertus innombrables ne se dressera-t-elle pas dans un rejet altier et absolu de tout ce qui est faux et vil : une suprême *sannyâsa*, donnant au monde un exemple tel qu'il ne lui en a jamais encore été donné?... Je l'en crois capable.

Le voudra-t-elle?...

Espérons!

JAI HIND.

# APPENDICE

Des années se sont écoulées. L'Inde s'est accoutumée à son état de nation indépendante. Les luttes qui ont amené cette indépendance, et les conséquences immédiates de celle-ci, ont déjà pris l'aspect d'événements historiques appartenant à un lointain passé.

Nehru est mort, ainsi que nombre de ses proches collaborateurs. Sa fille, Mme Gandhi, lui a succédé. Une femme Premier ministre!... belle revanche pour les nombreuses générations de femmes indiennes qui, pendant des siècles, ont été tenues muettes, cloîtrées, dans leurs demeures...

Femme d'un rare mérite, Mme Gandhi s'est trouvée en face des mêmes difficultés internes qu'avait déjà rencontrées son père, tandis que d'autres surgissent et continueront, sans doute, à surgir devant elle.

Le Pakistan, installé dans son état de nation indépendante, dispute à l'Inde des portions du Cachemire. Il l'a déjà amputée, à son profit, d'une partie orientale de sa province du Bengale. Sur quoi se basaient ses revendications sur cette partie du Bengale, séparée de ses frontières par la presque totale étendue de l'Inde? Des minorités musulmanes y sont établies, mais il en est de même aussi de nombreux groupes bouddhistes, les uns et les autres étant encadrés par la population indienne, ce qui donne lieu à des troubles sans cesse répétés.

La question linguistique agite aussi les populations. Après avoir accepté, ou tout au moins s'être résignés tranquillement, à tenir l'anglais comme la langue officielle et en avoir fait, aussi, un langage largement employé dans toute l'étendue de l'Inde, nombre de groupes ethniques habitant les anciens Etats artificiellement réunis, se refusent d'agréer l'hindi pour prendre la place de l'anglais. Il en est ainsi en ce qui concerne le tamoul, qui possède une vaste littérature et est langage national au Kérala, dans l'extrême sud de l'Inde.

Des influences ethniques, déjà latentes, au temps où l'Inde était anglaise, se sont affirmées depuis l'Indépendance et ont contribué au démembrement de l'Inde.

Il y a plus d'un siècle que l'annexion de l'Assam à l'Inde avait fait partie du programme de l'Angleterre. On a pu noter successivement des expéditions d'explorations – celle, par exemple, du lieutenant Bigge, en 1841 – puis une suite d'expéditions militaires.

L'Assam est une vaste région, s'étendant du Brahmapoutre à la frontière de la Birmanie. Sa région montagneuse est occupée par des tribus de race jaune, proches parentes des Tibétains du Sud : les Lo pas (gens du sud) (1).

En avançant encore vers le sud, l'on trouve les tribus nagas qui paraissent avoir été fortement métissées par des apports polynésiens. C'est parmi

(1) Voir mon livre *Voyage d'une Parisienne à Lhassa..*

elles qu'ont subsisté pendant longtemps « les chasseurs de têtes ».

Couper la tête à des vaincus, à l'issue d'une guerre, se voit souvent dans l'histoire. Mais faire de la « chasse aux têtes » une sorte de sport sinistre, ne semble guère avoir existé que dans certaines parties de la Polynésie.

Je m'en tiendrai à une description de la « chasse aux têtes » telle qu'elle a existé jusqu'aux temps modernes.

« Auparavant, toute tribu en dehors de la sienne était considérée par un Naga comme licite terrain de chasse. Dès l'aube, un groupe de jeunes gens armés faisait le tour du village, avertissant ses habitants qu'ils pouvaient sortir de l'enclos pour aller travailler dans les champs. Alors, dûment protégés par des groupes armés, les villageois se rendaient sur les terres appartenant à leur tribu. Ne restaient à l'abri dans l'enclos du village que les femmes, les enfants et les vieillards.

« Une garde vigilante ne devait pas cesser de protéger les travailleurs.

« Il était rare qu'une bande d'ennemis s'en viennent attaquer ouvertement des groupes compacts, méfiants et bien gardés.

« Ceux-ci préféraient agir par ruse, dressant une embuscade près de la source où le village s'alimentait, tuant des femmes qui s'y rendaient, attaquant une famille sans méfiance occupée dans son champ, ou bien encore, tuant un individu qui s'était éloigné de la masse de ses compagnons.

« Quelquefois, pourtant, tout un village se jetait à l'improviste sur un autre village qu'il jugeait mal gardé et incapable de se défendre. L'attaque avait généralement lieu à l'aube.

« Si les villageois voyaient déjà un certain nombre d'entre eux tués et que les envahisseurs leur parussent trop nombreux pour qu'ils pussent leur résister, ils s'enfuyaient en masse par le côté de l'enclos opposé à celui par lequel l'ennemi continuait à pénétrer, abandonnant les blessés, les femmes, les enfants et les vieillards qui, généralement, étaient massacrés.

« Parfois, quelques individus connus pour avoir des parents ou des amis riches, étaient gardés comme prisonniers dans l'espoir d'en obtenir une forte rançon. En attendant le paiement de celle-ci, ils étaient attachés à une barre de bois, un de leurs pieds étant retenu dans un trou pratiqué dans la barre.

« Toutes les têtes étaient tranchées, à l'exception, par raison esthétique, de celles des jeunes enfants qui n'avaient pas encore de dents, parce qu'une tête dépourvue de ses dents ne paraissait pas belle à voir. A défaut d'une tête entière, des oreilles pouvaient, à la rigueur, compter comme trophée au crédit d'un guerrier. »

Le fonctionnaire britannique à qui j'emprunte ces détails, rapporte ainsi qu'un indigène, qu'il a connu, était amoureux d'une jeune fille de sa tribu et désirait l'épouser. Toutefois, celle-ci déclara qu'elle n'y consentirait que s'il lui apportait la tête d'une jeune fille, appartenant à une autre tribu qu'elle nomma. Cela se passait en 1918. Des représentants des autorités britanniques séjournaient alors à Kohima (2) et les chasseurs de têtes encouraient de sérieuses pénalités. Le Naga amoureux hésitait à s'y exposer, mais ne voulait pas renoncer à sa bien-aimée. Il s'en tira en surprenant une jeune fille isolée et en lui coupant les oreilles sans la tuer. Cette preuve tangible de sa « valeur » suffit à son élue et il l'épousa.

Il n'est pas inutile de répéter que ce fait se passait vers 1920. Peut-on être certain que la chasse aux têtes a complètement disparu de cette région?

Il y a lieu de considérer à ce sujet que les indigènes n'y ont pas renoncé de leur plein gré,

(2) Kohima, aujourd'hui capitale du pays naga, devenu Etat autonome annexé à l'Inde.

mais au contraire qu'ils ont été « contraints » de l'abandonner par la puissance régnant sur eux et sous la menace de châtiments sévères. Qui peut dire s'ils ne gardent pas la nostalgie des « prouesses » passées, comme, chez certains Indiens, s'attarde le regret des bûchers sur lesquels la veuve était brûlée vive avec le cadavre de son époux. Ce regret, je l'ai entendu exprimer il y a moins de dix ans : « Cela ne peut plus être fait, mais c'était beau », me disait un Indien lettré possédant des grades universitaires.

Un très grand nombre de Nagas sont devenus chrétiens. Ils ont été convertis par des missionnaires européens ou américains. Ceux-ci semblent avoir été surtout des baptistes qui pratiquent le baptême par immersion. Cette particularité a conduit des villageois indigènes à se plaindre auprès de fonctionnaires locaux de ce que ces chrétiens polluaient les sources où les villages s'alimentaient. Ces Nagas avaient entendu des missionnaires parler symboliquement des « péchés qui étaient *lavés* dans les eaux du baptême » et ils en avaient conclu, naturellement, que les baptisés salissaient l'eau en se débarrassant d'une sorte de crasse qu'ils avaient sur le corps.

Les enseignements des missionnaires sont compris par les Nagas d'une façon qui les adapte à leurs anciennes croyances.

D'après celles-ci, il existe des dieux qui résident dans des séjours célestes. Le ciel que nous voyons au-dessus de nos têtes est le plancher sur lequel les dieux marchent. Ces dieux voient, comme nous, un ciel au-dessus d'eux et ce ciel est, aussi, le plancher de la demeure d'autres dieux qui, à leur tour, ont au-dessus d'eux, une autre demeure céleste et, ainsi, indéfiniment.

C'est à cette croyance qu'ils assimilent l'idée du

« Père qui est dans les cieux » dont parlent les missionnaires étrangers.

Ce fait n'est d'ailleurs pas particulier au pays des Nagas de l'Assam. On en trouve des équivalents dans tous les milieux où s'exerce l'activité des missionnaires étrangers.

J'ai déjà signalé, ailleurs (3), la croyance en l'existence d' « hommes sauvages » (en tibétain « Mi gueus »). Cette croyance est assez répandue au Tibet, particulièrement, semble-t-il, dans le Tibet oriental confinant à la Chine, au sud du Tibet et dans les Etats himalayens.

On la trouve, également, en Assam, parmi les Nagas, et les Tibétains inclinent à désigner les régions situées au sud du Brahmapoutre comme l'habitat plus spécial de ces « hommes sauvages ».

Cette opinion peut avoir quelques fondements.

D'abord, d'où viennent ces « hommes sauvages »? Leur origine n'a pas à être cherchée. Les hommes n'ont été ni créés, ni fabriqués d'aucune façon par des dieux, ils sont sortis de terre tout comme nous en voyons sortir les plantes. Certains de ces hommes sont demeurés dans la jungle, ce sont les « hommes sauvages ».

Tandis que j'habitais Po mo sang, une colline située en face de Kanting, mon domestique me rapporta une histoire singulière. Les Chinois racontaient qu'un officier revenant d'une tournée dans le Sud, en avait ramené deux hommes sauvages. Ceux-ci ne savaient point parler et étaient tout à fait farouches. J'aurais beaucoup désiré les voir; malheureusement, quand mon domestique m'informa de la chose, on les avait déjà emmenés depuis plusieurs jours.

Je me demandai d'abord si ces hommes étaient de grands singes, mais certaines informations que j'obtins, par la suite, me portèrent à croire qu'il s'agissait d'aborigènes incivilisés, comme il en

(3) Voir mon livre *A l'ouest barbare de la vaste Chine*.

existe encore un petit nombre dans les montagnes du Yunnan et de l'Assam. Ils savaient certainement parler, mais ni les Chinois, ni les Tibétains ne comprenaient leur langage.

Leur passage au Sin Kiang fit revivre quantité de contes concernant les *Mi gueus.* Voici un de ceux-ci.

Une femme gardait le bétail sur la montagne et, comme elle devait y passer tout l'été, elle s'était établie dans une caverne. Là, un soir, tandis qu'elle faisait bouillir son thé, elle aperçut deux énormes pieds poilus qui se balançaient au-dessus d'elle. Un géant devait être assis sur le rocher qui surplombait la caverne et laissait ses pieds pendre dans le vide. La femme était terrifiée mais n'osait pas fuir, car les pieds de l'individu s'agitaient au-dessus de l'entrée de la caverne. Au bout d'un moment, l'un des pieds désigna une grosse épine qui était plantée dans l'autre pied. Comme ce geste se répétait, la femme comprit que le *Mi gueu* désirait qu'elle extirpe l'épine. En tremblant, elle le fit. Les pieds alors se retirèrent et elle entendit le bruit de pas très lourds qui s'éloignaient à travers la forêt.

Quelques jours plus tard, la carcasse d'un sanglier fut jetée du haut du rocher devant l'entrée de la caverne et plusieurs fois, par la suite, le Mi gueu prouva sa gratitude par des cadeaux analogues. Ce qui semble prouver – si le fait est vrai – que le Mi gueu était bel et bien un homme primitif connaissant l'existence d'humains plus adroits que lui, puisqu'il attendait de la gardeuse de bétail qu'elle extirpe, peut-être avec la pointe de son couteau, l'épine profondément plantée dans la chair que, lui-même, ne parvenait pas à enlever. Les témoignages de sa reconnaissance dénotent aussi une mentalité humaine.

Chez les Nagas, la rencontre d'« hommes sauvages » dans la jungle, et leur capture, n'étaient pas tenues pour des faits tout à fait exceptionnels. La description de ceux-ci n'attribuait rien de particulier à leur physionomie. Certains d'entre eux allèrent vivre dans des villages et les Nagas les tenaient en haute estime.

La proclamation de l'Indépendance du Nagaland, en décembre 1963, fut, d'après les journaux indiens, l'occasion de réjouissances dont ils tracent un tableau assez semblable à celui que les journaux chinois ont présenté des premières élections à Lhassa : enthousiasme, journées de liesse, discours et banquets, et, connaissant le goût que les Nagas partagent avec les Tibétains pour les boissons fortes, « glorieuse ivresse ».

IMPRIMÉ EN FRANCE PAR BRODARD ET TAUPIN
58, rue Jean Bleuzen - Vanves.
Usine de La Flèche, le 23-05-1986.
6171-5 - Nº d'Éditeur 2148, octobre 1985.

PRESSES POCKET - 8, rue Garancière - 75006 Paris
Tél. 46.34.12.80